प्रशंसा

अच्छे उद्यमी निजी तौर पर सफल होते हैं। बड़े उद्यमी अपनी सफलता को कई गुणा बढ़ाते हुए औरों को भी अपने साथ सफल बनाते हैं और ऊपर उठने में मदद करते हैं। रॉनी एक बड़ा उद्यमी है।

– आनन्द महिन्द्रा, चेयरमैन, महिन्द्रा ग्रुप

रॉनी अनोखी नस्ल का शख़्स है—नई सूझ-बूझ और लीक तोड़ने वाला, हमदर्द, सच्चा, ईमानदार और होशियार। मुझे उसको अपना दोस्त कहने में सम्मान महसूस होता है।

– ऐण्डी बर्ड, चेयरमैन, वॉल्ट डिज़्नी इण्टरनेशनल

रॉनी एक सच्चा उद्यमी है जिसने द वॉल्ट डिज़्नी कम्पनी के साथ साझेदारी करके अन्तर्राष्ट्रीय मैदान में क़दम रखा। उसमें वे सारे गुण हैं जो मेरे ख़्याल से शानदार नेतृत्व के लिए ज़रूरी हैं—उत्सुकता और उम्मीद का मेल, होशियारी से जोखिम उठाने और हरदम बेहतर-से-बेहतर करने की तरफ़ बढ़ते रहने का जोश।

– बॉब आइगर, चेयरमैन और सी.ई.ओ., द वॉल्ट डिज़्नी कम्पनी

पिछले बीस बरस के दौरान भारतीय मीडिया की कहानी रॉनी जैसे कुछ साहसी उद्यमियों द्वारा शून्य से शुरू करके एक हलचल-भरे उद्योग को खड़ा कर देने की दास्तान है—बिना पहले से किसी मार्ग-दर्शक या नमूने के, जिसका वे सहारा ले सकते। मुझे उम्मीद है रॉनी की कहानी उन उद्यमियों के लिए आलोक-स्तम्भ का काम करेगी जो आगे ख़ुद अपनी बड़ी छलाँगों की योजना बना रहे हैं।

– जेम्स मरडॉक, सी.ओ.ओ., ट्वेण्टी-फ़र्स्ट सेन्चुरी फ़ॉक्स

उद्यम का सम्बन्ध जितना दृष्टि, रचनात्मकता और साहस से है, उतना ही इस बात से है कि क्या करना या नहीं करना है और कब किसी कारोबार में दाख़िल होना और कब उससे बाहर आ जाना है। उद्यम के बारे में इस सबक़ को सीखने के लिए रॉनी से बेहतर और कोई व्यक्ति नहीं है।

– किशोर बियानी, ग्रुप सी.ई.ओ., फ़्यूचर ग्रुप

पहली पीढ़ी का उद्यमी, रॉनी एक ऐसा व्यक्ति है जिसे मैं उसकी ऊर्जा, लगन, जोश और जोखिम लेने की क्षमता की वजह से सराहता रहा हूँ। यह पुस्तक अगली पीढ़ी के उद्यमियों के लिए सीखने और प्रेरित होने की दृष्टि से एक मार्ग-दर्शक ग्रन्थ का काम करेगी।

– मुकेश अम्बानी, चेयरमैन, रिलायन्स इण्डस्ट्रीज़ लिमिटेड

उद्यम के बारे में लिखने के लिए रॉनी से बेहतर और कोई नहीं है! सघन व्यक्तिगत अनुभवों पर लिखी गयी और क़िस्सों से भरी यह किताब उन सब के लिए बुनियादी पाठ्य-पुस्तक है जो छलाँग मारना, नयी सूझ अपनाना और अपने कारोबार को ऊँचे पैमाने पर ले जाना

चाहते हैं। 'नयी पहलक़दमी करने को तैयार देश' के लिए यह सबसे मुनासिब किताब है जिसकी हमें ज़रूरत है!

– नन्दन नीलेकणी, सह-संस्थापक इन्फ़ोसिस और पूर्व चेयरमैन, यूनीक आइडेण्टिफ़िकेशन अथॉरिटी ऑफ़ इण्डिया

उद्योगों को अपनी कम्पनियों के हितों से आगे बढ़कर उन समुदायों की ओर जाना चाहिए जिनकी सेवा वे करते हैं। उम्मीद है यह पुस्तक बहुत-से लोगों का विश्वास जगायेगी और उन्हें प्रेरित करेगी कि वे इस सवाल का सामना करें कि वे अपनी कम्पनियों को विकसित करते हुए दूसरों पर क्या प्रभाव डालते हैं।

– रतन टाटा, चेयरमैन, टाटा ट्रस्टस

रॉनी भारतीय उद्यम की सच्ची भावना का प्रतीक है। मैं व्यक्तिगत रूप से एक उद्यमी के रूप में उसके विकास, उसके उत्साह, उसकी चुनौतियों और नयी सूझ अपनाने, लीक तोड़ने और निर्माण करने की क्षमता का साक्षी रहा हूँ। उसका सफ़र और अनुभव उद्यमियों के लिए एक क़ीमती सबक़ और पढ़ने लायक़ कहानी साबित होंगे—चाहे वे अपने काम-काजी जीवन के किसी भी चरण में हों।

– उदय कोटक, कार्यकारी वाइस चेयरमैन और मैनेजिंग डायरेक्टर, कोटक महिन्द्रा बैंक

सपने देखो खुली आँखों से

मुम्बई के ग्रांट रोड के मामूली-से इलाक़े से शुरुआत करने वाले **रॉनी स्क्रूवाला** अपने परिवार के पहले सदस्य हैं जिन्होंने उद्यम और कारोबार की दुनिया में क़दम रखा। वे हमेशा महानता की दहलीज़ पर खड़े अपने देश की ऊर्जा और असीम सम्भावनाओं से प्रेरित रहे हैं।

टी.वी. और रंगमंच के उनके शुरुआती दिनों ने उन्हें भारत में केबल टी.वी. की नींव डालने की प्रेरणा दी। इसके अलावा, उन्होंने देश की एक सबसे बड़ी टूथब्रश बनाने वाली कम्पनी शुरू की और आगे बढ़ कर मीडिया और मनोरंजन के क्षेत्र में टेलीविज़न, डिजिटल, मोबाइल, प्रसारण, विडियो गेम्स और फ़िल्मों की विविध-रूपी गतिविधियों को सफलता से संचालित करने वाली जानी-मानी कम्पनी, यू.टी.वी., की बुनियाद रखी। 2012 में उन्होंने यू.टी.वी. को वॉल्ट डिज़्नी कम्पनी के हाथों में सौंप दिया।

रचनात्मकता और कारोबार के इस अनोखे मेल की वजह से *न्यूज़वीक* पत्रिका ने उन्हें भारत का जैक वॉर्नर कहा है, *एस्क्वायर* ने उनकी गिनती इक्कीसवीं सदी के 75 सबसे प्रभावशाली व्यक्तियों में की है और *फ़ॉर्चून* ने एशिया के 25 सबसे शक्तिशाली व्यक्तियों में।

अपनी दूसरी पारी में रॉनी भारत में उद्यम को बढ़ावा देने की अपनी दिलचस्पियों को अगली मंज़िलों तक पहुँचाने में जुटे हैं। रॉनी का ध्यान अब तेज़ी से बढ़ने वाले और व्यापक रूप से प्रभावशाली क्षेत्रों में ज़मीनी स्तर से कारोबार शुरू करके ऊँचे पैमाने पर ले जाने के महत्वपूर्ण काम पर केन्द्रित है। खेल-कूद की दुनिया में पहलक़दमी करने के प्रति उनके समर्पण ने उन्हें कबड्डी और फ़ुटबॉल को बढ़ावा देने की प्रेरणा दी है।

सामाजिक कल्याण के प्रति रॉनी में शुरू ही से गहरी दिलचस्पी और निष्ठा रही है। अपनी पत्नी ज़रीना के साथ, अपने स्वदेस फ़ाउण्डेशन के ज़रिये, उन्होंने भारत के गाँव-देहात के इलाक़ों में एक अनोखे और समग्र प्रयास द्वारा हर 5-6 साल पर दस लाख लोगों के सशक्तीकरण का बीड़ा उठाया है।

वे अपनी पत्नी ज़रीना और बेटी त्रिश्या के साथ मुम्बई में रहते हैं।

सपने देखो खुली आँखों से

उद्यम की दुनिया का एक स़फ़रनामा

रॉनी स्क्रूवाला

अनुवाद - नीलाभ

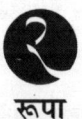

रूपा

प्रकाशित
रूपा पब्लिकेशंस इंडिया प्राइवेट लिमिटेड 2015
7/16, अंसारी रोड, दरियागंज
नई दिल्ली 110002

सेल्स सेन्टर:
इलाहाबाद बेंगलुरू चेन्नई
हैदराबाद जयपुर काठमाण्डू
कोलकाता मुम्बई

ISBN: 978-81-291-3696-1

प्रथम संस्करण 2015

10 9 8 7 6 5 4 3 2 1

रॉनी स्क्रूवाला इस पुस्तक के लेखक होने के
नैतिक अधिकार का दावा करते हैं।

मुद्रक : थॉमसन प्रैस (इण्डिया) लिमिटेड, फरीदाबाद

ज़रीना और त्रिश्या के लिए,
जो तभी से मेरे कदमों के नीचे की हवा हैं
जब मेरे पास पंख नहीं थे
और
अपने माता और पिता के लिए,
जिन्होंने मुझे जीवन के सच्चे मूल्य सिखाये

✎

इस किताब की सारी आमदनी हमारे 'स्वदेस फ़ाउण्डेशन'
को और भारत के हमारे गाँवों के सभी लोगों को जायेगी
जो अपनी आँखें खुली रखकर सपने देखते हैं

विषय-सूची

आभार...   *xi*

उद्यम की दुनिया का सफ़र – पिछले पच्चीस बरस   *xiii*

भूमिका – मेड इन इण्डिया   *xvii*

1. ग्रांट रोड से ब्रीच कैण्डी तक   1
2. जब अवसर दस्तक दे, दरवाज़ा खोलो   15
3. सारी दुनिया रंगमंच है   25
4. पराये लोग   37
5. न भी टूटा हो, बदल दो   54
6. पलड़े को झुकाना   69
7. नाकामी कॉमा है, फ़ुलस्टॉप नहीं   90
8. मंज़िल तक डटे रहो   108
9. चट्टान और रुझान   119
10. दुनिया चपटी नहीं है—किसे परवाह है?   133
11. बायें नेपथ्य से बाहर?   150
12. दूसरी पारी   166
13. ख़ुद अपना सपना देखें   175

परिशिष्ट – अक्सर पूछे गये सवाल   189

आभार...

मैंने कभी नहीं सोचा था कि मैं कोई किताब लिखूँगा, लेकिन साल भर से भी कम अरसे के दौरान, जब से मैंने आख़िरकार इसे लिखना शुरू किया, यह तजुर्बा मन को साफ़ करके उसे उत्साहित कर देने वाला साबित हुआ है। बीते हुए वक़्त के गलियारों में टहलते हुए उन सारे अद्भुत लोगों को याद करना जिनके साथ काम करने या जिनका साझीदार बनने का मुझे मौक़ा मिला; याददाश्त के पन्ने पलटते हुए उन सारे जादुई लम्हों के साथ-साथ डराने वाले लम्हों को भी—उन तमाम उतार-चढ़ाव को—दोबारा जीना, ख़ासा सनसनीख़ेज़ रहा है। यह सब अतीत के कोनों-अँतरों में सँभाल कर रखे गये ऐसे बहुत-से सबक़ सामने ले आया है जो अब भी, जब मैं अपने नये सफ़र पर रवाना हो रहा हूँ, मेरे साथ मौजूद हैं।

इस किताब को लिखने में ऐसा शानदार सहयोग करने के लिए शुक्रिया, विण्टन हॉल। तुमने मुझे शुरू ही से इतनी अच्छी तरह समझा और इसके अलग-अलग अध्यायों की तरतीब और बयान की लय-ताल को इस तरह तय किया जिससे किताब को पढ़ना आसान हो गया।

ब्योरों पर बारीक़ी से नज़र रखने के लिए शुक्रिया, पैट्रिक स्मिथ; तुमने किसी भी ख़्याल का एक रेशा भी हाथ से छूटने नहीं दिया और सब कुछ बेहद क़रीने से पेश करने में मदद दी।

अपनी पत्नी ज़रीना और बेटी त्रिश्या का आभार, जिन्हें मैंने यह किताब समर्पित की है। मैं तुम दोनों के धीरज और समर्थन के लिए शुक्रगुज़ार हूँ, जब इस किताब के लिखे जाने के दौरान मैं दिन के वक़्त या देर रात तक अपने लिखने-पढ़ने के कमरे में बन्द रहता था। मैं आभारी हूँ खाने की मेज़ पर उस तमाम बातचीत का जिससे इस किताब के अध्यायों को सही दिशा दी जा सकी और उन बहुत-से मौक़ों के लिए भी जब मैं तेज़ी से आ कर तुम लोगों से

कहता था कि सारा काम छोड़ कर (जो तुम मान भी लिया करती थीं) ताज़ा-ताज़ा लिखे कुछ हिस्से पढ़ लो जिन्हें ले कर मैं उत्साहित महसूस कर रहा होता था।

अपने कुछ नज़दीकी सहयोगियों और उद्यमी साथियों और साथ-साथ त्रिश्या के सबसे गहरे दोस्तों का शुक्रिया कि आप सब ने शुरुआती प्रारूप तैयार करने के दौरान बहुत क़ीमती राय दी, विस्तार से भी और विविध क़िस्म की भी, जिससे मुझे यक़ीनन इस किताब को बेहतर बनाने में मदद मिली।

अपनी सहकर्मी अमृता पाण्डे का शुक्रिया, जो उन दस बरसों में जिनमें मैं उससे यू.टी.वी. में उसके काम करने के दौरान परिचित हुआ, हर दो बरस पर मेरे कमरे में आ कर मुझे कोंचती रही है कि मैं एक किताब लिखूँ और हर बार हँका दी जाती रही है...जब तक कि एक दिन तक़रीबन डेढ़ साल पहले जब हम कई लोग हिन्दुस्तान में टी.वी. शो *शार्क टैंक* को बनाने-दिखाने के सिलसिले में बैठ कर गर्मा-गरम चर्चा कर रहे थे, अमृता ने एक बार फिर किताब लिखने के बारे में बात की। तब पहली बार मैंने पर्ची पर लिखा—'किताब?'

अपनी भरोसेमन्द सहयोगी और प्रमुख सहायक ज़ेनोबिया तम्बोली के मार्ग-दर्शन, तथ्यों को सही करने में दी गयी मदद और इस किताब के अनेक प्रारूपों से हो कर गुज़रने के दौरान बरती गयी निष्ठा के लिए आभार।

रूपा पब्लिकेशन्स, कपीश मेहरा और रितु वाजपेयी मोहन का शुक्रिया कि उन्होंने इस किताब को प्रकाशित करने में सीमाओं को तोड़ा और एक विचार से शुरू करके बाक़ायदा शेल्फ़ पर रखी किताब तक, इस पूरी प्रक्रिया के दौरान मेरा हाथ थामे रखा।

हिन्दुस्तान में उद्यम और नेतृत्व के बढ़ते हुए जोश और भावना ने ही आशावाद, आवेग, आकांक्षा और आगे बढ़ने के जज़्बे की नई लहर के साथ मिल कर मुझे यह प्रेरणा दी कि मैं भी इस किताब को लिख कर अपना छोटा-सा योगदान करूँ।

उद्यम की दुनिया का सफ़र
पिछले पच्चीस बरस

मैं अपने काम-काजी जीवन के उतार-चढ़ाव को सुर्ख़ियों में इसलिए नहीं बयान कर रहा क्योंकि यह किताब मेरी काम-काजी ज़िन्दगी के बारे में है, बल्कि इसलिए कि मैं हवाला देने के लिए एक बिन्दु पेश कर सकूँ। हर अध्याय में मैंने क़िस्से बयान किये हैं जो मेरी असली ज़िन्दगी के तजुर्बा के बारे में बताते हैं—अच्छे भी और बुरे भी—और उन्हें इस किताब के सन्देश के साथ, उसमें दिये गये सूत्रों के साथ जोड़ते हैं। ये क़िस्से हर बार सिलसिलेवार नहीं पेश किये गये हैं।

उद्यम और कारोबार में मेरी अब तक की ज़िन्दगी पच्चीस बरस के अरसे में फैली हुई है। कारोबार के मैदान में मेरा पहला गम्भीर प्रयास 1980 के दशक में हिन्दुस्तान में केबल टी. वी. की शुरुआत करने से जुड़ा है। इसके बाद उसी दशक के अन्त में मैंने यों ही अचानक टूथब्रश बनाने के धन्धे में क़दम रख दिया था; और वह कारोबार—लेज़र टूथब्रशेज़—आगे चल कर बढ़ते हुए, भारत में अपने क़िस्म के सबसे बड़े व्यापारों की गिनती में आ गया।

रंगमंच और टेलीविज़न के प्रस्तुतकर्ता की हैसियत में मेरे शुरुआती दिन, जिनका मक़सद महज़ एक शौक़ पूरा करना था, मुझे मीडिया और मनोरंजन की दुनिया की तरफ़ खींच ले गये। 1990 के दशक की शुरुआत में मैंने यू. टी.वी. को ऐसी कल्पना के साथ शुरू किया था जो उस समय इतनी उमंग-भरी और महत्वाकांक्षी नहीं थी। हमारा इरादा था विभिन्न टी.वी. चैनलों के लिए कार्यक्रम बनाना। अगले पाँच वर्षों में हमारे इरादे भी बढ़े और कल्पना ने भी पंख फैलाये। हमने टेलीविज़न कार्यक्रम बनाना जारी रखते हुए, अलग-अलग विभाग बनाकर

तरह-तरह की सेवाएँ देनी शुरू कीं। इन सेवाओं में विज्ञापन और डॉक्यूमेण्टरी फ़िल्में बनाने से ले कर विभिन्न विमान कम्पनियों के लिए उड़ान के दौरान मनोरंजनपरक कार्यक्रम उपलब्ध कराना, हॉलीवुड की ज़्यादातर एक्शन-प्रधान और एनिमेशन सामग्री के लिए डबिंग करना और पोस्ट प्रोडक्शन के काम को पूरा करने और स्पेशल इफ़ेक्ट मुहैया करने के लिए एक विशाल स्टूडियो क़ायम करना शामिल था।

उस समय तक मैंने बाहर से आर्थिक बन्दोबस्त नहीं किया था—न तो केबल टेलीविज़न के लिए, न यू.टी.वी. के लिए—प्रमुख रूप से इसलिए कि तब तक आर्थिक वातावरण उतना प्रौढ़ और परिपक्व नहीं हुआ था। इसके अलावा मेरे फ़ैसले के पीछे एक और कारण भी था। मैं चाहता था कि उस समय जब मैं बढ़ते हुए कारोबारों पर अपना ध्यान लगाये हुए था जहाँ सम्भावनाओं का दायरा छोटा था, मैं पूँजी लगाने वाले किसी बाहरी आदमी की जवाबदेही सिर पर लिये बिना, उतने ही पैर फैलाऊँ जितनी लम्बी मेरी चादर थी।

बहरहाल, 1990 के दशक के मध्य तक आते-आते मैंने अपने कारोबार का नमूना बदल दिया। एक ऊँचे पैमाने और उसके हिसाब से बड़ी पूँजी की तलाश में हमने अपने पहले-पहले निवेशक, रूपर्ट मरडॉक, के साथ क़रार किया। इसके बाद जल्द ही, तीन अन्तर्राष्ट्रीय निवेशकों में से एक—वॉरबर्ग पिंकस—भी यू.टी.वी. में हिस्सेदार बन गये। हमारी सहायक कम्पनी ने प्रोडक्शन के बाद के काम के लिए बेहतरीन सुविधाओं से सुसज्जित एक स्टूडियो क़ायम किया और आगे चल कर एक विशाल एनिमेशन स्टूडियो भी, जिसके लिए हम अपने साथ तीन और निवेशकों को जोड़ने में सफल रहे-हिन्दुजा फ़ाइनेन्स, इन्फ़्रास्ट्रक्चर लीज़िंग एण्ड फ़िनेन्शियल सर्विसेज़ और जापानी कम्पनी—मित्शुई।

सन 2000 के बाद, उन बहुत-सी कोशिशों के साथ जो हम करते रहते थे, हमने तीन बड़ी पहलक़दमियाँ कीं। पहली यह कि हमने यू.टी.वी. के दायरे को बढ़ा कर दक्षिण पूर्वेशिया को—ख़ास तौर पर सिंगापुर और मलयेशिया को—उसमें समेट लिया ताकि हम टेलीविज़न कार्यक्रम बनायें और आगे चल कर एक चैनल भी शुरू करें। दूसरी यह कि अमरीका के एक दौरे से वापस आ कर—और वहाँ सैम वॉल्टन और वॉलमार्ट जो कुछ कर रहे थे, साथ ही होम शॉपिंग नेटवर्क और क्यू.वी.सी. जैसे घर-बैठे-ख़रीदारी के चैनलों की सफलता से प्रेरित हो कर—मैंने हिन्दुस्तान में 'होम शॉपिंग' और 'जैसा टी.वी. पर दिखा' की पहलक़दमी का फ़ैसला किया। यू.टी.वी. से अलग, अपने घर-बैठे-ख़रीदारी वाले व्यापार के लिए हम अपने निवेशकों के तौर पर सिलिकॉन वैली के पूँजीपतियों—ड्रेपर और वॉल्डेन—को जोड़ने में सफल रहे। हमारी तीसरी पहलक़दमी थी शराब बनाने वाले उद्योग के बड़े पूँजीपति विजय माल्या से

'विजय टी.वी.' नामक एक दक्षिण भारतीय (तमिल) चैनल ख़रीदना, जिसे हम दो साल तक पाल-पोस कर बड़ा करते रहे; उसके बाद हमने स्टार टी.वी. के साथ 50:50 की हिस्सेदारी में चारों दक्षिण भारतीय भाषाओं में प्रसारण करने का एक संयुक्त प्रयास शुरू किया।

सन 2006 तक आते-आते ऊँची उड़ान भरने के कीड़े ने हमें काट लिया था। यू.टी.वी. ने अपनी धुरी ज़्यादातर उपभोक्ताओं से रू-ब-रू धन्धे की तरफ़ घुमा दी। हमने एक टेलीविज़न प्रसारण नेटवर्क, एक चलचित्र स्टूडियो और आख़िरकार विडियो गेम्स और मोबाइलों की दिशा में अपना विस्तार करना शुरू किया। बच्चों का हमारा चैनल—हंगामा—हमें वॉल्ट डिज़्नी कम्पनी के साथ एक लम्बी और सफल साझेदारी की ओर ले गया। इसके बाद जल्द ही हमने हिन्दुस्तान का पहला युवाओं का चैनल—बिन्दास—और यू.टी.वी. के झण्डे के नीचे तीन फ़िल्म चैनलों की बुनियाद रखी। एक निजी पहलक़दमी के तौर पर मैंने अन्तर्राष्ट्रीय स्तर पर व्यापार से जुड़े ब्योरों और सूचनाओं के क्षेत्र में अव्वल नाम—ब्लूमबर्ग—के साथ एक व्यापार सम्बन्धी ख़बरों का चैनल—ब्लूमबर्ग यू.टी.वी.—शुरू किया।

फ़िल्मों की दुनिया में यू.टी.वी. की पहलक़दमियाँ कुछ नाकामियों के साथ शुरू हुईं; हमने इन धक्कों से बहुत कुछ सीखा जैसा कि 2003-04 में *चलते चलते, स्वदेस* और *लक्ष्य* की सफलताओं ने साबित कर दिया। मगर हमारा असली मोड़ 2006 में *रंग दे बसन्ती* की क़ाबिले-ज़िक्र कामयाबी से आया। अगले दस साल के दौरान हमने उतार-चढ़ाव के कई मंज़र देखते हुए, साठ से ज़्यादा फ़िल्में बनाने, प्रोड्यूस करने, प्रोड्यूस करने में सहयोग देने या वितरित करने का बीड़ा उठाया।

अगली बड़ी मंज़िल की तरफ़ नज़र फेरते हुए हमने विडियो और कम्प्यूटर खेलों—कॉनसोल, मल्टी-प्लेयर और मोबाइल—के क्षेत्र में भी क़दम रखे, पहली बार निर्माण करने की बजाय बने-बनाये माल को हासिल करते हुए। 'विजय टी.वी.' के अकेले अपवाद को छोड़ दें तो तब तक मैंने जो कुछ किया था, वह बुनियाद से शुरू करके ईंट-दर-ईंट, पूरी तरह अपने साधनों के बल पर खड़ा किया गया था।

फ़रवरी 2012 में वॉल्ट डिज़्नी कम्पनी ने यू.टी.वी. को ख़रीद लिया। मैं दिसम्बर 2013 तक वक़्ती तौर पर नई संयुक्त कम्पनी—डिज़्नी यू.टी.वी.—के प्रबन्ध निदेशक का पद सँभालता रहा, जिसके बाद मैंने मीडिया और मनोरंजन के कारोबार से बाहर आ कर अपनी दूसरी पारी की शुरुआत की।

भूमिका
मेड इन इण्डिया

उद्यम और कारोबार की दुनिया में क़दम रखना सैर-सपाटे पर नहीं, सफ़र पर जाना है।
आप अपने साथ यह कह कर कोई समझौता नहीं कर सकते कि
'मैं इसे दो साल तक आज़मा कर देखूँगा।'
उद्यमी बनने का मतलब है ज़िन्दगी को अपनी शर्तों पर जीना।
बड़े-बड़े सपने देखना। और ऐसा करते समय अपनी आँखें खुली रखना।

नाकामी मेरे अन्दर दिलचस्पी और कौतूहल जगाती है, मुझे मोहित करती है।

मैं यह कभी नहीं समझ पाया कि लोग नाकाम होने से इतना डरते क्यों हैं। या वे बढ़ कर ज़िन्दगी की सीढ़ी के उस अगले पायदान पर पैर रखने से महज़ इसलिए क्यों हिचकते हैं कि कहीं वे लुढ़क न जायें।

नाकामी ज़िन्दगी का एक हिस्सा है। हर कोई नाकाम होता है। मुझे मालूम है, मैं हुआ हूँ। जितना मैं गिन सकता हूँ, उससे ज़्यादा मर्तबा।

अक्सर लोग मुझसे कारोबार और उद्यम के मेरे विभिन्न अनुभवों के बारे में पूछते हैं। ज़्यादातर लोग कामयाबियों के बारे में सुनना चाहते हैं। नाकामियों के बारे में क्यों नहीं पूछते भला? मेरे पास बताने के लिए ज़्यादा बातें होंगी।

सिर्फ़ एक शुरू-शुरू की मिसाल लीजिये—मेरी पहली बॉलीवुड फ़िल्म *दिल के झरोखे में* ऐसी फ़्लॉप साबित हुई थी कि शायद आपने उसे कभी देखा ही नहीं होगा। किसी

ने नहीं देखा। या कम-से-कम कोई उसे देखने की बात मानेगा नहीं। लेकिन उस फ़िल्म के निर्माता के रूप में मैंने जो सबक़ सीखे, उन्होंने मुझे धकेल कर व्यापार के उस क्षेत्र में आगे बढ़ने की प्रेरणा दी। उन्होंने मुझे ऐसी हिकमतें सिखायीं जो मेरे लिए सिर्फ़ फ़िल्मों के क्षेत्र ही में फलने-फूलने के लिए नहीं, बल्कि कला और कलाकारों का प्रबन्ध करने और अपने यक़ीन और साहस पर विश्वास करने के लिए भी ज़रूरी थीं।

यू.टी.वी. को कुछ साल तक पाल-पोस कर बड़ा करने के बाद हम फैल कर प्रसारण और फ़िल्मों के व्यापार में भी दाख़िल होने के बारे में सोचने लगे थे। नतीजे के तौर पर अपनी उस पहली-पहली कोशिश में हमने आख़िरकार जो हासिल किया, वह फ़िल्में बनाने का एक निहायत ही क़ाबिले-ऐतराज़ तूफ़ान था। ऐसा प्रयास था जिसमें बॉलीवुड का हर क़िस्म का मसाला काम में लाया गया था—एक खलनायक, एक नायक, एक प्यार-मुहब्बत का मामला, छह गाने और तीन घण्टे तक खिंचने वाली फ़िल्म।

अब सुनिये, वह कितनी ख़राब थी। मैंने प्रीव्यू वाले थिएटर में फ़िल्म देखने से इनकार कर दिया। इसकी जगह, मैंने अपने सोने के कमरे में फ़िल्म देखने का इन्तज़ाम किया, ताकि मैं उसे देखते हुए शर्म से कसमसाऊँ तो कोई गवाह न मौजूद हो। फ़िल्मी दुनिया में उन दिनों मुझमें अपने सहज बोध और अन्दर के ज्ञान पर भरोसा करके आगे बढ़ने की समझदारी नहीं थी। मुझ पर 'बाहर के आदमी' का ठप्पा लगा हुआ था—दक्षिण मुम्बई का एक पारसी जिसे, ऐसा लगता था, हिन्दी की बहुत मामूली-सी जानकारी थी और जो ऐसे लोगों से घिरा हुआ था जो बराबर बस यही कहते रहते, 'यही फ़ारमूला काम करेगा।' मैंने *दिल के झरोखे में* के निर्देशक के साथ कई बार बैठ कर उसे कुछ कटौतियाँ करने के लिए राज़ी करने की कोशिशें कीं। फ़िल्म के सम्पादन के लिए आख़िरी बार जाने तक मैं समझ चुका था कि हम चाहे जो भी करें, फ़िल्म मुँह के बल गिरने वाली है।

मेरे लिए 'हे भगवान' वाला लम्हा फ़िल्म का एक दृश्य था जिसमें एक नाग दूध पीता है। दृश्य खिंचता रहता है...खिंचता रहता है। मैं हर सम्भव कोशिश करके यह नहीं बूझ पाया कि वह दृश्य फ़िल्म में था क्योंकर, सिवा इसके कि निर्देशक की ज़िद थी—नाग अच्छी क़िस्मत लाता है।

भाड़ में जाये सब, मैंने सोचा, अगर डूबना ही बदा है तो सबकी रज़ामन्दी के साथ ही मेरा डूबना ठीक होगा। कौन जाने? शायद काम कर ही जाये।

तो फिर नाग हमारे लिए कैसी ख़ुशक़िस्मती लाया?

फ़िल्म के निर्माण में 10 करोड़ रुपये लगे थे (आज के हिसाब से 45 करोड़)। हमने

सारे-के-सारे गँवा दिये।

ऐसी—या किसी भी—नाकामी से किसी को क्या हासिल होता है?

ज़िन्दगी की तरह कारोबार में भी नाकामी सफलता से ज़्यादा प्रेरक साबित हो सकती है। लोगों के दिमाग़ों से उस विफलता को जल्दी से साफ़ करके आगे बढ़ने पर ध्यान केन्द्रित कीजिये और आप उस तजुर्बे को 'आख़िरी सफ़र' के तौर पर देखना बन्द कर देंगे।

हर बार हमने नाकामी का सामना इस पक्के यक़ीन के साथ किया कि चाहे जो भी हो, हम कामयाब ज़रूर होंगे। इस रवैये के बल पर मैं अपनी पेशेवर और कारोबारी ज़िन्दगी के बहुत-से हौसला तोड़ने वाले लम्हों से उबर सका हूँ।

◆

मैं उन लोगों के लिए एक किताब लिखना चाहता था जो उद्यम, नेतृत्व, जीतने और एक बेहतर भविष्य के सपने देखने के मेरे जोश में हिस्सेदार बन सकें। भारत में उद्यम की जो भावना है, मुझे उसमें विश्वास है, क्योंकि मैंने उसकी बेधड़क बेलगाम ताक़त देखी है और उसका तजुर्बा किया है। मुझे अपने अर्थ-तन्त्र की अपार सम्भावनाओं पर गहरा विश्वास है जो अब भी नये-नये पैदा हुए बच्चे सरीखा है। मेरी इच्छा है कि मेरा देश दुनिया के मंच पर विचारों के विश्व-व्यापी नेता के रूप में अपनी पूरी ताक़त से उभर कर सामने आये। मैं ऐसे लोगों का राष्ट्र देखना चाहता हूँ जो बड़ा सोचें, नई खोज में हिस्सेदार बनें, कड़ी मेहनत करें और अपने सपनों को साकार करें। और मुझे यक़ीन है कि आप—और हम—भारत में उद्यम और कारोबार का भविष्य हैं।

मेरी सारी काम-काजी ज़िन्दगी के दौरान भारत और दुनिया भर के उद्यमी, कम्पनी-प्रमुख और कम्पनी के भीतर नई लीक और जोखिम अपनाने वाले लोग—जिन्हें जानने, मिलने और जिनसे सीखने या जिन्हें सिखाने का सौभाग्य मुझे मिला है—हौसला बढ़ाने वाले, उदार और सबसे बढ़कर शान्त और स्थिर स्वभाव के हैं। उन्हें वह सनसनी और तेज़ी पसन्द है जो अपने पंखों की ताक़त के बल पर ऊँचे-से-ऊँचा उड़ने पर महसूस होती है।

मेरे लिए इस किताब का मतलब है—नाकामी को रहस्य के कोहरे से बाहर लाना, सफलता के लिए बढ़ावा देना, आगे बढ़ने की इच्छा और इरादे को मज़बूत करना और बड़ी-बड़ी बातें सोचने में मदद देना। अपने कुछ साथी सहयोगियों के साथ इस किताब के नाम को तय करने के सिलसिले में विचार-विमर्श करते समय, एक साथी ने पूछा, 'रॉनी, इस ख़्याल के बारे में क्या सोचते हो—तुम कोई सपना देख सकते हो तो उसे पूरा भी कर सकते हो?'

मैंने फ़ौरन जवाब दिया, 'यक़ीनन, मगर यह ज़रूरी होगा कि तुम उस समय और हर वक़्त पूरी तरह जगे रहो। और तुम्हें आँखें खुली रखनी होंगी, बन्द नहीं...' और तब, मुझे अन्दाज़ा हो गया कि हमें किताब का नाम मिल गया है।

जो कुछ मैं यहाँ मिल-बाँट रहा हूँ वह सच्चा, असली, व्यावहारिक, पैर ज़मीन पर रखने और एकाग्र होने से ताल्लुक़ रखता है। इसलिए *सपने देखो खुली आँखों से* दो दृश्यों का बेजोड़ मेल है। एक जो बड़े सपने देखते समय ऊँची उड़ान भरते हुए, 30,000 फ़ुट की ऊँचाई से देखा गया हो और दूसरा जो ज़मीन पर उतर कर कथनी को करनी में बदलते और साकार करते समय देखा गया हो।

अगर आपके पास कभी कोई असरदार, लीक तोड़ने वाला माल या कारोबारी ख़्याल रहा हो या आप ख़ुद कभी अपने कारोबार के मालिक बनने में दिलचस्पी रखते रहे हों या फिर आपने कारोबार की दुनिया में पहले-पहले क़दम रख दिये हों तो यह किताब आपके काम की है।

अगर आप पिछले सात-आठ साल से अपनी कम्पनी चला रहे हों और अब ऐसे चौराहे पर आ पहुँचे हों जहाँ अपने कारोबार के पैमाने या ब्राण्ड या अपने माल की क़ीमत और क़दर को बढ़ाने से जुड़े कुछ सवाल आपसे जवाब चाहते हों तो पढ़ते चलिये।

अगर आप इस बात को लेकर परेशान हों कि अगर आपने अपनी लगी-बँधी नौकरी के सुरक्षित आसरे को छोड़ कर ख़ुद अपना कारोबार शुरू करने के ख़्याल को ज़ाहिर करने की हिम्मत की तो आपके माता-पिता या आपका परिवार हाय-तौबा मचाने पर उतर आयेगा, तो इत्मीनान रखिए। बल्कि इससे भी बेहतर है कि इस किताब को उनके साथ मिल-बाँट कर पढ़िए।

अगर आप अपना व्यापार शुरू करने के लिए तैयार एक अनुभवी पेशेवर आदमी हैं या जिस कम्पनी में आप काम करते हैं उसमें एक प्रभावशाली भूमिका निभाने का पक्का इरादा रखते हैं, तो आगे पढ़िये।

इन सारे मामलों में यह किताब नाकामियों, सफलताओं, अनुभवों और क़िस्सों को आपके साथ बाँटती है। इनसे आपको एक गहरी नज़र और बेहतर नज़रिया हासिल करने में मदद मिलेगी। अगर आपके सामने इस दुनिया में चींटी-बनाम-हाथी सरीखा मुक़ाबला आ खड़ा होगा, तो यह आपको उसका सामना करने का, अपनी टीम बनाने, मार्गदर्शन करने, कारोबार को बढ़ाने, ज़िन्दा बचे रहने और सफल होने का साहस बँधायेगी।

सपने देखो खुली आँखों से जिस हद तक उन लोगों के बारे में है जो उद्यम की दुनिया

में दस या उससे ज़्यादा साल का सफ़र तय कर आये हैं, उसी हद तक उनके बारे में भी है जो अभी शशो-पंज में हैं या जो अभी-अभी शुरू कर रहे हैं। इससे कोई फ़र्क़ नहीं पड़ता कि आप बीस बरस के हैं या तीस या चालीस के—उम्र कोई रुकावट नहीं है। आख़िरकार, मैं पचास से ऊपर का हूँ और फिर नये सिरे से शुरू करने की सोचते हुए अपनी दूसरी पारी में और अधिक चुनौतियों से जूझने और मौक़ों को हाथ में लेने के लिए तैयार हूँ। इसमें कभी बहुत देर का सवाल नहीं पैदा होता, न यह कभी बहुत आसान होता है।

◆

भारत में उद्यम की विशाल सम्भावनाओं को अवसरों के इस युग में साकार करने का काम एक सीधे-सरल मगर सच्चे उसूल पर टिका है—भविष्य उन लोगों का है जो यह समझते हैं कि उद्देश्य अब होनहार लोगों को यह सिखाना नहीं है कि वे नौकरी कैसे *पायें*, बल्कि यह सिखाना है कि उद्यमी बन कर, या किसी कम्पनी में नई खोज करने वाले पेशेवर लोगों के तौर पर, फलते-फूलते कारोबार कैसे *बनायें*। अगर हम इसे साध लेंगे तो भारत ऊँची उड़ान भर सकेगा। नहीं साध पायेंगे तो हम मुरझा कर सुस्त पड़ जायेंगे। इनमें से किसी भी हालत में सोचने का पुराना तरीक़ा—कि ठोस शिक्षा एक स्थिर और सुरक्षित ज़िन्दगी की बुनियाद है—तेज़ी से ग़ायब होता जा रहा है।

सफल और फलता-फूलता कारोबार क़ायम करना उतना डरावना और चुनौती-भरा नहीं है, जितना शायद आप सोचते हों। निश्चय ही इसमें कमर कस कर कड़ी मेहनत करने की ज़रूरत होती है। मगर यह तो किसी भी सार्थक काम के सिलसिले में लागू होता है। यह आपके लिए रुकावट क्यों बने?

अच्छी ख़बर यह है कि अपने कारोबारी या उद्यमी इरादों पर अमल करने के लिए आप इससे बेहतर समय नहीं चुन सकते । हो सकता है यह कहना सहज ज्ञान के ख़िलाफ़ जान पड़े, क्योंकि हर तीन साल पर हम नौजवानों में बढ़ती हुई बेरोज़गारी या जी.डी.पी. की सुस्त रफ़्तार या फिर किसी विश्व-व्यापी मन्दी या युद्ध के घिरते बादलों के बारे में सुनते रहते हैं। लेकिन इस धुन्ध और कोहरे के बीच एक सुनहरी किरन मौजूद है। मुझे पूरा भरोसा है कि आने वाला यह दशक दृढ़ संकल्प वाले और साहसी लोगों के लिए नये अवसर ले कर आयेगा। आज हाथ-पर-हाथ धरे बैठे रहने और क़ीमती वक़्त ज़ाया करने का ज़माना नहीं रहा। आख़िरकार, हमारी आबादी की तादाद और हमारे अर्थ-तन्त्र की ऊर्जा और रफ़्तार कारोबार की दुनिया में बहुत नीचे तक लटके हुए ऐसे लाखों फलों की तरफ़ इशारा कर रही है जिन्हें बस हाथ बढ़ा

कर तोड़ लेने की देर है।

उद्यमी बनने के बारे में सोचते हुए बहुत-से लोग यह मान लेते हैं कि उन्हें ट्विटर या गूगल या इन्स्टाग्राम जैसे शानदार, पेचीदा और मौलिक विचारों को खोज निकालने की ज़रूरत है। मगर असलियत यह है कि आज जो सबसे ज़्यादा कामयाब कारोबारी धन्धे मौजूद हैं, वे इतने ही लीक तोड़ने वाले, नई सूझ-बूझ और ऊँचे पैमाने की सम्भावनाओं वाले हैं या काफ़ी हद तक सीधे-सादे माल या सेवाओं से ताल्लुक़ रखते हैं।

अभी-अभी शुरू हो रहे बेशुमार क्षेत्रों में आश्चर्यजनक गुंजाइशें हैं—स्वास्थ्य और कल्याण से ले कर खेती और शिक्षा (तकनीकी कौशल के साथ या उसके बिना), भारतीय उपभोग-जगत और कल्पना से बाहर उन सारे क्षेत्रों, बाज़ारों और माँगों तक, जो भारत के ग्रामीण क्षेत्रों से खुल कर आने लगेंगी, जब हम उन सारे इलाक़ों को समूचे आर्थिक पर्यावरण का हिस्सा बना लेंगे। ये व्यापार-धन्धे उतने आकर्षक और मोहक भले ही न जान पड़ें जितना अमरीका की सिलिकॉन वैली की कोई नई पहलक़दमी, लेकिन उनमें ऐसे लोगों के लिए दौलत पैदा करने की क़ूवत है जिनमें इन अवसरों को पहचानने और बढ़कर थाम लेने लायक़ विश्वास, जोश और लगन है।

◆

इस किताब को लिखना शुरू करते समय मैं हैरत से यही सोचता रहा कि आख़िर कौन-सी वजह है कि आज़ादी के साठ या इससे ज़्यादा साल बाद भी हम एक विकासशील देश ही बने हुए हैं और दुनिया की ज़्यादातर अर्थव्यवस्थाओं से पिछड़े हुए हैं। हम इसका ठीकरा सरकार या अपने माहौल या विश्व-व्यापी व्यवस्था के सिर फोड़ने में रत्ती भर देर नहीं लगाते, यानी हम अपने को छोड़ कर बाक़ी सब को दोषी ठहराते हैं।

मार्ग-दर्शकों, जोखिम उठाने वालों, कारोबारियों, अन्वेषकों, वैज्ञानिकों, पेशेवर लोगों या खिलाड़ियों के रूप में हमें अपने जोश और आवेग को दूसरों तक पहुँचाने, उसका प्रचार करने की ज़रूरत है। दुनिया के मैदान में हम लगातार अपनी क़ीमत कम आँकते हैं। इसकी बजाय हमें इस इरादे पर मज़बूती से क़ायम रहना चाहिए कि हिन्दुस्तान से आने वाला कोई भी माल, सेवा या विचार इतना उम्दा हो कि वह विश्व स्तर का माना जाये। मैं जिस चीज़ की वकालत कर रहा हूँ, वह हम में से हरेक के लिए अपनी दिमाग़ी बनावट को, यहाँ तक कि अपने गुण-सूत्रों को बदलने से कम नहीं है। इसे हासिल कर लीजिए और हमें कुछ भी नहीं रोक सकता, कुछ भी नहीं धीमा कर सकता।

आगे के अध्यायों में मैं दूसरे विषयों के अलावा नई खोज और पैमाने के सवाल पर या धक्का खाने के बाद भी (जिसे हममें से बहुत-से लोग 'असफलता' मान बैठते हैं), मंज़िल तक डटे रहने के बारे में बात करूँगा। इस बारे में भी चर्चा होगी कि बाहरी होने के बावजूद सफल होने पर कैसा महसूस होता है; रुझानों को ताड़ने, ब्राण्ड बनाने और क़ीमत पैदा करने की क्या अहमियत है; और योजना बनाकर (या बिना योजनाएँ बनाये) बाहर निकल आना क्या मायने रखता है। अन्त में, मैं सवाल-जवाब वाले अध्याय से ख़त्म करूँगा, जिसमें ऐसे आम सवाल शामिल हैं जो मुझ से आये दिन उद्यमी बनने की उम्मीद पाले लोगों के साथ-साथ उन उद्यमियों द्वारा पूछे जाते हैं जिनके पास कई बरसों का तजुर्बा मौजूद है। इस सारे सफ़र के दौरान मैंने अपने निजी अनुभव, अपने सबक़, अपनी कुछ सफलताएँ और अपनी बहुत-सी नाकामियों में से कुछ आपके साथ मिल-बाँटने की कोशिश की है।

इस मुक़ाम तक यह एक शानदार सफ़र रहा है। यह ऐसा सफ़र है जिस पर आप भी जा सकते हैं, बशर्ते कि आपमें अदम्य आत्मविश्वास हो, सफल होने की अपनी योग्यता में भरपूर भरोसा हो, और जब तक आप उन रुकावटों को पार करने के लिए, जो अनिवार्य रूप से आपके सामने आयेंगी, काम लायक़ साधन जुटा कर आगे बढ़ते रहें।

उद्यमी होने का मतलब है ज़िन्दगी को अपनी शर्तों पर जीना। समय कम है। सही विचारों, काम करने की अनथक क्षमता और नीति, बात करने की पटुता, ठोस सम्पर्कों के जाल, सही लोगों को काम पर रखने की क़ाबिलियत, परिवार का सहारा और आर्थिक सहायता—ये सारे परिवर्तनशील तत्व अगर आपके पक्ष में हों, तब भी मामला पलक झपकते दूसरी दिशा में जा सकता है। व्यापार या ज़िन्दगी में कोई गारण्टी नहीं होती।

लेकिन अगर हर सहकर्मी, साथी, सहयोगी, मार्ग-दर्शक, उद्यमी या संस्थापक को देने के लिए मेरे पास एक सलाह होती तो मैं यही कहता -

बड़े सपने देखिये।

और ऐसा करते समय अपनी आँखें खुली रखिये।

1

ग्रांट रोड से ब्रीच कैण्डी तक

जोखिम का मतलब ऐसे हालात में सिर के बल छलाँग लगाना नहीं है,
जहाँ नतीजे का कोई अन्दाज़ा न हो सके। ऐसा करना बेवक़ूफ़ी होगी।
जोखिम का मतलब है जब दूसरे लोग फूँक-फूँक कर क़दम रखना चाहते हों तब सीमा तोड़ कर आगे जाना। नुक़सान के ख़तरे की बजाय
सम्भावित फ़ायदे की ज़्यादा परवाह करना।

1970 के आस-पास मुम्बई (जिसे तब बम्बई कहते थे) रफ़्तार, शोर-शराबे और रंगीनी की एक चकरघिन्नी था। सड़क के साथ-साथ किराने की हज़ारों दुकानों की कतारें थीं (यह अब भी बहुत नहीं बदला है); हॉर्न बजाती ऐम्बैसेडर कारें, बसें और ऑटो रिक्शा सँकरी सड़कों पर जगह के लिए साइकिलों के साथ होड़ लगाये रहते थे। फ़िज़ा में संगीत, कला और साहित्य था। लोग थे—भविष्य के लिए बड़ी उम्मीदें लगाये और ऊँचे ख़्याल सँजोये। आज की तरह तब भी यह शहर सपने देखने वाले किसी युवा उद्यमी के लिए एक अखाड़ा था, एक कुठाली जिसमें वह अपने सपनों को सच्चाई में बदल सके।

लड़कपन के दौरान मैं इस ज़िन्दा, धड़कती मुम्बई के हर पहलू को कुछ इस तरह अपने अन्दर सोखता रहता मानो मेरी ज़िन्दगी उस पर टिकी हुई हो। उस ज़माने में हिन्दुस्तान की अर्थव्यवस्था काफ़ी कुछ कल-कारख़ानों और खेती-बाड़ी पर निर्भर थी और मैं इस बात पर ख़ास ध्यान देता था कि व्यापार कैसे तरक़्क़ी कर रहे थे; कारोबार का हिसाब-किताब कैसे

चलता था, पैसा कैसे एक हाथ से दूसरे हाथ में जाता था, कारोबार कैसे एक दिन प्रकट होते और दूसरे दिन ग़ायब हो जाते, कैसे एक ही सामान बेचने वाले पाँच दुकानदारों में से एक कामयाब होता, चार दुकान बढ़ा देते।

नॉवेल्टी सिनेमा की बग़ल में ग्रांट रोड पर मेरा बचपन अपने मध्यवर्गीय परिवार में बीता—हम अमीर नहीं थे, लेकिन जो हमें चाहिए था, वह हमारे पास था। हम लगभग सौ साल पुरानी और हमेशा मरम्मत माँगती पाँच मंज़िला आर्सीवाला बिल्डिंग के पहले माले पर एक फ़्लैट में रहते थे—एक लम्बा गलियारा जिसके तीन कमरों में मेरा भाई, माता-पिता, दो बुआएँ और दादा-दादी थे। फ़्लैट में सोने की जगह को उसके दूसरे कमरों से अलग करके नहीं देखा जा सकता था। मुझे अपने परिवार के लोगों से विनती करना याद है कि वे मुझसे जगह बदल लें, ताकि उनके सोने के कमरे को वक़्ती तौर पर बैठक बना लिया जाये। मैं वहाँ सोलह साल की उमर तक रहता रहा। मुझे ऐसे स्कूल में पढ़ाई करने की विशेष सुविधा मिली थी जहाँ मेरे ज़्यादातर साथी कारों में आते थे, जबकि मैं पौन-पौन घण्टे तक बेस्ट की बस के आने का इन्तज़ार किया करता था।

मेरे हौसले और आत्मविश्वास को मन्द करने की बजाय मेरे बचपन ने मुझे सोचने-विचारने के ऐसे तरीक़ों से लैस कर दिया, मेरे अन्दर ऐसे विचार भर दिये जो आगे चल कर मेरे बहुत काम आये जब मौक़े मेरी ज़िन्दगी में तूफ़ानी रफ़्तार से आने लगे। जोखिम एक ऐसा शब्द था, जिससे मैं परिचित था, लेकिन जिसका ख़ाका मैं नहीं खींच सकता था। मुझे उन लोगों को देखने-परखने में बहुत दिलचस्पी थी, जो हर रोज़ सड़कों पर बोलियाँ लगाते हुए, मोल-भाव करते हुए माल ख़रीदते-बेचते थे। बरसात की बौछार की तरह मुझ पर विचारों की झड़ी लगी रहती (हालाँकि इसका मतलब यह नहीं है कि मेरी आँखें पास-पड़ोस की सुन्दर लड़कियों पर नहीं टिकती थीं)।

इस सारे माहौल ने मेरे पहले कारोबारी अनुभव को एड़ लगाने का काम किया; बिल्डिंग में रहने वाले हम सभी मुहल्लेवाले लड़के इकट्ठा हुए और हमने एक परदा लटका कर लोगों को शाम के समय हफ़्तावार नाटक और गीत-संगीत के कार्यक्रम देखने के लिए बुलाना शुरू किया। इसके लिए हम पर्चे बाँटते और बारी-बारी से अपने-अपने घरों में जगह निकालते। मुझे अपने दोस्तों के साथ मिल कर काम करना पसन्द था और उनके माता-पिता भी अपने बच्चों को कुछ ढंग का काम करते हुए देख कर खुश होते। बिल्डिंग में हर कोई हमें देखने के लिए पैसे ख़र्च करता। आख़िर उन्हीं के बच्चे यह सब कर रहे थे, वे क्योंकर बढ़ावा न देते? और इस तरह दस साल की उमर में मैंने अपनी पहली कमाई की। ज़्यादा नहीं, बस इतनी कि

एक साइकिल किराये पर ले कर हमारे घर के ठीक पीछे बालाराम स्ट्रीट में रहने वाली एक लड़की को घुमाने ले जा सकूँ।

इन पहले-पहले कार्यक्रमों ने दूसरी योजनाओं के रास्ते खोल दिये जिनमें से हर एक पहले से ज़्यादा पेचीदा थी। हमारे घर के छोटे-से बरामदे से नीचे देखने पर सिनेमा हॉल नज़र आता था, जिसकी गिनती उन दिनों शहर के बेहतरीन सिनेमा घरों में होती थी। उस ज़माने में किसी के पास टेलिविजन सेट तो थे नहीं, इसलिए फ़िल्मों के बड़े पैमाने पर होने वाले प्रीमियर एक शानदार नज़ारा पेश करते। बॉलीवुड अपनी फ़िल्मों का विज्ञापन करने के लिए हर ख़ास-ओ-आम को इकट्ठा कर लेता, ताकि लोग महीने में दो बार होने वाले उद्घाटनों के मौक़ों पर सितारों को बाहर आते हुए देख सकें। बाक़ी काम अख़बार पूरा कर देते, अपने पहले पन्नों पर फ़िल्म उद्योग की सबसे जादुई शख़्सियतों की तस्वीरें छाप कर—अमिताभ बच्चन, जीतेन्द्र, राजेश खन्ना, शर्मिला टैगोर, हेलेन, नूतन, मनोज कुमार, वहीदा रहमान—फ़ेहरिस्त काफ़ी लम्बी थी।

हर प्रीमियर पर हमारे फ़्लैट के इर्द-गिर्द की सड़कें इन्तज़ार करते लोगों से ठसा-ठस भर जातीं। हमारा बरामदा ऐसे मौक़े की जगह पर था जहाँ से बॉलीवुड की आन-बान-शान का नज़ारा बड़े आराम से किया जा सकता था। अपनी बाल्कनी की सीटों के लिए एक बाज़ार की गुंजाइशों को भाँप कर मैंने लोगों को टिकट बेचने शुरू कर दिये। वे आँखें फाड़ कर नीचे सड़क पर अपने चहेते सितारों की तरफ़ इशारा करना और उनकी फ़ोटो खींचना चाहते ताकि बाद में अपने दोस्तों और परिवार वालों को दिखा सकें।

कुछ और पैसे कमाने के लिए मेरे अन्दर इन लोगों को कुछ खाने-पीने की चीज़ें बेचने का भी लालच पैदा हुआ। मेरे दादा-दादी ने खाने का सामान बेचने के सवाल पर त्योरियाँ चढ़ा लीं। दस साल की उमर में मेरे कारोबारी जीवन का यह पहला धक्का था। तो भी, उन्होंने और मेरे माता-पिता ने मुझे दिलासा दिये रखा और ऊँचाइयों पर उड़ने की मेरी इच्छा से ख़ुश होते रहे। यह बात अलग है कि उन्होंने अपने बरामदे में पन्द्रह से ज़्यादा अजनबियों के आने पर पाबन्दी लगा दी थी।

यक़ीनन छोटे-छोटे किस्से हैं, मगर इन्हीं लम्हों ने मेरे कारोबारी जज़्बे की सूरत-शक्ल गढ़ी, उसका ख़ाका तैयार किया। कोई जादुई फ़ार्मूला नहीं, कोई धाँसू ख़्याल नहीं, कोई अन्दर की पहुँच या ख़ानदान का जुगाड़-पानी नहीं। लेकिन ग्रांट रोड पर मेरा बचपन अनन्त सम्भावनाओं का युग था, धमाका करने की ख्वाहिश को सान पर चढ़ाने का, बड़े सपने देखने और कभी-कभी उन्हें इतने बड़े पैमाने पर सच्चा होते देखने का जितनी उस समय मैं कल्पना

भी नहीं कर सकता था।

◆

इसमें कोई शक नहीं कि मेरी किशोरावस्था के उद्यमी जीवन का सबसे यादगार लम्हा रॉक संगीत का वह कॉन्सर्ट था जो हमने 1970 की दहाई के मध्य में आयोजित किया था। मैं उस समय अट्ठारह साल का था। हमारे माता-पिता के ख़्याल में रॉक-एन-रोल दुनिया के ख़त्म होने की निशानी था। इसके बावजूद, पश्चिमी संगीत में हिन्दुस्तानी नौजवानों की दिलचस्पी बढ़ती जा रही थी। उन दिनों देश में संगीत की राजधानी कलकत्ता थी, हालाँकि तब तक कोई बड़े संगीत कार्यक्रम आयोजित नहीं हुए थे। कुछ दोस्तों के साथ मेरा इरादा लोगों के ध्यान को बम्बई की तरफ़ खींचने का था।

हमने देश भर से चार संगीत मण्डलियों को शहर आने का न्योता दिया। हमारे इरादे काफ़ी ऊँचे थे। देश में पहली बार कई शहरों से आने वाले संगीतकारों का फ़्यूजन शो। हमने सबसे बड़े हॉल को खोजा और उसे बुक कर दिया—3000 सीटों वाला शन्मुखानन्द हॉल। हॉल अपने समय के लिहाज़ से विशाल था और जैसा कि आगे चल कर साबित हुआ, यही हमारे धड़ाम से गिरने का कारण बना।

हमने सौ-सौ रुपये के 1500 टिकट बेचे। यह हॉल की सीटों की आधी तादाद थी—जो बुरी नहीं कही जा सकती थी—और प्रायोजकों ने ख़र्च में हिस्सा भी बँटाया। हममें से किसी ने पहले कभी इतना भव्य आयोजन नहीं किया था, लिहाज़ा हमने शहर में स्पेशल इफ़ेक्ट भी आज़माये। जैसे-जैसे आयोजन नज़दीक आने लगा, लागत बढ़ने लगी। मगर हम सभी उत्साही जीव थे; हमारा इरादा था कि ऐसा शो पेश करें जैसा हिन्दुस्तान में किसी ने कभी देखा न हो।

ख़ुशी की बात है कि शो बिना किसी अड़ंगे के पूरा हुआ। ज़बानी समीक्षाएँ शानदार थीं। हमने कोई क़सर बाक़ी नहीं रखी थी, लोग जो चाहते थे वह उन्हें दिया गया, रॉक-एन-रोल के सुरों पर झूमे थे, लहराये थे—इस सब में हमें कामयाबी मिली थी।

लेकिन मुहावरे की ज़बान में कहूँ तो जब दोबारा बत्तियाँ जलीं, हम 50,000 रुपये के पेटे में आ चुके थे। हम तीनों में बाँटी जाने पर भी, वह रक़म उस समय मेरे लिए ख़ासा बड़ा नुक़सान थी। मैं दिवालिया हो चुका था। नुक़सान के अपने हिस्से की भरपाई करने में मुझे साल भर का अच्छा-ख़ासा हिस्सा लग गया। मैंने क़र्ज़ के डंक को महसूस किया और लोगों से भीख माँगना तो नहीं, पर मदद के लिए पूछना भी सीखा। अपने हिस्से का एक-तिहाई मैंने अपने माता-पिता, बुआओं और दादा-दादी के पास अलग-अलग जा कर उनकी मदद से

जुटाया और एक-तिहाई अपनी दो गर्लफ्रेंडों से। बचे हुए आख़िरी एक-तिहाई ने मेरी भूख और मेरे दम-ख़म की पूरी परीक्षा ली, मेरे अन्दर के उस जज़्बे की, जो कहता था—*मैं रुकूँगा नहीं, चलता रहूँगा और मेरी अगली मुहिम और भी बड़ी, और भी बेहतर होगी।*

संयोजक के नाते मंच के सामने आ कर कुछ तजुर्बा हासिल कर लेने पर मुझे महसूस हुआ कि मैं विज्ञापनों में मॉडल बनने की कोशिश कर सकता हूँ। मैंने सुना था कि मॉडलों को दो-एक दिन के काम के अच्छे-ख़ासे पैसे मिल जाते हैं। लिहाज़ा यह एक मौक़ा था कि मैं दस-बारह हज़ार खरे करके एक ही झटके में अपने नुक़सान को बराबर कर दूँ। मैंने शहर की ज़्यादातर विज्ञापन एजेन्सियों के चक्कर काटे, लेकिन तीन हफ़्ते तक दौड़ने और दस मुलाक़ातों के बाद नतीजा सिफ़र रहा।

ठुकराये जाने के बावजूद हिम्मत हारने का कोई मतलब नहीं था। हफ़्ते भर बाद मैं लिण्टास (अब लोव लिण्टास) के दफ़्तर पहुँचा ताकि वहाँ के मॉडल संयोजक से वही नुस्ख़ा आज़मा सकूँ। इस बार वहाँ वॉयस-ओवर करने के लिए ऑडिशन करने वालों की एक छोटी-सी क़तार थी, लिहाज़ा मैं भी हिलता-डुलता, रेंगता-कुलबुलाता ऑडियो स्टूडियो में टेस्ट के लिए घुस गया। कैडबरी का विज्ञापन था। अन्दर पहुँच तो गया, मगर मुझे कुछ अन्दाज़ा नहीं था कि करना क्या है। टेस्ट में कुल-जमा पाँच मिनट लगे और बाहर आने पर इन्तज़ार की घड़ियाँ क़यामत जैसी महसूस हुईं।

आख़िरकार, एक महिला मेरे पास आयीं जिन्हें आगे चल कर मैं उषा भण्डारकर के नाम से जानने वाला था और जो एजेन्सी की क्रिएटिव प्रमुख थीं। मैं पहले ही मान बैठा था कि वे मुझे बुरी ख़बर देने आ रही हैं। मगर इसके बदले उन्होंने मुझे बताया कि मुझे इस काम के लिए चुन लिया गया था। पक्की रिकॉर्डिंग कुछ दिनों में होने वाली थी। एक हफ़्ते बाद मैं कैडबरी के लिए एक जुमला बोलने के एवज़ में मिले चेक पर लिखे अपने नाम को घूर रहा था। अट्ठारह साल की उमर में बालिग़ होने की यह शानदार शुरुआत थी—उन शुरुआती दिनों के ऐसे लम्हों में से एक—जब मुझे यह जानकारी हुई थी और एहसास भी कि *मैं यह कर सकता हूँ।* विज्ञापनों में आवाज़ देने का काम चाहे जितना ख़ुशगवार था, मगर उस नाकाम संगीत सभा से मैंने जो सीखा था—और वह भी बहुत जल्दी और तकलीफ़ के साथ—वह आज भी मेरी कारोबारी बनावट का अखण्ड हिस्सा है। वही है जो दृढ़ता से कहता है—*बस, यक़ीन करके, भरोसे के साथ कमन्द फेंको और मैं हिसाब बैठाऊँगा कि पैसे कहाँ से आयेंगे।* आर्थिक नज़रिये से देखें तो यह पैराशूट के बिना हवाई जहाज़ से छलाँग लगाने के बराबर है।

बहरहाल, जब मैं ज़मीन पर उतरा तो मैं हालात के बारे में इससे बेहतर नहीं महसूस

कर सकता था। इतना तो मुझे यक़ीन था कि पैसे-कौड़ी का इन्तज़ाम अपने आप होता रहेगा। लेकिन अगली कुछ रातें मैं बहुत कम सो पाया और वक़्त-बेवक़्त बम्बई की सड़कें नापता हुआ बस यही सोचता रहा कि मैं क्या कर सकता हूँ, और भी बड़ा, और भी बेहतर, और जो इस बार मेरा अपना किया-कराया हो। मेरी तमन्ना ख़ुद अपना बॉस बनने की थी—एक चुनौती सामने रखने और उसे पूरा करने की; एक विचार को उत्तरी ध्रुव से दक्षिणी ध्रुव तक और पूरब से पच्छिम तक खींच कर फैलाने की और फिर उस पर चढ़ कर चोटी तक पहुँचने की।

जोखिम का मतलब ऐसे हालात में सिर के बल छलाँग लगाना नहीं है, जहाँ नतीजे का कोई अन्दाज़ा न हो सके। ऐसा करना बेवकूफ़ी होगी। जोखिम का मतलब है जब दूसरे लोग फूँक-फूँक कर क़दम रखना चाहते हों तब सीमा तोड़ कर आगे जाना। नुक़सान के ख़तरे की बजाय सम्भावित फ़ायदे की ज़्यादा परवाह करना। अपने को भीड़ से अलग करके सम्भावना के रूप में ख़राब-से-ख़राब नतीजे की कल्पना करना। और अगर ऐसा हो जाये तो और भी बड़ी, और भी बेहतर चीज़ों की तरफ़ बढ़ने के लिए तैयार रहना।

आगे चल कर केबल टेलीविज़न, मीडिया, टूथब्रश और दूसरे काम-धन्धों में अपना वह किशोर रूप मुझे बराबर नज़र आता-लम्बे बालों वाला वह लड़का जिसमें ढेर सारी ऊर्जा थी, डर जिसके पास फटका तक नहीं था और जो 'कूदो पहले, देखो बाद में' वाली सोच से भरा हुआ था।

एक सवाल जो उद्यमी बनने की इच्छा रखने वाले लोग मुझसे अक्सर पूछते हैं, 'मुझे कब छलाँग लगानी चाहिए?'

मुझे आज तक इस सवाल का इससे अच्छा और कोई जवाब नहीं सूझा कि 'इसे आप से बेहतर और कौन जानता है? तय तो आप ही को करना है। अपना सबसे सही अन्दाज़ा लगा कर, तर्क और सहज ज्ञान का सहारा ले कर, अपनी जाँच-परख और जिन लोगों पर आप भरोसा करते हैं, उनके समर्थन के आधार पर, आप ही फ़ैसला करेंगे कि सबसे अच्छा समय कौन-सा है।'

शायद इससे बेहतर सवाल होता, '*आप* अपनी छलाँग को कैसे देखते हैं? *आपके* मन में उसकी क्या कल्पना है?'

अपनी बात करूँ तो मुझे ज़्यादातर मामलों में प्रतिक्रिया में काम करने की बजाय पहलक़दमी करना पसन्द है। धकेले जाने की बजाय मुझे छलाँग लगाना ज़्यादा माफ़िक आता है। यों समझिये कि वह *रॉकी* या *दिलवाले दुल्हनिया ले जायेंगे* जैसा लम्हा है। प्रेरणा देने वाले संगीत और अन्दर से उबलते जोश वाला। छवियों का उकसाने वाला मोन्टाज और सीढ़ियों-

पर-दौड़-कर-चढ़ना। और फिर अन्तिम दृश्य के फ़्रीज़ फ़्रेम में बाँहें जीत की ख़ुशी में ऊपर को उठी हुईं या स्टेशन पर चलती हुई रेलगाड़ी से बाहर को बढ़ाया गया एक हाथ, जो ऐसा लगता है हमेशा इसी तरह बढ़ा ही रहेगा। दोनों ही दृश्यों में सहारा देने वाला परिवार है, गाल पर एक चुम्बन, एक थपकी और कान में फुसफुसाती आवाज़, 'जाओ, आगे बढ़ो...और जीत लो।'

फिर आप वापस हक़ीक़त में दाख़िल होते हैं और पाते हैं कि आपके सामने करने के लिए ढेरों काम पड़ा है। और आप उसका बीड़ा उठा सकते हैं।

◆

उन शुरुआती दिनों में सहारा देने के लिए मैं अपने माता-पिता का शुक्रगुज़ार हूँ। उनका सहारा कभी पैसे-कौड़ी की शक्ल में नहीं था, लेकिन वे समझते थे कि ऐसी चीज़ बनाना जिसकी कोई क़ीमत और अहमियत हो, नेक काम है। यह एक ज़रूरी बात है, क्योंकि उद्यम या कारोबार को किसी काम का विकल्प मानने में एक औसत हिन्दुस्तानी परिवार को जो हिचक होती है, उसका दारोमदार बहुत करके पैसों पर होता है। मैंने कभी इस बात की चिन्ता नहीं की कि *अगर मैं सफल नहीं हुआ तो क्या होगा?* इसकी बजाय, मैंने अपना ध्यान इस बात पर केन्द्रित किया कि *अगर मैं नाकाम रहा तो बुरे-से-बुरा क्या होगा?* यह पूछे जाने पर कि मैं एम.बी.ए. या चार्टर्ड अकाउण्टेंट की डिग्री क्यों नहीं हासिल करता, मैं जवाब देता, 'वह रास्ता बहुत लम्बा है और फिर मेरा मन वह करने का है भी नहीं।'

यहाँ एक बात साफ़ कर ली जाये। अगर आप किसी चीज़ के विशेषज्ञ बनना चाहते हैं, किसी काम में माहिर होना चाहते हैं, तो मैं यक़ीनन गहरी पढ़ाई-लिखाई और आगे की जानकारी का क़ायल हूँ। यह एक निजी चुनाव है। मिसाल के तौर पर, मेरे ख़्याल में अकाउण्टेंसी पढ़ना एक बहुत बड़ा और लम्बा सफ़र है जो ज़िन्दगी का एक बेहद अहम सबक़ हमें सिखाता है— *मंज़िल तक डटे रहना।* मेरे भाई ने एम.बी.ए. किया और मानव संसाधन में डॉक्टरेट की। मैं हमेशा उसकी सोच की स्पष्टता और मंज़िल तक पहुँचने की उसकी ज़बरदस्त लगन का आदर करता रहा हूँ।

लेकिन समय के साथ मुझे एहसास हुआ और मैंने इसकी क़दर भी की कि कैसे उद्यम और कारोबार के प्रति मेरे रवैये ने मेरे माता-पिता के लिए भारी चिन्ता और फ़िक्र पैदा की थी। दूसरे बहुत-से परिवारों में खीझ और खींचा-तानी बिलकुल ज़ाहिरा तौर पर नज़र आती और हो सकता है, उसे सुलझाया भी न जा सकता, लेकिन मेरे माता-पिता ने उसे ज़ाहिर न

करने की कृपा की। बल्कि, उन्होंने इस बात का मान रखा कि मैं अपने सपने को पूरा करने की कोशिश कर रहा था। अपने तईं मुझे मालूम था कि अगर मेरी गाड़ी कहीं जा फँसी तो उसे बाहर निकालने में मेरी मदद करने के साधन उनके पास नहीं थे।

मुझे उनका समर्थन, ज़्यादातर अनकहा, बराबर हासिल रहा। लेकिन भारत में उद्यमियों के सामने एक सबसे बड़ी चुनौती परिवार के लोगों और मित्र-परिचितों का सहारा हासिल करने की है। आज भी, जब दुनिया के बाक़ी हिस्से उद्योग और कारोबार की अपार सम्भावनाओं से वाक़िफ़ हो चले हैं जिन्हें अभी काम में नहीं लाया गया, हमारे देश का वातावरण पुरानी सोच पर टिका है। माता-पिता सोचते हैं उनके बच्चों को परिवार का पैसा और प्रतिष्ठा किसी फ़िज़ूल के सपने में ज़ाया करने की बजाय नौकरी करनी चाहिए।

सम्भव है, इससे आपको हैरत हो, मगर सारी बातों को मद्दे-नज़र रखते हुए मैं बहुत-से 'ना कहने वालों' से असहमत नहीं हूँ। हर किसी में उद्यमी या कारोबारी बनने का माद्दा नहीं होता। अच्छी-से-अच्छी हालत में भी यह एक मुश्किल काम है और इसे हिन्दुस्तान में आदर-सम्मान और जी-हुज़ूरी की संस्कृति ने और कठिन ही बना दिया है। बहुत-से युवक इस हद तक अपने माता-पिता का आदर करते हैं कि उनकी इच्छाओं के ख़िलाफ़ जाना गवारा नहीं कर सकते।

तिस पर भी, इक्कीसवीं सदी की नई पीढ़ी सोचती है कि उनके माता-पिता नई संस्कृति को नहीं समझते। महज़ इसलिए कि पिछली पीढ़ी ने काम एक ढंग से किये थे, यह नहीं माना जा सकता कि वे तरीक़े आज की बिजली की सी तेज़ दुनिया में असरदार या उचित साबित होंगे, यहाँ तक कि सम्भव भी होंगे। उस साँचे को तोड़ने की ज़रूरत है।

किसी से भी पूछिए कि अपने परिवार के पहले उद्यमी की परिभाषा क्या है। बहुत करके सामने वाला आप को भावरहित आँखों से घूरता रह जायेगा या कोई ग़लत जवाब दे बैठेगा।

भारत में जोखिम की अपनी बनी-बनायी गुंजाइश है और देश की मौजूदा अर्थव्यवस्था कारोबारियों के लिए एक तैयारशुदा बाज़ार की गारण्टी नहीं देती। इसलिए हिन्दुस्तानी लोग जब नई खोज पर आधारित, लीक तोड़ने वाले विचार सामने रखते हैं, जो बहुत-से दूसरे देशों में रॉकेटों की तरह आसमान की तरफ़ उड़ जाते, यहाँ भारत में उन्हें किसी क़िस्म के मुनाफ़े का दर्शन करने से पहले बाज़ार को अन्दर-बाहर से पूरी तरह समझना और बहुत मेहनत करने के लिए तैयार होना पड़ता है। साथ ही, वे भूल नहीं सकते कि भले ही सफलता सम्भव है, सारी सफलता लाखों और करोड़ों में नहीं नापी जा सकती।

मैंने यू.टी.वी. 37,500 रुपये की रक़म से शुरू किया था जो किराये-भाड़े और बुनियादी

तनख़्वाहों के लिए ही काफ़ी थी। कारोबार की ज़रूरत यह थी कि तीसरे महीने से ठोस आमदनी शुरू हो जाये। हमने पहले पाँच साल तक बाहर से कोई पैसा नहीं लिया। ऐसा कोई सहारा भी नहीं था कि अगर काम तयशुदा ढंग से न चले तो मैं बिना धड़ाम से गिरे उस पर टिक सकूँ। उन शुरू-शुरू के दिनों में मीडिया और मनोरंजन के कारोबार में पूँजी लगाने वालों और निजी निवेशकों को आकर्षित करने का कोई ज़रिया नहीं था, क्योंकि किसी को इस कारोबार की सम्भावनाओं का अन्दाज़ा नहीं था। कारोबार को अपना ख़र्च ख़ुद चलाना था। नक़द पैसों का मसला हमारे सामने हमेशा बना रहा, लेकिन हम ने हिम्मत बनाये रखी।

◆

असफल होने की सम्भावना से कभी बेचैन या हतोत्साहित नहीं होना चाहिए। कल फिर सुबह होगी, चाहे आपकी सूझ और विचार कारगर साबित हों या नहीं। मुझे जो समस्या नज़र आती है, वह अपने बल पर काम करने की समय सीमा तय करने के बारे में है। यह एक सफ़र है, कोई सैर नहीं। आप यह कह कर अपने या अपने परिवार के साथ कोई समझौता नहीं कर सकते कि 'मैं इसे दो साल तक आज़मा कर देखूँगा।' ऐसी सोच नाकामी का सबसे सटीक नुस्ख़ा है।

और न कारोबार के ज़्यादातर प्रयासों की सफलता-विफलता में उमर का ही कोई ख़ास दख़ल होता है। लोग मुझसे अक्सर पूछते हैं, 'कारोबार शुरू करने के बारे में सोचने की सही उमर क्या है?' मेरा पहला जवाब यही होता है कि ऐसा कोई समय मुझे याद नहीं जब मैं किसी काम की चीज़ को बनाने के बारे में नहीं सोच रहा था। आपको तब तक उमर के बारे में सोचने की कोई ज़रूरत नहीं, जब तक आप आँखें खोल कर, माक़ूल और मुनासिब योजना के साथ किसी भी मुहिम पर जाते हैं। जब तक आप बकवास और लनतरानी भाँपने वाले अपने गुण को सान पर चढ़ा कर लगन के साथ मेहनत करने की नीति को बिलकुल दुरुस्त रखते हैं।

परम्परा से चली आ रही सूझ-बूझ कहती है कि आपकी उमर जितनी बढ़ती है, आपके अन्दर जोखिम उठाने की क्षमता उतनी ही कम हो जाती है। बहुत-से मामलों में आपके परिवार वाले, जीवन-साथी या बच्चे आपके काम-काज के चुनावों पर उतनी ही कड़ाई से सवाल उठाने लगते हैं। तार्किक रूप से हो सकता है यह मुनासिब लगे। आपके ऊपर के तयशुदा ख़र्चे पहले से बढ़ गये होते हैं। सम्भव है, जब आप अकेले थे तब से आप पर ज़्यादा लोगों की ज़िम्मेदारी आ गयी हो। लेकिन यह कोई बड़ी बात नहीं है, क्योंकि इन सारी कमियों की भरपाई ज़िन्दगी के उन अनुभवों से हो सकती है जो आपने इस बीच हासिल किये हैं। इसी

के साथ उस आदमी के लिए, जो काफ़ी कुछ जानता है कि दुनिया कैसे चलती है, सीखने का फ़ासला भी निस्बतन कम हो सकता है।

आख़िरी बात—छलाँग लगाने के लिए सही पारिवारिक स्थिति या उमर तब है जब आपके भीतर छलाँग लगाने का भरोसा, प्रेरणा और तैयारी हो। उद्यम की राह में ज़्यादातर रुकावटें वे लोग खड़ी करते हैं जिनमें सपने देखने की कल्पना-शक्ति नहीं होती। हर लड़ाई में इस यक़ीन के साथ हिस्सा लीजिए कि आप जीतने वाले हैं। जैसा कि जनरल जॉर्ज पैटन ने एक बार कहा था, 'किसी उल्लू के पट्ठे ने अपने देश के लिए जान दे कर युद्ध नहीं जीता। युद्ध जीता गया दूसरी तरफ़ के उल्लू के पट्ठे को अपने देश के लिए जान देने पर मजबूर करके।'

असल बात यह है कि आप को जल्दी ही पता चल जायेगा कि आप उद्यमी बनने के लिए बने हैं या नहीं। अगर आप माल गाड़ी की तरह सही दिशा में छुक-छुक करते हुए चले जा रहे हैं तो कोई आप से इसलिए रुकने को नहीं कहेगा कि आपके परिवार को ऐतराज़ है या आप उमर की वजह से बाज़ार के क़ाबिल नहीं रहे। आपके पास अपनी मंज़िल तक पहुँचने के लिए काम करते रहने के सिवा और कोई चारा नहीं होगा।

यही तो आपको एक उद्यमी बनाता है।

◆

छलाँग लगाइए या धकेले जाइए।

आठ साल की उमर में तैरना सीखने के लिए मैं क्रिकेट क्लब के तरण ताल में कोच के साथ जी-तोड़ कोशिश किया करता। एक दिन, बिलकुल अचानक, मेरे पिता ने मुझे उठाया और उस हिस्से में फेंक दिया जिधर पानी ज़्यादा गहरा था। मेरे पास डूबने से बचाने वाला कोई सहारा नहीं था। मैंने ग़ोता खाया और ऊपर आया...ग़ोता खाया, ऊपर आया, एक बार और। फिर मैंने पानी को छपछपाया। और कुछ पलों के बाद, जो सदियों जैसे लगे, मैं पानी की सतह पर आ गया और फिर बिना डूबे वहीं बना रहा। ज़ाहिर है, मेरे पिता बहुत ख़ुश हुए।

समस्या हल हो गयी। मुझे तैरना आ गया।

सोचिए ज़रा, मैं तीन दिन तक ताल के गिर्द फूँक-फूँक कर क़दम रखता रहा, जब कि बात कुल जमा आधे मिनट तक ध्यान को बिलकुल एकाग्र करने, शायद थोड़े-से डर को झेलने और इस एहसास तक पहुँचने की थी कि कुछ भी बुरा नहीं होने वाला था! पीछे मुड़ कर देखते हुए मुझे उस दिन के बारे में दो बातें याद आती हैं - (1) अगर आप ज़रा भी होशियार हैं तो आप बच निकलने की सूरत निकाल ही लेंगे; (2) मेरे पिता ने जब मुझे पकड़

कर ताल में फेंका तब उन्होंने पूरे कपड़े पहने हुए थे और यह न तो बेपरवाही थी, न बेरहमी, बल्कि उन्होंने मेरी क्षमता में भरपूर विश्वास ही प्रकट किया था। किसी-न-किसी तरह उन्हें मालूम था कि कुछ पानी गटकने और खाँसने-खँखारने के बाद, आख़िरकार मैं सही-सलामत निकल ही आऊँगा।

मुझे कई साल बाद का ठीक ऐसा ही वाक़या अपनी बेटी त्रिश्या के सिलसिले में याद आता है। उस समय वह ढाई साल की थी और बिना यह सोचे-विचारे कि कुछ बुरा भी हो सकता था, ताल में ख़ुद-ब-ख़ुद चली गयी। वह ठीक उसी समय पानी में ग़ायब हुई जब मैंने वह किताब बग़ल में रखी थी जिसे मैं ताल के किनारे आराम-कुर्सी पर अधलेटा पढ़ रहा था। दहशत में मैं पूरे कपड़े पहने हुए ताल में कूद गया और मैंने घबरायी और काँपती हुई त्रिश्या को झपट कर उठाया और ताल के किनारे आराम से खड़ा कर दिया।

घण्टे भर बाद, उसके मन से उस बुरे अनुभव के डर को दूर करने के ख़्याल से मैं उसे वापस ताल में ले गया। कुदरती तौर पर मुझे चिन्ता थी कि वह कहीं ज़िन्दगी भर पानी से ख़ौफ़ न खाने लगे। इसकी बजाय, वह कुशल तैराक बन गयी; अपनी क्लास और स्कूल में अव्वल, सनद-याफ़्ता स्कूबा ग़ोताख़ोर और पानी में मेरे जाने किसी और से भी ज़्यादा आराम से तैरने वाली।

मेरे ख़्याल में, छोटी उमर होने की वजह से त्रिश्या को वह सदमे वाला लम्हा पूरी तरह याद नहीं है। लेकिन ज़िन्दगी भर पानी से भय—या किसी भी चीज़ से, मसलन नाकामी से, ज़बरदस्त ख़ौफ़—जीवन के बहुत-से अनुभवों के प्रति आपके रवैये को बदल सकता है।

त्रिश्या और मैं अब उस घटना के बारे में हँसते हैं। उसका ख़्याल है कि मैं फ़िज़ूल ही में घबरा गया था। मैं उससे कहता हूँ कि माता-पिता ऐसा ही करते हैं। मुझे पता नहीं है कि मेरा मतलब बचाने से है या फ़िज़ूल घबराने से, या दोनों से।

◆

मुझे पहला धक्का, जिसे वाक़ई नाकामी कहा जाये, ज़िन्दगी की शुरुआत ही में लगा। जब हम ग्रांट रोड पर रहते थे, मेरी पढ़ाई डन्ज़ इंस्टिट्यूट में हुई थी, जहाँ की गहरी स्मृतियाँ मैंने मन में सँजो रखी हैं। फिर जब हम ब्रीच कैण्डी चले आये तो मेरा स्कूल भी बदल गया और मैं छठी क्लास में कथीड्रल स्कूल में दाख़िल हुआ।

डन्ज़ इंस्टिट्यूट में मुझे मेरे अजीबो-ग़रीब आख़िरी नाम को ले कर बहुत चिढ़ाया जाता था। चूँकि वह प्रमुख रूप से लड़कों का स्कूल था, मुझ पर इस टाँग-खिंचाई का बहुत असर

नहीं पड़ता था। लेकिन जब मैं कथीड्रल में आया तो मुझे एहसास था कि मुझे अपने इस आख़िरी नाम को अपने हक़ में इस्तेमाल करना है—कुछ तो इसलिए कि मैं दोबारा उस रैगिंग का सामना नहीं करना चाहता था, मगर असल में इसलिए कि कथीड्रल में लड़के-लड़कियाँ साथ पढ़ते थे। लिहाज़ा मैंने एकदम शुरू ही में अपने नाम को ले कर मज़ाक़ करते हुए साथ पढ़ने वालों से मेल-जोल बढ़ाया (पारसी लोग किस तरह अपने नामों के बारे में भदेस लतीफ़े सुनाते हैं)। यह तरीक़ा काम कर गया। लड़कियों को वह मज़ेदार और प्यारा लगा (मेरे ख़्याल में)। और जहाँ तक लड़कों का सवाल था, मैंने मज़ाक़ की नोक पहले ही घिस कर भोथरी कर दी थी। चूँकि मैं ख़ुद अपनी हँसी उड़ा रहा था, उनके पास उसमें और बहुत-कुछ जोड़ने का मौक़ा ही नहीं बचा था।

मैं एक अच्छा विद्यार्थी था। उन दिनों आख़िरी इम्तहान दसवीं में नहीं, बल्कि ग्यारहवीं क्लास में होता था; यह क्लास 'सीनियर कैम्ब्रिज' कहलाती थी और इसमें अच्छे नम्बर लाने पर कॉलेज में छलाँग लगा कर एक साल ऊपर पहुँचने की सुविधा मिल जाती थी। जैसा कि हुआ, कथीड्रल स्कूल के अपने आख़िरी साल में मेरा नतीजा इतना अच्छा रहा कि मैं सीधे सिडनहैम कॉलेज में बी.कॉम. के दूसरे वर्ष में दाख़िल हो गया (उस समय भी मुझे एहसास था कि बी.कॉम. की डिग्री ज़रूरत पड़ने पर मेरे लिए सहारा बन सकती थी)। कैसा यादगार साल था मेरे लिए—देश के एक सबसे उम्दा स्कूल से शानदार नम्बरों के साथ पास करने से ले कर कॉलेज की बहुत-सी ऊँचे दर्जे की गतिविधियों में शरीक होने तक।

लेकिन मैं तो घमण्ड के घोड़े पर सवार था। मैं सब कुछ जानता था, चुनांचे मैं ज़रूरत से ज़्यादा वक़्त पास के सेंट ज़ेवियर कॉलेज के बाहर मटरगश्ती में गुज़ारता, जहाँ शहर की सबसे होशियार और बनी-ठनी लड़कियाँ पढ़ा करती थीं।

फिर वक़्त आया जागने का।

साल पूरा हो चुका था—इम्तहान ख़त्म हो गये थे, छुट्टियों का मज़ा लिया जा चुका था। मैं टहलता हुआ सिडनहैम कॉलेज के नोटिस बोर्ड पर अपने नतीजे का पता करने के लिए गया; पूरे भरोसे के साथ कि मुझे सबसे अच्छे नम्बर ही मिले होंगे। अपने ग़ुरूर में मैंने सिर्फ़ उन नामों पर नज़र दौड़ायी जिन्हें फ़र्स्ट क्लास मिली थी। जब मैंने अपना नाम वहाँ नहीं देखा, तब मैंने सूची को कुछ और ध्यान से परखा।

सिफ़र।

मेरा दिल सीने में धक-धक कर रहा था। *यक़ीनन कोई ग़लती हुई है,* मैंने सोचा।

कोई ग़लती नहीं थी। घण्टे भर बाद मैंने पाया कि मेरा नाम *किसी* सूची में नहीं था। उस

साल में फ़ेल हो गया था। जैसे-जैसे मेरे हर दोस्त और सहपाठी ने अपने नाम को फ़र्स्ट क्लास की फ़ेहरिस्त में पाया, मेरा अविश्वास इनकार में तब्दील हो गया।

फिर धीरे-धीरे हक़ीक़त का असर हुआ।

मेरा पहला ख़्याल था—*मेरे माता-पिता ने मुझे कॉलेज में पढ़ाने के लिए कितनी क़ुरबानियाँ दीं और मैंने उनकी उम्मीदें चकनाचूर कर दीं। मेरे लिए अब कुछ नहीं बचा है और दुनिया ख़त्म हो चुकी है*। मैं फ़ेल हो गया था। मेरे सभी दोस्त आगे बढ़ जायेंगे। एक साल बरबाद हो गया। शायद मुझे कॉलेज छोड़ने पर मजबूर होना पड़ेगा। यह नाकामी मेरे जीवन परिचय का हिस्सा बन जायेगी और सारी उमर किसी प्रेत की तरह मुझ पर मँडराती रहेगी।

एक दिन बाद मेरे माता-पिता को भी गहरा सदमा लगा। लेकिन दिलचस्प बात है कि मैं वैसा तबाह-ओ-बरबाद नहीं महसूस कर रहा था।

ठीक है कि मेरे अहंकार और आत्मविश्वास को अच्छी पटखनी मिली थी, मगर मैंने नाकामी को पीछे छोड़ कर आगे बढ़ने और उससे सीखने की ठान रखी थी। अपने दोस्तों के संग-साथ से महरूम हो कर मैंने दोबारा उन्हीं विषयों की पढ़ाई करने में अपनी पूरी शक्ति लगा दी, ताकि ख़ुद अपने को क़ायल कर सकूँ और भूल सुधार करके रिकॉर्ड सही कर लूँ। मैं उन सारे विषयों में पास हो गया, जिनमें मुझे दोबारा इम्तहान देना ज़रूरी था और ऐसा करके मुझे और भी गर्व का एहसास हुआ। और इन छह महीनों में मुझे उस रास्ते के बारे में सोचने के लिए वक़्त भी मिल गया जिसे मैं आगे अख़्तियार करना चाहता था।

कोई सोच सकता है कि ऐसी विफलता को झेलने के बाद मेरा हौसला और चीज़ों को साफ़-साफ़ देखने की शक्ति मन्द हो गयी होगी। इसके बदले मुझे पहले से कहीं ज़्यादा आत्मविश्वास महसूस हो रहा था—मैं अपने बल पर कुछ करना चाहता था। और इस मोड़ के बाद मैंने सीख लिया कि मुझे कभी किसी बात को पहले से तय मानने की भूल नहीं करनी है। उन छह महीनों के दौरान असलियत से रू-ब-रू होने और हक़ीक़त को जाँचने का जो मौक़ा मुझे मिला, उसने मुझे मेरा पसन्दीदा सूत्र मुहैया कराया है—*सारी शान-शौकत हवाई है*।

जब सब पीछे छूट गया और मैं इस इरादे के साथ नियमित रूप से दोबारा कॉलेज जाने लगा कि दूसरे साल की मेरी विफलता फिर से दोहरायी नहीं जायेगी, तो अपने दोस्तों के साथ मैं अपने इस धूल चाटने पर हँसा करता। बल्कि, मैंने उद्यम, और आम तौर पर ज़िन्दगी, के बारे में भी जो सबसे गहरा सबक़ सीखा है, वह हँसने की अहमियत के बारे में है। किसी घटना को, जिसके बारे में हमारा पहला ख़्याल था कि वह हमें तबाह कर देगी—कुछ ऐसा जो भयानक, भीषण और ख़तरनाक था—मज़ा लेते हुए, गर्व और हँसी के भाव से दोबारा परखना

उसके डंक को कम कर देना है, उसे उसके सही परिप्रेक्ष्य में रखना है।

पिछले पच्चीस बरस के दौरान किसी योजना का भट्ठा बैठ जाने के बाद उसे परखते हुए जाने कितनी बार मैंने अपनी टीम के किसी सदस्य के साथ हँस कर कहा है, 'याद है, क्या हुआ था? हाय-हाय, हमारा ख़्याल था, हम मर रहे हैं।' जहाँ एक वक़्त हो सकता है हमें महसूस हुआ हो कि हालात फिर कभी पहले जैसे नहीं होंगे, समय और फ़ासला हमें चीज़ों को देखने का एक नज़रिया मुहैया कराता है। वह बहुत-से ऊबड़-खाबड़ कोनों को घिस कर चिकना कर देता है। लिहाज़ा, आशंकाओं की चुभन को अक्सर यह सोच कर दूर किया जा सकता है कि *अब से छह महीने बाद हम सब इस के बारे में हँस रहे होंगे।*

◆

◆ इससे वाक़ई कोई फ़र्क़ नहीं पड़ता कि आप कैसी सामाजिक-आर्थिक पृष्ठभूमि से आते हैं, बड़े शहर के रहने वाले हैं या छोटे क़स्बे के, या आपके परिवार की पहुँच और रसूख़ है या नहीं। जब तक आपके अन्दर सफल होने की ख़्वाहिश है, अन्दर-ही-अन्दर अपने ऊपर और अपनी योग्यता पर भरोसा है, समझदारी से जोखिम लेने की हिम्मत और इरादा है और कर-दिखाने वाला जज़्बा है, आप ज़रूर जीतेंगे।

◆ उद्यमी बनने की कोई 'सही उमर' नहीं होती और न ख़ुद आपके सिवा कोई आपको यह बता सकता है कि आप कब तैयार हैं।

◆ उद्यमी बनना और अपना कारोबार शुरू करना सबके बस की बात नहीं है। भले ही आप किसी कम्पनी में आला दर्जे पर हों और पाला बदलने की सोच रहे हों, आपके लिए ज़रूरी है कि आप अपनी क्षमता और सफल होने की अपनी इच्छा का बेबाक जायज़ा लें।

◆ मैं अट्ठारह साल की उमर में दिवालिया हो गया था, उसी साल कॉलेज में फ़ेल हो गया था और हो सकता था कि मेरे लिए यह मेरे सपने की मौत होती। मैंने फ़ैसला किया कि ऐसा नहीं होने दूँगा। कभी यह सोचना शुरू मत कीजिए कि *अगर मैं नाकाम हो गया तो क्या होगा?* अगर आपमें थोड़ी-सी भी समझ है, आप बच निकलने की राह निकाल ही लेंगे।

◆ हँसी-मज़ाक़ की ताक़त को कभी कम करके मत आँकिये। हँसी के बल पर ज़िन्दगी के सबसे अँधेरे दौर और सबसे ख़राब घटनाओं को भी अपने बस में कर लेना मुमकिन हो जाता है।

◆ उद्यम और कारोबार का सार—क्रिया और प्रतिक्रिया; डर को समझना, उसका सामना करना और उससे ऊपर उठना; काम करना, हलचल पैदा करना और सफल होना; कोशिश करना और नाकाम होना; और बाद में उससे ज़िन्दगी भर चलने वाले सबक़ सीखते हुए, उस सब के बारे में हँसना-हँसाना।

2

जब अवसर दस्तक दे, दरवाज़ा खोलो

जब आप कारोबार में नये-नये हों तो बिना इस बात की फ़िकर किये सवाल पूछिये कि लोग क्या सोचेंगे या कहेंगे। बुरा-से-बुरा यही होगा कि वे ना कह देंगे। जब आप शून्य से शुरू करते हैं तो आपके पास खोने के लिए कुछ नहीं होता। अपनी आँखें पूरी तरह मंज़िल पर टिकाये रखिए। इससे असुरक्षाएँ और बनावटी आशंकाएँ आपके सपने के रास्ते में रुकावटें नहीं पैदा कर पातीं।

आप ऐसा नहीं होने दे सकते।

आप ऐसा नहीं होने देंगे।

कारोबार में मेरे एक शुरुआती क़दम को मुश्किल से ही कोई एक रूमानी क़िस्सा कह पाता। न उसमें वैसी सनसनी और रोमांच था जो आगे चल कर मीडिया में दाख़िल होते वक़्त मुझे महसूस हुआ था। इसके विपरीत, 1980 के शुरू में मैंने जो लेज़र टूथब्रश बनाने शुरू किये, उनका ताल्लुक़ दिमाग़ से ज़्यादा हिम्मत और हिमाकत से था। लेज़र टूथब्रशेज़ इसलिए नहीं वजूद में आयी, क्योंकि मुझे कोई इलहाम हुआ था या ऐसा शानदार और अनोखा ख़्याल सूझा था जिसका समय आ गया था। कम्पनी इसलिए पैदा और कामयाब हुई, क्योंकि मैंने एक सीधे-सादे माल के फलने-फूलने की सम्भावनाओं को पहचाना था जिसमें भारत के बढ़ते हुए बाज़ार में एक ख़ालीपन को भरने की गुंजाइश थी। इसके अलावा यह कारण भी था कि मैं जवान था, मुझमें आगे बढ़ने की ललक थी और मैं बेहद भोला था—इतना कि मैंने अपनी नातजुर्बेकारी को रास्ते में आने की छूट नहीं दी थी।

बीस-बाईस बरस की उमर में मैंने टेलीविज़न के एंकर के तौर पर कुछ काम किया था और इसके बारे में और सीखने के लिए इंग्लैण्ड गया हुआ था। उस समय तक मेरे पिता जे.एल. मॉरिसन नामक कम्पनी के मैनेजिंग डायरेक्टर बन चुके थे जो नीविया क्रीम, बालों के ब्रश, टूथब्रश और दूसरे निजी प्रसाधन के सामान बनाती थी। क़िस्मत की करनी देखिये कि मेरे पिता भी उसी समय लन्दन में थे जब मैं वहाँ था। उन्होंने ऐडिस बालों के ब्रश और टूथब्रश बनाने वाले कारख़ाने का दौरा करते वक़्त मुझे भी अपने साथ बुला लिया।

गलियारे में अपने गाइड का इन्तज़ार करते हुए, मेरी नज़र दो बिलकुल नई-दिखती मशीनों पर गयी। ये ग़ालिबन कारख़ाने के टूथब्रश बनाने वाले हिस्से में लगाये जाने का इन्तज़ार कर रही थीं। मशीनें फीकी सलेटी धातु की बनी थीं, चौड़ी, तक़रीबन दो मीटर ऊँची और एक मीटर चौड़ी। रौबदार नहीं, मगर ठोस और देर तक क़ायम रहने के लिए बनीं। मैंने पहले कभी हिन्दुस्तान में ऐसी कोई चीज़ नहीं देखी थी। मैंने अपने मेज़बान से, जो उसी समय आ पहुँचे थे, पूछा कि वे मशीनें कब लगायी जाने वाली थीं। उन्होंने मेरी तरफ़ यों देखा, मानो मेरा दिमाग़ चल गया हो। 'ये तो कबाड़ख़ाने में भेजे जाने के लिए रखी हैं,' उन्होंने कन्धे उचकाते हुए कहा।

जो मुझे नई मशीनें जान पड़ती थीं, वे दरअसल दो-तीन साल से खटाखट लाखों टूथब्रश निकालती चली आ रही थीं। लिहाज़ा, जैसा कि पश्चिमी कम्पनियों का तरीका था, उनसे छुट्टी पा लेने का समय आ गया था। 'कबाड़ख़ाने में?' मैंने अचरज और अविश्वास से पूछा। 'ये तो सिर्फ़ *तीन साल पुरानी* हैं!' मेरा दिमाग़ उसी समय सपने देखने में जुट गया था। ज़ाहिर था कि अगर वे इन्हें कबाड़ कह रहे थे तो उन्हें 1980 के दशक में भारत के व्यापार-जगत के माहौल का ज़रा भी अन्दाज़ा नहीं था। इंग्लैण्ड में मशीनें रवाँ होने से पहले ही पुरानी मान ली जाती थीं; उधर हिन्दुस्तान में वे सबसे आधुनिक तकनीक की मशीनें मानी जातीं।

उसी समय मैंने जान लिया कि मुझे उनके सामने एक प्रस्ताव रखना ही था। 'इस तरह की मशीन कितनी देर चल सकती है?'

उन्होंने पल भर सोचा। 'मेरे ख़्याल में दस या बीस साल।'

मेरी आँखें फैल गयीं। 'क्या आप इन्हें मेरे लिए साठ दिन तक रोके रख सकते हैं?' मैंने मुस्कराते हुए पूछा। कमरे में हर आदमी ने अविश्वास और सन्देह से मेरी तरफ़ देखा। आख़िरकार, उनकी नज़र में मैं बीसेक साल का छोकरा ही तो था। फिर भी उन्होंने शिष्टता से काम लेते हुए मुझे उन मशीनों का मुआयना करने की छूट दे दी। उन्होंने सोचा होगा कि कम-से-कम इससे मैं चुप कर जाऊँगा।

वे शुरू-शुरू के दिन थे जब भविष्य को ले कर हमेशा मेरे मन में सब कुछ स्पष्ट नहीं रहता था। मुझे बहुत-कुछ मालूम नहीं था, लेकिन यह मैं जानता था कि मैं एक उद्यमी बनना चाहता था।

आज जो मेरी समझ है, उसके हिसाब से कारोबारी लोग ज़मीनी सतह से बनते हैं—दुनिया में पूरी तरह डूब कर और सफल होने से पहले एक से अधिक थपेड़े सहते हुए। आज के उद्यमी को बुनियादी तौर पर उन लोगों से ज़्यादा होशियार होना पड़ता है जो दस या बीस साल पहले शुरू कर चुके थे। उसके लिए पूरी तस्वीर को आस-पास के दूसरे लोगों से ज़्यादा पहले और ज़्यादा बेहतर तौर पर पहचान लेना ज़रूरी होता है, ताकि वह कारोबार के सन्दर्भ में अपने सामने मौजूद जानकारी का मतलब फ़ौरन समझ सके।

मेरी अपनी पृष्ठभूमि ऐसी नहीं थी कि आँकड़ों में मेरी कोई गहरी पैठ होती (मैं पारसी हूँ, गुजराती या मारवाड़ी नहीं), लेकिन मेरे अन्दर एक स्वाभाविक उत्सुकता और अपने चारों तरफ़ की दुनिया को समझने की इच्छा थी; लम्बे दौर में कारोबारी लेन-देन और सौदों का मतलब जानने और हर पहलू से हालात को देखने की इच्छा। ये सारी बातें अवसर को पहचानने के लिए बेहद ज़रूरी हैं। जब आप अवसरों को सचमुच भाँपने और उनका पीछा करने के मक़सद से अपने दिमाग़ को खुला रखेंगे तब आप निश्चय ही उन्हें खोज लेंगे। आपका ऐण्टेना जितना ऊँचा होगा, उतनी ही पैनी होगी आपकी देखने-परखने की हुनरमन्दी और चौकन्नापन। जितना ज़्यादा आप अपने को खुला रखेंगे, अपने अन्दर उत्सुकता का भाव जगाये रखेंगे, आपके लिए अपने मनपसन्द मौक़े को खोज लेने की सम्भावना उतनी ही बढ़ जायेगी।

यही वह लम्हा होता है जब मौक़ा बिजली की तरह कौंधता है।

लन्दन के उस दौरे पर मैंने हर तरह के अनुभव, हर क़िस्म के विचार के लिए अपने दिमाग़ की खिड़कियाँ खोल रखी थीं और पहले से मेरी कोई योजना नहीं थी। तभी से मैं इसी हालत में रहा हूँ—खुला, लीक से हट कर चलने को तैयार और उत्सुक। और इसीलिए मैं वहाँ इंग्लैण्ड में ब्रश बनाने वाले एक कारख़ाने में दो भारी-भरकम, सलेटी, एकदम नई तकनीक वाली टूथब्रश मशीनों को एकटक देख रहा था, जबकि न तो मेरी जेब में एक भी रुपया था, न मुझे मुँह की साफ़-सफ़ाई से जुड़े उद्योग के बारे में रत्ती भर जानकारी थी और न इन भीमकाय मशीनों को आयात करके वापस हिन्दुस्तान ले जाने की किसी हिकमत का अन्दाज़ा था।

उन दिनों भारत विदेशी मुद्रा के सिलसिले में भुगतान सन्तुलन की एक गम्भीर समस्या से जूझ रहा था, इसलिए पुरानी मशीनों का आयात किया जा सकता था। हमने लेन-देन की बारीक़ियाँ तय कीं और सौदा नक्की हो गया, मगर बेचने वाले की ओर से थोड़ी-सी खीझ और निराशा के बाद, क्योंकि मैंने उनसे दो-एक महीने तक मशीनों को रोक रखने का आग्रह किया था। उन्होंने अपना सिर एक तरफ़ झुका कर मेरी तरफ़ देखा था मानो कह रहे हों, *यह कौन बन्दा है, भाई? और यह मेरे लिए इतना सिरदर्द क्यों पैदा कर रहा है?* लेकिन मेरा ख़्याल है कि मेरे पिता का लिहाज़ करते हुए उन्होंने मेरी मदद करने का फ़ैसला किया था।

मशीनों को आयात करके हिन्दुस्तान लाना और उनसे दसेक साल और टूथब्रश बनाना मुझे कारोबार के हिसाब से बिलकुल मुनासिब बात लगती थी। भारत में उस समय कुछ क्षेत्रों में बहुराष्ट्रीय कम्पनियाँ अपना उत्पादन स्थानीय कारोबारियों और छोटे पैमाने के उद्योगों में बाँट देती थीं, क्योंकि वे ख़ुद यहाँ कारख़ाने नहीं लगा सकती थीं। *एक मिनट रुको,* मैंने सोचा, *टूथब्रश तो प्रॉक्टर ऐण्ड गैम्बल, कोलगेट और ऐसी ही दूसरी कम्पनियाँ बनाती हैं। वे अपने बल पर तो बना न पाती होंगी, इसलिए दूसरों को ठेका देती होंगी। इसका मतलब, हमारे माल के लिए एक बाज़ार तो है!*

जैसे ही मैं बम्बई उतरा, मैं कुछ भी सोचे-विचारे बिना, सीधा उन कम्पनियों के पास गया, ताकि उन्हें राज़ी कर सकूँ कि वे टूथब्रश बनाने का ठेका हमें दे दें।

बस, एकदम सीधा-सरल मामला था, है न? ग़लत।

मैं कारोबार के ऐसे क्षेत्रों में सिर के बल डुबकी लगा रहा था जिनके बारे में मुझे क-ख-ग भी नहीं मालूम था। मुझे टूथब्रश बनाने वाले उद्योग के बारे में जो जानकारी थी, वह एक विज़िटिंग कार्ड के पीछे लिखी जा सकती थी और इसके बाद भी उसमें जगह बच जाती। मगर तर्क और सहज ज्ञान आधी कमी पूरी कर देते हैं; बाक़ी बचती है गहरी जानकारी, शोध, विशेषज्ञों की राय, विश्लेषण और जाँच-परख। यह मुझे मालूम था कि जानकारी मुझे कहाँ मिलेगी। और अवसर को पकड़ने के लिए मैंने पहली बार अपने सहज बोध पर भरोसा किया था—जो गुण हर उद्यमी में होता है।

साधनों के बिना पैसों का इन्तज़ाम करना मेरी राह का अगला रोड़ा था। आज जब मैं उद्यम के क्षेत्र में क़दम रखने को इच्छुक लोगों को अपनी पहली-पहली पूँजी जुटाने के सिलसिले में चिन्ताओं का ज़िक्र करते सुनता हूँ तो मुझे उनकी भावनाएँ बख़ूबी समझ में आती हैं। लेकिन सच्चाई यह है कि पहली बार पूँजी जुटाना सबसे आसान है। बड़े सौदे, जिनमें ज़्यादा पूँजी की दरकार होती है, ज़िन्दगी में आगे चल कर आते हैं, जब और बहुत कुछ दाँव

पर लगा होता है। लिहाज़ा उस समय मैंने वही किया जो मैं उद्यमी बनने का इरादा रखने वाले सभी लोगों को सुझाता हूँ—मैंने एक रास्ता खोजा या उसे बनाया।

कम्पनियों से मुलाक़ात का समय हासिल करने के लिए मैंने जी-जान लगा दी और बम्बई में मेरा जो भी रुसुख़ था, जितनी भी पहुँच थी, सब इस्तेमाल की। ख़ुशी की बात थी कि उन मशीनों की आधुनिक तकनीक में, जो भारत में पहली बार काम में लायी जाती, उनकी दिलचस्पी फ़ौरन जाग गयी थी। 'मशीनें ले आओ, ताकि तुम माल बनाना शुरू कर सको। और क्या चाहिए तुम्हें?' एक कम्पनी अधिकारी ने काम को चालू करने के लिए मुझे बढ़ावा देते हुए कहा था।

उस समय मशीनें लन्दन के ब्रश बनाने वाले कारख़ाने में ही मौजूद थीं। यही वह लम्हा था जब मैंने साहस (या पागलपन) करके माल ख़रीदने का आदेश माँगा। 'ख़रीद का आदेश?' सूट पहने एक आदमी ने तीखे स्वर में कहा। 'तुम तो अभी तक कारोबार में ही नहीं हो। पहले तो तुम्हें वजूद में आना है और हमारे रजिस्टर में बतौर कम्पनी नाम लिखाना है, तब जा कर हम कोई क़दम उठा पायेंगे।'

'यह कैसे होगा?' मैंने अपनी आवाज़ में खीझ और झल्लाहट को दबाने की भरपूर कोशिश करते हुए पूछा।

'कम्पनी के तौर पर अपने को रजिस्टर कराओ और फिर हमें अपनी पूरी योजना दो।'

जैसे-जैसे मैं आगे बढ़ रहा था, मैं सीखता चल रहा था, और अपनी जवानी के उत्साह की आड़ लेते हुए ऐसे सवाल पूछ रहा था जो कोई तपा हुआ अनुभवी व्यवसायी कभी न पूछता। जब आप कारोबार के अखाड़े में नये-नये हों तो आप हमेशा इस तरकीब से काम चला सकते हैं। जब भी आप को शक-शुबहा हो, हमेशा सवाल पूछिए, बिना इस बात की चिन्ता किये कि लोग क्या सोचेंगे-कहेंगे। आख़िरकार, बुरा-से-बुरा क्या हो सकता है? वे ना कह देंगे? कह दें, किसे परवाह है? जब आप शून्य से शुरू कर रहे हों तो आपके पास खोने को होगा ही क्या?

बहरहाल, सूट-धारी आदमी ने आख़िरकार थोड़ी-सी नरमी बरत कर मुझे ख़रीद का आदेश नहीं, 120 दिन का आशय-पत्र यानी माल ख़रीदने की इच्छा प्रकट करने वाली चिट्ठी दे दी। उसमें कहा गया था कि हम टूथब्रश बनाना शुरू करें और अगर नमूने का माल उनके स्तर के अनुकूल हुआ तो वे हमें आगे चल कर ख़रीद का आदेश देने का वादा करते हैं। इसका मतलब था कि हर हाल में टूथब्रश बनाने की लागत हमें अपनी जेब से लगानी थी।

तो फिर मैंने क्या किया? मैंने हिम्मत करके पेशगी रक़म माँगने की हिमाकत कर डाली।

जवाब में मुझे कोरा इनकार मिला। लेकिन असली बात यह थी कि अधिक लाभ और अतिरिक्त पूँजी जुटाने के लिए संघर्ष और खींच-तान करने की मेरी इच्छा ने उनके सामने मेरे इरादे की गम्भीरता को स्पष्ट कर दिया था। यह भी कि मेरा ध्यान अपनी मंज़िल तक पहुँचने में लगा हुआ था। इस सब के बावजूद, मैं पूँजी जुटाने की गुत्थी को तब भी सुलझा नहीं पाया था।

संयोग से बैंक मेरी मदद करने को तैयार थे। ज़मानत के तौर पर मेरे पास मशीनें थीं और मेरी निजी गारण्टी (जो उस समय कुल-जमा सिफ़र थी)। उद्यम में पूँजी निवेश करने वाले तब थे ही नहीं, लेकिन बैंकों के पास क़र्ज़ों के लिए कोटा बँधा हुआ था, जो छोटे और मझोले कारख़ानों को दिये जाने थे। हमारे पास जो भावी ग्राहक थे, उनकी ठोस स्थिति और विश्वसनीयता के मद्दे-नज़र और आधुनिक तकनीक में हमारे निवेश को देखते हुए, हम भरोसेमन्द ग्राहक समझे गये।

उन 120 दिनों में मुझे कोई सहयोगी, साथी-संस्थापक या सी.ई.ओ. (प्रमुख कार्यकारी अधिकारी) खोज लेना था (ख़ास तौर पर जब यह साफ़ हो गया था कि मैं इसमें अपना पूरा वक़्त नहीं दूँगा); ज़रूरत इस बात की भी थी कि मैं एक तकनीकी निदेशक का पता लगाऊँ और उसे किसी जमी हुई कम्पनी से लुभा कर अपने साथ ले आऊँ और दो हफ़्तों की ट्रेनिंग पर इंग्लैण्ड भेजूँ। इसके साथ-साथ कर्मचारियों की एक बुनियादी टीम तैयार करूँ; मुँह की देख-भाल और साफ़-सफ़ाई के बारे में सब कुछ समझूँ; यह तय करूँ कि प्लास्टिक, साँचे, नायलॉन, बाल, तार, माल पैक करने, वग़ैरा का बन्दोबस्त कैसे और कहाँ से होगा। मुझे कारख़ाना लगाने के लिए जगह खोजने और सारी इजाज़तें लेने की काग़ज़ी कार्रवाई भी करनी थी।

तैयारी करने के उन पहले साठ दिनों में मुझे यह समझ में आ गया कि बाक़ायदा कारख़ाने के काम-काज का प्रबन्ध, कच्चे माल का बन्दोबस्त और माल बनाने वाले व्यापार का संचालन मेरी बनावट में नहीं था। इसकी बजाय, मुझे मालूम था कि मैं दूसरे तरीक़ों से कारोबार की बेहतर सेवा कर सकता था। इन तरीक़ों में ग्राहकों का एक मज़बूत आधार तैयार करना, फलने-फूलने के लिए पूँजी के बन्दोबस्त की ख़ातिर बैंकों से सम्पर्क साधना, सबसे उम्दा अन्तर्राष्ट्रीय तकनीक हासिल करना और सबसे ज़रूरी बात, टीम को सहारा देते हुए अच्छे-बुरे दिनों में बराबर से डटे रहना शामिल था।

जब वातावरण साफ़ हुआ, हम अपने माँगे हुए समय से तक़रीबन चालीस दिन पीछे चल रहे थे। ऐसा ख़ास तौर पर ज़रूरी इजाज़तों को लेने में हुई देर के कारण था। लेकिन हम मैदान

में क़दम रख चुके थे।

इन दिनों मैं अक्सर लोगों को कहते सुनता हूँ, 'मुझे अभी अपनी रिसर्च करने की ज़रूरत है' और 'मैं अपना होमवर्क कर रहा हूँ।' ऐसा वे अक्सर अपने सपनों को रोके रखने के लिए टाल-मटोल के तौर पर कहते हैं। रिसर्च और होमवर्क बेहद ज़रूरी है, लेकिन गहरी जानकारी काम करने से आती है, अपने हाथ गन्दे करने और ऐसे सवाल पूछने से आती है जिन्हें पूछने से दूसरे लोग बहुत डरते या झेंपते हैं। अपनी आँखों को तीर की तरह निशाने पर टिकाये रखने और काम में जुट जाने से असुरक्षाओं और बनावटी आशंकाओं को आपके सपनों के रास्ते के आड़े आने की मोहलत नहीं मिलती। आप ऐसा नहीं होने दे सकते। आप ऐसा नहीं होने देंगे।

आँखें खोल कर सपने देखने का मतलब है कि आप चुनौतियों के प्रति चौकन्ने रहें, लेकिन उन्हें अपना रास्ता न रोकने दें।

◆

उत्पादन करने वाले सभी कारोबार अपने-अपने उतार-चढ़ाव झेलते हैं। हम भी आदेशों के अभाव या दसियों दूसरी परेशानियों से मुक्त नहीं थे जो व्यापार को शुरू होने से पहले ही डुबा सकते थे। बहुत-से मौक़ों पर हम हैरत से सोचते कि क्या ऐसे समय तकनीक को बेहतर बनाने में पूँजी फँसाना उचित था जब सम्भावना यही थी कि हमारे ग्राहक ठण्डे महीनों में हमें किनारे कर सकते थे। लेकिन सबसे अच्छे साज़-सामान के साथ काम करने के दम-गुर्दे की वजह से हम अपने बहुत-से झटकों को झेल ले गये। हम सही साबित हुए—हमारे ग्राहकों की बढ़ती हुई तादाद ने, जो सबसे अच्छे दिनों में सात थी, पहचाना कि माल को उम्दा-से-उम्दा बनाने के लिए हमने बेहतर तकनीक में जो पूँजी लगायी थी, उससे हमें साफ़ तौर पर फ़ायदा हुआ था।

पहली दो मशीनें इंग्लैण्ड से आयी थीं। लेकिन दुनिया में टूथब्रश बनाने की अव्वल दर्जे की तकनीक बेल्जियम में थी, लिहाज़ा हमने वह तकनीक भी अपने लिए हासिल की। बेल्जियम से आयी ये पूरी तरह स्वचालित और ज़बरदस्त कुशल मशीनें इस तादाद में और ऐसी रफ़्तार से टूथब्रश बनाती थीं जो हिन्दुस्तान में पहले कभी देखी नहीं गयी थी और उन्होंने लेज़र का नाम टूथब्रश उत्पादन के नक़्शे पर दर्ज करा दिया। हमने शुरुआत में पहले साल लगभग पचास हज़ार ब्रश बनाये; अगले आठ बरस के दौरान हम इसे बढ़ा कर हर महीने चालीस लाख यानी पाँच करोड़ सालाना तक ले गये।

इस विकास के लिए हमें पूँजी की ज़रूरत थी, लेकिन इसी के साथ हम इस हद तक

हाथ नहीं फैला सकते थे कि मामला हमारी पकड़ से बाहर हो जाये। हमारा सबसे महत्वपूर्ण काम था बैंकों में साख बनाना। वे पहले दिन से ही हमारे साथ थे; मैंने महसूस किया था कि एक (या ज़्यादा-से-ज़्यादा दो) बैंकों के साथ जुड़े रहने में समझदारी थी, ताकि इत्मीनान बना रहे और यह सन्देश भी जाये कि हमारे हित एक-दूसरे से बँधे थे। अपने कच्चे माल और ऊपरी ख़र्चों की रक़म हमने अपनी आमदनी की ज़मानत पर हासिल की और पूँजीगत ख़र्चों के लिए मूल-धन हमने पाँच से सात साल के दौरान अपने मुनाफ़े और घिसावट (डेप्रिसिएशन) के बल पर चुकाया जाने वाला क़र्ज़ लिया। हमें बाहरी पूँजी निवेश की कमी कभी महसूस नहीं हुई और एक तरह से हमें राहत थी कि हमने कभी बाहर से ब्याज पर पैसा नहीं जुटाया।

उस दशक के दौरान हम अपने तयशुदा पैमाने के हिसाब से बढ़ते रहे, क्योंकि हमने तब तक काफ़ी हद तक अछूते भारतीय बाज़ार का फ़ायदा उठाया। उन दिनों भारत की आबादी का 15 फ़ीसदी से भी कम हिस्सा टूथब्रश इस्तेमाल करता था (अगर आप युवा पाठक हैं तो सम्भव है इससे आपको हैरत हो!) ज़्यादातर लोग उन दिनों सुबह के समय अपने दाँत साफ़ करने के लिए आयुर्वेदिक नुस्ख़े के अनुसार पेड़ की छालों से काम चलाते थे। (यह कहने के बावजूद, आज भी भारत में टूथब्रश की पैठ 40 फ़ीसदी से भी कम है)।

उस पूरे दौर में जब मैं टूथब्रश उद्योग के साथ जुड़ा रहा, मेरा नियम था हर रोज़ बुनियादी टीम के साथ सुबह या शाम को बातचीत और हर शनिवार को कारख़ाने का दौरा-शुरू में रेलगाड़ी से ठाणे तक और फिर जैसे-जैसे हम बढ़े, कल्याण तक, और इसके बाद अखिल भारतीय पैमाना अख़्तियार कर लेने पर गुजरात या कर्नाटक तक। हर हफ़्ते का आख़िरी दिन बदली हुई जगह पर बीतता।

मैं भाग्यशाली था कि मुझे टीम में शानदार सदस्य मिले थे। वे हमारे कॉरपोरेट ग्राहकों से नज़दीकी सम्पर्क बनाये रखते और उन्हें बहुत-सी जगहों पर हो रहे उत्पादन के फ़ायदों का भरोसा दिलाते। मैंने शुरू में मनोज मेहरा को साथी-संस्थापक के तौर पर शामिल किया। मनोज स्कूली दिनों का दोस्त था जिसने पहले दो बरस बहुत योगदान किया, जिसके बाद वह बाहर आ कर अमरीका चला गया और वहीं बस गया। उस मुक़ाम पर प्रबन्ध, तकनीक और काम-काज के विभागों के प्रमुख बन कर तीन सहकर्मी हमारे साथ आ जुड़े। मोहन हमारा सी.ई.ओ. बना, मुर्तज़ा ने काम-काज का ज़िम्मा सँभाला और रूसी ने तकनीकी विशेषज्ञ की भूमिका निभायी। रोज़ाना के राय-मशविरे और सप्ताहान्त के पूरे दिन कारख़ाने का दौरा करने के बल पर काम-काज, विकास और चुनौतियों से निपटने की तरकीबों के लिहाज़ से

हमारा आपस में सटीक ताल-मेल था। ये सभी अन्त तक साथ रहे। कम्पनी के बढ़ने के साथ ही मैंने उन तीनों को साथी-संस्थापक बनने का न्योता दिया। इस तरह हमने स्तर और पैमाने को हासिल किया। उस बुनियादी टीम और उनके नीचे काम करने वाली शानदार टीम ही की बदौलत मैं आगे बढ़ कर एक मीडिया और मनोरंजन कम्पनी को शून्य से शुरू करके खड़ा करके सफल बना सका।

टीम का निर्माण हर मुक़ाम पर बेहद ज़रूरी है, लेकिन तब तो यह और भी ज़रूरी हो जाता है जब आप को ख़ुद काम की व्यावहारिक जानकारी न हो। हर शख़्स, जिसे आप टीम में शामिल करेंगे, वह पहले दिन से ही अपनी पूरी क्षमता से काम नहीं करने लगेगा। कुछ लोगों को अपनी भूमिका में पूरी तरह उतरने में थोड़ा समय लगता है। लेकिन अगुवा होने के नाते आपके लिए ज़रूरी है कि आप हर व्यक्ति को एक स्पष्ट अधिकार-पत्र, काम को संचालित करने और ग़लती करने की आज़ादी और बिना शर्त सहारा दें। अपनी टीम के सदस्यों के साथ सहकर्मियों जैसा बरताव कीजिए, नौकरों जैसा नहीं। फिर देखिए, वे कैसा चमकते हैं। मैं यह इसलिए नहीं कह रहा, क्योंकि यह मानव संसाधन की एक आज़मायी हुई तरकीब है, बल्कि इसलिए कि यही सच्चाई एक सफल कारोबार का मार्ग-दर्शन करती है।

एक शानदार टीम बनाने के सिलसिले में लेज़र ब्रशेज़ मेरे सबसे बेहतरीन प्रयासों में शामिल है—मोहन, मुर्तज़ा, रूसी और दूसरों को मेरी तरफ़ से पूरी छूट और सहारा था, उनके अन्दर साथी-संस्थापकों की हैसियत में मालिक होने का जज़्बा और अपने ग्राहकों का पूरा भरोसा मौजूद था। मुझसे ज़्यादा वे ख़ुद अपने प्रति जवाबदेह महसूस करते। थोड़े ही समय में वे खाँटी उद्यमी और कारोबारी बन गये। मैं तो सिर्फ़ उन्हें एक-दूसरे से जोड़ने और हौसला-अफ़ज़ाई करने वाला तत्व था। ज़्यादातर तो मैं बस उन्हें अपना भरोसा सौंप कर उनमें विश्वास करता रहा।

आज भी मैं उन सारे सबक़ों से फ़ायदा उठाता हूँ जो मैंने बीस से भी ज़्यादा साल पहले सीखे थे।

◆

उद्यम और कारोबार के बड़े अखाड़े में मेरी पहली छलाँग ने मुझे सिखाया कि मैं कैसे मौक़ों को ताड़ कर उन्हें थाम लूँ और अनछुए बाज़ारों की ताक़त को समझूँ जहाँ फलने-फूलने के लिए कोई अदृश्य रुकावट न हो। साथ ही, जहाँ दूसरे लोगों को अजनबी और ख़तरनाक इलाक़ा नज़र आया हो, वहाँ मैं दिशा बदलने के बिन्दु देख लूँ। मुझे रंगरूटों जैसे सवाल पूछ

कर बेवक़ूफ़ दिखने से भी डर नहीं लगता था। जितनी जल्दी आप ऐसा करने के लिए ख़ुद को ढाल सकेंगे, उतनी ही जल्दी आप अपने सपनों को साकार कर सकेंगे।

किसी मुग़ालते में मत रहिए—वे पहले-पहले 120 दिन, जब मुझे ताबड़-तोड़ मेहनत करके उद्योग को समझना पड़ा, मेरी ज़िन्दगी के सबसे आवेग-भरे दिनों में थे और अब तक मैंने सीखने के जितने पड़ाव पार किये हैं, उनमें वह सबसे खड़ी चढ़ाई वाला पड़ाव था, जिसने मुझे ज़िन्दगी में और बहुत-से ज़बरदस्त सबक़ों के लिए तैयार किया। एक से अधिक बार मैं सोचता, *ठीक, यह काम नहीं करने वाला। चलो अभी तम्बू उखाड़ें और कुछ और खोजें जिसे ज़मीन से शुरू करके खड़ा कर सकें*।

लेकिन हमने ऐसा नहीं किया।

पीछे मुड़ कर देखता हूँ तो धड़ल्ले से काम शुरू कर देना, उन महीनों के दौरान डटे रहना जब हमारे पास एक भी आदेश नहीं था, माल को बनाकर ग्राहकों तक पहुँचाने के लिहाज़ से एक जटिल उद्योग के बारे में सीखना और यह गुन्ताड़ा भिड़ाना कि मैं कम्पनी को सिर्फ़ उसकी नक़द आमदनी के बल पर कैसे खड़ा करूँगा जब मेरी जेब में एक रुपया भी नहीं था-लेज़र ब्रशेज़ की दास्तान के यही पहलू सबसे ज़्यादा मेरा मन मोहते हैं।

◆

- जब अवसर दस्तक दे, दरवाज़ा खोलो।
- आज पहले से कहीं ज़्यादा आपको पूरी तस्वीर को दूसरे की बनिस्बत तेज़ी से, जल्दी-से-जल्दी और बेहतर तौर पर देखने की ज़रूरत है। मैं उद्यमी बनने के इच्छुक बहुत-से लोगों के बारे में सुनता हूँ कि वे अपने फ़ैसले लेने या विकास करने की योजनाओं को रिसर्च या 'होमवर्क' पूरा कर लेने के बहाने टालते या मुल्तवी करते रहते हैं। यह सब करने में जो वक़्त लगेगा, वह एक तरह से मौक़े को खो देने के बराबर ठहरेगा।
- सारी चीज़ों का आधा हिस्सा तर्क और सहज ज्ञान है।
- पैसों की कमी आपको अपना व्यापार शुरू करने या बढ़ाने से कभी नहीं रोक सकती। मेरी बनावट मुझे उकसाती रहती है कि मैं सिर्फ़ इस भरोसे के साथ आगे क़दम बढ़ाऊँ कि मैं पैसों का जुगाड़ बैठा ही लूँगा। यह कोई रणनीति या समाधान नहीं है, बल्कि रवैया है। और अगर क़ायदे से सोच कर जुगाड़ बैठाया गया तो यह हिकमत काम कर सकती है और ज़रूर करेगी।

3

सारी दुनिया रंगमंच है

संस्कृति सफल उद्यमों की जान है। जो भी काम आप करते हैं और जहाँ भी आप जाते हैं, वह प्रभावशाली ढंग से संचार-सम्पर्क के अवसर पैदा करता है। असरदार संवाद-सम्पर्क किसी भी कम्पनी की संस्कृति का हिस्सा होता है। जितनी गहरी उसकी पैठ होती है, उतना ही वह कम्पनी बढ़ती है। और जितनी ही वह कम्पनी बढ़ती है, उतनी ही गहरी उसकी संस्कृति की पैठ होती है। यह एक सकारात्मक, अपने को लगातार जारी रखने वाला सिलसिला होता है।

ग्रांट रोड से उठ कर हमारे परिवार का ब्रीच कैण्डी जा बसना कमो-बेश स्थायी था, कम-से-कम भौगोलिक रूप से। शादी करने और अपने पिता के घर से बाहर आ जाने के बाद भी अपनी बालिग़ ज़िन्दगी का ज़्यादातर हिस्सा मैं वहाँ अपने पहले घर से 200 मीटर की दूरी के भीतर ही रहता आया हूँ।

सोलह बरस की उमर में ब्रीच कैण्डी आने के कुछ ही दिनों के बाद मेरे अन्दर थिएटर और रंगमंच का शौक़ पैदा हो गया। या कहूँ कि थिएटर मेरी तरफ़ खिंच कर चला आया। रंगमंच पर मेरी बहुत-सी भूमिकाओं में से पहली, कथीड्रल स्कूल में *विज़र्ड ऑफ़ ऑज़* में टिन मैन की थी, लेकिन मेरी सबसे यादगार भूमिका शेक्सपियर के नाटक *द टेमिंग ऑफ़ द श्रू* में नायक की थी—मैंने पेट्रूचियो का किरदार अदा किया था, वह बदमाश जो नायिका केट से प्यार करने लगता है और फिर उसे क़ाबू में करने की कोशिश में अद्भुत और शिक्षाप्रद अनुभवों से गुज़रता है। आज भी किसी मुश्किल फ़ितरत वाले व्यक्ति का सामना होने पर मैं

कभी-कभी कह बैठता हूँ, 'चलो, इस लड़ाकिन को बस में करें,' और लोग हँस देते हैं।

मैंने नाटक खेलने वाली कम्पनी, लेज़र प्रोडक्शन्स शौक़िया तौर पर शुरू की थी। वह इतनी लाभदायक साबित हुई कि मुझे अपने तमाम सैर-सपाटे के लिए पैसे मिलने लगे और छोटी उमर ही में मेरा आत्मविश्वास काफ़ी बढ़ गया। लगे हाथ हमने कुछ बेहतरीन नाटक खेले और आजीवन मित्र बनाये। आज भी जो नाटक मुझे ख़ास तौर से याद आते हैं, वे आइन रैण्ड का *नाइट ऑफ़ जैनुअरी सिक्स्टीन्थ,* मार्क मेडॉफ़ का *चिल्ड्रेन ऑफ़ अ लेसर गॉड* और संगीत-भरा नाटक *विज़र्ड ऑफ़ ऑज़* हैं। संयोग से, *विज़र्ड ऑफ़ ऑज़* के उद्घाटन की शाम मेरी बेटी त्रिश्या पैदा हुई थी। पहले दो दिन तक मैं लगातार हस्पताल और थिएटर के चक्कर लगाता रहा था। त्रिश्या को उसके पहले साल पूरा समय प्यार से बुलाने के लिए 'द विज़ बेबी' का नाम दे दिया गया था।

रंगमंच और थिएटर ने मुझे ऐसे हुनर सिखाये जो बाद में टेलीविज़न और दूसरी कलात्मक सरगर्मियों में बड़े काम के साबित हुए। लेकिन रंगमंच ने सबसे ज़्यादा मेरे सम्पर्क-संचार की क़ूवत को और मज़बूत किया और मुझमें ढेरों आत्मविश्वास भर दिया। किसी उद्यमी के लिए बहुत कम चीज़ें इतनी ज़रूरी हैं जितनी भरोसे के साथ दूसरे तक अपनी बात पहुँचाने की क्षमता और भीड़ के सामने शान्त और स्थिर बने रहने की ताक़त। थिएटर के उन शुरुआती दिनों में जो सबक़ मैंने सीखे उनके बारे में सोचते हुए मेरे दिमाग़ में शेक्सपियर के नाटक *ऐज़ यू लाइक इट* की पंक्तियाँ गूँजती हैं -

रंगभूमि है सारी दुनिया
सभी आदमी और औरतें अभिनेता हैं
आते-जाते बारी-बारी
कितने रूप धरा करता है अपनी बारी में एक आदमी...

ये पंक्तियाँ और जो तस्वीरें और छवियाँ वे मन में ताज़ा करती हैं, उद्यम और कारोबार के सार को पूरी तरह बयान कर देती हैं। व्यापार में आप बहुत-से पड़ावों से गुज़रेंगे और अनेक भूमिकाएँ अदा करेंगे। लेकिन उस पहली पंक्ति पर ध्यान दीजिए—'रंगभूमि है सारी दुनिया।' चाहे आप जो भी करें या जहाँ भी जायें, आप को प्रभावशाली ढंग से अपनी बात कहने के लिए मौक़े बनाने होंगे।

उद्यमियों के लिए संवाद का मतलब बोलने के कौशल से कहीं अधिक है। सम्पर्क-संवाद एक तरह की मुद्रा है, नगदी है। और आप उसे कैसे इस्तेमाल करना चाहते हैं—कितनी

तेज़ी से आप चीज़ों को समझ लेते हैं, आपके सोचने में कितनी स्पष्टता है, अपनी बात को कितनी मज़बूती से आप दूसरों तक पहुँचा सकते हैं जिससे सुनने वालों को कोई शक न रहे कि बागडोर किसके हाथ में है—यह सब आपके व्यापार को आसमान पर पहुँचा सकता है या पाताल में धकेल सकता है।

◆

संवाद किसी भी कम्पनी की संस्कृति में सीमेंट का काम करता है।

इसीलिए मुझे बैठकों के दौरान मोबाइल फ़ोन सख़्त नापसन्द हैं। मज़ाक़ नहीं कर रहा। मेरी टीम के सदस्यों से पूछ लीजिए। ज़रूरी बैठकों के समय मैं अपनी सहायिका से कह कर सारे मोबाइल ज़ब्त करा लेता हूँ। वह कमरे में दाख़िल होती है और ऐलान करती है कि हम 'मोबाइल सेवक' की पूरम्पूर सेवा बिलकुल मुफ़्त में मुहैया कराते हैं। फिर वह सारे फ़ोन इकट्ठे करती है और हरेक को आश्वस्त करती है कि उनके फ़ोन हिफ़ाज़त के साथ रखे जायेंगे और उन उपद्रवी उपकरणों को अपने साथ बटोर ले जाती है। एक गम्भीर समस्या से निपटने का यह एक दिलचस्प रवैया है।

बहुत कम चीज़ें इतनी उजड्ड और साफ़-साफ़ कहूँ तो इतनी अहंकार-भरी होती हैं जितनी यह कि आप फ़ोन पर बतियाते रहें या उसके बटन दबाते रहें और उस शख़्स को नज़रन्दाज़ करते रहें जिसने आपके साथ अकेले या कुछ और लोगों के साथ बैठ कर बात करने के लिए अपना वक़्त निकाला है। ऐसे व्यवहार से यही ज़ाहिर होता है कि आप जो कर रहे हैं वह इतना ज़रूरी है कि उसे किये बिना नहीं चल सकता; कि एक घण्टे की ग़ैर-हाज़िरी या तवज्जो की कमी कम्पनी को विपदा और विनाश में धकेल सकती है।

ज़मीन पर आइए।

जब घमण्ड और अशिष्टता किसी कम्पनी की संस्कृति में अपनी जगह बना लेती है, तो दस में से नौ बार आप गाँठ बाँध सकते हैं कि टीम के सदस्यों ने ये बुरी आदतें अपने बॉस से सीखी हैं। मैं ऐसे कम्पनी अधिकारियों को जानता हूँ जो सोचते हैं कि जब वे दिन के किसी भी समय अपने मातहत कर्मचारी को बुलायें तो उन्हें फ़ौरन जवाब मिलना चाहिए। मुझे एक ज़्यादा सहज रवैया पसन्द है। मिसाल के लिए, अगर मैं टीम के किसी सदस्य को सुबह के आठ बजे या दिन के बीचों-बीच बुलाऊँ, तो मेरा पहला सवाल हमेशा यही होगा, 'क्या हम बात कर सकते हैं? क्या तुम ख़ाली हो? समय तो सही है?' तमीज़ के साथ बात करना लोगों को उन्मुक्त करता है।

मैं इस बात का भी ख़ास ख़्याल रखता हूँ कि लोगों को यह न महसूस हो वे जो भी कर रहे हैं, उसे वहीं-का-वहीं छोड़ कर उन्हें एक मिनट की सूचना पर मुझ से मिलना चाहिए। इसकी बजाय, मैं बड़े सीधे-सादे ढंग से कहता हूँ, 'जब तुम ख़ाली हो जाओ तो आओ, हम मिल लें...' टीम में तब तक ताक़त नहीं आ सकती जब तक हम आपसी आदर-सम्मान नहीं पैदा करते।

चौकस और शिष्ट व्यवहार स्वस्थ कॉरपोरेट संस्कृति पैदा करता है।

◆

16000।

इतने शब्द एक औसत आदमी एक दिन में बोलता है। इसका मतलब है कि जितने शब्द इस किताब में हैं, उससे ज़्यादा शब्द इस हफ़्ते आपके मुँह से बाहर आयेंगे। चाहे आप किसी माल को बेचने या बाज़ार में उतारने के सिलसिले में बता रहे हों या पंच-वर्षीय योजना पेश कर रहे हों, खोज-बीन से हासिल जानकारी बाँट रहे हों या पूँजी निवेश के लिए लोगों को क़ायल कर रहे हों या फिर भविष्य की पहलक़दमियों के सिलसिले में उचित श्रम करने के बारे में विचार-विमर्श कर रहे हों, आप हर वक़्त 'स्वर-परीक्षा' से गुज़र रहे होते हैं। हर शब्द की अहमियत होती है। हर वाक्य एक बयान होता है।

सफल और प्रभावशाली संवाद की बुनियाद सच्चाई और प्रामाणिकता है, हालाँकि बहुत कम उद्यमी उतनी ख़ूबी से अपनी बात दूसरे तक पहुँचा पाते हैं जितना कि उन्हें चाहिए। उन शुरुआती दिनों में जिस व्यक्ति का मुझ पर गहरा असर हुआ, वे थे न्यूज़ कॉर्प के रूपर्ट मरडॉक। 1990 के दशक के आरम्भ में स्टार टी.वी. को ख़रीदने के बाद मरडॉक ने भारत का दौरा किया था और यू.टी.वी. भी आये। उनके और स्टार के लिए दो महत्वपूर्ण बाज़ार भारत और चीन के थे। लिहाज़ा मुम्बई का दौरा करके और यू.टी.वी. आ कर रूपर्ट मरडॉक हिन्दुस्तान को, यहाँ चल सकने वाली सामग्री को और बहुत कुछ और समझना चाहते थे।

हमारे पास इमारत के बेसमेंट में एक किफ़ायती दफ़्तर और एक छोटा-सा ऑडियो-विज़ुअल कक्ष था; बैठकों के लिए कोई कमरा नहीं था। मेरा दफ़्तर जो मुश्किल से अस्सी वर्ग फ़ुट का था, ज़रूरत पड़ने पर बैठकों के लिए भी काम में ले लिया जाता। हमारी एक कसी-कसाई टीम थी, चीज़ों को छोटे पैमाने पर, लेकिन आराम से काम करने लायक़ रखते हुए। तड़क-भड़क और ताम-झाम के बिना लोगों के काम करने के लिए बहुत जगह थी। जब आप मिसाल सामने रखकर आगे-आगे चलें तो आप पूरे दफ़्तर की संस्कृति को बदल देते

हैं। दफ़्तर की जीवन्त संस्कृति हमेशा बड़ी और खुली जगह से नहीं आती। सच तो यह है कि इसका उलट ही अक्सर देखने में आता है। एक ख़ास आकार के दफ़्तर आपसी सम्पर्क-संवाद को जन्म देते और पालते-पोसते हैं। ऊपर की मंज़िल पर कोने के दफ़्तर का विचार पुराना पड़ चुका है और इससे ऊँचे प्रबन्धकों वाली ऐसी टीम की बू आती है जो अलग-थलग और अकेली पड़ी हुई हो।

हर रोज़ मैं दफ़्तर के हर व्यक्ति से बात करता—किचन में, गलियारे में, अन्दर-बाहर आते-जाते। यह निकटता हमें एक-दूसरे से सम्पर्क के लिए मजबूर नहीं करती थी, बल्कि ज़िन्दादिली से आपस में बातचीत के, विचार-विमर्श के, ख़्यालों को मिल बाँटने के, मौक़े देती थी। और चूँकि दफ़्तर में हर किसी को मालूम था कि उस रोज़ हम एक महत्वपूर्ण बैठक की मेज़बानी कर रहे थे, इसलिए जब मरडॉक सीढ़ियाँ उतर कर बेसमेंट में दाख़िल हुए तो सारी आँखें ज़ीने पर लगी हुई थीं।

दिलचस्प बात है और इससे मुझे राहत भी मिली कि न तो मरडॉक के शरीर की मुद्रा से, न उनके हाव-भाव से ज़रा भी अचरज या निराशा प्रकट हुई। *हे भगवान, कहाँ आ फँसा मैं? इतने छोटे दफ़्तर में तो मैं कभी गया नहीं। और वह भी तहख़ाने में*। ऐसा कुछ भी नहीं। इसकी बजाय उनकी प्रतिक्रिया बिलकुल सीधी-सहज और सामान्य थी। मेरे ख़्याल में यह उनके अन्दर अपने परिवार के पहले उद्यमी होने के एहसास से उपजा था। ऑस्ट्रेलिया में वे तहख़ानों में चल रहे कई एक समाचार-कक्षों में गये होंगे; यह साफ़ था कि वे उद्यम और कारोबार की 'कर लेंगे' या 'हो जायेगा' वाली संस्कृति को भूले नहीं थे।

वे यहाँ धन्धा करने आये थे और हमने यही किया। बैठक दो घण्टे चली जिसमें 'समूचा अपने हिस्सों के योग से बड़ा है' के शीर्षक से यू.टी.वी. पर बना दस मिनट का एक विडियो भी शामिल था; न कॉफ़ी, न चाय, बस सीधी बातचीत।

मरडॉक मुझे अन्तर्दृष्टि सम्पन्न, दो टूक बात करने वाले व्यक्ति जान पड़े। वे अपने मन की बात को बेहद सच्चाई से ज़ाहिर करते और किसी बात पर ज़ोर देने के लिए मेज़ पर थपकी देते। 'आपको मालूम है मैं यहाँ बड़े सौदे करने आया हूँ।' *थपकी*। 'इसलिए आइए उन बड़ी चीज़ों के बारे में बात करें जो स्टार हिन्दुस्तान में कर सकता है।' *थपकी*। लेकिन जब वे अपनी बात ख़त्म कर लेते और दूसरा बात करने लगता तो वे पूरी तरह अपने कान उधर लगा लेते। बात करने और सुनने के बीच इस सहज आवा-जाही से ऊँचे दर्जे की उत्सुकता टपकती थी जिसने हम सब के दिलों को छू लिया। अतीत में मैंने यह पाया है कि पश्चिमी लोग अक्सर हिन्दुस्तान यह मान कर आते हैं कि उनके अपने देश की संस्कृति, मानसिकता और रवैये सब

जगह एक-से होंगे। फिर जब उनका सामना तीखे सांस्कृतिक अन्तर से और यह न समझने की वजह से पैदा होने वाली नाकामी से होता है कि माल या सौदा कौन किस मतलब से ख़रीद रहा है तब उन्हें हैरत होती है।

मरडॉक शब्दों की क़ीमत जानते थे। उन्हें पता था कि कब बोला जाये और कब सुना जाये जिससे उनके समय का सबसे कारगर इस्तेमाल हो सके और सफलता की सम्भावनाएँ ज़्यादा-से-ज़्यादा बढ़ जायें। बाहर से रूखे लगने के बावजूद उनमें दूसरों से सम्बन्ध जोड़ने का कुदरती गुण था और उनकी हैसियत के हिसाब से उनमें लोगों के सामने खुल जाने की असाधारण इच्छा और क्षमता थी।

◆

लीक तोड़ने वाले विचार कभी-कभी सबसे नामुमकिन जगहों और लोगों से आते हैं। आप को पता भी नहीं रहता कि कब आपके सामने कोई दिलचस्प माल, नया ख़्याल या कोई क़ाबिले-ज़िक्र ग़लती आ जायेगी जो किसी क्षेत्र को पूरे-का-पूरा बदल कर रख देगी। इतिहास की कुछ मिसालें देखिए।

पोस्ट-इट नोट यानी याद कराने वाली गोंद-लगी पर्ची? नई रासायनिक गोंद विकसित करने के लिए किये गये प्रयोग के गड़बड़ा जाने का नतीजा। प्लास्टिक? जिस शख़्स ने इसकी ईजाद की, वह वार्निश वाले चपड़े या लाख का विकल्प खोज रहा था; वह ऐसी चीज़ बनाने में सफल हुआ जिसका उस समय तक कोई उपयोग समझ में नहीं आया जब तक कि किसी ने यह फ़ैसला नहीं किया कि यह आविष्कार हमारी ज़िन्दगियों को लाखों अलग-अलग तरीक़ों से बदल सकता था।

इन दोनों नाकामियों का फ़ायदा उन उद्यमियों ने उठाया जो यह समझते थे कि अच्छे विचार हर जगह मौजूद होते हैं।

यही वजह है कि मैं ईमेल पर आये उन तीन सौ से ज़्यादा सँदेसों में से अधिक-से-अधिक का जवाब देने की कोशिश करता हूँ। इसलिए नहीं कि मैं भारत का प्रधानमन्त्री बनने की दौड़ में शामिल हूँ। मैं ऐसा तीन कारणों से करता हूँ—एकदम आगे-आगे रह कर अगुवाई करने और अपनी संस्था में ऐसी तहज़ीब क़ायम करने के लिए जिसमें पलट कर सम्पर्क करने और शिष्टता बरतने की फ़ितरत हो; होड़ और मुक़ाबले के प्रति जागरूक और चौकन्ना रहने के लिए, ताकि उसके बराबर और आगे रह सकूँ; और वहाँ बाहर जो कुछ हो रहा है, उसके साथ लगातार सम्पर्क बनाये रखने के लिए। आप नहीं जानते कब कोई महत्वपूर्ण और मूल्यवान

विचार बिन बादल की बिजली की तरह कौंध जायेगा। अपने को उन हज़ारों मौक़ों के लिए खुला रखिए जो रोज़ आपके सामने आते रहते हैं।

आप ही वह शख़्स हैं जो फ़ोन उठाता और ईमेल का जवाब देता है। आप वह नायक हैं जो नये-नये पैदा होने वाले विचारों को खोजता है जिसे अगली मुहिम या आविष्कार में इस्तेमाल कर सके। असरदार सम्पर्क-संवाद को नज़दीक लाइए, अन्दर भी और बाहर भी।

◆

एक मझोली या बड़ी संस्था को चलाते हुए आप सब लोगों के लिए सब कुछ नहीं हो सकते। जो महान नेता या नायक हैं, वे अपने पद पर कभी सबसे ज़्यादा लोकप्रिय लोगों में नहीं होंगे। लेकिन ज़रूरत इस बात की है कि आप सबको शामिल करके चलें और पहले दिन से ही खुलेपन की संस्कृति क़ायम कर दें। जितनी अधिक यह संस्कृति आपकी संस्था में रची-बसी होगी, संस्था उतनी ही बड़ी और मज़बूत बनती जायेगी; और संस्था जितनी बड़ी बनेगी, यह आदत भी उतनी ही गहरी होती जायेगी। यह एक सकारात्मक, अपने को लगातार क़ायम रखने वाला चक्र है।

आपके रोज़ाना के सम्पर्क-संवाद के लक्ष्य क्या होने चाहिएँ?

सबसे पहले तो दोस्ती कीजिए, नज़दीक जाइये, सम्मान प्राप्त कीजिये और प्रेरित कीजिये। लेकिन संवाद की असली जान कुल-मिला कर ऐसे शब्द में केन्द्रित है जिसे अक्सर इस्तेमाल किया जाता है, मगर समझा बिरले ही जाता है—सम्मोहन, जादू। ज़्यादातर लोग सम्मोहक व्यक्ति के बारे में सोचते हैं कि वह भयानक दिलफेंक क़िस्म का आदमी होगा, कोई जाँबाज़ जिसमें शाह रुख़ ख़ान को मात देने की क़ूवत होगी या वह जम कर हँसी-मज़ाक़ करने वाला कोई बिन्दास बन्दा होगा। (लगे हाथ आपको बता दूँ कि बेहद सम्मोहक होने के अलावा मेरी जानकारी में शाह रुख़ ख़ान बहुत होशियार लोगों में भी है और एक सच्चा उद्यमी है।)

मेरे लिए सम्मोहन का मतलब है अपने अन्दाज़ और लहजे से लोगों को राज़ी करने, अपने पाले में ले आने की क्षमता, कमरे में बैठे या फ़ोन की दूसरी तरफ़ मौजूद सभी लोगों से सम्पर्क के दौरान उन्हें शामिल कर लेने की आपकी इच्छा; और जो भी आप को कहना है, उसे एकदम साफ़-साफ़ ज़ाहिर कर देने की हुनरमन्दी। हमेशा दूसरे तमाम लोगों की बातों को ग़ौर से सुन कर और गम्भीर-से-गम्भीर हालात में भी थोड़ी-सी ख़ुशमिज़ाजी और हाज़िरजवाबी से काम ले कर अपने सुनने वालों को बस में कर लीजिए।

लेकिन मुझे तो बातें करने का वरदान नहीं मिला, आप अफ़सोस करते हैं। *क्या इसका*

मतलब है कि कारोबार और उद्यम या पेशेवर काम-काज की दुनिया मेरे लिए पहुँच से बाहर है? यक़ीनन नहीं। सम्भव है, आप कुदरती तौर पर भाषण न दे पाते हों। या आपके आत्मविश्वास का स्तर उतना ऊँचा न हो जितना आप चाहते हैं। मेरी सलाह है कि तब उन विषयों और मामलों तक ही सीमित रहिए जिनके बारे में आप को भरोसा और इत्मीनान हो।

अगर आप को अपनी जानकारी पर भरोसा है तो समझिये आपने आधी बाज़ी जीत ली। अब आप को सिर्फ़ संवाद का ऐसा ज़रिया दरकार है जिससे आप यह जानकारी दूसरों तक पहुँचा सकें; हो सकता है कि नश्तर जैसा तेज़, कुशलता से तैयार किया गया ईमेल यह काम कर जाये। कहने का मतलब है कि आप को भाषण सिखाने की क्लास में दाख़िल होने या विश्व-स्तर का वक्ता बनने की ज़रूरत नहीं। इसकी बजाय आपको अपनी बात कहने का वह ज़रिया इस्तेमाल करना है जो आप को अपने सबसे मज़बूत गुणों को दर्शाने में मदद करे। मेरे लिए यह हमेशा सीधी बात करने, आँख-से-आँख मिलाने और छोटे-छोटे चुस्त जुमले इस्तेमाल करने से जुड़ा रहा है। अगर आप जल्द-से-जल्द मतलब की बात पर नहीं आते तो सम्भावना यही है कि आपके मतलब तक पहुँचने के लिए कोई रुका नहीं रहेगा, भले ही वह कितना ज़रूरी और सुसंगत क्यों न हो।

◆

अब तक मैंने नाटकों में जो भूमिकाएँ निभायी हैं, उनमें मार्क मेडॉफ़ के नाटक *चिल्ड्रेन ऑफ़ अ लेसर गॉड* की प्रमुख भूमिका सबसे चुनौतीपूर्ण थी और इसने अपनी बात दूसरों तक पहुँचाने के ऐसे सबक़ मुझे सिखाये जिनसे मैं हर रोज़ काम लेता हूँ। नाटक दो घण्टे तक चलने वाला एकालाप है, जिससे अभिनेता पर काफ़ी ज़ोर पड़ता है। नाटक के दौरान शिक्षक जेम्स लीड्स और उसकी सुनने-बोलने से लाचार छात्रा, सारा नॉर्मन, जिससे लीड्स का एक रूमानी लगाव भी है, एक-दूसरे से इशारों की ज़बान में बात करते हैं। लीड्स अपनी छात्रा से इशारों में बात करता है, फिर सारा के जवाब दर्शकों के लिए अंग्रेज़ी में तर्जुमा करता है। आज भी अगर मैं सुनने-बोलने से लाचार किसी व्यक्ति के साथ बैठ जाऊँ तो मैं उसके साथ बात कर सकूँगा।

चूँकि मैं सारा के जवाब दर्शकों के लिए 'पढ़ता' था, मुझे उसके संवादों को आवाज़ के एक लहजे में अदा करना था और फिर अपने संवादों को दूसरे लहजे में। दो-एक और पात्रों को छोड़ कर जो ज़रा-ज़रा-सी देर के लिए आते-जाते थे, हम दोनों को सारा समय मंच पर मौजूद रहना था, सबकी नज़रों के सामने। मेरा काम था—अपने शब्दों के सिवा और कुछ भी

इस्तेमाल किये बिना दर्शकों को भावनाओं के एक बड़े-से झूले की सवारी पर ले जाना—जो कम्युनिकेशन सबसे बुनियादी तरीक़ा है।

चिल्ड्रेन ऑफ़ अ लेसर गॉड ने ज़िन्दगी के एक ऐसे मुक़ाम पर मुझे कम्युनिकेशन में संवेदनशीलता सिखायी जब मेरे लिए यह समझना ज़रूरी था कि लोगों से कैसे जुड़ा जाय। उसने मुझे एकाग्रता भी सिखायी। अपनी इस मुश्किल भूमिका की तैयारी करने के लिए मैं मंच पर जाने से पहले नेपथ्य में एक घण्टा ख़ामोश बैठा रहता था, यह जानते हुए कि यह भूमिका अभ्यास और तैयारी के ऐसे स्तर की माँग करती थी जो थिएटर के लिए भी अनोखा है।

सचमुच, शानदार स्मृतियाँ हैं। मैं पीछे देखते हुए अपनी सभी भूमिकाओं को दिल में हल्की-सी कचोट के साथ याद करता हूँ। मेरी माँ और पिता अक्सर मुझे मंच पर नाटकों में हिस्सा लेते हुए देखते और मुझे हमेशा उनके सहारे और समर्थन का मान रहा। अब भी चालीस साल बाद, माँ स्वीकार करती हैं कि उनके मन में मुझे ले कर सिर्फ़ एक अफ़सोस है। 'अब जब तुमने यह सब कर लिया है, तुम नाटक और थिएटर की तरफ़ फिर से क्यों नहीं लौट जाते?' वे पूछती हैं। 'काश, तुमने कभी छोड़ा न होता।' उनकी आवाज़ और लहजे में ललक और लालसा है जैसी सिर्फ़ माँओं में हो सकती है। मैंने जो हासिल किया है, उस पर उन्हें गर्व है, लेकिन वे मेरे शुरू के दिनों को उतनी ही ललक से याद करती हैं जितना मैं।

'मेरे पास समय नहीं है,' मैं उनसे कहता हूँ। और मेरे ख़्याल में यह सच भी है। शायद यह कहना ज़्यादा सही होगा कि मैं समय नहीं निकालता। यह मेरा फ़ैसला है, कम-से-कम फ़िलहाल। मैं एक बात ज़रूर जानता हूँ, मैं कभी मंच के वे अनुभव नहीं भूलूँगा या वे सबक़ जो थिएटर ने मुझे सिखाये।

◆

असरदार संवाद का मक़सद है किसी भी परिस्थिति में काम पूरा करना।

पीछे देखते हुए मैं उस पहले विकसित सौदे पर नज़र डालता हूँ जो मैंने किया और नाटक और थिएटर में अपनी शुरुआती ट्रेनिंग के बारे में सोचता हूँ। रूपर्ट मरडॉक की पहली भारत-यात्रा और हमारे दफ़्तर पर उनके आने के कुछ हफ़्ते बाद मुझे लन्दन में उनकी टीम से फ़ोन आया। 'हम अपनी बातचीत को आगे बढ़ाना चाहते हैं,' उनके एक वरिष्ठ सहयोगी ने मुझसे कहा। 'अगर आपकी दिलचस्पी है तो आइए, हम अगले हफ़्ते किसी समय 'बीस्काईबी' के दफ़्तर पर मुलाक़ात करें।'

भोलेपन में, यह उम्मीद करके कि मैं बस इतनी ही जानकारी लेने जा रहा हूँ कि न्यूज़

कॉर्प ने क्या सोच रखा है, मैं विमान से अकेला ही वहाँ गया। जब मैं तयशुदा दिन पर सुबह के 8 बजे वहाँ पहुँचा, तो मेरी मुलाक़ात सात सदस्यों वाली टीम से हुई जिसमें 'बीस्काईबी' के प्रमुख, नीति तैयार करने वाली टीम, दो वकील और दो पूँजी लगाने वाले बैंक अधिकारी शामिल थे। मैं वहाँ मोटा-मोटी बातचीत करने की सोच कर गया था, उधर वे सौदे का प्रस्ताव रखने और उस पर उसी रोज़ मुहर लगाने के लिए तैयार थे।

'आप की टीम कहाँ है?' उनमें से एक शख़्स ने मुझे कॉफ़ी पेश करते हुए पूछा। 'आपका वकील? आपका बैंक अधिकारी?' और उन्होंने अपना प्रस्ताव नुक्ता-दर-नुक्ता सामने रखना शुरू किया। मरडॉक के समूह ने भारत में अपने सामग्री सम्बन्धी साझीदार के तौर पर अन्तिम सूची में जो गिने-चुने नाम तय कर रखे थे, उनमें हमें शामिल किया हुआ था। वे एक महत्वपूर्ण माइनॉरिटी हिस्सा चाहते थे जिसमें कारोबार को चलाने में उनका कोई दख़ल न हो। उन्हें इसमें कोई ऐतराज़ नहीं था अगर हम उनके सम्भावित प्रतिद्वन्द्वियों के साथ काम करें। कुल-मिला कर वे इसे एक मज़बूत, सहज दूरी वाले गठजोड़ के रूप में देखते थे—ऐसा गठजोड़ जिसे वे आगे चल कर विकसित कर लें, जैसे-जैसे भारत में उनके पैर और जमते जायें।

'मैं किसी को नहीं लाया हूँ।'

'ठीक। तो अब बताइए, क्या करना है?' साफ़ था कि उनके ख़्याल में बहुत कुछ नहीं होने वाला था, लेकिन वे बात करने के ख़िलाफ़ नहीं थे।

उस समय मेरे दिमाग़ में तीन बातें कौंध गयीं –

1) उनकी तरफ़ से यह काम को अंजाम तक पहुँचाने वाली एक बड़ी टीम थी और अगर मैंने हीला-हवाली की तो दोबारा नहीं जुटने वाली थी;
2) अगर किसी नतीजे पर पहुँचे बिना हमने दिन बिता दिया तो सम्भव था वे दूसरे विकल्पों की खोज-बीन करने का मन बना लें; और
3) उनकी स्पष्टता और देर न लगाने की फ़ितरत को देखते हुए, टीम के पास मरडॉक को दिन के आख़िर में साफ़-साफ़ हाँ या ना में सूचित करने का अधिकार था।

परिस्थिति का जो जायज़ा मैंने लिया, उसके अनुसार मुझे उसी के साथ आगे बढ़ना था, जो मुझे सुविधाजनक महसूस हो। मुझे अकेले आगे बढ़ने में अक़्लमन्दी जान पड़ी।

'मैं काफ़ी हूँ। आइए, आगे बढ़ें,' मैंने कहा। उन्हें हैरत हुई कि मैं पूरी तरह अखाड़े में उतरने को तैयार था, लेकिन हम दिन भर शर्तों पर बहस करते रहे और हमने मेहनत करके

दो-एक ब्योरों को तय कर लिया। दोपहर के 4 बजे तक उनके वकीलों ने उस सब के बारे में, जो हमने चर्चा करके तय किया था, 'सहमति के बिन्दु' तैयार कर लिये थे। चार घण्टे बाद, मैं बाहर निकला, ताकि घर फ़ोन करके अपने सहयोगियों और अपने वकील से बात कर सकूँ—जिन्हें मैंने दिन भर फ़ोन के इन्तज़ार में बैठाये रखा था—और उधर न्यूज़ कॉर्प की टीम ने दस्तावेज़ को फ़ैक्स द्वारा मरडॉक को उनकी अन्तिम मंज़ूरी के लिए भेजा (ईमेल उन दिनों चलन में इतना नहीं आये थे।) मुझे हैरत हुई कि पूरी दुनिया के पैमाने पर कम्पनी द्वारा इतना कुछ करते-कराते भी, मरडॉक भारत में एक निस्बतन छोटे-से सौदे और गठजोड़ के दस्तावेज़ को ख़ुद पढ़ना चाहते थे। यह सच्चे उद्यमी की एक और निशानी थी।

मैं अपनी आधी से कम कम्पनी से हाथ धो रहा था। तब तक मैंने कभी किसी से पूँजी नहीं लगवायी थी, किसी को साझीदार नहीं बनाया था और यहाँ महज़ बारह घण्टे के अन्दर मैं अपने काम-काज और ज़िन्दगी को बदल देने वाले फ़ैसले की तरफ़ तेज़ी से दौड़ता चला जा रहा था।

बेशक, न्यूज़ कॉर्प की टीम सन्तुलित और न्यायपूर्ण थी, लेकिन मैं ख़ास तौर पर ख़ुश था कि तैयारी के बिना भी मैं जाने-माने, अनुभवी पेशेवर लोगों का मुक़ाबला करने में कामयाब रहा था। मुझे मालूम था कि शर्तों के साथ इत्मीनान और सुविधा का एहसास होना मेरे लिए ज़रूरी था—यही बुनियादी बात थी। रही बात सौदेबाज़ी की, शर्तों को ले कर बहस की, तो यह प्रक्रिया वैसी ही थी जैसे भरे सभागार में सबकी आँखों का निशाना बन कर मंच पर खड़े होना। प्रेशर कुकर में अकेले फेंक दिये जाने पर आप में रातों-रात आत्मविश्वास पैदा हो जाता है।

जब हम बैठक के कमरे में अपना काम ख़त्म कर चुके तो मैंने होटल लौट कर ज़रीना को (जिससे मैंने बाद में शादी कर ली) फ़ोन किया। हमने एक-दूसरे को बधाई दी। मैं शोर-ग़ुल के साथ ख़ुशी मनाने का कभी क़ायल नहीं रहा, इसलिए इसकी बजाय मैं एक लम्बी सैर पर चला गया। पैदल चलना मेरे लिए दवा का काम करता है। सैर जितनी लम्बी होती है, रोक-टोक और लक्ष्य के बिना, उतना ही मेरा दिमाग़ झिलमिलाता और फुलझड़ियाँ छोड़ता है।

लन्दन की वह रात सर्द थी। मैं सोहो के इलाक़े में, जिसकी सड़कें बत्तियों से जगमगा रही थीं, टहलता रहा और बीते हुए दिन को फिर से दोहराते हुए काफ़ी अच्छा महसूस करता रहा। बहुत कुछ घटित हो गया था। जब से मैंने काम शुरू किया था, मैं पहली बार किसी को साझीदार बना रहा था—और वह भी एक भीमसेन को। ज़िन्दगी दोबारा वैसी नहीं रहने वाली थी।

अचानक मैंने ख़ुद को दानवों जैसे दो बन्दों के रू-ब-रू पाया। इससे पहले कि मुझे पता

चलता कि वे मुझे लूट रहे हैं, मामला ख़त्म हो चुका था। मैं कभी घड़ी नहीं पहनता, न बटुआ ही रखता हूँ। लिहाज़ा जो थोड़ा-बहुत मेरे पास था, उसे झटक कर वे रात के अँधेरे में ग़ायब हो गये।

जैसे ही मैं होटल लौटा, खीझा हुआ मगर बिना खरोंच सहे, मैंने ज़रीना को फ़ोन किया और उसे अपनी दास्तान सुनायी। जब एक बार उसे भरोसा हो गया कि मैं सही-सलामत था, तो उसका जवाब एकदम सटीक था—'आज तुमने कुछ पाया और कुछ लौटाया। अच्छा कर्मफल है।'

कितनी ख़ूबी से अपनी बात ज़ाहिर कर देती है, मेरी ज़रीना।

◆

- सम्पर्क-संवाद सफलता के नुस्ख़े का एक बेहद ज़रूरी तत्व है। वह एक पारदर्शी, खुली, स्पष्ट, ग़ैर-राजनैतिक, ऊँच-नीच से रहित संस्कृति और संस्था की बुनियाद है।
- हर वक़्त हाज़िर रहते हुए एक-दूसरे के समय का सम्मान करें। 'बहु-धन्धी' लोग एकाग्र होना तो दूर रहा, ख़ुद अपने ध्यान के बँट जाने का ख़तरा भी उठाते हैं।
- दूसरों के साथ खुलेपन का व्यवहार करके और पलट कर उनसे सम्पर्क साधते हुए, अपने रोज़मर्रा के दायरे के बाहर की घटनाओं से ख़बरदार रहिए। आप नहीं जानते कि कौन-सी सबसे नामुमकिन दिशा से कैसा अवसर अचानक आपके सामने आ खड़ा होगा। अच्छे विचार हर जगह मौजूद होते हैं।
- जब तक आप अपने लक्ष्य के बारे में साफ़ हैं और नतीजे को ले कर इत्मीनान महसूस करते हैं, आप किसी भी चर्चा या सौदेबाज़ी में अपने क़दमों पर डटे रह सकते हैं। अगर आपको लगे कि नतीजों के साथ आपका गुज़ारा नहीं चलने वाला, तो चाहे आप सौदा करने के लिए कितने भी इच्छुक क्यों न हों, छोड़ कर चले आइए।

4

पराये लोग

कारोबार की दुनिया में आपका अगला विचार तय करता है कि आप शिकारी हैं या शिकार।
यह पर्यावरण वाली उस डॉक्यूमेण्टरी को देखने की तरह है जहाँ चीता झुण्ड के सबसे कमज़ोर जानवर
पर घात लगा कर उसका पीछा करता है। असली दुनिया में यह हर वक़्त होता रहता
है। बच निकलने के लिए आपका सबसे तेज़ जानवर होना ज़रूरी नहीं। बस, आप सबसे धीमे जानवर
नहीं होना चाहते। जब मौक़ा मिलता है, वे झपटते हैं।

तकलीफ़देह तजुर्बों से मुझे मालूम है कि हिट फ़िल्में आसमान से नहीं टपकतीं। उस हिसाब से देखें तो लगातार और स्थायी सफलता कोई तयशुदा चीज़ नहीं है, और अगर आप पराये आदमी हैं तब तो और भी कम। इसे साबित करने के लिए मेरे पास लड़ाइयों के दौरान लगी चोटों के ढेरों निशान हैं।

जब हम अपने स्टूडियो के विभागों का प्रोडक्शन बढ़ाने के सिलसिले में योजना और प्रयोग की प्रक्रिया में जुटे थे, जो मैं जानता था कि एक लम्बा और कठिन सफ़र साबित होने वाला था, तब मैंने अपने को फ़िल्मों की दुनिया में डुबो दिया था, ताकि मुझे एहसास हो सके कि वहाँ क्या कुछ था और कौन-सी चीज़ काम करती थी, कौन-सी चीज़ नहीं। तभी, 2006 में मैंने अनुराग बासु की चुस्त सनसनीख़ेज़ फ़िल्म *गैंग्स्टर* देखी। मुझे फ़ौरन पता चल गया कि अनुराग ख़ास क़िस्म का फ़िल्म निर्देशक था—एक फ़िल्म-प्रेमी की नज़र से लैस, पैदाइशी क़िस्सागो, एक फ़नकार जो मूड और मिज़ाज पैदा कर सकता था और अपने अभिनेताओं

से बेहतरीन काम करवाने की विलक्षण शक्ति वाला निर्देशक। सबसे बढ़कर यह कि उसमें सफलता से यह सब कर ले जाने का दम-ख़म था।

उस शाम जब मैं सिनेमा हॉल से बाहर आया, मैंने अचानक ही अनुराग को यह बताने के लिए फ़ोन किया कि मुझे *गैंग्स्टर* में कितना मज़ा आया था। बातचीत ख़त्म करते-करते हम इस बात पर राज़ी हो गये कि भविष्य में हमें किसी प्रोजेक्ट पर मिल कर काम करना चाहिए। सच पूछिए तो मुझे मालूम नहीं था कि हमारी बातचीत से बहुत-कुछ हासिल होगा या नहीं। अनुराग के टेलीविज़न के दिनों के बाद से उसके साथ यह मेरी पहली खरी-खरी बातचीत थी। हमें आपस में बात किये अरसा गुज़र गया था और इस धन्धे में यह आम है कि रिश्ते और समीकरण रातों-रात बदल जाया करते हैं।

लेकिन मैं कमर कस कर पीछे लगा रहा। साल भर के अन्दर, और उस छोटी-सी बातचीत की बुनियाद पर, अनुराग और मैंने अनगिनत बार मिल-बैठ कर बहुत-से विचारों को जाँचा-परखा जिन्हें हम विकसित कर सकते थे। गाड़ी तेज़ी से बढ़ी। हमने 2007 में वह शानदार और तीखी-तेज़ *लाइफ़ इन ए मेट्रो* बनायी। यह हमारे नन्हे-से, नये-जन्मे स्टूडियो से आने वाली कुछ बेमिसाल फ़िल्मों का ताज़ातरीन नमूना थी। इस फ़िल्म ने बॉलीवुड में पराये लोगों के रूप में हमारी भूमिका पक्की कर दी, साथ ही क़िले पर चढ़ाई करने वाले नये जाँबाज़ों के तौर पर भी।

लाइफ़ इन ए मेट्रो की चार लघु-कथाओं में मुम्बई में नौ व्यक्तिगत सम्बन्ध आपस में गुँथे हुए हैं। फ़िल्म की बेजोड़ फ़नकारी और दर्शकों को बाँध लेने का गुण इसी अन्तर्सम्बन्ध में छिपा है—कहानियों को जोड़ने वाली कड़ियों और शुरू से आख़िर तक चलने वाली आवा-जाही में। सबसे मारके का काम, जो उस समय के लिहाज़ से काफ़ी लीक तोड़ने वाला और हंगामा-ख़ेज़ था, संगीतकारों की मण्डली का इस्तेमाल था जो एक दृश्य से दूसरे दृश्य में गाती चलती थी। समीक्षकों की सराहना और फ़िल्म की व्यावसायिक सफलता के बल पर अनुराग और मैंने उसकी अगली दो फ़िल्में भी मिल कर बनाने का फ़ैसला किया। हालाँकि, ज़िन्दगी की तरह बॉलीवुड में भी सब कुछ हमेशा योजना के मुताबिक़ नहीं हुआ करता।

अनुराग एक माहिर फ़नकार है। सभी हुनरमन्द लोगों की तरह वह चंचल, अस्थिर और सनकी हो सकता है। अपनी पूरी रचनात्मक सम्भावना को साकार करने के लिए उसे अकेले छोड़ दिये जाने की ज़रूरत है। वह ऐसा बन्दा है जिसके साथ आप हफ़्तों तक दिन में दो मर्तबा बात करते हैं और फिर अचानक ही वह सपने देखने और रचने के लिए ग़ायब हो जाता है—सब एक आला दर्जे के फ़िल्म-निर्देशक के साथ काम करने की प्रक्रिया का हिस्सा है।

लिहाज़ा, *लाइफ़ इन ए मेट्रो* ख़त्म करने और धुएँ की लकीर की तरह लुप्त हो जाने के छह महीने बाद एक दिन अनुराग, चेहरे पर हल्की-सी शर्मिन्दगी का भाव लिये, अचानक दफ़्तर में नमूदार हुआ। वह मुझे यह बताने आया था कि उससे फ़िल्मी दुनिया के एक जाने-माने सितारे और सितारे के पिता ने, जो निर्देशक भी हैं, साथ-साथ काम करने के लिए सम्पर्क किया था। पेच यह था—और यही उसकी अपराधियों जैसी भाव-भंगिमा का कारण था—कि वे फ़िल्म को ख़ुद अपने दम पर प्रोड्यूस करना चाहते थे। हमारे दो फ़िल्मों के क़रार को फ़िलहाल मुल्तवी करना पड़ेगा।

अनुराग के ख़्याल में यह उसकी बड़ी छलाँग साबित हो सकती थी। उसने योजना के लिए मेरा आशीर्वाद माँगा, हालाँकि हमारा एक आपसी क़रार था। हम सब को बताया गया कि 'हाथ मिलाना ही काफ़ी है और ज़बान पत्थर की लकीर है,' लेकिन कारोबार में मामले कई बार बड़ी अचानक मोड़ ले लेते हैं। हालाँकि मेरा उसूल कभी समझौता न करने का है, मगर हक़ीक़त पर नज़र रखना भी ज़रूरी है। अगर किसी क़रार को मनवाना फ़ायदेमन्द न हो तो वही करना चाहिए जो लम्बे समय तक चलने वाले धन्धे और रिश्ते को बचाने के लिए सबसे मुनासिब हो। अगर मामला दूर तक चलने वाला न हो तो शर्त पर अड़े रहना शायद बेहतर होता है। हिन्दुस्तान में, क़ानून का रास्ता दसियों साल घिसट सकता है। वक़्त भी क़ानून के मुक़ाबले ज़ख़्मों को जल्दी भर देता है।

उस दिन हमारी बातचीत मिनटों में ख़त्म हो गयी। मैंने उसे बिना किसी मलाल के, अपनी शुभकामनाएँ दे कर विदा कर दिया। किसी भी रिश्ते में, चाहे वह निजी हो या कारोबारी, आदमी यह देख लेता है कि भावनाओं का बहाव किस दिशा में है।

पहले से भी ज़्यादा उस वक़्त हम दोनों जानते थे कि जिस चीज़ पर भी हम काम करें, उसे इन्तज़ार के क़ाबिल होना होगा। अनुराग को हृतिक रोशन के साथ अपनी चहेती योजना *काइट्स* को पूरा करने में तक़रीबन दो बरस का समय लग गया। उस अनुभव से ज़ाहिरा तौर पर अविचलित, अनुराग हमारे साथ सारी प्रक्रिया फिर से शुरू करने के लिए राज़ी था।

'सब कुछ अभी मेरे दिमाग़ में बन कर तैयार नहीं है और यह कोई कहानी भी नहीं है। बहुत कच्ची-सी पटकथा है,' अनुराग ने अपने ताज़ातरीन ख़्याल के बारे में एक दिन अचानक कहा। और उसने अगले आधे घण्टे के दौरान मेरी जानकारी में एक बेहद झीना कथानक और ख़ाका हमारे सामने पेश किया। कोई संवाद नहीं, बहुत थोड़ा-सा एक्शन। फिर भी, जैसे-जैसे अनुराग ने अपनी बात रखी, भावनाओं ने इतने ज़बरदस्त ढंग से हमें अपनी गिरफ़्त में ले लिया और किरदार इस ख़ूबी से ज़िन्दा हो उठे कि मैं उस रचनात्मक ज्वार की चपेट में आये बिना

नहीं रह सका जो अनुराग के दिमाग़ में हिलोरें ले रहा था।

मैं सिद्धार्थ (सिड) रॉय कपूर के साथ, जो यू.टी.वी. में हमारा स्टूडियो-प्रमुख था (और बाद में मेरे आगे बढ़ जाने पर भारत में डिज़्नी का प्रबन्ध निदेशक बना) एकदम अवाक बैठा, अनुराग को फ़िल्म का खयाल पेश करते हुए सुनता रहा, जिसने मुझे अन्दर तक हिला दिया था।

उस बैठक में मौजूद कोई भी शख़्स इतने झीने ख़ाके पर फ़िल्म बनाने के सिलसिले में हरी झण्डी दिखाने पर हमें पागल समझता। लेकिन मैं अनुराग को और उसके सोचने के तौर-तरीक़े को जानता था। मैं न सिर्फ़ यह समझ सकता था कि उसके कुशल हाथों से गुँथ कर कहानी क्या सूरत-शक्ल अख़्तियार करेगी, बल्कि इसे देख भी सकता था। 'मुझे नहीं लगता कि फ़िल्म के संवाद तीस या चालीस पंक्तियों से ज़्यादा होंगे,' अनुराग ने कन्धे उचका कर कहा था। 'सब कुछ मूड पर निर्भर है, फ़िल्म के *एहसास* में। संगीत में। और सबसे बड़ी बात-फ़िल्म के तीन मुख्य किरदारों में।'

सिड और मैं एक तरह से अपने पंजों पर खड़े हो कर उस ख़्याल के बारे में सोच रहे थे जो यू.टी.वी. के फ़िल्म-निर्माण के सफ़र में एक और पहलक़दमी साबित हो सकता था। *ज़रा समझो,* हमने सोचा, *अगर अनुराग इसे नहीं बना पाता तो फिर और कोई नहीं बना सकता। और अगर यू.टी.वी. फ़िल्म-निर्माण में नई ज़मीन तोड़ने का जोखिम नहीं उठायेगा तो भला और कौन ऐसा करेगा?*

हम जी-जान से *बर्फ़ी!* बनाने में जुट गये।

रनबीर कपूर, प्रियंका चोपड़ा और इलियाना डिक्रूज़ ने मानो जादुई ढंग से उन किरदारों को साकार कर दिया, जिनकी कल्पना अनुराग ने उन शुरुआती बैठकों में की थी। अपने जगमगाते प्रदर्शन के बाद उन्होंने बहुत जल्दी दर्शकों के दिल-दिमाग़ में जगह बना ली। रहा सवाल संगीत का, वही असली क़िस्सागो था और उसने फ़िल्म के मूड को बड़ी ख़ूबी से क़ायम कर दिया था।

सभी फ़िल्मों की तरह *बर्फ़ी!* के सामने अपनी चुनौतियाँ रहीं-बहुत सारी। दार्जीलिंग में हमारी पहली तयशुदा शूटिंग के दौरान भारी बारिश होती रही। हमने दस दिन से ज़्यादा शूटिंग की और फिर कच्ची फ़िल्म देखने के बाद सारी-की-सारी रद्द कर दी। चूँकि फ़िल्म पूरी तरह भावना-प्रधान थी, जज़्बात के गिर्द बुनी गयी थी, हर रोज़ की शूटिंग के लिए जो वक़्त तय था, वह बढ़ जाता। बेहद प्रतिभाशाली और पेशेवर अभिनेताओं के साथ भी फ़िल्म का दबाव और उसकी ज़रूरतें इतनी ज़्यादा थीं कि हर एक पर बहुत ज़ोर पड़ा।

लेकिन *बर्फ़ी!* ने लोगों के दिल ही नहीं, बॉक्स-ऑफ़िस का रुख़ और रुझान भी तोड़े। और अन्त में वह इन्तज़ार करने के क़ाबिल साबित हुई।

◆

लोग भूल जाते हैं कि बॉलीवुड में यू.टी.वी. का वह शुरुआती अर्सा कोई फूलों की सेज नहीं था। यादों में छँटनी करके उन्हें सँजोना कभी-कभी उद्यमी के लिए कोई बुरी बात नहीं होती—सिवा तब जब वह पुराने सबक़ याद रखना भूल जाता है। अपने सकारात्मक रवैये और लगातार आगे को बढ़ती रफ़्तार की वजह से यू.टी.वी. के हम लोग ज़्यादातर अपनी कामयाबियों के लिए ही याद किये जाते हैं।

मनोरंजन का उद्योग एक चंचल और अस्थिर धन्धा साबित हो सकता है। फ़िल्मों में, कुछ बुरे वर्षों का सामना हो जाये और जल्दी-जल्दी हरी झण्डी नज़र न आये या अख़बारों में कोई ग़लत सन्देश चला जाये तो आपके इर्द-गिर्द के सभी लोग मातम करना शुरू कर देते हैं। बॉलीवुड में शिकार और शिकारी के बीच फ़र्क़ आपकी अगली फ़िल्म के स्वागत से पता चलता है। यह किसी नेचर डॉक्यूमेण्टरी को देखने के बराबर है, जहाँ आप चीते को सबसे कमज़ोर जानवर के पीछे घात लगा कर बढ़ते हुए देखते हैं। आप नज़रें फेर लेना चाहते हैं, लेकिन आप फेर नहीं पाते। हक़ीक़त की दुनिया में ऐसा हर वक़्त होता रहता है। बचने के लिए आपका सबसे तेज़ जानवर होना ज़रूरी नहीं। बस, आप यह कभी नहीं चाहते कि आप सबसे धीमे जानवर साबित हों। शिकारी की तरह सोचिए। और जब मौक़ा सामने आये, उसका पूरा फ़ायदा उठाइए।

बॉलीवुड का ताल्लुक़ बयान देने से—दिखने से—भी है। जिसकी चमड़ी पतली हो, उसके लिए बॉलीवुड एक अकेली, निर्मम और माफ़ न करने वाली जगह हो सकती है। अगर हम हर बार बुरे दिनों का सामना करने पर धीमे पड़ जाते तो आज हमारे दर्शकों के मन में हमारे फ़िल्म स्टूडियो के बारे में एक अलग ही राय होती। आप सफलताओं और विफलताओं को ले कर जो प्रतिक्रिया व्यक्त करते हैं, वही आगे की दिशा में आपकी राह का फ़ैसला करती है।

व्यापार की इस खड़ी चढ़ाई में हम पहले तीन या चार बरस तक अक्सर लड़खड़ाये। हमें उस काम पर गर्व था जो हमने किया था और जो हम बना रहे थे। इसके बावजूद, मैं देख सकता था कि स्टूडियो के अलग-अलग विभाग जो बोझ सारी कम्पनी पर डाल रहे थे, उससे हमारी टीम पर ज़ोर पड़ रहा था।

एक दिन रॉनल्ड डिमेलो जो उस समय कम्पनी के वित्त अधिकारी थे, मेरे कमरे में

दाख़िल हुए और उन्होंने मुझे बैठा कर कहा, 'मेरा ख़्याल है कि हमारे लिए ऐसे किसी साझीदार को खोजना ज़रूरी है जो इस नमूने से वाक़िफ़ हो। हम अपने बल पर लम्बे समय तक नहीं चल पायेंगे।' और तब उन्होंने मुझे उस बात की याद दिलायी जो हमारी कम्पनी के अन्दर बहुत-से लोग सोचते थे भले ही वे खुल कर कहते न हों। 'हम पराये लोग हैं, रॉनी। और जब तक हम किसी के साथ हाथ नहीं मिलाते, हम पराये ही बने रहेंगे।'

मैं उनका मतलब समझ सकता था और जो वे कह रहे थे, वह अक़्लमन्दी की बात थी। रॉनल्ड हमेशा कम्पनी और टीम के ज़्यादा-से-ज़्यादा फ़ायदे को ध्यान में रखते हुए अपनी राय ज़ाहिर करते थे। मैंने उनसे कहा कि मैं उनकी सलाह पर ग़ौर करूँगा। तो भी, रचनात्मक प्रक्रियाएँ, प्रतिभा और सम्बन्धों को हरी झण्डी दिखाने और योजनाओं का बन्दोबस्त करने के कामों का ताल्लुक़ सबको सहमत करने से नहीं होता (दरअसल, यह ज़्यादातर क्षेत्रों और कारोबारों पर लागू होता है); मेरी चिन्ता यह थी कि अगर हमने किसी साझीदार को अपने साथ लिया तो हम अपनी पहचान या ब्राण्ड बनाने के क़ाबिल नहीं हो पायेंगे।

दो हफ़्ते बाद रॉनल्ड यह पूछने के लिए फिर मेरे कैबिन में वापस आये कि मैंने कोई बातचीत शुरू की थी या नहीं। अब, हम दोनों यह जानते थे कि मैं ऐसा आदमी नहीं हूँ जिसे दोबारा याद कराने की ज़रूरत पड़ती है, लेकिन उन्होंने मुझे कोंच कर सही किया। वे मेरे चेहरे पर 'क़ायल नहीं' लिखा देख सकते थे। टीम के साथ मेरा समझौता था कि मैं तभी बातचीत शुरू करूँगा और साझीदारी पर विचार करूँगा, अगर हर कोई कम्पनी के विकास की योजना पर पूरी तरह केन्द्रित रहेगा। मैं नहीं चाहता था कि कम्पनी का व्यापार वाला विभाग 'रुके रहो' की हालत में आ जाये और फ़ैसले ठहर जायें। यह आख़िरी चीज़ थी जो मैं चाहता था।

लिहाज़ा, मैंने कुछ दिलचस्प और अलग-अलग क़िस्म की वार्ताएँ शुरू कीं।

मैंने पहला फ़ोन यशराज स्टूडियो पर यश चोपड़ा को किया। अपने सहज अन्दाज़ में—मानो उनके पास हर शख़्स के लिए हर वक़्त मुलाक़ात का समय हो—उन्होंने मुझे उस रोज़ या अगले दिन किसी वक़्त आ जाने के लिए कहा।

अगले दिन मैं कार पर सारा रास्ता यह सोचता-विचारता यश जी के यहाँ पहुँचा कि साझेदारी की पेशकश को उनके सामने रखने का सबसे अच्छा तरीक़ा क्या होगा। यक़ीनन, हमने कुछ नई ज़मीन तोड़ी थी और अखाड़े में उभरते हुए खिलाड़ी थे, लेकिन मैं ऐसी जानी-मानी संस्था से सम्पर्क साध रहा था जिसकी बागडोर एक परिवार के हाथ में थी और जो बॉलीवुड में दसियों साल से चोटी पर थी। यह ध्यान रखते हुए कि मेरे ख़्याल औपचारिक प्रस्ताव जैसे न जान पड़ें—मैं यशजी की दिलचस्पी को पहले ही से मान कर नहीं चल सकता

था—हमने घण्टे भर तक जारी रहने वाली एक अद्भुत बातचीत शुरू की।

आज तक मैं जिन लोगों से मिला हूँ, उनमें यशजी एक सबसे ख़ुशमिज़ाज और भले इन्सान थे। विनम्र, खुले, जिन तक आप पहुँच सकें, हमेशा ख़्यालों में खोये हुए-लेकिन इससे पहले कि कोई उन्हें बेख़बर समझ ले, मैं यह साफ़ कर दूँ कि वे बॉलीवुड से ले कर सामाजिक न्याय और कश्मीर की राजनीति तक ढेरों विषयों पर धाराप्रवाह बात करने वाले बेहद जागरूक आदमी भी थे।

उन्होंने दरअसल मेरे सवाल का कोई पक्का जवाब नहीं दिया; हालाँकि न तो उन्होंने रुखाई बरती, न मेरी बात को हवा में उड़ाया। बल्कि, हर बार जब मैं साझेदारी की बात उठाता, उनके जवाब दूसरी-दूसरी दिलचस्प दिशाओं में मुख़ातिब हो जाते। हम हँसते और गप-शप करते रहे। अपने आने के सबब को यथासम्भव इशारों-इशारों में पटरी पर लाने की चौथी कोशिश के दौरान मैंने ज़िक्र किया कि कैसे दोनों स्टूडियो अगर मिल जायें तो नतीजा फ़िल्मों की पहले से ज़्यादा तादाद में सामने आयेगा और कैसे हम अपनी शक्तियों को विदेशों में जोड़ कर बाज़ार को फैला सकते थे। इस पर यशजी ने, जो मुझे दो टूक शब्दों में यह कहने की असभ्यता नहीं बरतना चाहते थे कि मैं उनका पैग़ाम नहीं समझ रहा, झट से चार दिनों के उस अद्भुत दौरे का क़िस्सा छेड़ दिया जिस पर वे हाल ही में ऑस्ट्रेलिया के किसी फ़िल्म समारोह के सिलसिले में गये थे।

यादगार मुलाक़ात थी। और एक दरवाज़ा जो बन्द रहा।

वर्षों बाद जब यशजी गुज़र गये, मुझे अपनी वह मुलाक़ात याद आयी और उनकी स्थायी शिष्टता और विनम्रता। उनका शव अर्थी से पहले लोगों की श्रद्धांजलियों के लिए यशराज स्टूडियो में शूटिंग फ़्लोर पर रखा हुआ था। संयोग से मैं एक कोने में खड़ा था। एक घण्टा बीता, फिर दो और फिर जब आने वालों के हुजूम को आगे बढ़ने के लिए कहा गया, तभी मैं ख़ामोशी से बाहर निकल आया। उस आत्मा के साथ, जिस के लिए मेरे मन में गहरी सराहना थी, उस कमरे में बिताया गया समय शान्ति और मनन-चिन्तन का था।

अगला दरवाज़ा जो मैंने खटखटाया वह अमिताभ बच्चन कॉरपोरेशन लिमिटेड (ए.बी. सी.एल.) का था। अमिताभ बच्चन और उनका परिवार अपनी कम्पनी और स्टूडियो के विभागों में नई जान फूँकने की सम्भावनाएँ तलाश रहे थे, इसलिए मुझे मालूम था कि यह दोनों ही पक्षों के लिए एक दिलचस्प प्रस्ताव साबित हो सकता था। हमारी दो लम्बी बैठकें हुईं। दूसरी में अमित जी, जया जी और अभिषेक, अपने फ़ैसलों में सहायता के लिए बाहर से शक्तिशाली संसाधनों को जुटाते हुए, अपनी प्रबन्धक टीमों के साथ मौजूद थे। जब कोई

बाहरी सहायक या सलाहकार किसी चर्चा में शामिल होता है तो वह अमूमन अपना महत्व सिद्ध करना चाहता है। अक्सर उसकी मौजूदगी बहुत लाभदायक नहीं होती। दूसरी बैठक बहुत दूर नहीं पहुँची और हमने बाज़ी बन्द कर दी।

उसी समय, बड़ी अन्तर्राष्ट्रीय कम्पनियाँ-सोनी (कोलम्बिया) पिक्चर्स और ट्वेण्टिएथ सेन्चुरी फ़ॉक्स-स्थानीय कम्पनियों के साथ भारत में अपने कारोबार को फैलाने की ताक में थीं, क्योंकि देश में उनकी हॉलीवुड की सामग्री कोई सार्थक धन्धा करने में सफल नहीं रही थी। सच तो यह है कि आज तक हॉलीवुड भारतीय बॉक्स-ऑफ़िस का महज़ दस फ़ीसदी हिस्सा ही हासिल कर पाता है। दोनों ने एक संयुक्त प्रयास या साथ-साथ फ़िल्में विकसित करने के एक दीर्घकालीन सौदे के सिलसिले में हम से सम्पर्क किया। चूँकि सोनी ने पहले बात शुरू की थी इसलिए पूरी पारदर्शिता और सफ़ाई के साथ हमने यह ख़बर फ़ॉक्स को दे दी।

सोनी के साथ बातचीत और सौदेबाज़ी लम्बी चली, लेकिन हमने अच्छी प्रगति की। साठ दिन में दोनों तरफ़ से कुछ तगड़े मोल-भाव और लम्बे-लम्बे फ़ोनों और बैठकों की बदौलत एक कच्चा समझौता तैयार कर लिया गया था। हमारे पास सौदे को रोकने वाले दो साफ़ बिन्दु भी थे। मैं इस प्रस्ताव के आने से पहले, सोनी पिक्चर्स के चेयरमैन माइकल लिन्टन के साथ कुछ बैठकों में विचार-विमर्श कर चुका था। माइकल एक अद्भुत शख़्स है, बेहद जानकार और इस बारे में बिलकुल साफ़ कि वह क्या करना चाहता है और क्यों। मेरे मन में उसके प्रति गहरा सम्मान था और है। यह देखते हुए कि सोनी के साथ हम कितना कुछ तय कर आये थे, और माइकल में अपने भरोसे की वजह से, मैं उन दो कँटीले बिन्दुओं में से एक पर झुकने को तैयार था और उम्मीद कर रहा था कि दूसरा बिन्दु वे सुलझा देंगे।

पहले मामले में सोनी अपने विवेक और निर्णय पर सौदे में से तीन की तादाद तक फ़िल्मों को बाहर रखने का अधिकार चाहते थे। हम चाहते थे कि बात सारी फ़िल्मों की हो। दूसरा बिन्दु उस रक़म के बारे में था जो हम फ़ीसदी के हिसाब से अपनी प्रोडक्शन फ़ीस के रूप में चाहते थे। इस मुद्दे पर हम मोल-भाव के लिए तैयार थे।

भारत के हिसाब से रात के 9.30 बजे हमने इन अन्तिम मसलों को निपटाने के लिए फ़ोन किया। दुर्भाग्य से, माइकल फ़ोन पर नहीं था। दो मिनट के अन्दर लाइन पर मौजूद तीन-चार वरिष्ठ अधिकारियों ने हम से कहा कि वे इन दोनों में से किसी बिन्दु पर आगे नहीं बढ़ सकते थे। हमारे पास सौदे पर मुहर लगाने के लिए रात के बारह बजे तक, लगभग ढाई घण्टे का वक़्त था। कभी-कभी अमरीकी हेकड़ी और अभिमान का सामना होता है और

हम-सब-जानते-हैं, फ़ैसला-हम-करते-हैं वाले रवैये की भनक मिलती है। यह वैसा ही लम्हा था। मुझे उनका यह मान लेना भी अहंकार की निशानी लगी कि हम रात के बारह बजे तक फ़ोन के इन्तज़ार में बैठे रहेंगे। अगर मामला उलटा होता तो मुझे मालूम है उनमें से एक भी किसी सौदे को नक्की करने के लिए अमरीका में जगा न रहता।

यह साफ़ था कि एक बार अगर हमने दस्तख़त कर दिये तो वह अहंकार ग़ायब नहीं होने वाला था। हमने तय किया कि इस गठजोड़ से किसी का फ़ायदा नहीं होगा। 'रात के बारह बजे एक और फ़ोन करने की कोई ज़रूरत नहीं है,' मैंने उनसे सहज भाव से कहा। 'हम मामले को आगे नहीं बढ़ायेंगे।'

पल भर रुकने के बाद—मेरे ख़्याल से किसी हद तक इसलिए कि वे ऐसे अनुरोध पर इनकार सुनने के आदी नहीं थे—उन्होंने जल्दी से अपनी समय-सीमा को एक दिन के लिए आगे बढ़ाने का प्रस्ताव रखा, ताकि मैं समझौते पर कुछ और विचार कर सकूँ। मैंने मना कर दिया। अगले दिन हमें सौदा बचाने वाले कुछ फ़ोन आये, पर हमारे लिए वह लम्हा गुज़र चुका था।

क्या मुझे उस सौदे की अहमियत और गम्भीरता का अन्दाज़ा था, जिसे मैं छोड़े दे रहा था? यक़ीनन। यहाँ हॉलीवुड का एक प्रमुख स्टूडियो संयुक्त प्रयास के माध्यम से हमारा समर्थन करते हुए विश्वसनीयता देने का प्रस्ताव रख रहा था। सोनी पिक्चर्स पाँच वर्षों की प्रस्तावित समय-सीमा तक सारी लागत और पूँजी-निवेश का 50 फ़ीसदी हिस्सा अपने ज़िम्मे लेने को तैयार थे—जो सारा-का-सारा फिर से नया किया जा सकता था। उस समय उनका योगदान 5 अरब रुपये (10 करोड़ अमरीकी डॉलर से ऊपर) से ज़्यादा ठहरता और वे अन्तर्राष्ट्रीय वितरण में भी मदद करने वाले थे।

लेकिन सौदे पर मुहर लगने से पहले ही हमारे रिश्तों में बेचैनी और बेकली की जो अन्तर्धारा थी, उसे देखते हुए इस सब का क्या फ़ायदा होने वाला था? आपसी सम्मान और भरोसे के बिना हर सम्बन्ध आख़िरकार धराशायी हो जाता है। अगर नतीजों पर बुरा असर पड़ता—जैसा कि एक बेमेल और दुखी गठजोड़ में पड़ना लाज़िमी था—तो सारे दोष और जवाबदेही को झेलते हुए, बलि हमारी ही चढ़नी थी। किसी क़रार या सौदे पर दस्तख़त करना बहुत रोमांचक हो सकता है, लेकिन किसी सौदे का पैमाना उसकी सफलता ही है।

लिहाज़ा, हमने ट्वेण्टिएथ सेन्चुरी फ़ॉक्स के साथ बातचीत शुरू की। हमारा एक इतिहास और रिश्ता भी था, चूँकि न्यूज़ कॉर्प ने पहले ही यू.टी.वी. में पूँजी लगा रखी थी। एक बार फिर, हम तेज़ी से बढ़े और जल्दी ही सभी बिन्दुओं पर हमारा समझौता हो गया।

जो एक 'छोटी-सी' समस्या थी, वह यह कि अधिकारियों की जिस टीम ने यह सारी प्रगति की थी, उसने सौदे की बाबत स्टूडियो प्रमुख जिम जिआनोपूलोस से सुन-गुन नहीं ली थी। जिम दुनिया के सबसे होशियार प्रबन्धकों में से है। करिश्माई, जैसे कि सभी यूनानी होते हैं, बेहद पैनी समझ और ऊपर से दो टूक बात करने वाला। उसने साफ़ कर दिया कि हालाँकि फ़ॉक्स भारत के बाज़ार को ले कर उत्सुक थे, मगर उनकी संस्था उन सारी बातों पर राज़ी नहीं थी जो यू.टी.वी. ने कार्यकारी टीम के साथ बात करके तय की थीं। एक तो यह कि वह उन फ़िल्मों को चुनना चाहता था जो फ़ॉक्स के साथ मिल कर प्रोड्यूस की जातीं। इसका हमारे लिए कोई मतलब नहीं था। अन्त में, फ़ॉक्स वाला मामला भी एक अन्धी गली साबित हुआ।

आगे चल कर, हम मीरा नायर की फ़िल्म द *नेमसेक* और मनोज नाइट श्यामलन की द *हैपनिंग* में उनके साथ साझेदार की हैसियत में जुड़ने वाले थे, लेकिन वह तो भविष्य के गर्भ में था। ऐसा भविष्य जिसकी कल्पना उस समय की बातचीत के दौरान हम दोनों में से किसी ने नहीं की थी।

चार अलग-अलग पहलक़दमियों से हासिल गहरे सबक़। चार बन्द दरवाज़े और नज़र के सामने कोई राह खुलती नहीं दीखती।

लिहाज़ा, जब मैं अपनी टीम के साथ अपने लम्बे सफ़र का जायज़ा लेने बैठा, तो मुझे हर तरफ़ शक-शुबहा झलकता महसूस हुआ। *रहने दो, रॉनी, शुरू ही से तुम नहीं चाहते थे कि यह काम हो,* मैं उन्हें सोचते देख सकता था। *हम तुम्हें जानते हैं। अगर तुमने दिल लगाया होता तो हम अब तक सौदा पक्का कर चुके होते।*

ईमानदारी से, मैंने हर बातचीत में जी-जान लड़ायी थी। जिन चार लोगों से मैंने बातचीत की थी, उनमें से दो ने हमें बताया था, अलबत्ता बहुत अदब से, कि हम बाहरी थे। शायद वे सही थे। बाक़ी दो ने हमें बाहरी लोगों जैसा महसूस कराया था।

इसी के साथ, जो हुआ था उसे ले कर मुझे किसी हद तक राहत का एहसास था। मुझे कभी यह यक़ीन नहीं रहा कि सबकी सहमति से कम्पनी का प्रबन्ध करना पहचान और ब्राण्ड के सन्दर्भ में कारोबार के लिए फ़ायदेमन्द होता है। पीछे मुड़ कर देखें तो अगर उनमें से किसी भी सम्भावित साझीदार के साथ सहयोगी प्रयास हक़ीक़त बन गया होता, तो हम पूरे यू.टी.वी. समूह में अलग ही क़िस्म का स्टूडियो बन गये होते।

हमारे शुरुआती अनुभव से क्या हासिल किया जा सकता है?

जब आप कोई कारोबार शुरू कर रहे होते हैं तो सब आपको ख़ुशी-ख़ुशी बताते हैं, 'काम करने का तरीक़ा यह है।' ठीक है, उनके तजुर्बों को परखिये। लेकिन लोगों में आम

तौर पर अनुभव को उससे ज़्यादा भरोसे-लायक़ मानने का रुझान होता है जितना वह दरअसल होता है और वे मुफ़्त सलाह की क़ीमत को भी ज़रूरत से ज़्यादा आँकते हैं।

बाहरी लोग अपनी और अपनी टीम और अपने सहयोगियों की सहज बुद्धि पर भरोसा करके चलते हैं। काम इसी तरह पूरा होता है। अगर कोई, भले ही जिस पर आप विश्वास करते हैं, आपको ऐसी सलाह दे जिससे मतलब न निकले, तो अपनी सूझ-बूझ पर भरोसा कीजिये। हमारी 'बाहरी होने की मानसिकता' ने टीम में जोश भर दिया था और हम कभी कामयाब न हो पाते, अगर हमने औरों के नमूने की नक़ल करने की कोशिश की होती या उनकी बातों पर कान दिया होता जिनके पास कच्चे-पक्के, भले इरादों वाले ख़्याल थे।

हमें भरोसा था, *क्योंकि* लीक से हट कर चलना हमारी ताक़त थी।

◆

भारत में—या उस हिसाब से दुनिया की किसी और जगह में भी—आप अपने नाम के साथ पर्दे के किसी बड़े नाम को जोड़े बिना चोटी पर नहीं पहुँच सकते। बॉलीवुड में हमारे दाख़िल होने पर आधे-अधूरे क़दमों के लिए कोई गुंजाइश नहीं थी। अपने पाँचवें साल तक हम हर वक़्त एक साथ कई फ़िल्मों का प्रोडक्शन कर रहे थे और लगातार फल-फूल रहे थे। दस से भी ज़्यादा साल तक हमने यह औसत बनाये रखी। हमारा मन्त्र था, पिछली ग़लतियों से सीखो, गिरो तो आगे को गिरो, गिरने में देर मत लगाओ, बढ़ते रहो और गाड़ी को चालू रखो, भले ही वह कभी-कभार झटके देती रहे। कामयाबियों में लज़्ज़त थी, लेकिन वे कभी हमारे सिर पर नहीं चढ़ीं; नाकामियों का हमें पहले से अन्दाज़ा रहता और उन्होंने हमें कभी पस्त नहीं किया।

शुरुआती दिनों में भी हमारे सहज ज्ञान ने हमसे कहा इस पर डटे रहो; तुम सफल होगे। हमने लीक से हट कर बहुत-सी फ़िल्में बनायीं और उन्हें जगह दिलाने, बाज़ार में उतारने और वितरित करने में ऐसे क़दम उठाये जिनसे वे कारोबार के लिहाज़ से भी सफल रहीं। मैं तो कहूँगा कि हर दूसरी फ़िल्म जो हमने बनायी, इस ख़ाने में रखी जा सकती है और भीड़ से हट कर थी-*खोसला का घोसला, फ़ैशन, काई पो चे, कमीने, पान सिंह तोमर, पीपली लाइव, उड़ान, डेली बेली, स्वदेस* और *राजनीति* और दूसरी बहुत-सी। भूल मत कीजिएगा, ये सभी ख़ालिस कमर्शियल फ़िल्में थीं, तो भी वे ऐसी थीं जैसी दर्शकों ने पहले कभी नहीं देखी थीं। आगे को देखने वाले बहुत-से उद्यमियों की तरह देश भर में अपने बुनियादी दर्शकों से लगातार सम्पर्क बनाये रखने और उन पर ध्यान देने और अपने टेलीविज़न और नये-मीडिया व्यापारों में इंटरएक्टिव टच पॉयण्ट से हासिल जानकारी के ज़रिये हमारा हाथ बाज़ार की नब्ज़ पर था।

मिसाल के लिए, 2008 में *ए वेड्नेसडे* ने दर्शकों को हैरत में डाल दिया था, भले ही हमारी खोज-बीन और सहज ज्ञान ने हमें एहसास दिलाया था कि यह एक अलग क़िस्म की फ़िल्म होगी। एक बुधवार के दिन चार घण्टे के दौरान खुलने वाली ज़ाहिरा तौर पर सीधी-सादी आतंकवादी साज़िश, जो इस नुक्ते के गिर्द घूमती है कि सन्दिग्ध बम फोड़ने वाला असलियत में क़ानून का रखवाला है जो आम आदमी के हक़ों के लिए लड़ता है। फ़िल्म सीधे सरल ढंग से बनायी गयी थी। प्रमुख भूमिकाओं में उतरने वाले नसीरुद्दीन शाह, जिनका काम चार दशकों के अर्से में सौ से ज़्यादा फ़िल्मों में फैला हुआ है, और बॉलीवुड के जमे हुए अभिनेता अनुपम खेर, जिन्होंने वुडी ऐलन की फ़िल्म *यू विल मीट अ टॉल डार्क स्ट्रेन्जर* और आगे चल कर डेविड रसेल की *सिल्वर लाइनिंग्स प्लेबुक* में काम किया, अपने साथ क़ीमती तजुर्बा ले कर पर्दे पर उतरे थे। दोनों बेहद प्रतिभाशाली अभिनेता *ए वेड्नेसडे* में अपने-अपने किरदारों के लिए बने-बनाये थे—क़ानून के रखवाले के तौर पर नसीर और दुनिया से थके और बाहर निकलने का रास्ता खोजते मुम्बई के पुलिस कमिश्नर के किरदार में अनुपम। फ़िल्म को नीरज पाण्डे ने लिखा और डायरेक्ट किया था और वह इस प्रतिभाशाली लेखक-निर्देशक का पहला प्रयास थी। नीरज ने फ़िल्म के सन्देश को सटीक ढंग से स्पष्टता के साथ दर्शकों तक पहुँचाया था, जिसके लिए उन्हें पहली सर्वश्रेष्ठ फ़िल्म का इन्दिरा गान्धी पुरस्कार भी मिला।

ए वेड्नेसडे बॉलीवुड में यू.टी.वी. के फलने-फूलने के सफ़र की एक अहम मंज़िल थी और उसने मेरे अपने सीखने के सिलसिले में मदद की। ईमानदारी से कहूँ तो फ़िल्म के रफ़ कट को देखने के बाद मुझे उसके अन्तिम रूप को मंजूर करने में हिचक थी। मुझे दो ख़्याल परेशान कर रहे थे –

1) कि फ़िल्म का सन्देश अति-सरल और फलक छोटा था; एक बार लोगों को हवा लग गयी तो दर्शक हॉल में फ़िल्म को देखने की बजाय टेलीविज़न पर उसके आने का इन्तज़ार करेंगे; और
2) कि हमें फ़िल्म को 3 करोड़ रुपये (लगभग 5 लाख अमरीकी डॉलर) के मामूली बजट पर बनाने की बजाय और बड़े पैमाने पर बनाना चाहिए था।

मुझे यह कहते हुए ख़ुशी है कि मेरे दोनों ही ऐतराज़ ग़लत साबित हुए और मुझे आज तक ख़ुशी है कि इनमें से किसी मामले में मैंने ना नहीं की। इससे पहले मैं अन्दर की सहज भावना पर भरोसा करके चलने की जो वकालत कर आया हूँ, उसे देखते हुए हो सकता है आप सोचें

कि फ़िल्म को आगे बढ़ाने का मेरा फ़ैसला मेरी सहज भावना के ख़िलाफ़ था। मगर इस नियम का एक साथी उसूल भी है। टीम की राय पर विश्वास करना भी उतना ही ज़रूरी है, ख़ास तौर पर जब टीम की भीतरी सोच आपस में पूरी तरह मेल खाती हो। इस मामले में टीम ने सही फ़ैसला किया था। शानदार अदाकारी, लगातार सनसनी और रोमांच, क़दम-क़दम पर चकित करने वाली कहानी और आख़िर में ऐसा मोड़ जिसकी उम्मीद नहीं थी—इस सब ने फ़िल्म की हैरतंगेज़ कामयाबी में हिस्सा बँटाया।

साल भर बाद हमने *देव डी* रिलीज़ की जो तब तक हमारी सबसे जोखिम-भरी कोशिश थी। एक अजीबो-ग़रीब, पगलाई-सी, बौराई फ़ारमूला फ़िल्म जिसने हिन्दुस्तानी फ़िल्मों के नमूने में पूरी तरह सेंध लगा दी। *देव डी* में बड़े पैमाने पर अगल-बग़ल के इलाक़ों पर सोचने और ज़बरदस्त दम-ख़म की ज़रूरत थी। हालाँकि *ए वेड्नेसडे* और *देव डी* दोनों ज़बरदस्त हिट फ़िल्में थीं, जब मैंने अनुराग कश्यप से *देव डी* की कहानी सुनी तो मुझे समझ में नहीं आया कि क्या सोचूँ। अजीब ही वह पहला शब्द था जो दिमाग़ में आया, मगर उसके बाद...कुछ नहीं।

प्रतिभाशाली और सनकी अनुराग कश्यप ख़ुद को भारत के मार्टिन स्कॉर्सीज़ और क्वेन्टिन टैरन्टिनो के रूप में देखते हैं। मेरे ख़्याल में, एक तरह से वे हैं भी। *देव डी* में उनका इरादा हिन्दुस्तान की एक जानी-मानी प्रेम कथा—*देवदास*—की समकालीन छवि पेश करने का था। कश्यप चाहते थे कि उसको इतना आधुनिक बना दें कि वह पहचानी न जाये, मगर इसके बाद भी मूल कथा के ताने-बाने के भीतर रहे, जो बचपन के दो प्रेमियों—देवदास और पारो— के बीच बढ़ते हुए रिश्ते को उकेरती है।

एक शक्तिशाली लाइव संगीत के बैकिंग ट्रैक के साथ जुड़ कर अनुराग की कल्पना में सम्भावनाएँ थीं। इसके अलावा, उन्होंने बजट के अन्दर रहते हुए फ़िल्मों में चमक-दमक पैदा करने की अच्छी-ख़ासी शोहरत हासिल कर ली है, जो सफलता की उनकी सम्भावनाओं को बढ़ाती ही है। ज़रीना, विकास बहल, कश्यप और मैंने एडिटिंग कक्ष में फ़िल्म का पहला कट देखा। आधे तक पहुँचते हुए हर कोई फ़िल्म पर लट्टू हो गया था; उसके किरदारों, कहानी कहने के ढंग की ताज़गी पर, और जिस तरह संगीत कहानी में घुल-मिल गया था, उस पर। हमें मालूम था कि नई ज़मीन तोड़ने वाली ऐसी फ़िल्म को ले कर आगे बढ़ने में विश्वास की एक लम्बी छलाँग लगानी होगी। लेकिन उसके चलते हम रुकने वाले नहीं थे। उसने कभी रोका भी नहीं। हमने फ़िल्म को पूरा समर्थन दिया।

प्रीमियर के लिए हमने मुम्बई के एक सबसे पुराने सिंगल स्क्रीन सिनेमा हॉल को चुना,

ताकि फ़िल्म को वह माहौल मिल सके जिसके वह लायक़ थी। दुर्भाग्य से, मैं इण्टरवल तक ही रुक सका, क्योंकि मुझे भाग कर हवाई अड्डे पहुँच कर न्यू यॉर्क की उड़ान पकड़नी थी जहाँ मैं अगले दिन ब्लूमबर्ग के साथ अपने प्रस्तावित समाचार चैनल के एक सहयोगी प्रयास की बातचीत करने जा रहा था। जैसे ही हवाई जहाज़ मुम्बई के हवाई अड्डे से उड़ान भरने के लिए चला, मेरे फ़ोन पर दर्शकों, दोस्तों और परिवार के लोगों के दसियों सन्देश आने लगे, जो सब-के-सब फ़िल्म को ले कर बल्लियों उछल रहे थे। हरेक ने ज़बरदस्त हिट की भविष्यवाणी की थी।

नेटवर्क के ग़ायब होने से पहले जो आख़िरी सन्देश मुझे आया था, वह सिड का था कि फ़िल्म पर एक जाने-माने अख़बार में फ़ाइव स्टार समीक्षा निकली थी, जो पिछले एक दशक में पहली बार हुआ था।

◆

हम किस हद तक पराये थे, यह मई 2002 में कान्स के फ़िल्म समारोह के मौक़े पर एक घटना से हम पर ज़ाहिर हुआ। हमने यू.टी.वी. में एक चलचित्र विभाग क़ायम करने के बारे में गम्भीरता से सोचना शुरू किया था, इसलिए ज़रीना और मैं पहली बार कान्स के फ़िल्म समारोह के लिए वहाँ गये (हालाँकि हम टेलीविज़न समारोहों के लिए बरसों से कान्स जाते रहे थे, इसलिए वह उतनी अजनबी जगह नहीं थी)।

हमारा इरादा वहाँ सिर्फ़ तीन दिन ठहरने का था। आख़िरी दिन हमने सुना कि आधी रात को संजय लीला भंसाली की *देवदास* का वर्ल्ड प्रीमियर होने वाला है और शाह रुख़ ख़ान, ऐश्वर्या राय, माधुरी दीक्षित और संजय उसमें भाग लेने के लिए मौजूद होंगे। ज़रीना और मैंने न्योतों के लिए भाग-दौड़ की और काफ़ी कहने-सुनने और मनुहार करने और लाइन में खड़े होने के बाद, दूसरी बाल्कनी में दो जगहें हमें मिल ही गयीं। हम वी.आई.पी. लोगों के लिए तय जगह से ख़ासी दूर थे। बहरहाल, निमन्त्रण में कपड़ों के बारे में भी हिदायत थी— 'औपचारिक।' चूँकि मेरे पास औपचारिक सूट नहीं था (आज भी नहीं है, क्योंकि मुझे आम पतलून, टी-शर्ट और बिना फीते के जूते पसन्द हैं), हमने फ़ौरन जा कर एक सूट किराये पर हासिल किया।

रात के 11 बजे ज़रीना साड़ी में और मैं सूट में अपने होटल से पैले थिएटर तक की लम्बी सैर पर निकले। एक हज़ार से भी ज़्यादा प्रशंसकों की भीड़—जी हाँ, *हज़ार* से भी ज़्यादा शौक़ीन आधी रात के समय बॉलीवुड की एक फ़िल्म के प्रीमियर के लिए फ्रेंच रिवीएरा

पर तमाशा देखने के लिए मौजूद थे। हम भी सड़क के किनारे उन सितारों को देख कर हाथ हिलाने के लिए खड़े हो गये, जो इन सिनेमा-प्रेमियों के दिलों की धड़कन थे। जल्दी ही घोड़ों वाली एक आलीशान बग्घी आयी जिसमें शाह रुख़, ऐश, माधुरी और संजय पूरी शान-शौकत के साथ खड़े, इंग्लैण्ड की महारानी की तरह हाथ हिला रहे थे। मुझे वहाँ हिन्दुस्तान की ऐसी शोभा देख कर ख़ुशी और गर्व का एहसास हो रहा था। ऐश्वर्या दिलफ़रेब लग रही थी, शाह रुख़ हमेशा की तरह अपने कुदरती मन मोह लेने वाले जाँबाज़ रूप में, माधुरी चकाचौंध बिखेरती हुई और संजय पूरम्पूर एक उस्ताद निर्देशक की तरह।

ज़रीना और मैं अपनी जगह पर पहुँचने के लिए पैंतालीस मिनट तक क़तार में खड़े रहे। फ़िल्म भले ही देर से शुरू हुई, क्योंकि हर किसी को सितारों में ज़्यादा दिलचस्पी थी, वह तीन घण्टे का जादुई अनुभव था जो सुबह-सवेरे जा कर ख़त्म हुआ। हम होटल लौटे, कपड़े बदले, भाड़े के सूट को वापस किया और 4.30 बजे जा कर कहीं सो पाये। ढाई घण्टे बाद मुम्बई की लम्बी उड़ान भरने के लिए हमें नीस ले जाने वाली टैक्सी हमारे होटल के दरवाज़े पर मौजूद थी।

उस रात न तो संजय और न ही शाहरुख़ या ऐश्वर्या जानती थी कि हम कौन थे, न हमें सलाम-दुआ का कोई मौक़ा ही मिला था। और इसके बावजूद, शाह रुख़ और मैंने हमारी पहली सहयोगी प्रोडक्शन *चलते चलते* के लिए क़रार किया। हम अपने टेलीविज़न के दिनों से निर्देशक अज़ीज़ मिर्ज़ा को जानते थे। एक बैठक ने दूसरी का रास्ता खोला था और हम साथ काम कर रहे थे। यह फ़िल्म हम दोनों के लिए अहमियत रखती थी—शाह रुख़ की अपनी रेड चिलीज़ प्रोडक्शन कम्पनी की यह पहली फ़िल्म थी और यू.टी.वी. का पहला बड़ा सहयोगी प्रयास था।

कान्स में सड़क के किनारे खड़े हो कर उस शोभा-यात्रा को देखने का मुझ पर गहरा असर हुआ था। मुझे मालूम था कि हमें अपनी योजनाओं को आगे बढ़ाना था। शाह रुख़ ने अपने कुदरती अन्दाज़ में मुझ से कहा, 'मैंने हाथ हिला कर तुम्हें हेलो कहा था, तुम्हीं ने ग़ौर नहीं किया।'

संजय और मैं भी जब मिलते हैं, उस घटना को याद करके हँसते हैं। 'तुम और मैं उस लाल क़ालीन पर घोड़ों वाली बग्घी में सवार हो कर जायेंगे,' वह ठहाका लगाते हुए वादा करता है। हालाँकि संजय और मैंने मिल कर कुछ सफल फ़िल्में बनायी हैं, जैसे *गुज़ारिश* और *राउडी राठौर*, बग्घी की वह सैर अभी बाक़ी है। मेरे ख़्याल में वह लम्हा गुज़र गया है।

◆

फ़िल्म उद्योग में उन पहले-पहले दिनों के बाद, मेरे ख़्याल में सबने हमारा स्वागत किया, क्योंकि हम हावी होने से जान-बूझ कर बचते रहे—घमण्डी हुए बिना अपने पर भरोसा रखते हुए; हर बातचीत पर छा जाने की बजाय दूसरों की बात को ग़ौर से सुनते हुए। यह हमारी असली पहचान थी।

भारत में बात को बीच में काटने का सिलसिला कुछ ज़्यादा ही दिखायी देता है। 'तुम सही कह रहे हो, मगर...' हमारे देश का तकिया-कलाम हो सकता है। कलाकारों की दुनिया में बैठकों में कई बार यही देखने को मिलता है कि नाम-निहाद जानकार दूसरों की बात पर कान दिये बग़ैर अपनी ही हाँकते रहते हैं। इसलिए ऐसे मौक़े बहुत ताज़ा कर देते हैं (और दुर्भाग्य से बिरले ही सामने आते हैं), जब कोई सचमुच सुनता है और दूसरों की बात के ख़त्म होने का इन्तज़ार करता है, और जो अभी-अभी कहा गया है उसके आधार पर सूझ-बूझ और समझदारी से भरा जवाब देता है। इससे लोग सम्मानित महसूस करते हैं। *यह बन्दा सचमुच सुन रहा है, क्योंकि इसने सभी छोटी-छोटी बातों पर ग़ौर किया है और पलट कर उनकी चर्चा की है।* यह एक छोटी-सी पहलक़दमी है, लेकिन बाद में हमारी क्या छवि बनती है, उसमें इससे बहुत फ़र्क़ पैदा होता है।

बाहरी आदमी की ताक़त को कभी थोड़ा मत समझिए। वह जो दुनिया-से-मुझे-लोहा-लेना-है वाली मानसिकता है, वही उद्यम के क्षेत्र में अनुभवों के दरवाज़े खोलती है।

पराये होने की हमारी हैसियत ने हमारा रास्ता कैसे साफ़ किया?

2008 में, *रंग दे बसन्ती* के दो साल बाद, हमें नई ज़मीन तोड़ने वाली एक और फ़िल्म को रिलीज़ करने का सौभाग्य मिला—आशुतोष गोवारिकर की *जोधा अकबर*। उसकी कथा और सेटिंग जोखिम-भरी थी और इस बात को ले कर शक-शुबहे थे कि हिन्दुस्तान के युवा दर्शक फ़िल्म के इतिहास और भाषा से बहुत ताल-मेल नहीं बना पायेंगे—जो वैसी हिन्दी की तरह ज़रा भी नहीं थी जैसी हम आजकल बोला करते हैं। हमें चिन्ता करने की ज़रूरत नहीं थी। उम्दा कहानी और हृतिक रोशन और ऐश्वर्या राय के बेजोड़ काम के बल पर जोधा अकबर को अन्तर्राष्ट्रीय ख्याति मिली, और वह हिट फ़िल्म साबित हुई।

2006 में *रंग दे बसन्ती* की सफलता और 2012 में *बर्फ़ी!* की रिलीज़ तक, उन सात में से तीन बरस के पुरस्कार यू.टी.वी. ने अपनी झोली में डाल लिये थे। सात बरस के उसी अरसे में हमारी तीन फ़िल्में ऑस्कर पुरस्कारों के लिए सरकारी तौर पर भारत की तरफ़ से भेजी गयी थीं और भारत के राष्ट्रपति द्वारा दिये जाने राष्ट्रीय पुरस्कारों में भी शामिल हुई थीं। यू.टी.वी. की नौ फ़िल्मों ने पच्चीस राष्ट्रीय पुरस्कार जीते—जो अब तक किसी व्यक्ति या कम्पनी को मिले

पुरस्कारों से दस गुना ज़्यादा है।

इतने छोटे अरसे में ऐसी भरपूर कामयाबी ने पूरी टीम को और कुल-मिला कर कम्पनी को भी रोमांचित कर दिया। क्योंकि, सच कहें तो जिन फ़िल्मों ने बाहरी लोगों के तौर पर हमारा सिक्का जमा दिया था, उनमें से किसी को भी हरी झण्डी दिखाना आसान नहीं था। निजी तौर पर और मीडिया में भी यू.टी.वी. को ऐसे जोखिम उठाने के लिए मीन-मेख का निशाना बनना पड़ा था, जिन्हें कोई भी दूसरा स्टूडियो या निजी प्रोड्यूसर या निर्देशक उठाने को तैयार होता।

अक्सर आपकी पहचान ब्राण्ड बनने और असर पैदा करने से बनती है। यहाँ ब्राण्ड बनने का एक मामला था, मुहिम चला कर नहीं, बल्कि ऐसी नई ज़मीन तोड़ कर जिस पर किसी को भी गर्व हो सकता था। यह कहने के बाद भी, पहली बात यह है कि जिन कलाकारों ने इन कहानियों और किरदारों के सपने देखे थे, वे अगर 'बाहरी लोगों' के पास आये ही न होते, तो ये हलचल मचा देने वाली, शानदार कल्पनाएँ बड़े पर्दे पर कभी साकार ही न हो पातीं।

◆

- एक पेशेवर व्यक्ति या रहनुमा या उद्यमी के रूप में आपकी काम-काजी ज़िन्दगी में ऐसे मौक़े आयेंगे जब आप बाहरी होंगे, या तो इसलिए कि आपने काम या क्षेत्र बदला होगा या फिर कोई नया कारोबार शुरू किया होगा जहाँ उस क्षेत्र की पूरी जानकारी आपकी बुनियादी ताक़त में शामिल नहीं है। इस स्थिति को स्वीकार कीजिये, जल्दी से सीखिये और ज़्यादा होशियारी से दूसरों की बात सुनिये।
- ऐसी टीम बनाइये जो आपकी पूरक हो और साथ ही आप को चुनौती भी दे। आपकी हुनरमन्दियों को सान पर चढ़ाते हुए, समूची तस्वीर के साथ उनका ताल-मेल बैठाने में देर न करे।
- मुझसे अक्सर पूछा जाता है कि बाहरी आदमी की सफलता का गुर क्या है। विडम्बना यह है कि बाहरी के तौर पर असर डालने के लिए किसी उद्यमी या नई राह खोलने वाले का कच्चा माल उसके अन्दर से आता है। यह सबक़ मैंने मीडिया और मनोरंजन के क्षेत्र में बिताये अपने बीस बरस के अरसे में हर रोज़ सीखा और दोबारा सीखा है।

5

न भी टूटा हो, बदल दो

जब हम मौक़े तलाश करते हैं, आदमी का स्वभाव हमें सफलता का पीछा करने के लिए मजबूर करता है। अक्सर इसका मतलब लीक पर चलना होता है।
लेकिन जब हम झुण्ड में चलते हैं तो हमें बस अपने सामने खड़े शख़्स की पीठ दिखायी देती है।
उन बेमिसाल अवसरों को नज़रन्दाज़ मत कीजिये जो आज भारत में मौजूद हैं,
जो नई खोज करने और लीक तोड़ कर चलने वालों को पुरस्कृत करते हैं।

नई सूझ अपनाइये। लीक तोड़ कर चलिए।

उद्यम और कारोबार की दुनिया में आज आप कोई भी वेब पेज खोलिये या अख़बार उठाइये, आपका सामना लामुहाला इन शब्दों से होगा। मेरा तजुर्बा है कि इनके बारे में बात ज़्यादा की जाती है, समझा कम जाता है।

बात को और स्पष्ट कर दूँ। अगर आप ऐसा कारोबार खड़ा कर रहे हैं जिसके तीन साल से ज़्यादा चलने की उम्मीद आपने बाँध रखी है और उस कारोबार की बुनियाद नई खोज और नई लीक पर नहीं टिकी है तो शायद आप नाकाम हो जायेंगे। यक़ीनन, हर कोई ऐसे कारोबार खड़े करने के क़ाबिल नहीं होगा, न ऐसा चाहेगा, जो पन्द्रह या बीस साल बाद फल दे सकेंगे। ज़्यादातर उद्यमी उस असर पर ध्यान लगाते हैं, जिसे वे आज पैदा कर सकते हैं। इस पर भी, आप को जम कर नई खोज करने, निर्ममता से नई रीत अपनाने और सूझ-बूझ के साथ हालात के मुताबिक़ बदलने के लिए तैयार रहना होगा।

उद्योग और कारोबार रोज़ाना बदलते हैं। आप का लक्ष्य चाहे जितना निश्चित हो, आप एक बराबर हिलते हुए लक्ष्य पर निशाना साध रहे होते हैं। मौजूदा हालात को भूल जाइये। हम सब जानते हैं कि वे अब मौजूद नहीं हैं।

आइए, लीक से हट कर चलने पर बात करें। लीक से हटने का मतलब यह नहीं है कि आप सोचे-समझे बग़ैर या जल्दी करने की किसी झूठी भावना से क़दम उठायें; आप महज़ लीक छोड़ने के लिए लीक से नहीं हटते। आप मधुमक्खी का छत्ता उसके बाद पैदा होने वाले हंगामे का मज़ा लेने के लिए नहीं तोड़ते; वरना अन्त में आप ही को डंक लगेंगे। न आपको हफ़्ते के सातों दिन चौबीसों घण्टे लीक से हट कर चलने की ज़िद ठाननी है। सच तो यह है कि अगर लीक से हट कर चलने का मतलब सिर्फ़ इतना हो कि आज बदलो, कल बदलो, परसों बदलो तो वह किसी काम का साबित नहीं होता। नहीं—लीक से हट कर चलने के साथ-साथ गहरे सोच-विचार और ऐसी कल्पना की ज़रूरत है जो परसों के परे तक जाती हो। लीक छोड़ कर चलने की सच्ची कोशिश में ज़रूरी है कि लम्बे समय तक तीव्र इच्छा बनी रहे।

साथ ही, याद रखिये, जब आपके साथी आपको धकेल रहे हों तब आप नई लीक पर नहीं चल रहे होते। यह शोर-शराबा है। महज़ आवाज़ों का हुजूम। अपने लक्ष्य पर नज़रें टिकाये रखिये। इसीलिए मुझे यह कहावत पसन्द है—*मैं अपनी घास पर काम करने में इतना मशग़ूल रहता हूँ कि देख नहीं पाता आपकी घास ज़्यादा हरी है या नहीं।*

रही बात नई खोज की, तो यह काफ़ी भ्रामक शब्द है। बहुत-से बढ़ते हुए कारोबार एक आम फन्दे में फँस जाते हैं-वे मान लेते हैं कि नई खोज कोई एक बार की अनोखी सूझ है; वे भूल जाते हैं कि नई खोज का कोई सन्दर्भ होता है और वह किसी-न-किसी अहम तरीक़े से मौजूदा स्थिति से जुड़ी होती है, ऐसा न होने पर उसके ग़लत समझ लिये जाने का या अपने समय से पहले होने का ख़तरा होता है। इसके अलावा, नई खोज वाली किसी भी कोशिश को टीम के डी.एन.ए. में जज़्ब होने से पहले लगातार दोहराये जाने के सिलसिले से गुज़रना पड़ता है।

लेकिन सभी कारोबारी योजनाएँ नई खोज और नई लीक वाले नमूने पर चलती नहीं जान पड़तीं। ज़रा देखिये, नीचे दिया जा रहा सिनारियो क्या आपको परिचित लगता है।

जब आप पहली बार शुरू कर रहे होते हैं, आप सोचते हैं *मैं पूँजी जुटाने के अपने अगले दौर के बाद कारोबार को बढ़ाने के बारे में सोचूँगा।* तब आपका लक्ष्य यह नहीं रहता कि आप कारोबार को बढ़ा कैसे रहे हैं, बल्कि यह कि आपके पूँजी लगाने वाले कहाँ से आयेंगे। जब

आप ग़ैर-ज़रूरी या लचर ढंग से अपनायी गयी नई खोज या नई लीक के बल पर निवेशकों को आकर्षित करने पर ध्यान केन्द्रित करते हैं, तब आपकी आर्थिक हैसियत आपका लक्ष्य बन जाती है। इस बीच आपका कारोबार दायें-बायें हो जाता है।

मैंने अनगिनत बैठकों में देखा है कि अमूमन काफ़ी होशियार और पूँजी लगाने वाले लोग कारोबार के संस्थापक से पूछते हैं, 'तो बताइये कि पैसा जुटाने के अगले दौर के लिए आपकी तीन प्राथमिकताएँ क्या हैं?' मुझे ग़लत मत समझियेगा, पूँजी जुटाना तेज़ी से बढ़ने वाले कारोबार का एक अखण्ड हिस्सा है। लेकिन पूँजी जुटाने के अगले तीन दौरों का अन्दाज़ा लगाना कारोबार के संस्थापक और उद्यमी को ठोस, स्थायी और फलने-फूलने वाला कारोबार खड़ा करने में कैसे मदद कर सकता है?

आपकी मंज़िल सिर्फ़ वह कारोबार है जिसे आप भविष्य की तरफ़ नज़र लगाये हुए ज़िम्मेदारी से क़ायम करते और बढ़ाते हैं। सही पूँजी हमेशा उन कारोबारों को तलाश लेती है जो तेज़ी से बढ़ाने वाले, लाभदायक रास्तों पर सूझ-बूझ, एकाग्रता और कुशलता के साथ चलाये जा रहे हों।

◆

मीडिया और मनोरंजन के उद्योग में हमारे शुरू-शुरू के दिनों में, जब हमारा ध्यान टी.वी. प्रोडक्शन पर केन्द्रित था, तब जिस टी.वी. शो ने यू.टी.वी. को नई खोज, नई लीक और भारतीय टेलीविज़न में नई लहर पैदा करने वालों के रूप में जमा दिया, वह था रोज़ दिखाया जाने वाला धारावाहिक *शान्ति*, जिसके साथ इतनी पहलक़दमियाँ जुड़ी हुई थीं कि आज उन्हें कोई याद भी नहीं कर सकता। *शान्ति* एक ऐसे समय हर दोपहर आने वाला सोप था जब हफ़्ते में *किसी शो* को पाँच दिन लगातार दिखाये जाने की कल्पना ही किसी ने नहीं की थी, ख़ास तौर पर दोपहर के समय जिसे आम तौर पर शिक्षा के कार्यक्रमों और डॉक्यूमेण्टरी फ़िल्मों के लिए रख छोड़ा गया था।

रोज़ाना क्यों? हम चाहते थे कि हमारी सामग्री ऐसी हो जो दर्शकों में एक आदत डाल दे। हर एपिसोड के अन्त में एक मोड़ आता—ऐसा मोड़ जो यह जानने के लिए कि कहानी में आगे क्या हुआ, आपको अगला एपिसोड देखने पर *मजबूर* कर दे।

दोपहर को क्यों? दर्शकों के हिसाब से हमारा निशाना थीं महिलाएँ और ज़्यादा सम्भावना यही थी कि दोपहर को महिलाएँ बच्चों और घर-परिवार की दोहरी ज़िम्मेदारी से मुक्त हो कर बिना किसी रुकावट के कार्यक्रम देख सकेंगी।

जब हमने *शान्ति* की कल्पना की, तब तक किसी ने एक बार में औसतन तेरह या छब्बीस एपिसोड से अधिक नहीं बनाये थे। 1994 में ऐसी कहानियों के ख़ाके भी नहीं थे जो बरसों तक चलें, मगर इसके बावजूद हर रोज़ ध्यान खींचते रहें। लेकिन हम यहाँ *हर साल 260 एपिसोड* बनाने की महायात्रा पर निकल रहे थे। ऐसे साहसी विचार को हक़ीक़त की सूरत में ढालने के लिए प्रतिभा के जिस भण्डार की ज़रूरत थी, वह नापैद था। हमें बहुत थोड़े समय में लोगों को खोज कर, सिखा कर, एक रवाँ-दवाँ टीम खड़ी करनी थी।

आज के सन्दर्भ में देखें तो *शान्ति* को शून्य से शुरू करना वैसी ही चुनौती का काम था जैसे ऊँची तकनीक, इण्टरनेट और ई-व्यापार के ज़माने में पूरी-की-पूरी कम्पनी खड़ी करना। वातावरण और प्रतिभाशाली लोगों के अभाव में हमने ज़मीन से शुरू करके तैयारी करने वाली पूरी टीम और साधन जुटाने वाला नेटवर्क खड़ा किया, ताकि बढ़ते हुए पैमाने के हिसाब से सही तौर पर और कुशलता से शूटिंग करके, तयशुदा वक़्त पर काम पूरा करके सौंप सकें। नई खोज करने, बदलने और नये हालात के अनुकूल ढलने के लिए लगातार ग्राहकों की राय हासिल करना हमारी सफलता की बुनियाद थी। हम नियमित दर्शकों के बल पर दिनों-दिन ताक़तवर बनते गये, उन दर्शकों के बल पर जो हर रोज़ बिला-नाग़ा नई ज़मीन तोड़ने वाले इस सीरियल को देखने आते।

यू.टी.वी. के ख़ास अन्दाज़ में हमने एक-एक करके मुद्दों को हल किया और ऐसा सिलसिला बनाया जिसने हमें एक एपिसोड रोज़ाना शूट करने की सुविधा दी—*एक एपिसोड रोज़ाना!* जो उस समय तक कभी सुना नहीं गया था। इस ज़बरदस्त अभियान की तैयारी करने के लिए हमारी टीम और मैंने रोज़ाना के सोप के ख़लीफ़ाओं—दक्षिण अमरीका—के बेगिनती टेलीसीरियल देखे और यह नतीजा निकाला कि वे भी सामग्री को उस रफ़्तार पर नहीं तैयार कर रहे थे जिसकी हमने योजना बना रखी थी। हालाँकि उनकी एक जमी-जमायी इण्डस्ट्री थी जहाँ सिखी-सिखायी प्रतिभाओं की भरमार थी।

लेकिन हमारी सबसे माहिर टीम कसौटी पर खरा उतरने के क़ाबिल थी। चूँकि उस समय लेखकों और निर्देशकों के लिए टेलीविज़न एक अनुकूल माध्यम नहीं था, शो के निर्देशक आदि पोचा विज्ञापनों की दुनिया से आये थे। हमने हवाई जहाज़ के हैंगर जितना बड़ा एक गोदाम भाड़े पर लिया और उसे पूरी तरह एयर कण्डिशन करके एक स्थायी सेट बनाया—या यह कहना ज़्यादा सही होगा कि एक ही स्टूडियो में सत्रह अलग-अलग सेट बनाये—और पहले-पहले एपिसोड शूट करने के लिए हमें जो विभिन्न लोकेशनें दरकार थीं उनके अनुकूल स्थायी प्रकाश व्यवस्था भी की।

काम करने की बुनियादी तैयारी तय करने के बाद हमने ऐसे अभिनेताओं की तलाश शुरू की जो हफ़्ते में छह दिन सुबह के 7.00 बजे सेट पर आने और मुम्बई की शाम की भीड़ से गुज़रते हुए घर लौटने से पहले कम-से-कम शाम के 7.00 बजे तक काम करने की तपस्या को समझ कर उत्साह से साथ दे सकें। घर पहुँचने पर उन्हें अगले दिन की स्क्रिप्ट पढ़ कर अपनी लाइनें याद करनी थीं और अगली सुबह दिन भर की शूटिंग के लिए सेट पर तरो-ताज़ा पहुँचना था।

हर अभिनेता को पहले ही आगाह कर दिया गया था कि यह कठिन सिलसिला मैराथॉन दौड़ होगी, कोई सौ मीटर वाली नहीं। हमने तय किया कि *शान्ति* में ब्रेक और दौर नहीं होंगे। इसकी बजाय वह सच्चा डेली सोप होगा जब तलक कलाकारों की टीम और कहानी के पेच दर्शकों को बाँधे रहेंगे। हम हिन्दुस्तानी टेलीविज़न में नई लीक अपनाने के साल भर चलने वाले तजुर्बे को शुरू करने जा रहे थे। वह तजुर्बा ऐसी परम्परा डालने वाला था जो आज तक जारी है।

हमें छोटी भूमिकाओं में काम करने के लिए ढेरों नये उभरते लोग मिले। कास्टिंग के लिहाज़ से सबसे मुश्किल भूमिका प्रमुख स्त्री-पात्र शान्ति की थी। रोज़ाना के धारावाहिक की माँग पर खरे उतरने वाले एक ताज़ा चेहरे के लिए दो महीने की तलाश के दौरान दसियों लोगों को परखने के बाद हमने आख़िरकार अपना निशाना मन्दिरा बेदी पर साधा। मन्दिरा में साफ़ तौर पर वह गुण था जो सफल होने के लिए ज़रूरी है। फिर भी, हाव-भाव में थोड़ी-सी सख़्ती और घबराहट के कारण, वह अपने काम के उस मुक़ाम पर इतनी अनुभवी नहीं थी कि दिन-पर-दिन दर्शकों के ध्यान को खींचे और बाँधे रख सके। पहले दिन की शूटिंग के तीन हफ़्ते बाद हमें अपनी प्रमुख महिला पात्र मिल गयी थी, लेकिन अभी हमारे सामने बहुत-सा काम करना बाक़ी था।

निर्देशक को एक बेजोड़ ख़्याल आया। अगले चार दिनों तक वह मन्दिरा और एक छोटी-सी कैमरा टीम को ले कर मुम्बई की सड़कों पर घूमता फिरा और उसने हमारी मुख्य अभिनेत्री को बेमक़सद टहलने के लिए छोड़ दिया—ट्रैफ़िक सिग्नलों पर, दुकानों (तब कोई मॉल नहीं थे), कॉलेजों और बस स्टॉप पर। किसी भी ऐसी जगह जहाँ उसे मजबूरन खुले तौर पर किसी पाबन्दी के बिना लोगों से टकराना पड़ता, बातचीत करनी पड़ती। उसे अपनी हिचक को भूल कर कुदरती तरीक़े से काम करने की छूट देने के लिए कैमरा टीम कुछ दूरी से शूटिंग करती। ऐसे हर दौर के बाद टीम मिनी-वैन में दुबक कर फ़ुटेज देखती। मन्दिरा उसे ग़ौर से परखती और सोचती कि वह लोगों के साथ अपनी अगली क्रिया-प्रतिक्रिया में क्या तब्दीली

लायेगी, ताकि वह और सच्ची जान पड़े।

और सड़कों पर इन कुछेक दिनों की मटर-गश्ती के दौरान...एक सितारे ने जन्म लिया।

इस सब के बावजूद, पहले छह महीने तक *शान्ति* की रफ़्तार धीमी रही। दर्शकों ने इतनी आसानी से उसे स्वीकार नहीं किया (उन्होंने पहले कभी ऐसा कुछ देखा ही नहीं था)। हमें मालूम था कि हमें उसके कथानकों की ताक़त पर ध्यान केन्द्रित करने की ज़रूरत थी, इसलिए हमने अपने लेखकों और रचनाकारों की टीम को *तिगुना* कर दिया। यह आसान काम नहीं था क्योंकि उस तरह की सामग्री तैयार करने वाले लेखक, ख़ास तौर पर उस तरह के मुश्किल पैमाने पर, गिने-चुने ही थे। हम कुछ लोगों को विज्ञापनों की दुनिया और फ़िल्मों से खींच लाये, यहाँ तक कि कुछ किताबें लिखने वाले भी। यह खिचड़ी काम की साबित नहीं हुई, कम-से-कम शुरू-शुरू में।

हर रोज़ एक एपिसोड को, और वह भी बिना ब्रेक के, शूट करने के सिलसिले से लोगों की क़ूवत पर काफ़ी असर पड़ा। जैसे-जैसे टीम के सदस्य बीमार पड़ते, हमें उनको उस दिन के एपिसोड की कहानी से बाहर निकालना पड़ता। यह मुश्किलें पैदा करता और प्रोडक्शन को धीमा करके हमें अपने तयशुदा शिड्यूल से डिगा देने का ख़तरा ला खड़ा करता। इतने बड़े काम के सिलसिले में हमने यही सीखा कि हमें साठ दिनों की आज़माइश के लिए बजट बनाना चाहिए था-ब्योरों को बारीक़ियों से तय करते हुए और इतने बड़े पैमाने और इतनी रफ़्तार से प्रोडक्शन करने के अनदेखे नतीजों का अनुमान लगाते हुए। एक तरीक़े से यह आज की बनिस्बत अलग था। आज बहुत-सी कम्पनियाँ, यह विश्वास करके कि सूझ बूझ से की गयी चुस्त मार्केटिंग और तैयार माल काम कर दिखायेगा, धूम-धड़ाके से शुरू करने की योजना बनाती हैं। ज़्यादातर मामलों में यह काम नहीं करता। ज़्यादा होशियार कम्पनियाँ पहले आज़मा कर देखती हैं और क़दम-दर-क़दम रिलीज़ करती हैं, जो दसियों बरस के अनुभवों ने सिखाया है कि सामग्री को बाज़ार में ले जाने का सबसे कारगर तरीक़ा है।

छह महीने बाद, हम सभी ने मेहनत करके अपने मोहरे सजा लिये थे और दर्शकों में भी इस नये विचार और आदत को ले कर दिलचस्पी बढ़ने लगी थी। उस मुक़ाम से *शान्ति* तीन साल तक चलता रहा और उसके लगभग आठ सौ एपिसोड दिखाये गये। उस दौरान किसी और शो की बनिस्बत हमने ज़्यादा लोगों को टेलीविज़न उद्योग के लिए सिखा कर तैयार किया। शुरुआती टीम के बहुत-से सदस्यों ने आगे चल कर ख़ुद अपनी सफल कम्पनियाँ खोल लीं या पेशेवर तौर पर काम करते हुए तरक़्क़ी की। उस शो से मुझे इसी बात पर सबसे ज़्यादा गर्व हुआ—रचनात्मक काम करना, टीम और सहयोगियों का हाथ बटाना और उन्हें

ताक़तवर बनाना और उन्हें आगे बढ़ते हुए मार्ग-दर्शक, उद्यमी और प्रतिभाशाली रचनाकार बनते देखना।

शान्ति के अन्तत: सफल होने से हमें यह सोचने की प्रेरणा मिली कि हम भारतीय सामग्री के लिए सिण्डिकेट सरीखा नमूना तैयार करने की सम्भावना के बारे में सोचें, जो भारतीय मीडिया के क्षेत्र में एक और पहलक़दमी थी। तब तक किसी ने टी.वी. कार्यक्रमों को सिण्डिकेट बनाकर अन्तर्राष्ट्रीय प्रदर्शन के लिए भारत के बाहर बाज़ार पर नज़र नहीं डाली थी। हमें एहसास हुआ कि *शान्ति* सभी दक्षिण एशियाई लोगों में लोकप्रिय हो सकेगा, लिहाज़ा हमने उस शो को दिखाने के अधिकार चालीस से ज़्यादा देशों में बेचे।

जब तक हम श्रीलंका में *शान्ति* के उद्घाटन के मौक़े पर उसके प्रचार-प्रसार के लिए वहाँ नहीं गये, मुझे इसका अन्दाज़ा नहीं था कि यह शो टेलीविज़न उद्योग में किस हद तक लीक से हट कर नई ज़मीन तोड़ने वाला साबित हुआ था। कोलम्बो में उतरने के बाद यह सोचते हुए कि हम अपनी कारों में बैठ कर चुपचाप होटल की तरफ़ रवाना हो जायेंगे, जैसे ही हम हवाई अड्डे से बाहर आये, हमने ख़ुद को लोगों के एक हुजूम से घिरा पाया। शो के प्रशंसक सड़कों के किनारे शो के सितारों को देखने के लिए यों क़तार बाँध कर खड़े थे मानो प्रधान मन्त्री या राष्ट्रपति अभी-अभी देश में वापस आये थे। हम सब अपनी आँखों पर भरोसा न करते हुए, खुली कार में बैठे एक-दूसरे को देख कर मुस्करा रहे थे और अपनी हैरत के बावजूद इस बात पर ख़ुश थे कि हमारी सहज बुद्धि और मेहनत रंग लायी थी।

यू.टी.वी. के मेरे शुरुआती दिनों में *शान्ति* नई खोज करने और लीक से हट कर चलने के सिलसिले में एक सबक़ था। वह इस बात की भी बेजोड़ मिसाल था कि जब कारोबार शुरू करने और उसे बढ़ाने का सवाल उठे तो मेरे अन्दर बड़े पैमाने पर काम करने की धुन क्यों रहती है। वह कारोबार शुरू करने और उसे बढ़ाने के सिलसिले में ऊँचे पैमाने को सामने रखने की मेरी धुन की भी बेजोड़ मिसाल था।

◆

तो अब आप की टीम अपनी जगह पर है, सबमें एक उगते-बढ़ते बाज़ार की पहली पाँत में मौजूद रहने का जोश है और आप मैदान में दौड़ते हुए उतरने के लिए तैयार हैं। आज दरवाज़े से बाहर जाते हुए यह ख़्याल अपने साथ ले कर जाइये—आज के विजेता उद्यमी उन लोगों में होंगे जो अपनी कम्पनी या अपने नये विचार के लिए भारतीय आबादी के आँकड़ों को गहराई से परखते और समझते हैं।

मैं भारतीय आबादी को तीन मोटे हिस्सों में बाँटता हूँ—शहरी 20 करोड़ जो सबसे ऊपर हैं; गाँवों की 62.5 करोड़ आबादी जो पिरामिड का तल है; और बीच के 40 करोड़ लोग जो उभरता हुआ बाज़ार हैं। मैं आबादी के इस आख़िरी हिस्से पर ध्यान केन्द्रित करना और इस खुले और अनछुए बाज़ार को समझना चाहता हूँ। तेज़-खपत-वाली उपभोक्ता सामग्री से जुड़ी चन्द कम्पनियों या मल्टी नेशनल कम्पनियों के सिवा हममें से कितने लोग इस सच्चाई के बारे में बात करना चाहते हैं कि हमारे बाज़ारों का 80 फ़ीसदी हिस्सा भारत के सिर्फ़ दस या पन्द्रह बड़े शहरों तक सीमित है? ऐसा प्याला जो आधे से ज़्यादा ख़ाली है।

आबादी के लिहाज़ से हमारे लक्ष्य का ख़ाका बनाने और अनछुए बाज़ारों की सूरत-शक्ल तय करने के लिए जो सवाल हमें पूछने चाहिएँ, वे ये हैं:

- मेरे टार्गेट उपभोक्ता कौन हैं—उमर, लिंग, सामाजिक-आर्थिक हैसियत, शिक्षा?
- क्या ये बचत करने वाले हैं या ख़र्च करने वाले?
- अगले पाँच साल के अरसे में और आगे भी वे क्या और कैसे ख़रीदेंगे और उपभोग में लायेंगे?
- उनकी दिशा क्या है? वे एक-दूसरे से सम्पर्क कैसे करते हैं? दुनिया के साथ सम्पर्क कैसे बनाये रखते हैं?
- टेक्नॉलोजी और सामाजिक और मीडिया के क्षेत्र के साथ वे कैसा (और कितनी अच्छी तरह) साथ निभायेंगे?
- उनकी रोज़मर्रा की ज़िन्दगियाँ देखने में कैसी लगेंगी?
- और, सबसे ज़रूरी, इस सब में मैं क्या प्रभाव डालना और भूमिका अदा करना चाहता हूँ?
- अपने बाज़ारों को अन्दर-बाहर पूरी तरह समझ लीजिये और आप नई खोज करने और नई लीक पर चलने के सबसे शुद्ध रूप को समझ जायेंगे।

◆

कई मायनों में, हमारे बच्चों के टी.वी. चैनल-हंगामा-को शुरू करना हमारा सबसे ज़्यादा लीक से हट कर चलने वाला प्रयास था। यह सारा खेल तब शुरू हुआ जब हमारे विचार-विमर्श के एक दौर में ज़रीना और मैं, बच्चों के स्थानीय चैनल के बारे में एक अनोखे ख़्याल के साथ कमरे में दाख़िल हुए। भारत में पहले ही बच्चों के छह चैनल थे—अनुभवी अन्तर्राष्ट्रीय खिलाड़ी जो दुनिया भर के 160 देशों में यही काम बख़ूबी कर रहे थे। इसलिए हमारा पहला सवाल ज़ाहिरा तौर पर यही था कि 'क्या बच्चों के एक और चैनल के लिए जगह है?' फिर हमने विचार किया कि क्या हम इन बड़ी-बड़ी कम्पनियों से दो-दो हाथ करने के लिए तैयार थे जिनके पास अपने भण्डार में 5000 घण्टे के बने-बनाये मुफ़्त कार्यक्रम मौजूद थे।

विज्ञापनों की दुनिया में, जहाँ से हमारी ज़्यादातर आमदनी आने वाली थी, लगभग जितने लोगों से हमने बात की, उन्होंने यही कहा कि बाज़ार में कोई ख़ाली जगह नहीं थी। और भी बुरी बात यह थी कि हमारी सारी जाँच-परख ने संकेत दिया था कि बच्चे कार्टून नेटवर्क और उसके बहुत-से प्रमुख कार्यक्रमों पर फ़िदा थे। ख़ुशक़िस्मती से, हमारे अन्दर का एहसास कहता था कि एक स्थानीय चैनल के लिए बहुत बड़ी जगह ख़ाली थी और एक सचमुच भारतीय ब्राण्ड सफल हो सकता था।

हमारे लिए चुनौती, और मज़ा भी, इसी में छिपा था। दूसरे चैनलों के लिए हमने जो दो शो प्रस्तुत किये थें—*शाकालाका बूम बूम* और *शरारतं*—उनके ताज़ा-ताज़ा तजुर्बों के साथ हम जानते थे कि अगर हमने 4 बरस से ले कर 14 बरस के बच्चों के लिए सही सामग्री पेश की तो वे रोज़ाना के सोप और हॉरर शो देखना बन्द कर देंगे जिन्हें देखने के वे आदी हो गये थे। चूँकि बड़ी अन्तर्राष्ट्रीय कम्पनियों के रवैये ने हमें नई रीत अपनाने, पिटे-पिटाये चलन को छोड़ कर नई लीक पर बढ़ने और अलग ढंग से सोचने के लिए पूरी छूट दी थी, इसलिए हमने उनके फ़ारमूला-बद्ध रवैये और उनके सामग्री के विशाल भण्डारों के साथ, उन्हें ख़तरे के रूप में नहीं, बल्कि अवसरों के रूप में देखा।

और लीक से हम यक़ीनन हटे, जापान से *डोरेमोन* और *शिन-चान* जैसे नई राह खोलने वाले कार्यक्रम ला कर। आठ साल बाद भी ये भारतीय टेलीविज़न पर बच्चों के सबसे लोकप्रिय कार्यक्रम बने हुए हैं। हमने हिन्दुस्तान में ही प्रोड्यूस किये गये लाइव एक्शन शो भी शुरू किये जो वह अनोखापन था जिसका हमारे दर्शक इन्तज़ार कर रहे थे।

चैनल को शुरू करना कड़ी मेहनत का काम था। हमें *शिन-चान* के लिए माँओं की तरफ़ से काफ़ी नकारात्मक प्रतिक्रिया मिली (अब भी मिलती है)। पहले छह महीने कलेजा मुँह को आता रहा। *शान्ति* की तरह किसी चीज़ ने भी तुरत-फुरत काम नहीं किया। मीन-मेख निकालने वालों ने अपने शब्दों पर सान चढ़ायी और अपनी अनिवार्य चेतावनीं—'मैंने तुमसे कहा था'—देने में देर नहीं लगायी। लेकिन आठ महीने बाद हमारा लड़खड़ाना रुक गया और हमने बाज़ी पलट दी। मेरे ख़्याल में बच्चों ने अपनी माँओं को आख़िरकार राज़ी कर लिया। कारण जो भी हो, हमने जो रास्ता अख़्तियार किया था वह काम करने लगा।

डेढ़ साल बाद हम उस क्षेत्र में पहले नम्बर का चैनल बन चुके थे। हमारे एक अन्तर्राष्ट्रीय प्रतिद्वन्द्वी ने हमसे वह चैनल ख़रीद लिया और इस तरह वॉल्ट डिज़्नी कम्पनी के साथ हमारा एक उर्वर और लम्बा सम्बन्ध शुरू हुआ जिसके नतीजे के तौर पर कई बरस बाद उन्होंने यू.टी.वी. को अपने हाथों में ले लिया।

◆

फ़िल्मों की दुनिया में हमारा सबसे गर्व-भरा और सबसे ज़्यादा लीक से हट कर काम था *नो वन किल्ड जेसिका* को हरी झण्डी दिखाना। जेसिका लाल दिल्ली के एक बार में जानी-मानी बारटेण्डर थी जब उसे वक़्त ख़त्म हो जाने के बाद आरोपी मनु शर्मा को शराब देने से मना करने पर गोली मार दी गयी थी। हालाँकि जेसिका की निर्मम हत्या के सौ से ज़्यादा गवाह थे, मुल्ज़िम और उसके राजनैतिक रसूख़ वाले परिवार की धमकियों से डर कर बहुत कम लोगों ने उसकी ओर से गवाही दी। आगे चलने वाला मुक़दमा एक दुखद स्वाँग था जिसने जेसिका के चरित्र की धज्जियाँ उड़ा दीं और मनु शर्मा को बरी कर दिया।

एक अहम ढंग से मनु शर्मा के मुक़दमे के तार हमारी फ़िल्म *रंग दे बसन्ती* से भी जुड़ते थे जो 26 जनवरी 2006 को रिलीज़ हुई थी। फ़िल्म का एक केन्द्रीय प्रसंग अजय सिंह राठौड़ की मौत है जो भारतीय वायु सेना में एक विमान चालक है और एक रूसी एम.आई.जी. विमान उड़ाते समय मरता है। ऐसे विमान मशीनी ख़राबी की वजह से अक्सर दुर्घटना का शिकार होते रहे हैं। फ़िल्म में, अजय की मौत का दोष पूरी तरह भ्रष्ट नेताओं का होता है और इस राज़ के खुलने पर भारत का नौजवान तबक़ा इण्डिया गेट पर अज्ञात फ़ौजी की समाधि तक एक मोमबत्ती जुलूस निकालता है; चूँकि एकता के ऐसे प्रदर्शन तब तक इतने आम नहीं हुए थे, इसलिए यह भी भारतीय सिनेमा में पहली बार दिखाया जा रहा था।

अभी एक महीना भी नहीं हुआ था कि 21 फ़रवरी 2006 के दिन क़ानून तो ताक पर धरते हुए मनु शर्मा को बरी कर दिया गया। अगली सुबह प्रमुख समाचार-पत्र *टाइम्स ऑफ़ इण्डिया* की सुर्ख़ी ने कोई क़सर नहीं रहने दी, लिखा—'जेसिका लाल को किसी ने नहीं मारा।' देश भर की भावनाएँ भड़क उठीं। अगले कुछ दिनों के दौरान असली ज़िन्दगी में जो दिखा वह *रंग दे बसन्ती* का मोमबत्ती जुलूस था, सिर्फ़ इण्डिया गेट पर ही नहीं, बल्कि हिन्दुस्तान भर के शहरों की सड़कों और गाँवों में। लगभग एक हफ़्ते तक मीडिया की नज़रें देश और उसके युवाओं पर टिकी रहीं, जो लाखों की तादाद में फ़ैसले से निराश और नाराज़ थे। सरकार पर जेसिका के हत्यारे को क़ानून के कठघरे में लाने के लिए भारी दबाव था। जब मुक़दमा दोबारा खोल दिया गया तो एक के बाद दूसरा गवाह, जो पहली सुनवाई के दौरान जेसिका की तरफ़ से बोलने से हिचक रहा था, अब सब कुछ सच-सच बताने के लिए आगे आ गया। मनु शर्मा को उम्र कैद की सज़ा हो गयी।

मुझे शुरू ही से मालूम था कि यह फ़िल्म तो हमें ज़रूर बनानी थी। *नो वन किल्ड जेसिका* देश के युवा वर्ग की चेतना में अंकित हो गयी; उसने हमारी आँखों के सामने भी एक

ऐसी दुनिया में, जहाँ ये गुण हमेशा मौजूद नहीं होते या आगे नहीं बढ़ाये जाते, उस पीढ़ी के मूल्यों और सहनशीलता को उजागर कर दिया।

अपने काम-काज के दौरान ऐसा अक्सर नहीं होता कि आपको *रंग दे बसन्ती* जैसा असर लोगों पर डालने का मौक़ा मिले और फिर एक महीने बाद आप देश भर में भड़के आक्रोश के बीच फ़िल्म को हक़ीक़त में खेले जाते हुए देखें। जेसिका की कहानी को फ़िल्म के पर्दे पर उतारने का मौक़ा एक दुर्लभ सम्मान था, भावनाओं को गहरे में छू लेने वाला और बेहद सन्तोषजनक। फ़िल्म को दबा देने के लिए क़ानूनी और दूसरे दबावों के बावजूद हम अडिग रहे।

जब आप लीक तोड़ कर चल रहे हों तो आधा-अधूरा क़दम नहीं उठाया जाता। या तो आप मंज़िल तक जाते हैं या फिर मैदान छोड़ देते हैं।

◆

डिज़्नी को हंगामा चैनल बेचने के बाद हम फिर से प्रसारण की नई योजनाओं के बारे में जम कर सोच-विचार करने लगे। हमारे विचार-विमर्श के दौरान एक स्लाइड दिखा कर ज़रीना एक बार फिर बहुत सफ़ाई से मामले को पटरी पर ले आयी। उसका ख़्याल था कि हमें 16-24 बरस के दर्शक-वर्ग पर ध्यान केन्द्रित करना चाहिए जिसे उस समय भारत में हर चैनल ने नज़रन्दाज़ कर रखा था। सिर्फ़ संगीत के आधुनिक और फ़ैशनेबल चैनल जैसे एम.टी.वी. और चैनल वी इस दर्शक-वर्ग को सामने रखकर कार्यक्रम पेश कर रहे थे, लेकिन वे सिर्फ़ संगीत पेश करते थे। हमने इस जगह साफ़-साफ़ एक मौक़ा देखा और ज़रीना ने युवाओं के लिए जिस चैनल का प्रस्ताव रखा था, वह हमारे अलग-अलग चैनलों के गुलदस्ते की बुनियाद बनने वाला था। एक पन्ने पर लिखा उसका विचार एकदम सटीक था और कमरे में इकट्ठा दस लोगों ने उसे फ़ौरन समझ लिया।

किसी सामान, सेवा या विचार को सामने रखने का सबसे अच्छा तरीक़ा है—उसकी सही जगह तय करना और यह स्पष्ट करना कि उसका मतलब क्या है। ज़रीना का मक़सद था ऐसे बुनियादी स्थानीय भारतीय चैनल को परखना (नीचे बायीं तरफ़ का 'देसी कूल') जिस पर युवाओं को गर्व होगा और जिसे वे अपना समझेंगे। एक पन्ने वाला विचार था –

आइए इसे परखें

देसी कूल	बनाम शिक कूल
मज़ाकिया, मस्त, पगलाया, बेलगाम, बौराया हुआ	सेक्सी और चुस्त-दुरुस्त
रंग दे बसन्ती में आमिर ख़ान	*दिल चाहता है* में आमिर ख़ान
विश्वास करता है कि हिन्दी बोलने में शान है (उलटा नकचढ़ापन)	विश्वास करता है कि अंग्रेज़ी बोलने में शान है

इसके बाद दो महीने तक देश भर में जम कर जाँच-परख की गयी, जिस बीच हमारे दफ़्तर में एक बुनियादी रचनात्मक और मार्केटिंग टीम चैनल की रूप-रेखा और उसकी सही जगह तय करने पर जुटी रही। इस विचार से भारतीय टेलीविज़न का पहला युवाओं का चैनल 'बिन्दास' पैदा हुआ। मैदान में हमारे उतरने के बाद हमारे ज़्यादातर प्रतिद्वन्द्वी ज़रूरत के तहत वही रास्ता अख़्तियार करके उसी जगह आने पर मजबूर हो गये, क्योंकि हमने जगह बना दी थी, बुनियादी दर्शक-वर्ग तैयार कर दिया था।

कितनी मज़ेदार बात है कि समय के साथ नाम कैसे किसी माल और उसके इस्तेमाल करने वालों की रूप-रेखा निर्धारित कर देते हैं। फ़र्ज़ कीजिए, 'ट्विटर' का नाम अगर 'जिटर' होता तो वह कहाँ होता, हालाँकि एक समय बड़ी गम्भीरता से उसे 'जिटर' कहने पर विचार हो रहा था, जब तक कि ज़्यादा ठण्डे दिमाग़वाले लोगों की बात नहीं मान ली गयी। इसी तरह फ़ेसबुक कहाँ होता, अगर उसके उद्देश्य और उसके दर्शकों और उसे इस्तेमाल करने वाले लोगों को इतना साफ़-साफ़ न पहचाना गया होता?

यही हाल हंगामा और बिन्दास के साथ भी था। जब हमने बच्चों के अपने चैनल के लिए नाम खोजने शुरू किये तो हंगामा हमारी सूची के पहले दस नामों में भी नहीं था। लेकिन हमारे दर्शकों ने उसे चुना और वह चैनल अपने नाम के मुताबिक़ ही बन गया—शरारती, उत्सुक और मौज-मज़े से भरा हुआ। कुदरती तौर पर हमारी सामग्री ने भी वही रूप-रंग अख़्तियार कर लिया। यही हाल 'बिन्दास' का था जिस पर हमारे दर्शकों के बुनियादी समूह ने खोज-बीन के दौरान उँगली रख दी थी। नाम सब कुछ कह देता था और इसी ने उसे भारतीय टेलीविज़न का सबसे ज़्यादा लीक से हट कर चलने वाला (और कम-से-कम शुरू-शुरू में, विवादग्रस्त) चैनल बना दिया।

बिन्दास पर एक शुरुआती शो—*इमोशनल अत्याचार*—ऐसे ख़ाके पर बना था जिसने सीमाएँ तोड़ दी हैं। उसकी प्रेरणा हमारी फ़िल्म *देव डी* के उस मस्त, अजीबो-ग़रीब गीत से मिली थी जो उसका थीम संगीत था। इमोशनल अत्याचार एक रियैलिटी शो था, हक़ीक़त की ज़िन्दगी पर आधारित, जिस में कोई भी अविवाहित लड़की या लड़का, जिसे महसूस होता कि उसका बॉयफ्रेण्ड/गर्लफ्रेण्ड उसके साथ धोखा कर रहा या रही है, इमोशनल अत्याचार को फ़ोन कर सकता था। अगले पाँच दिनों तक हम छिपे तौर पर उस 'बेवफ़ा/भटके हुए' साथी का लगातार पीछा करते, कभी-कभी परीक्षा के लिए उसे लुभाते भी। हर एपिसोड के अन्त में उस साथी को, जो शक के घेरे में था, पाँच दिनों की कवरेज दिखायी जाती और फिर शिकायत करने वाले दूसरे साथी के साथ उसका आमना-सामना होता। शो की दिलेरी और साहस के कारण लाखों दर्शक उसकी तरफ़ खिंच कर चले आये (और अब भी उसे पसन्द करते हैं), जबकि बहुत-से दूसरों को उससे नफ़रत करने में मज़ा आता था। शुरू-शुरू में यक़ीनन हमें मीडिया पर बहुत-सी आलोचना का सामना करना पड़ा। लेकिन साल भर के अन्दर परिवार और माता-पिता भी उससे जुड़ने लगे। उन्होंने महसूस किया कि यह बेहतर था कि उनके बच्चे किसी रिश्ते के कच्चे दौर में ही सच्चाई से रू-ब-रू हो जायें। बजाय इसके कि गाँठ बाँध लेने के बाद चौंकाने वाली हक़ीक़त का सामना करें।

इमोशनल अत्याचार ने भावनाओं, बहस-मुबाहसे का तूफ़ान बरपा कर दिया और लोगों का ध्यान खींचा, और भारत में युवाओं के लिए कार्यक्रम बनाने की शैली—और उसके साथ-साथ बिन्दास—की बुनियाद डाली। जहाँ लोगों में इमोशनल अत्याचार का वैसा भारी असर न भी देखने में आया हो जैसा कुछ दूसरे कार्यक्रमों का, तो भी वह हिन्दुस्तानी टेलीविज़न के सबसे लम्बे समय तक चलने वाले कार्यक्रमों में से एक है, जिसमें एक ताक़तवर टीम हर श्रृंखला के साथ नये ख़ाके पेश करती है।

◆

भारत में आज इतने क्षेत्र उभर कर सामने आ रहे हैं कि उद्यमियों के लिए नई खोज करने और लीक से हट कर चलने के अवसर अधिक विकसित देशों की बनिस्बत कहीं ज़्यादा हैं। अगर आप भारत में खेल के मैदान में देर से भी आये हों तो भी आप पहली क़तार के नज़दीक से शुरू कर सकते हैं। मिसाल के लिए, आज टेक्नॉलाजी के साथ जुड़ कर करने के लिए जो कुछ है, उसमें हिन्दुस्तान अब भी पहली सीढ़ी पर है। स्वास्थ्य और शिक्षा का भी यही हाल है। सम्भव है, इण्टरनेट में दूसरी सीढ़ी पर हो। ब्राण्ड, ब्राण्ड के प्रति जागरूकता, ब्राण्ड-निर्माण

से जुड़े सभी पहलू—दूसरी सीढ़ी। पर्यटन, सैर-सपाटा मनोरंजन—पहली सीढ़ी। इसके बावजूद कि भारत की ताक़त उसकी सेवा आधारित अर्थव्यवस्था है, हम बहुत-से दूसरे क्षेत्रों में अभी बिलकुल नये-नये हैं। लीक छोड़ कर चलने वाले और नई खोज के साथ मैदान में उतरने वालों के लिए अभूतपूर्व अवसर हैं।

तो फिर बुरी ख़बर क्या है? इस सवाल के जवाब के लिए अपने अन्दर झाँकने की ज़रूरत है।

जब लोग मौक़े तलाश करते हैं, वे अमूमन एक ही क्षेत्र पर अपना ध्यान केन्द्रित करते हैं। मनुष्य का स्वभाव ही है सफलता के पीछे-पीछे चलना; अक्सर, ज़्यादा पैसे बनाने की सम्भावना लीक पर चलने से ही होती है। कम-से-कम परम्परा से चला आ रहा ज्ञान तो यही है। लेकिन जब आप झुण्ड का हिस्सा होते हैं तो अमूमन आप को अपने आगे चलने वाले की पीठ ही नज़र आती है। उन अनोखे अवसरों को नज़रन्दाज़ मत कीजिये, जो पहली बार उद्यमी बनने और अनछुए बाज़ारों में क़दम रखने वाले लोगों के लिए आज भारत में मौजूद हैं।

जो भी यह सोच रहा है कि उसे उभरते हुए बाज़ारों की पंगत में पहुँचने में देर हो जायेगी, वह न सिर्फ़ ग़लत है, बल्कि खेल में क़दम रखने के तुरत-फुरत जुगाड़ों की भी ताक में है। चालू जुगाड़ लम्बी दौड़ में कभी काम नहीं आते। लम्बे समय तक चलने वाली योजना का अभाव कभी सफलता की मंज़िल तक नहीं पहुँचाता।

अपने हर उद्यम में हमने बाज़ार की ज़रूरतों पर नज़रें टिकाये रखकर और दूर तक सोचने की आदत डाल कर ख़ुद को सान पर चढ़ाये रखा। लोगों की तरह विचारों और व्यापारों को साँस लेने और फलने-फूलने की ज़रूरत पड़ती है। और यह समझना कि कब और कैसे लीक से हट कर नई रीत और खोज अपनायी जाये, विकास की प्रक्रिया का एक बुनियादी पहलू है।

◆

- मैं उस पुरानी कहावत को शक की निगाह से देखता हूँ जो कहती है, 'अगर सब ठीक है, तो मत बदलो।' जिसने भी यह कहावत बनायी, उसे उस आनन्द का अन्दाज़ा नहीं था जो किसी कारोबार को बढ़ाने, सीमाओं के पार जाने और रास्ते में लीक को तोड़ने पर मिलता है।
- नई रीत और नई सूझ अपनाने और लीक तोड़ने का मतलब यह नहीं है कि हड़बड़ी में बे-सोचे-समझे काम किया जाये; न इसका मतलब है महज़ बदलने के लिए बदलना; आज, कल और हर रोज़। आपकी मंज़िल है लम्बे समय तक चलने वाला, चट्टान जैसा ठोस कारोबार खड़ा करना। अगर आप इस पथ पर चलते हैं तो पूँजी, होशियार सहयोगी और ग्राहक, सब पीछे-पीछे चले आयेंगे।

- याद रखिये, जब आप लीक से हट कर चलते हैं तो आसानी नहीं होती। आपको धीरज और लगन की ज़रूरत पड़ती है; आपको हफ़्तों, महीनों और कभी-कभी बरसों तक संघर्ष करने के लिए तैयार रहना होगा, क्योंकि जो आप कर रहे हैं, उसमें आपका यक़ीन है।
- मेरे एक सहयोगी, मेरी बुनियादी टीम के एक सदस्य ने मुझे एक ई-मेल भेजा था जो मेरे ख़्याल में ऐसी कुछ विशेषताओं को रेखांकित करता है जिन्हें आगे बढ़ते हुए मैं उद्यमियों या आगे-आगे रास्ता दिखाने वालों में खोजता रहता हूँ—'चार साल के बाद, जब मैं एक नई कम्पनी में इस मार्ग-दर्शक (वाले पद) का ज़िम्मा उठाने जा रहा हूँ, जो सबक़ मैं आपके साथ काम करते हुए आपको ग़ौर से परखने के बाद अपने साथ ले जा रहा हूँ, वे हैं—सबसे पहले, निडर फ़ैसले लेने में आपकी हिम्मत और दम (जो मैने बहुत-से मार्ग-दर्शकों में नहीं देखा है); यह सच्चाई कि उनमें से सब आपके काम के नहीं साबित हुए, मगर इससे आप कभी रुके नहीं; किसी नये विचार, समस्या, प्रस्ताव या अवसर को पकड़ने और नश्तर जैसे पैने सवाल पूछने की आपकी क्षमता; फ़ैसला करने के सिलसिले में आपकी तेज़ी और स्पष्टता; और अन्त में, फ़ैसले लेने और उन्हें लागू करने में टीम को साथ रखने में आपका धीरज और कड़ी मेहनत और टीम के हर सदस्य को हिस्सेदारी की छूट देने की उदारता। मुझे नहीं लगता कि जब आपने अपना सफ़र शुरू किया तो यह सब इतना साफ़ रहा होगा; लेकिन मेरा यक़ीन है कि आपने इन बिन्दुओं पर ध्यान केन्द्रित किया और इन्हें बढ़ाया, उद्यमी और मार्ग-दर्शक के रूप में इन्हें अपनी ताक़त का आधार बनाया। आपके लिए हर नया दिन चीज़ों को नई नज़र से देखने और जो चला आ रहा है उस पर सवाल करने का दिन होता है।'

6

पलड़े को झुकाना

मोड़ या दिशा-परिवर्तन के बिन्दुओं पर ध्यान देना ज़रूरी होता है।
मोड़ की उस तरफ़ देखो, चाल परखो, निशाना ऊँचा रखो और एक टीम और संस्कृति बनाओ
जो भविष्य की ओर केन्द्रित हो। अनुकूल हवाएँ
कड़ी मेहनत, तैयारी और फलने-फूलने के मौक़ों को खोज कर उनका फ़ायदा उठाने से पैदा होती हैं।

जितना बड़ा, उतना बेहतर। ग्रांट रोड पर अपने शुरुआती दिनों से ही—जब मैं अपने दादा की बालकनी से प्रीमियर देखने के लिए दोस्तों और पड़ोसियों को न्योते बेचा करता था—मुझे कारोबार और ज़िन्दगी में पैमाना बनाना बहुत मुग्ध करता रहा है।

कारोबार में पैमाना बनाना—यानी दिशा-परिवर्तन का वह बिन्दु खोजना जो आपके माल या विचार को अपने बाज़ारों में बढ़ने का मौक़ा देता है—आपके रोज़मर्रा के रवैये का उतना ही ज़रूरी हिस्सा बन जाना चाहिए, जितना तरकीब खोजना, टीम बनाना और पूँजी की ज़रूरतों के लिए योजना बनाना। जब कोई कारोबार एक नये और लीक से हट कर चलने वाले विचार से रूपान्तरित हो कर फलने-फूलने की माँग करने वाला बन जाता है तो यह सिलसिला ख़ुद अपने को जारी रखने लगता है। इसे 'पलड़ा झुकाने' के रूप में सोचिए—उद्यमी के अन्दर गहरा विचार-विमर्श करने और पहले से बड़ा और बेहतर कारोबार बनाने की क्षमता।

कारोबार शुरू करना, उसे खड़ा करना और बढ़ाना और उसका पैमाना तय करना—इस सब में बुनियादी तौर पर अलग-अलग सोच की ज़रूरत पड़ती है। वे तीन अलग-अलग विषय हैं

जिनकी अपनी अनोखी बनावट है। आपको अपनी जाँच-परख में निर्ममता से काम लेकर यह तय करना है कि आप किसी कारोबार को शुरू करने वाले लोगों में हैं या खड़ा करने वाले या उसे बढ़ा कर ऊँचे पैमाने पर ले जाने वाले, या तीनों का मेल।

आप विकास करके तीनों बन सकते हैं; यह इस बात पर निर्भर है कि आप इस राह पर बढ़ते हुए जो टीम जुटाते हैं उसकी विशेषताएँ और क्षमता कैसी है और आप उसे शक्तिशाली किन तरीक़ों से बनाते हैं। सम्भव है, आप एक पेशेवर व्यक्ति हों जिसके पास दस साल का तजुर्बा है और इसलिए आप महसूस करते हैं कि आपमें कारोबार बढ़ाने और उसे ऊँचे पैमाने पर पहुँचा कर लाभदायक बनाने की विशेषताएँ हैं। अगर यह मामला हो तो ऐसा साथी-संस्थापक या सहकर्मी खोजिये जो कारोबार शुरू करने में माहिर हो, क्योंकि यह भविष्य के लिए एक सफल गठजोड़ साबित हो सकता है। याद रखिये, आपकी दृष्टि और कल्पना का दायरा और जिस हद तक आप अपने को सच्चाई से जाँच पाते हैं, वह आपकी कम्पनी की सम्भावना को सीमित करेगा या खोल देगा।

लेकिन आप दिशा-परिवर्तन के बिन्दुओं को कैसे पहचानेंगे? और सबसे ज़रूरी बात, उन्हें आप पैदा कैसे करेंगे?

पहले तो यह समझ लीजिये कि दिशा-परिवर्तन के बिन्दु होते ज़रूर हैं। ज़्यादातर उद्यमी समय-समय पर लीक में फँस जाते हैं, एक आरामदेह कोना खोज कर उसमें जम जाते हैं। काहिली और जड़ता बहुत-से लोगों को बड़ा सोचने से रोक देती है। चीज़ें अगर बेहरकत पड़ी हों तो अमूमन तब तक वैसे ही पड़ी रहती हैं जब तक कि कोई बाहरी शक्ति उन्हें हिलाये नहीं। इसी तरह एक छोटे बाज़ार में किसी कारोबार की औसत सफलता—यह सच्चाई कि संयोग से वह एक छोटे तालाब में बड़ी मछली है—बहुत-से उद्यमियों को जिनके पास वैसे दूर तक जाने की कल्पना और नज़र होती है, जस-का-तस बने रहने पर मजबूर कर देती है।

यही वह समय है जब कारोबार को ऊँचे पैमाने पर न ले जाने के बहाने बाहर आने लगते हैं। पूँजी की परेशानियाँ, बहुत जल्दी ज़्यादा शेयर जारी करने से क़ीमतों में कमी आ जाना, बाज़ार के सम्भावित आकार का ग़लत अन्दाज़ा, सही टीम को खोज पाने की नाकामी और लगभग हर तरह की शिकायत। इन बहानों से सिर्फ़ यही पता चलता है कि आप में आगे बढ़ने की इच्छा की बेहद कमी है और उद्यमी होने के नाते अपनी क्षमता और सम्भावना में भरोसे का अभाव है। इसमें कोई हर्ज नहीं, अगर आपकी यही मंज़िल हो। हालाँकि, आज से पाँच साल बाद आप ठीक वही करते रहना चाहते हैं जो आप आज कर रहे हैं? ज़्यादातर लोग इसके जवाब में ज़ोर से *ना* कहेंगे।

मेरे लिए सबसे पहला पैमाना है फ़ायदे की गुंजाइशों को बढ़ाना। सच्चाई यह है कि अगर आप लगातार पैमाना बढ़ाने, फलते-फूलते रहने का इरादा नहीं रखते तो आपको दरअसल किसी तरकीब की कोई ज़रूरत नहीं है—क्योंकि आप का सारा ध्यान यहाँ और अब पर लगा हुआ है, भविष्य पर नहीं। कारोबार को बढ़ाना और इसकी तरकीबें सोच कर लागू करना आपस में पूरी तरह गुँथा है।

जब मैं लगातार पैमाना बढ़ाने के बारे में सोचता हूँ तो ख़ुद से मेरा पहला सवाल यही होता है कि *मेरा अनोखापन* क्या है? आज की तेज़ी से बदलती दुनिया में हो सकता है कि आपके पास एक शानदार विचार या माल या काम करने की तरकीब हो, मगर बाज़ार में बाक़ी विचारों के मुकाबले अपने विचार की अलग पहचान कराने का तरीक़ा ढूँढ़े बिना, लगातार फलते-फूलते रहना एक सपना ही बना रहेगा। मैं ऐसे ढेरों उद्यमियों को जानता हूँ जिन्होंने ऊँची उड़ान न भर पाने का दोष बाज़ार के आकार पर या कम्पनी के अभी नये होने पर मढ़ा है। लेकिन स्पष्ट रूप से अनोखे माल, सेवा या पेशकश के लिए उत्साही और दूरदर्शी उद्यमी हमेशा बढ़ता हुआ बाज़ार खोज लेंगे।

अगर आप ने अभी तक ये सवाल अपने आप से नहीं पूछे हैं तो इनसे शुरू कीजिये –

मैं कितना बड़ा बनना चाहता हूँ?

वहाँ पहुँचने के लिए मुझे क्या कुछ करना पड़ेगा?

मैं अपने कारोबार को बढ़ाते रहने के लिए क्या कर रहा हूँ?

आगे बढ़ने की इच्छा क़ुरबानियाँ माँगती है; एक के बिना दूसरी सम्भव नहीं है। जिनके अन्दर आगे बढ़ने की ज़्यादा इच्छा है, वे आम तौर पर ज़्यादा क़ुरबानियाँ करने को तैयार होंगे ताकि उन मंज़िलों तक पहुँच सकें।

हर कोई क्रिकेट मैच में मुक़ाबला-जितानेवाला रन बनाने या फ़ुटबॉल के वर्ल्ड कप में एक गोल मारने का सपना देखता है। इसी तरह उद्यमी उम्मीद करते हैं कि एक दिन वे असरदार, अन्तर्राष्ट्रीय उद्योगों के मालिक बनेंगे।

◆

अपने कारोबारी सफ़र के दौरान मैंने बहुत बार दिशा बदलने वाले बिन्दुओं का सामना किया है। दस में से नौ बार मैंने उन्हें खोज निकाला है; शायद एक बार दिशा-परिवर्तन बिन्दु ने मुझे आ पकड़ा हो। मैं जानता हूँ कि यह बात उन सभी उद्यमियों पर खरी उतरती है जिन्होंने बड़े पैमाने के कारोबार क़ायम किये और बनाये हैं।

दिशा बदलने वाले बिन्दुओं का पीछा करना होता है।

मोड़ की उस तरफ़ देखो, चाल परखो, निशाना ऊँचा रखो और एक टीम और संस्कृति बनाओ जो भविष्य की ओर केन्द्रित हो। इसमें कोई शक नहीं है कि जब आप बड़े पैमाने और दिशा-परिवर्तन वाले बिन्दुओं के बारे में सोच रहे होते हैं तो सही समय पर सही जगह होने से मदद मिलती है। लेकिन अनुकूल हवाएँ कड़ी मेहनत, तैयारी और फलने-फूलने के मौक़ों को खोज कर उनका फ़ायदा उठाने से पैदा होती हैं।

ऊँचे पैमाने की खोज मेरे लिए स्वाभाविक रही है—1980 के दशक में केबल टी.वी. के अपने शुरुआती दिनों में भी। उन दिनों रुकावटें बहुत थीं। आप केबल टेलीविज़न और 'चुनाव की सुविधा' उन ग्राहकों को कैसे समझा सकते हैं जिन्होंने कभी अपने हाथ में रिमोट नहीं थामा, कभी चैनल नहीं बदला? आप कारोबार में ठहराव और तरक़्क़ी कैसे हासिल कर सकते हैं जब कोई नियम-क़ायदा मौजूद ही नहीं है? केबल टी.वी. की कल्पना को लोगों के सामने पेश करने के लिए हमने शहर भर की इमारतों के गलियारों में सैकड़ों प्रदर्शन करके दिखाये और वहाँ रहने वालों को टेक्नॉलाजी और सामग्री चुनने की सुविधा का पहला तजुर्बा कराया। अगले बारह महीने के अरसे में हमने हज़ार से ज़्यादा बार केबल टी.वी. के प्रदर्शन किये और तीन हज़ार से ज़्यादा बार घर-घर जा कर मुलाक़ातें कीं और तब जा कर हमें पहला ग्राहक मिला। उस रफ़्तार से हमने महसूस किया कि हमें ज़रूरी संख्या जुटाने में ही बरसों लग जायेंगे—फलना-फूलना तो भूल ही जाइये।

लिहाज़ा हमने तेज़ी से बढ़ने के लिए दो पहलक़दमियाँ कीं। पहले, हमने केबल सेवा के लिए देश के हर होटल पर निशाना साधा। बहुत सीधी हिकमत थी, असल में। किसी होटल-श्रृंखला में फ़ैसले करने वाले एक या दो लोगों को केबल सेवा के लिए राज़ी करने पर हमें पैसा देने वाले दस हज़ार कमरे और मिल जाते। एक बार कुछ होटल हमारे ग्राहक बन जाते तो उनकी देखा-देखी बाक़ी सब के भी आ जाने पर, केबल टी.वी. एक आम सुविधा बन जाता।

इसमें शक नहीं कि जो समस्याएँ और चुनौतियाँ हमारे सामने थीं, वे उम्मीद से कहीं ज़्यादा बड़ी थीं। दस हज़ार मल्टी-चैनल टी.वी. सेट उपलब्ध कराना उस समय टेलीविज़न बनाने वाली कम्पनियों पर भी सचमुच ख़ासा बड़ा दबाव था।

इसके अलावा, शानदार-से-शानदार होटलों के कमरों में भी टेलीविज़न सेट नहीं थे। चूँकि हर ग्राहक केबल सेवा के लिए अलग से पैसा नहीं देने वाला था, होटलों को लागत ख़ुद सहनी पड़ती। होटल-श्रृंखलाओं के लिए जो दूसरा बड़ा सवाल था, वह यह कि ब्लैक एण्ड वाइट टी.वी. सेट लगायें या रंगीन टी.वी. सेटों का इन्तज़ार करें। इससे फ़ैसला करने में

रुकावटें आयीं और पैमाना बढ़ाने के हमारे इरादे पर असर पड़ा। हमें होटलों के साथ उनकी आशंकाओं को दूर करने के लिए और टी.वी. बनाने वालों के साथ उनके उत्पादन को बढ़ाने के लिए काम करना पड़ा।

अब आप यह पूछ सकते हैं, 'जब आप अपने कारोबार को बढ़ाने की कोशिशों में जुटे हुए हैं तो ये दोनों समस्याए आपकी समस्याएँ क्यों हैं?' मेरा जवाब—अगर आप फलने-फूलने के बारे में और अपनी योजनाओं को लेकर आक्रामक रवैया रखते हैं तो आपको इन चिन्ताओं को भी अपनी समस्याओं में शामिल करना होगा।

और हमने किया।

होटलों के सिर पर जो फ़ालतू लागत पड़ रही थी, उसके मुआवज़े के तौर पर हमने एक विज्ञापन चैनल भी शुरू किया जिससे होटलों को अपनी बाक़ी सभी शाखाओं और रेस्तराओं का प्रचार करने की सुविधा मिली। यह सूझ काम कर गयी। आज भी आप अधिकतर होटलों के टेलीविज़न सेटों में वह चैनल देख सकते हैं। एक बार टी.वी. निर्माता यह जान गये कि हम गम्भीर थे और होटल वह भारी ख़रीद करने को तैयार थे, तो उन्होंने इसे लाखों में एक अवसर के तौर पर देखा।

एक साल की कड़ी मेहनत, ठोस बिक्री और धीरज के बाद हमने भारत भर की प्रमुख होटल-श्रृंखलाओं को क़ायल कर लिया कि वे ग्राहक बन जायें। होटलों की पहलक़दमी के पीछे मेरा एक और इरादा था—एक बार वे दर्शक जो हमारे निशाने पर थे, होटलों में टिकने पर केबल टी.वी. से परिचित हो जाते तो यह सम्भावना बढ़ जाती कि लौट कर वे यही सुविधा अपने घरों में भी चाहेंगे। निजी तौर पर घरों को केबल बेचना पहले से आसान हो जायेगा। और वह हो गया।

दूसरे, अपने पहले कनेक्शन के नौ महीने के भीतर हम काफ़ी तेज़ी से फैल चुके थे। तो भी, भाड़े के बारे में हमें ग्राहकों से बहुत-सी प्रतिक्रियाएँ मिलीं। हम केबल सेवा के लिए हर घर से 200 रुपये लिया करते थे, जो उस समय के लिहाज़ से शाहाना रक़म थी। इसे यों समझिये कि भारत में लगभग सभी हिस्सों में तीस साल बाद भी 2014 में केबल टी.वी. का भाड़ा औसतन 150-200 रुपये है। यह बात अलग है कि 1981 में केबल टी.वी. एक अनोखी सेवा थी।

अगले कुछ हफ़्तों तक अपने ग्राहकों की सुनने और अपना हिसाब बैठाने के बाद, मैं उन सारे ग्राहकों के घर गया जो 200 रुपये पर सेवा लेने के लिए राज़ी थे और उनके यहाँ भी जो वह भाड़ा देने को तैयार नहीं थे।

समस्या का हल साफ़ था। महीने भर के अन्दर हमने 150 रुपये भाड़े पर बुनियादी सेवा का दूसरा दर्जा शुरू कर दिया। हमने 200 रुपये वाली सेवा का दर्जा बढ़ा कर उसे प्रीमियम सेवा बना दिया जिसमें एक घण्टा बढ़ा दिया और कुछ और सुविधाएँ दे दीं। हवाई जहाज़ में सब एक ही जगह जाते हैं, चाहे पहले दर्जे में जायें या सस्ते दर पर। उस नमूने पर हमने केबल टी.वी. में अपनी जगह तय की, कुल-मिला कर सस्ता और फ़र्स्ट क्लास का भाड़ा वसूलते हुए। अगर ग्राहकों से मिलने के लिए उन सारे मौक़ों पर मैं ख़ुद न गया होता—जहाँ कुछ तो ऐसे थे जो हमें दरवाज़े के अन्दर आने की भी इजाज़त देने को तैयार नहीं थे और बहुतों ने कहा था कि हम रात के 9.00 बजे के बाद आयें—तो दुहरे भाड़े का यह ख़्याल मेरे दिमाग़ में आया ही नहीं होता।

अगले साल के दौरान हमने उन लोगों के मुक़ाबले का सामना करते हुए, जो तब तक अखाड़े में कूद पड़े थे, अपने कारोबार को तिगुना कर लिया था और उसे बढ़ाना और लाभदायक बनाना जारी रखा था।

◆

कभी-कभी पैमाना ज़रूरत से उपजता है।

यू.टी.वी. के शुरुआती दिनों में हमारा मूल काम टी.वी. कार्यक्रम बनाना था। चूँकि प्रसारण सिर्फ़ सरकारी चैनल दूरदर्शन पर होता था, हम एक बार में तेरह या छब्बीस एपिसोड बनाने तक ही सीमित थे, जिसके बाद महीनों तक हमें हाथ-पर-हाथ धरे बैठना पड़ता था।

1991 में सी.एन.एन. पर खाड़ी युद्ध का हाल प्रसारित करने के साथ ही सैटेलाइट टेलीविज़न पूरे एशिया में लोगों का ध्यान खींच रहा था। साल भर बाद भारत ने अपना पहला सैटेलाइट चैनल शुरू किया—ज़ी टी.वी.। उसके बढ़ने की गति पर नज़र रखते हुए और जो उस पर दिखाया जाता था, उसे पसन्द करते हुए, हमारी रचनात्मक टीम और मैं ज़ी टी.वी. के सामने अपना प्रस्ताव रखने के बारे में बात करने के लिए इकट्ठा हुए। बैठक के दौरान मैंने चुनौती दे डाली—हम शुरुआत दस कार्यक्रमों से करेंगे, बशर्ते कि हमें हर कार्यक्रम कम-से-कम साल भर तक चलाने का ठेका दिया जाये—बावन एपिसोड के दस कार्यक्रम यानी कुल 520 एपिसोड की चकरा देने वाली संख्या।

हम बड़ा पैमाना चाहते थे। यह था हमारा मौक़ा।

थोड़े में कहूँ तो मेरे ख़्याल को शक और अविश्वास का सामना करना पड़ा। लेकिन अगले महीने भर के दौरान जैसे-जैसे सब इस काम को ले कर उत्साहित हुए, हमने बीस से ज़्यादा

विचारों को गहराई से परखा। उसके अगले महीने हमने वे सभी प्रस्ताव पेश किये और ऐसी लागत पर, जो हमारे और ज़ी टी.वी. के लिए फ़ायदेमन्द थी, दस कार्यक्रमों के 520 एपिसोड बनाने का अनुबन्ध ले कर लौटे।

लेकिन कुछ भी इतना आसान नहीं होता।

हमारे रचनात्मक विचारों का असर पड़ा था, लेकिन कोई ग्राहक जो ख़ुद इस क्षेत्र में अग्रणी था, हमारी कम्पनी पर भरोसा करके बाहर से कमीशन किये जाने वाले अपने सारे कार्यक्रमों का लगभग 40 फ़ीसदी हिस्सा हमसे क्यों बनवायेगा? हमारे पैमाने को बड़ा करने से उसे क्या फ़ायदा होने वाला था? हमें अपना रचनात्मक स्तर ऊँचा रखते हुए, प्रस्ताव पेश करने से पहले इन दोनों सवालों के जवाब चाहिए थे।

पहली चिन्ता को उठने से पहले ही रोकने के लिए, मेरा ख़्याल था कि हमें हर कार्यक्रम को उसकी अपनी लगी-बँधी टीम के साथ अलग-अलग पेश करना चाहिए, मानो हमारी थाली में बस यही एक चीज़ हो और इसलिए हम इस पर पूरा ज़ोर लगायेंगे। हमने किसी भी समय बहुत-से कार्यक्रमों का थोक अनुबन्ध नहीं पेश किया-ऐसा कुछ भी नहीं कि एक-ही-नाप-सब-में-चलेगी या कार्यक्रमों की कोई पहले से तय संख्या। सच यह है कि दस कार्यक्रमों और 520 एपिसोडों का लक्ष्य सिर्फ़ मेरा था, टीम के भीतर। इसे किसी और को नहीं बताया जाना था।

हर टीम ने ज़बर्दस्त जोश के साथ प्रस्ताव सामने रखे। जैसे-जैसे हमारे कार्यक्रम मंजूर होते गये (कोई सूची पर निशान तो लगा नहीं रहा था) इसका इकट्ठा असर हुआ। ज़ी टी.वी. ने अलग-अलग, बिना जाने, एक ही कम्पनी से दस कार्यक्रमों को हरी झण्डी दिखा दी थी।

जब तक उन्हें अन्दाज़ा होता कि हुआ क्या था, हम फ़ायदेमन्द लागत के प्रस्ताव के साथ तैयार थे-हमारे साथ पैमाने को बढ़ाइए और उन चुनौतियों से बचिये जो अलग-अलग प्रोडक्शन कम्पनियों से निपटने और अधिक लागत बैठने से पैदा होनी लाज़िमी हैं। हमने इस लम्हे के लिए तैयार होने में तीन महीने लगाये थे। रचनात्मक स्तर पर हमारा प्रस्ताव मिले-जुले, स्टूडियो-आधारित-खेल, क्विज़ और चैट-कार्यक्रमों के साथ ड्रामा और सोप का मेल था।

स्टूडियो-आधारित सभी कार्यक्रमों के लिए हम एक एपिसोड प्रति दिन की बजाय, जो अब तक का सबसे अच्छा लक्ष्य था जिसे किसी ने पूरा किया था, एक दिन में पाँच एपिसोड रिकॉर्ड करके लागत बचा सकते थे। हमारा ब्योरेवार ख़ाका फ़ौजी कुशलता के साथ तैयार हुआ था। हम जानते थे कि हम मंज़िल तक पहुँच सकते थे—छह स्टूडियो-आधारित कार्यक्रम

और चार ड्रामे और सोप। जिस लागत पर हमने वे छह कार्यक्रम तैयार करने की पेशकश की थी (यही वह समय था जब पैमाने वाली चाल चली जानी थी, शो की रूप-रेखा बताते वक़्त नहीं) वह एकदम कसी हुई थी। लागत के एकमुश्त प्रस्ताव के लिहाज़ से ज़ी टी.वी. के लिए उसे मंज़ूर करने में अक़्लमन्दी थी। जहाँ तक हमारा सवाल था, पैमाने के हिसाब से लागत बैठा कर और कठोर कुशलता से कार्यक्रम बनाकर हम भी अच्छा-ख़ासा मुनाफ़ा बना सकते थे।

भारत में टेलीविज़न के क्षेत्र में कोई भी उस पैमाने पर सामग्री तैयार करने के क़रीब नहीं पहुँचा था। लेकिन हम मनोरंजन के इतिहास में एक सबसे महत्वाकांक्षी यात्रा पर निकल पड़ने के लिए कमर कस रहे थे। विचार बेवक़ूफ़ाना या बेतुका नहीं था। हमने बस एक दुर्लभ अवसर को पहचाना और उसे झपट लिया। सफल होने का मतलब था कि फिर हम कभी अपने काम-काज में पैमाने को ले कर नहीं हिचकेंगे।

उस एक साल के दौरान मैंने पहले से जितनी ज़्यादा मेहनत की, जितना कम सोया, जितनी ज़्यादा चिन्ता की या उन अलग-अलग योजनाओं को समय से और बजट के भीतर पूरा करने के लिए अपनी टीम के 500 सदस्यों पर जितना दबाव डाला, उतना पहले कभी नहीं किया था। काम का पैमाना ही दाँतों-पसीना लाने वाला था। वह कुछ-कुछ ऐसा था कि एक ही वक़्त में दस कारख़ाने या वितरण-केन्द्र क़ायम किये जा रहे हों। लेकिन यहाँ फ़ैक्टरियों या गोदामों की बजाय मेरा साबिक़ा हफ़्ते में सात दिन और चौबीसों घण्टे रचनात्मक काम में जुटे लोगों से था। प्रतिभाशाली लोगों और अन्तिम सीमा तक दबाव सहने को तैयार टीमों के साथ मैं शून्य से किसी चीज़ को पैदा करने में लगा हुआ था। ऐसे मामलों में मर्फ़ी का नियम—जो गड़बड़ी हो सकती है, वह ज़रूर होगी—न सिर्फ़ लागू हो सकता है, बल्कि यक़ीनन लागू होगा।

इसके बावजूद, हमने ज़ोर दिया कि लागत इन कार्यक्रमों को रचनात्मक और उम्दा बनाने के आड़े न आये और हमने कई तरह के सम्बन्धों को एक साथ निभाना सीखा। हमने इस बात को पूरी तरह साफ़ किये बिना कि उस चुनौती को हम कैसे पूरा करेंगे, एक बीड़ा उठा लिया था। इण्डस्ट्री में उस समय सीखे-सिखाये लोगों का अभाव था, इसलिए आज जब मैं ई-व्यापार, स्वास्थ्य-सेवा, शिक्षा, खेती या बड़े आँकड़ों के क्षेत्र में प्रतिभाओं को ले कर वैसी ही मारा-मारी देखता हूँ तो मैं यह हालत बख़ूबी समझ सकता हूँ। उन दिनों जब मीडिया और मनोरंजन उद्योग सूरत-शक्ल अख़्तियार कर रहा था, मैं लगभग दस साल तक ख़ुद वैसी ज़िन्दगी जीता रहा ।

आख़िरकार, महज़ इसलिए कि कोई काम पहले नहीं हुआ था, यह मतलब नहीं था कि

हमारे पास सफल होने और काम को सलीक़े से करने की कोई योजना नहीं थी। हमें हर वक़्त फुर्तीला होने, प्रतिक्रिया हासिल करने और यह सुनिश्चित करने की ज़रूरत थी कि बुरी ख़बर तेज़ी से हम तक पहुँचे। यह बुनियादी योजना प्रबन्ध और काम के विभाजन का मामला था और हमने हर पल प्रेशर कुकर सरीखे इस तजुर्बे का मज़ा लिया।

और अन्त में हमने वे 520 एपिसोड वादे के मुताबिक़ पूरे करके सौंप दिये।

एक बार फिर बेचैनी महसूस करते हुए और किसी उत्तेजना की खोज में, दो-एक साल बाद हमने हिन्दुस्तान का पहला सोप—*शान्ति*—शुरू किया। स्पष्ट रूप से हमने कुछ चीज़ें सीखी थीं। कौन कहता है कि कारोबारी से कारोबार करना आपके पैमाने को सीमित करता है? आप सिर्फ़ सीमाओं को तोड़ने और नई ऊँचाइयों को जीतने के अपने इरादे (या पस्ती) से ही सीमित होते हैं। और आपको ऊँचे पैमाने को हासिल करने की भूख अपने अन्दर हमेशा जगाये रखने की ज़रूरत है। महज़ एक बार नहीं, बल्कि हर वक़्त।

◆

ऊँचे पैमानों के लिए उन अभियानों के बरसों बाद एक आपसी दोस्त ने मुझे एक सच्चे लीक तोड़ने वाले से मिलाया। हायम सबान। उस समय अमरीका में हायम की अपनी बेहद कामयाब ऐनिमेशन और प्रोडक्शन कम्पनी थी, मगर उसकी शोहरत का असली कारण था *पावर रेंजर्स*— अन्तर्राष्ट्रीय स्तर पर बच्चों के लिए सबसे लोकप्रिय माना गया धारावाहिक जो 1993 में शुरू हुआ था और तब से अनगिनत अपने जैसे धारावाहिकों को पैदा कर चुका है। हायम ऐनिमेशन का जैसे बिजलीघर चलाता था और वह अपने काम को भारत में आउटसोर्स करने की बाबत सोच सकता था। हम लोस ऐन्जिलीज़ में मशहूर जापानी रेस्तराँ मत्सुहिसा में खाने पर मिले। उस रात खाने पर मुझे बहुत शिद्दत से एहसास हुआ मानो मैं इस सब से पहले कभी गुज़र चुका था और मुझे लन्दन में ब्रश बनाने वाली कम्पनी की याद आयी, जहाँ जाने के बाद लेज़र टूथब्रशेज़ की नींव रखी गयी थी।

आइए देखें कि अनोखे उद्यमियों का मूल मन्त्र क्या होता है और वे कौन-से गुणों के बल पर ऊँची उड़ानें भरते हैं। हायम का अगला दशक सचमुच अद्भुत रहा था, जिसमें हायम ने रूपर्ट मरडॉक को 50:50 के सहयोग से बच्चों के कार्यक्रमों के प्रसारण का एक नेटवर्क शुरू करने पर राज़ी कर लिया था जहाँ अधिकतर सामग्री हायम बनाने वाला था, क्योंकि 4-14 बरस के दर्शक-वर्ग में न्यूज़ कॉर्प का कोई दख़ल नहीं था। कई साल बाद चकरा देने वाली कारोबारी सूझ-बूझ, अच्छी क़िस्मत और साझेदारी के क़रारनामे में कुछ

अनुकूल शर्तों की बदौलत हायम और मरडॉक ने अपने चैनल को, जो अमरीका और यूरोप में काफ़ी फला-फूला था, कई अरब डॉलर में डिज़्नी को बेच दिया। हायम की मीडिया सम्बन्धी आकांक्षाएँ एक अलग ही ऊँचाई पर जा पहुँचीं। यह सब पावर रेंजर्स की प्रतिष्ठा और लोकप्रियता पर खड़ा किया गया था।

हमारे पास अभी तक भारत में ऐनिमेशन की सुविधा नहीं थी, लेकिन उस शाम हमारी इत्मीनान-भरी बातचीत के बल पर और हमारे आपसी दोस्त जे इट्कोविट्ज़ की तगड़ी सिफ़ारिश के बल पर हायम और मैं सहमत हो गये कि हम आज़माइश के तौर पर अपने अभी-खड़े-किये-जानेवाले स्टूडियो में उनकी आने वाली एक श्रृंखला के छब्बीस एपिसोड का प्रोडक्शन करके उन्हें सौंपेंगे।

तो मैं इस तरह किसी ढाँचे के बिना एक योजना को 'हाँ' कह कर भला क्या सोच रहा था?

मैंने बाज़ार को ग़ौर से परखा था और जानता था कि चीन और फ़िलिपीन्स ने ऐनिमेशन के लिए बड़े आउटसोर्सिंग स्टूडियो बनाये थे। भारत में इन्फ़र्मेशन टेक्नॉलाजी (सूचना-संचार) का क्षेत्र अन्तर्राष्ट्रीय पैमाने पर ध्यान आकर्षित करने लगा था और मेरे अन्दर का छोटा-सा अहंकारी महसूस कर रहा था कि मैंने पहले भी एक बार ऐसा टूथब्रशों के सिलसिले में किया था, इसलिए यह जानता था कि इसमें क्या कुछ करना होगा। (दरअसल, मैं ऐनिमेशन के बारे में काफ़ी कुछ जानता था; इतना तो मैं टूथब्रशों के बारे में नहीं जानता था जब मैंने बरसों पहले छलाँग मारी थी।) लेकिन सबसे बड़ी बात, मुझे भरोसा था कि मैं काम जानने वालों का एक आधार बनाकर एक शक्तिशाली टीम खड़ी करके ऐसे रचनात्मक काम को बड़े पैमाने तक ले जा सकूँगा।

लोस ऐन्जिलीज़ में हायम के साथ उस मुलाक़ात के दो दिन बाद भारत लौट कर मैं अपनी टीम के साथ बैठा और हमने चर्चा की कि हम भारत का सबसे बड़ा ऐनिमेशन स्टूडियो कैसे बना सकते हैं। जितना ज़्यादा मैं इस काम के सारे पहलुओं पर नज़र डालता—कला और प्रतिभा से ले कर हुनरमन्दी तक, उतना ही अधिक मुझे एहसास होता कि हमें शुरू से आख़िर तक नई ज़मीन तोड़नी पड़ेगी। मैं प्रोडक्शन के ऐसे स्टूडियो की कल्पना कर रहा था जो महज़ एक ऐनिमेशन कार्यक्रम से ज़्यादा की आउटसोर्सिंग सँभाल सकेगा।

पहलक़दमी के तौर पर मैं भारतीय ऐनिमेशन के पितामह और अत्यन्त अनुभवी राम मोहन को अपने साथ ले आया। हमने 400 ऐनिमेटर प्रशिक्षित करने के लिए, जिनमें से सभी अन्ततः इण्डस्ट्री में काम करने वाले थे, एक एकेडमी खोलने से पहले फ़िलिपीन्स के

एक चोटी के स्टूडियो से एक स्टूडियो प्रमुख और पाँच विभाग-प्रमुख अपने साथ शामिल किये। हमारे दफ़्तर की सबसे ऊपरी मंज़िल में हमारी कैण्टीन थी और कुछ टेबल टेनिस और बिलियर्ड की मेज़ें; हमने उस सब को वहाँ से हटा कर अपने ऐनिमेशन स्टूडियो के लिए जगह बनायी। जब तक हम दोबारा अपनी सुविधाएँ दुरुस्त करके दफ़्तर के लिए और जगह हासिल न कर लेते, तब तक हमने मनोरंजन और दिल-बहलाव को मुल्तवी करने का फ़ैसला किया। चार महीनों के भीतर हम काम शुरू कर चुके थे।

अगर मेरी उद्यमी वाली बनावट ने मुझे ऊँचे पैमाने को दिमाग़ में सबसे ऊपर रखने के लिए प्रेरित नहीं किया होता, तो सम्भव है मैंने ऐनिमेशन की सुविधा के बिना उस पहले सौदे को हाँ न कही होती। न मैंने अन्तर्राष्ट्रीय प्रतिभा जुटा कर सैकड़ों ऐनिमेटरों के साथ पैमाने को बड़ा और ऊँचा किया होता।

◆

हमारी पहली बड़ी छलाँग—महज़ प्रोडक्शन करने से बढ़कर प्रसारण करने की ओर—एक तमिल चैनल को हासिल करने से जुड़ी थी। इसके अलावा यह पहली बार था कि मैं किसी दूसरी कम्पनी को ख़रीद कर पैमाने को बढ़ा रहा था (अब तक मैंने जो कुछ भी किया था, वह ज़मीनी सतह से शुरू करके खड़ा किया गया था)। वॉरबर्ग पिंकस में, जिन्होंने यू.टी.वी. में पैसा लगाया था, मेरे सहकर्मी ने एक दिन मुझे फ़ोन करके बताया कि विजय माल्या अपने एक चैनल को छोड़ना चाहते थे (यह कारण बूझने की ज़रूरत नहीं थी कि उसे 'विजय टी.वी.' क्यों कहते थे) और सोच रहे थे कि उसे लेने में क्या हमारी दिलचस्पी होगी। मैं अपने सहकर्मी के साथ उसी शाम विजय से मुलाक़ात करने गया।

उस समय तक यू.टी.वी. ने चैनलों के इलाक़े में दाख़िल होने के बारे में ज़्यादा नहीं सोचा था। दक्षिण भारत में तो निश्चय ही नहीं। लेकिन मैं विजय के कारणों और इस अवसर के बारे में और जानना-समझना चाहता था। हम समुद्र के किनारे विजय के घर पर रात के 11 बजे पहुँचे और उनके लोगों ने शाही अन्दाज़ में हमारा ख़्याल रखा। विजय 12.30 पर पहुँचे। जब हम आख़िरकार बात करने बैठे तो वे तरो-ताज़ा और ऊर्जा से भरे हुए और सौदा तय करने को तैयार लगे। उन्होंने वहाँ मेरी मौजूदगी को महज़ खोज-बीन के लिए उत्सुक व्यक्ति की तरह नहीं, बल्कि दिलचस्पी रखने वाले ख़रीदार के तौर पर देखा। अगले डेढ़ घण्टे तक हमने उनकी ब्योरेवार बातें सुनीं, चैनल को छोड़ने के सिलसिले में उनकी उम्मीदों और उनकी जुगत के बारे में जाना। मुलाक़ात से हमें बहुत जानकारी मिली और अगले चार हफ़्तों तक हमने

अपनी टीम के साथ चेन्नई जा कर सारे ब्योरों की छान-बीन की।

आगे चल कर हम विजय से दो-एक बार सौदे पर बात करने के लिए मिले। 'विजय टी.वी.' को लेना हमें उचित क़ीमत पर अच्छा सौदा जान पड़ा। इसके अलावा मैंने पूरा भुगतान दो साल के अरसे में करने की शर्त भी मनवा ली। ज़ोर लगाना पड़ा, लेकिन काम बन गया।

चूँकि हमारी टीम कई साल तक बाज़ार के अगुवा, सन टी.वी. के साथ निकट रूप से काम करती आ रही थी, हम तमिल टी.वी. की गुंजाइशों से वाक़िफ़ थे और विजय टी.वी. के बारे में बाहर से काफ़ी कुछ जानते थे। सौदा करने में हमारे सामने सबसे बड़ी चुनौती यह थी कि सन टी.वी. उस समय हमारे ग्राहक और साझीदार थे। हम सामग्री तैयार करते और उनके लिए चार दक्षिण भारतीय भाषाओं में प्रसारण का समय बेचते थे। सच्चाई यह थी कि सन टी.वी. से हमारी आमदनी उस आमदनी से ज़्यादा थी जो हमें विजय टी.वी. ख़रीदने पर मिलने वाली थी।

मेरे लिए यह ज़रूरी था कि मैं सन टी.वी. को विजय के साथ होने वाली बातचीत से आगाह करा दूँ। सन टी.वी. के संस्थापक—कम बोलने वाले प्रखर स्वभाव वाले कलानिधि मारन—के साथ अपनी बैठक के दौरान मैंने उन्हें भरोसा दिलाया कि हमारे प्रोडक्शन विभाग और प्रसारण में हमारी पहलक़दमी के बीच पूरी राज़दारी होगी। इसका श्रेय उन्हें जाता है कि मैंने जो उनसे कहा, उन्होंने मान लिया और मुझ पर भरोसा किया। वे अपनी इस बात पर बराबर क़ायम रहे कि जब तक हम गोपनीयता के अपने आश्वासन पर टिके रहेंगे, वे कारोबार में हमारी आपसी साझेदारी को भंग नहीं करेंगे।

इस मामले को तय करके हमने विजय माल्या से 'विजय टी.वी.' ख़रीद लिया और अगला डेढ़ साल उसे और बड़ा करने और बढ़ाने में लगाया। अपनी पहलक़दमी के पैमाने को और भी ऊँचा करने के लिए मैंने यू.टी.वी. में एक साझीदार और पैसा लगाने वाले साथी न्यूज़ कॉर्प/स्टार टी.वी. से सम्पर्क किया और एक प्रस्ताव रखा कि हम मिल कर चारों दक्षिण भारतीय भाषाओं में प्रसारण की गुंजाइशों को देखें। उस समय दक्षिण में उनकी कोई मौजूदगी नहीं थी और विजय टी.वी. से उन्हें एक अच्छी पहलक़दमी करने का मौक़ा मिल जायेगा। तीन महीने के भीतर हमने पूरी तरह से दक्षिण भारत में प्रसारण का काम करने के लिए 50:50 के हिसाब से गठजोड़ कर लिया।

विजय माल्या, सन टी.वी. और स्टार टी.वी. के साथ अपनी इन सारी वार्ताओं से मैंने बहुत सीखा। सुर्ख़ियों में बताऊँ तो –

1. कभी एक घबरायी हुई 'करना ही है' वाली स्थिति में मत फँसिए ताकि आप हमेशा

मुनासिब और सन्तुलित दाम चुकायें। जब किसी सौदे को हर हाल में करने की मजबूरी नहीं होती और अच्छी शर्तों पर करने की गुंजाइश आपके सामने होती है तो बातचीत काफ़ी हद तक सन्तुलित रहती है। विजय टी.वी. के सिलसिले में हम ऐसी चीज़ हासिल नहीं कर रहे थे जो मुसीबत में थी। लेकिन चूँकि मैदान में बहुत खिलाड़ी नहीं थे, इसलिए हम किस्तों में भुगतान वाली शर्त मनवा सके।

2. मज़बूत और लम्बे समय तक चलने वाले व्यापारिक सम्बन्ध बनाने के लिए भरोसा और साख बेहद ज़रूरी है और इसमें कुछ पाना-खोना पड़ता है। दोनों पक्षों को लम्बे समय तक फ़ायदे की स्थिति नज़र आती रहनी चाहिये। इस मामले में हमें विजय माल्या का विश्वास चाहिए था, ख़ास तौर पर इसलिए कि हम किस्तों में भुगतान कर रहे थे और सम्पत्ति को पहले दिन से ही अपने हाथों में ले रहे थे। हमें गोपनीयता के सिलसिले में सन टी.वी. के भरोसे को भी बनाये रखना था। न्यूज़ कॉर्प के साथ वह एक चींटी और हाथी वाला संयुक्त प्रयास था, जैसा उन्होंने आम तौर पर नहीं किया होता। उस मामले में साझीदार के तौर पर हमें विश्वास-योग्य साझीदार बनना था।

3. जब ऐसे संगठनों के साथ काम किया जाये जो एक कारोबार में ग्राहक हों और दूसरे में प्रतिद्वन्द्वी, तब राज़दारी बनाये रखना ज़रूरी है और यह आपकी कम्पनी की संस्कृति का अंग होना चाहिए।

4. इलाक़े की जानकारी ज़रूरी है, लेकिन कुछ फ़ौरी क़दम—अनुभवी टीम बनाना, बुनियादी रिश्तों को बढ़ावा देना और जाँच-परख की कुशल प्रक्रिया को जगह पर बैठाना—आपको तेज़ी से आगे बढ़ने में मदद देंगे। आख़िरकार, मुझे तमिल समझना-बोलना नहीं आता था।

विजय माल्या के साथ हमारी वार्ताएँ इस बात का एक और सबूत हैं कि दिशा-परिवर्तन के बिन्दु बनाये जाते हैं; पैमाना बढ़ाना उसी समय सम्भव होता है जब आप आगे देख रहे हों, पीछे की तरफ़ नहीं। दो साल के अरसे में हम बाज़ार के अगुवा—सन टी.वी.—के लिए सामग्री जुटाने वाले एक सबसे बड़े साझीदार बन गये थे; विजय टी.वी. में आधे हिस्से के मालिक; और चार दक्षिण भारतीय राज्यों में प्रसारण के लिए मीडिया की एक शीर्षस्थ अन्तर्राष्ट्रीय कम्पनी के साथ साझा उद्यम कर रहे थे।

दिलचस्प बात यह है कि हमने साझे उद्यम के क़रारनामे पर दस्तख़त मेरी शादी के दो-एक दिन पहले ही किया था। चूँकि स्टार टी.वी. के साथ हमारा सौदा उस समय भारत में

मीडिया की सुर्ख़ियों में छाया हुआ था, मैं इसकी घोषणा करने के लिए सुबह शादी की रस्मों और उसी शाम को मुम्बई के ताज होटल में 250–300 मेहमानों के लिए रखे गये छोटे-से स्वागत–समारोह और प्रीति–भोज के बीच ताज होटल ही में एक बन्द–दरवाज़ों वाले पत्रकार सम्मेलन के लिए राज़ी हो गया था। प्रेस कांफ्रेंस डेढ़ घण्टा चली; उसके बाद मैं होटल के बड़े दावतख़ाने में बन्दोबस्त देखने गया, घर जा कर कपड़े बदले और फिर जश्न के लिए वापस आया। ज़रीना को तो मालूम था कि मैं क्या कुछ कर रहा था, मगर मेरे ससुराल वालों और माता–पिता को अगले दिन जा कर ही अन्दाज़ा हुआ। मौज–मस्ती वाले दिन थे वे भी।

◆

फ़िल्म स्टूडियो शुरू करना यू.टी.वी. के लिए यक़ीनन एक दिशा–परिवर्तन था और कम्पनी को एक अलग ही धरातल पर ले गया। यह किसी इत्तफ़ाक़ या हादसे के तौर पर नहीं हुआ था; बल्कि, एक दमदार, लीक से हट कर किया गया फ़ैसला था, इस एहसास से उपजा कि पैमाना और ब्राण्ड–निर्माण हमारे लिए सबसे ज़्यादा अहमियत रखता था।

पहले कुछ बरसों के दौरान हमने तेज़ी से फ़िल्मों की अपनी फ़ेहरिस्त को बढ़ाने की कोशिश की और उस मैदान में अपनी मौजूदगी दर्ज कराने लगे। 2006 में *रंग दे बसन्ती* की सफलता—जो एक अभूतपूर्व हिट साबित हुई और बॉक्स–ऑफ़िस पर हिट होने वाली अब तक की सबसे सफल पाँच फ़िल्मों में गिनी गयी—हमारे लिए एक मोड़ था, जब हमें एहसास हुआ कि हम फ़िल्म निर्माण के अपने सफ़र में एक मंज़िल तक पहुँच गये थे। इसकी ख़ुशी मनाने के लिए हमने सभी राष्ट्रीय दैनिकों के पहले पन्नों पर आधे–आधे सफ़े के विज्ञापन दिये। जिन फ़िल्मों से मुक़ाबले में हमने ख़ुद को बराबरी का पाया, वे उस समय के दो बड़े निर्देशकों और प्रोडक्शन कम्पनियों की थीं—यशराज फ़िल्म्स और करन जौहर की धर्मा प्रोडक्शन्स की। बॉक्स–ऑफ़िस पर सफलता का ढिंढोरा पीटना और *रंग दे बसन्ती* की तुलना दूसरी फ़िल्मों से करना, उस समय के चलन के हिसाब से नावाजिब था और जैसा कि मुझे एहसास हुआ, इण्डस्ट्री के लिए पहला मौक़ा था जब ऐसा किया गया। अब तो हर कोई ऐसा करता है, पर तब इस पर नाक–भौं सिकोड़ी जाती थी।

जब विज्ञापन छपा तो मुझे यशराज फ़िल्म्स से आदि चोपड़ा का एक शिष्ट, मगर चिन्तित फ़ोन आया; उसने कहा कि करन जौहर और वह मुझसे अगले दिन अपने दफ़्तर पर मिलना चाहते हैं। मैं राज़ी हो गया। जैसा कि मैंने पहले ज़िक्र किया है कि यश चोपड़ा और उनके बेटे आदि के लिए मेरे मन में गहरा सम्मान है। करन का काम भी मुझे पसन्द है। दरअसल,

फ़िल्मों के बारे में यू.टी.वी. के लिए गम्भीरता से सोचने की योजना मेरे दिमाग़ में करन की शानदार फ़िल्म—*कुछ कुछ होता है*—देखने के बाद ही आयी थी, जो एक माईल-स्टोन थी। फ़िल्म के दूसरे आधे हिस्से में मैं सिसकियाँ भरता रहा था और मुझे वह इतनी पसन्द आयी थी कि मैंने करन को, जिसे मैं तब नहीं जानता था, एक ईमेल भी भेजा था। हालाँकि वह विदेश में था, उसने फ़ौरन जवाब दिया था। यह मेरे लिए बड़ी बात थी।

यह सब उन विज्ञापनों के बारे में हमारे मिलने से कई बरस पहले की बात थी। मैं कमरे में यह सोच कर दाख़िल हुआ था कि मुझे 'उस इण्डस्ट्री में जहाँ यह सब नहीं होता,' होड़ और मुक़ाबले की बातें उभारने के लिए मुलायम-सी झिड़की सुननी पड़ेगी। बहरहाल, बैठक का पहला हिस्सा तो दोस्ताना, लेकिन तकल्लुफ़-भरा था, मगर जब यह स्पष्ट हो गया कि हमारे इरादे नेक थे तो जल्दी ही हम सब खुल गये। आदि और करन ने *रंग दे बसन्ती* पसन्द की थी और उन्होंने उसकी तारीफ़ की। उस रोज़ आदि और उसके पिता के लिए मेरा आदर और भी बढ़ गया। करन और मैं सिर्फ़ साथ-साथ काम करने वाले ही नहीं, बल्कि गहरे दोस्त भी बन गये।

महीने भर बाद यश राज स्टूडियोज़ ने भी उस साल की अपनी हिट फ़िल्मों का गुणगान करते हुए और अपने को सबसे बड़ा फ़िल्म निर्माता घोषित करते हुए पूरे पन्ने का विज्ञापन दे दिया। उस विज्ञापन को देखने के बाद मैं ख़ुद हमारे अपने फ़िल्म स्टूडियो के पैमाने को बढ़ाने के बारे में सोचने लगा। उस समय तक मैदान में नये खिलाड़ी होने के नाते हमारे लिए अनजाने इलाक़े में फूँक-फूँक कर अपना रास्ता खोजते हुए, क़दम-दर-क़दम बढ़ने में समझदारी थी। अब हम गम्भीरता से पैमाने को बढ़ाने के बारे में अन्दाज़ा लगाना चाहते थे; किसी की होड़ में नहीं, बल्कि अपने ख़ुद के पैमानों पर खरा उतरने की ख़ातिर। यू.टी.वी. के ख़ास अन्दाज़ में हमने एक अखिल-भारतीय और अन्तर्राष्ट्रीय वितरण कम्पनी की कल्पना करते हुए आसमान छूने का इरादा बाँधा। बेशक, इसका मतलब था साल में दस से बारह फ़िल्मों को बनाना या मिल कर प्रोड्यूस करना जो उस समय भारत में किसी भी कम्पनी के लिए सबसे बड़ी प्रोडक्शन योजना या फ़ेहरिस्त थी।

कुछ कम पैमाने पर वे विनम्र कोशिशें थीं जो लम्बे दौर में इण्डस्ट्री के सरदारों में शामिल होने का इरादा रखने वालों और बाहरी लोगों के रूप में हमारी हैसियत और शोहरत को बढ़ाने के लिए उतनी ही महत्वपूर्ण थीं। ये कोशिशें हमने हॉलीवुड में शुरू कीं और उन्होंने उस समय, जब बाक़ी लोग भारत के अन्दरूनी और बढ़ती मात्रा में एक-से बनते जा रहे बाज़ार की चीर-फाड़ में जुटे हुए थे, हमें एक बिल्कुल ही अलग सूरत-शक्ल में ढाल दिया था। दो फ़िल्में—

2006 में झुम्पा लाहिड़ी के उपन्यास पर आधारित मीरा नायर की फ़िल्म द *नेमसेक* और मनोज नाइट श्यामलन द्वारा लिखी और निर्देशित द *हैपनिंग*—पलड़े को हमारी तरफ़ झुकाने वाले महत्वपूर्ण तत्व साबित हुईं।

निर्देशक मीरा नायर और मैं एक-दूसरे को काफ़ी समय से जानते थे और इन बरसों के दौरान सम्पर्क में रहे थे। एक दिन मुझे मीरा ने उत्तेजित आवाज़ में फ़ोन करके मिलने की ख़्वाहिश ज़ाहिर की। हमने मुम्बई के विलिंग्डन क्लब में नाश्ते पर मिलने का तय किया। ऊर्जा से भरी मीरा यक़ीनन ख़ूबसूरत ख़्यालों से लबालब रहती हैं। और इस मौक़े पर उसके लिए अपने को रोकना मुश्किल था। वह अभी-अभी हवाई जहाज़ से पुरस्कृत उपन्यासकार झुम्पा लाहिड़ी के उपन्यास द *नेमसेक* को पढ़ते हुए उतरी थी, जो कलकत्ता से न्यू यॉर्क जा बसने वाले एक परिवार और उनके बाद के संघर्षों के बारे में था। उपन्यास के अख़िरी पन्ने तक पहुँचते-पहुँचते मीरा इस किताब पर अपनी अगली फ़िल्म बनाना चाहती थी। ज़रीना ने किताब पढ़ रखी थे और उसे भी पसन्द आयी थी, इसलिए मैं मीरा के उत्साह में एक तरह से शरीक था। मीरा का एक पैर भारत और अमरीका दोनों में रहता था और उसका ख़्याल था कि द *नेमसेक* के किसी भी प्रोडक्शन के लिए एक भारतीय सम्पर्क होना ज़रूरी था। हमने अपना पारसी नाश्ता उम्मीद की भावना और सम्पर्क बनाये रखने के वादे के साथ ख़त्म किया था।

मैंने किताब उठायी थी और अगले कुछ दिनों के दौरान उस विलक्षण कहानी के असर में जिसने पाठकों को प्रभावित किया था, उसे पढ़ डाला था। मुझे मालूम था कि अगर कोई उस उपन्यास में चित्रित भावनाओं को और उसके अनेक तहों वाले सम्बन्धों को ज़िन्दा कर सकता था तो वह मीरा ही थी।

मैंने उसे यह बता दिया। और बस इस तरह हम चालू हो गये।

हालाँकि द *नेमसेक* स्पष्ट रूप से पश्चिमी दर्शकों को निशाने पर रखकर अंग्रेज़ी भाषा में बनायी जाने वाली हॉलीवुड फ़िल्म थी, अगले कुछ महीनों के दौरान घटनाएँ तेज़ी से विकसित हुईं। ट्वेन्टिएथ सेन्चुरी फ़ॉक्स हमारे साथ आ मिले जब उन्होंने यह समझ लिया कि हमने उपन्यास, और उसकी स्क्रिप्ट और पटकथा में क्या देखा था, जो मीरा और सूनी तारापोरवाला के कुशल लेखन के बल पर अपनी परतें खोलती थी। नाश्ते पर हमारी मुलाक़ात के दो महीने के अन्दर ही, फ़ॉक्स की पहलक़दमी के साथ, हम लोस एन्जिलीज़ में उनके स्टूडियो के कांफ्रेंस रूम में एक अनुबन्ध की शर्तें तय कर रहे थे।

मीरा फ़िल्म को शुरू करने के लिए तैयार थी। अभी अनुबन्ध पर हस्ताक्षरों की स्याही भी नहीं सूखी थी कि उसने फ़िल्म की कास्ट तय कर ली थी, जिसमें इरफ़ान ख़ान और तब्बू

हिन्दुस्तान से थे और काल पेन जिसका पहले ही अमरीकी दर्शकों से अपने *हैरल्ड एण्ड कुमार* धारावाहिक द्वारा एक सम्बन्ध था। ज़ुलैख़ा रॉबिन्सन ने, जिसने आगे चल कर और बहुत-सा उम्दा काम किया, ख़ास तौर पर हाल में *होमलैण्ड* में, द *नेमसेक* से शुरुआत की और बंगाली लड़की मौसमी मजूमदार के किरदार में उतरी।

द *नेमसेक* से हमें गर्व का एहसास हुआ। मीरा एक अद्भुत किताब, पटकथा और स्क्रिप्ट को फ़िल्म के माध्यम से कहानी कहने की नई ऊँचाई तक ले गयी। फ़िल्म की बहुत उत्साहवर्द्धक समीक्षाएँ हुईं और बॉक्स ऑफ़िस पर भी उसका प्रदर्शन अच्छा रहा। मुझे उम्मीद थी कि दुनिया भर में उसका और भी अच्छा नतीजा सामने आयेगा, लेकिन वह ख़ास तौर पर अमरीकी दर्शकों के बीच लोकप्रिय रही।

इस अनुभव के आधार पर मैं हॉलीवुड में अपने 'भारतीय' सम्पर्क को अगली ऊँचाई पर ले जाने का इच्छुक था। मैंने द *सिक्स्थ सेन्स* देखी थी और मुझे बहुत पसन्द आयी थी। वह हॉलीवुड के कहानी कहने के परम्परागत तरीक़े से पूरी तरह लीक से हट कर थी। मनोज नाइट श्यामलन की इस बेहद मशहूर फ़िल्म का क़िस्सा भी जॉर्ज लुकस की *स्टार वॉर्स* के क़िस्से के बराबर ठहरता था। लुकस की तरह, जिसने अपनी फ़िल्म को हर स्टूडियो को दिखाया था (जब तक आख़िरकार फ़ॉक्स ने उसे मंज़ूर नहीं किया), श्यामलन ने भी स्टूडियो प्रमुखों का सामना किया था जो उसकी रचना के बारे में सन्देह का भाव रखते थे और इस बात को ले कर भी आश्वस्त नहीं थे कि दर्शक श्यामलन की कल्पना को 'पा' भी सकेंगे। काफ़ी हद तक *स्टार वॉर्स* की तरह द *सिक्स्थ सेन्स* ने एक धमाका किया और शानदार हिट रही। श्यामलन का नाम फ़िल्म निर्माण के क्षेत्र में हरेक की ज़बान पर चढ़ गया।

श्यामलन के काम के प्रशंसक होने के नाते मैंने उसे दो साल के अरसे में दो बार लिखा था, लेकिन मुझे उसकी तरफ़ से कोई जवाब नहीं मिला था। कई साल बाद तीसरी कोशिश में हमारा सम्पर्क हो पाया। पहली बार हमारी मुलाक़ात पेन्सिल्वेनिया के फ़िलाडेल्फ़िया शहर के फ़ोर सीज़न्ज़ में हुई जहाँ मैं मुम्बई से तेईस घण्टे की हवाई छलाँग के बाद पहुँचा था। (इसके बावजूद कि श्यामलन की फ़िल्मों को देख कर लगता है कि उनकी शूटिंग दुनिया भर में हुई है, उसकी ज़्यादातर फ़िल्में फिलाडेल्फ़िया के कुछ ही मील के अन्दर फ़िल्मायी गयी हैं, जहाँ माहे, पॉण्डिचेरी में पैदा होने बाद उसकी ज़्यादातर ज़िन्दगी गुज़री है।)

मैं शाम के लगभग 8.00 बजे होटल पहुँचा और मुझे द *हैपनिंग* की स्क्रिप्ट इस शर्त पर दी गयी कि मैं किसी भी हालत में उसका कोई हिस्सा फ़ोटोकॉपी या रिकॉर्ड नहीं करूँगा। श्यामलन और मैं अगली सुबह 7.00 बजे नाश्ते पर मिलने वाले थे। जेट लैग हो या नहीं, मैंने

खाना अपने कमरे में ही मँगवाया और रात को सोने से पहले पूरी स्क्रिप्ट पढ़ कर ख़त्म कर दी।

अगली सुबह मैं नाश्ते पर स्क्रिप्ट और अपनी पर्ची ले कर पहुँचा और श्यामलन को वहाँ बच्चों और पत्नी के साथ देख कर मुझे सुखद आश्चर्य हुआ। हमारी जो साहब-सलामत हुई, उससे मुझे खुलेपन और साफ़गोई का एहसास हुआ जो नाइट (जैसा कि उसे आम तौर पर बुलाया जाता है) का निचोड़ था। उसके पैर इस हद तक ज़मीन पर टिके थे कि उसे अपनी स्क्रिप्ट पर टीका-टिप्पणी और आलोचना अपने परिवार की मौजूदगी में भी सुनने में कोई हिचक नहीं थी।

नाइट की शोहरत एक विचित्र और अनोखे आदमी की है, जो आलोचना और टीका-टिप्पणी तो सुन लेता है, पर भरोसा लीक से हट कर चलने वाली रचनात्मक सूझ-बूझ पर ही करता है। मैंने उसे काफ़ी मिलनसार पाया, अकेले चलने वाला, आत्मविश्वास से भरपूर और जो वह करना चाहता है, उसके बारे में आश्वस्त-वे सारे रुझान जो मैं ख़ुद में देखता हूँ। उस पल से मुझे उसके इरादों और साथ-साथ आराम से काम करने के बारे में भी यक़ीन हो गया ।

नाइट की पहली फ़िल्म इतनी शानदार हिट थी कि उसका दूसरा और आगे के प्रयास और भी चुनौती-भरे बन गये। ज़िन्दगी के हर पहलू में यही दुविधा और परेशानी बनी रहती है—अपने काम को बेहतर बनाते जाना, भले ही भरपूर सफलता आपको उस पैमाने तक ले आयी हो जिसकी आपने दस साल पहले महज़ कल्पना ही की होगी।

बाद में, *द हैपनिंग* के रफ़ कट को लोस ऐन्जिलीज़ में अपनी बेटी त्रिश्या के साथ देखने के बाद जो उस समय वहाँ एक फ़िल्म स्कूल में थी, मैं नाइट से बेवरली हिल्स होटल में मिला और मैंने दो टूक शब्दों में अपनी प्रतिक्रिया व्यक्त की—कि फ़िल्म थोड़ी लम्बी थी, अन्त तक पहुँचते-पहुँचते विश्वसनीयता और वास्तविकता हाथ से बाहर होने लगती थी और अन्त प्रभावशाली नहीं था। उसने सच्ची दिलचस्पी के साथ उत्सुकता से मेरी प्रतिक्रिया सुनी थी। फ़िल्म बनाना जिस सहयोगी प्रयास की माँग करता है, उसको ले कर नाइट के मन में खुलापन था। तब तक हमारी आपस में अच्छी समझदारी बन गयी थी।

द हैपनिंग फ़ॉक्स और हॉलिवुड के एक और मज़बूत स्टूडियो के ब्राण्ड स्पाईग्लास के साथ सहयोगी प्रोडक्शन था। दोनों का पुराना सम्बन्ध था। स्पाईग्लास ने *द सिक्स्थ सेन्स* का समर्थन उस समय किया था जब कोई और स्टूडियो उसे छूने को तैयार नहीं था। *द हैपनिंग* ने बॉक्स-ऑफ़िस पर 16 करोड़ डॉलर कमाये (टेलीविज़न और दूसरे स्रोतों को जोड़ने पर और भी)। वक़्त के साथ हमें यह कठोर सबक़ भी मिला कि स्टूडियो अपने वितरण की फ़ीसों

और दूसरे तरीक़ों से मुनाफ़े का बड़ा हिस्सा अपने खाते में रख लेते हैं और काफ़ी इकतरफ़ा अनुबन्ध करते हैं।

लेकिन उस फ़िल्म के लिए, जो बॉक्स-ऑफ़िस की कमाई की एक-तिहाई लागत के बजट पर बनी थी, श्यामलन के साथ हमारा अनुभव हमारे लिए एक और 'नई ऊँचाई वाला लम्हा' था।

◆

एक बार आप अपना कारोबार खड़ा कर लें तो आपको यह अन्दाज़ा करने की ज़रूरत है कि रफ़्तार कैसे आती है। पैमाना खोजना आसान नहीं है; अगर ऐसा होता तो हर उद्यमी उसे खोज लेता। हममें से ज़्यादातर लोग ज़िन्दगी को वेतन वृद्धियों की शक्ल में देखते हैं, इसलिए ऊँचे पैमाने की तरफ़ छलाँग अपरिचित और असुविधाजनक लगती है।

बात को ज़रा साफ़ कर लें—मैं उपदेश नहीं दे रहा न आपको पैमाने की तरफ़ धकेल रहा हूँ। विशिष्ट होना, ख़ास बनना, अच्छा है। विशेषज्ञ होना भी। आप कहाँ जा पहुँचते हैं, यह आपकी कल्पना और आपकी टीम की मिली-जुली दृष्टि पर निर्भर है। आपको अपने क्षेत्र के हिसाब से पैमाने का अपना नज़रिया बनाना होगा। सोचना होगा कि क्या आप कोई ब्राण्ड, कोई ख़ास पहचान बनाना चाहते हैं और उसे कहाँ ले जाना चाहते हैं और आपकी टीम के सदस्यों की आकांक्षाएँ क्या हैं।

अब जबकि आपने सही रवैया अपना लिया है, तो आप दिशा-परिवर्तन के बिन्दु देख लेने और, इससे भी ज़्यादा ज़रूरी, उन्हें बनाने के लिए अपने को प्रशिक्षित कैसे करेंगे?

पहली बात, याद रखिये कि आकार और पैमाना, कल्पना और महत्वाकांक्षा आगे-आगे चलने वाले या बुनियाद रखने वाले से आती है, चाहे उद्यम कितना ही बड़ा या छोटा हो। टीम और साथी इस काम में हिस्सा बँटा सकते हैं, मगर सिर्फ़ उस राह के बल पर जो आपने बुनियाद रखने वाले के रूप में खोली है। जिस पैमाने की आप कल्पना करते हैं, उसे आप एक निजी सन्दर्भ दे देते हैं। कारोबार के मालिक या प्रमुख के तौर पर आप और सिर्फ़ *आप* उसकी दिशा और रफ़्तार के बारे में जानते हैं।

सम्भव है, आप में से बहुत-से लोग सलाहकारों और मशविरा देने वालों पर निर्भर करें जो आपको वही बतायें जिसे आप जानते हैं। एक सीमा तक यह ठीक है। बाहरी नज़रिया एक पहलू है, लेकिन अन्त में बात आगे चलने वाले के रूप में *आप* पर आ टिकती है।

यह भी याद रखिये कि अपनी कम्पनी को बढ़ाते हुए आप महज़ होड़ बदते और

जीतते हुए ही नहीं, समूचे अर्थ-तन्त्र में मूल्य भी जोड़ते हुए चल रहे हैं। इस तरीक़े से आप अपने क्षेत्र को भी बड़ा करते चल रहे हैं। इक्कीसवीं सदी में—तकनीकी कौशल के प्रभाव, उपभोक्ताओं के आधार के लोकतान्त्रिक बनने और जानकारी तक आसान पहुँच के कारण—मामला मिल कर काम करने और जीतने का है, मुक़ाबले में खड़े लोगों को मार देने और सब कुछ विजेता के रूप में लूट ले जाने का नहीं।

मेरे लिए, पैमाने की तरफ़ आपके सफ़र का एक ज़रूरी क़दम है ब्राण्ड बनाने पर ध्यान देना। यह आसान काम नहीं है और जितना आम लोग समझते हैं, उससे कहीं अधिक पेचीदा है। लोगों का ख़्याल है कि माल को बाज़ार में बेचने से कुछ ज़्यादा ब्राण्ड बनाने पर ख़र्च करना पड़ता है। लेकिन एक बार आपने ब्राण्ड बना लिया जो किसी चीज़ की पहचान बन जाये, अपने स्तर का पता देने लगे, ग्राहकों के एक बड़े आधार के लिए याद रखने लायक़ हो और आपकी सेवा या माल में भरोसा पैदा करे तो वह आपकी कम्पनी के लिए दिशा-परिवर्तन का एक बड़ा मोड़ साबित हो सकता है।

मिसाल के लिए हम चाहते थे कि यू.टी.वी. का ब्राण्ड शुरू ही से एकदम ताज़ा रचनात्मकता के उदाहरण से नई खोज और लीक से हट कर चलने का पता दे—एक विविध रूपी, मिल-जुल कर काम करने वाली कम्पनी जो मीडिया और मनोरंजन के सभी पहलुओं से जुड़ी हो। ब्राण्ड का एक हिस्सा तो यक़ीनन यू.टी.वी. का प्रतीक-चिह्न या निशान था—लाल, हरे और नीले रंग से बना जो आँख से देखी जाने वाली सभी तस्वीरों के बुनियादी रंग हैं। निशान का डिज़ाइन बनाना, यह स्पष्ट करना कि वह किस चीज़ का प्रतीक था और यह तय करना कि वह कहाँ नज़र आयेगा, अचेत रूप से ब्राण्ड-निर्माण करना था। हमने कभी ब्राण्ड को विज्ञापित करने के लिए पैसे नहीं ख़र्च किये, बल्कि यह ख़ाका तैयार करने में कि हमारे अलग-अलग दर्शक इस ब्राण्ड को दसियों पर्दों पर देखेंगे—मोबाइल, टैबलेट, टेलीविज़न, फ़िल्म और ढेरों दूसरे पर्दों पर।

सौ लोगों से आज पूछिये कि उन्हें यू.टी.वी. के निशान के बारे में क्या याद आता है और ख़ास तौर पर उससे क्या सन्देश मिलता है। उनका जवाब—रचनात्मकता, जोश, ऊर्जा से भरे विचार, नई खोज और विशेष तौर पर हिम्मत। किसी भी रोज़ जब हम शिखर पर हों तो हमारा निशान चालीस देशों के विभिन्न टी.वी. चैनलों पर टेलीविज़न के पर्दों पर 18 करोड़ से ज़्यादा भारतीय घरों में, सिनेमा के 5000 पर्दों पर, दुनिया भर में 10 करोड़ मोबाइलों पर और पच्चीस विमान सेवाओं के उड़ानों पर और इससे भी अधिक दिखायी देता है।

उद्यम काफ़ी कुछ जीवन की तरह है। कभी-कभी सही सवाल पूछने से आपको समस्या

का आधा हल मिल जाता है। इस मामले में, आपको ऐसे मौक़ों को देखने और थाम लेने का न्योता देते हुए, जो वैसे आपको नहीं पता था कि आपकी पहुँच में हैं। यही वजह है कि आपने पहले ही उद्यमी बनने का फ़ैसला किया। आप अपने साथ काम करने वालों, अपने ग्राहकों और आपकी कम्पनी में पैसा लगाने वालों के प्रति जवाबदेह हैं। और चूँकि आप पैमाने को समझते हैं आपकी कल्पना और ख़ाके में बेचैनी का एक तत्व और बढ़ने की एक लगन शामिल है।

◆

- किसी उद्योग को शुरू करना, उसे बढ़ाना और ऊँचे पैमाने पर ले जाना बुनियादी तौर पर लीक से हट कर सोचने की माँग करता है। अपने मूल्यांकन और आकांक्षा के स्तरों के बारे में निर्ममता बरतिये और उसी हिसाब से योजना बनाइये।
- जैसे-जैसे आप पैमाना बढ़ायें, अपनी कम्पनी के 'अनोखेपन' को बारीक़ी से निर्धारित करते रहना बेहद ज़रूरी है।
- दिशा-परिवर्तन के बिन्दुओं का पीछा करना ज़रूरी है; वे संयोग से नहीं घटित होते, आपको लगातार बेचैन रहना पड़ता है।
- पैमाने की हर नई सतह पर ग्राहक को आमने-सामने जानने के लिए कम्पनी आपकी टीम का पूरा ध्यान और आपकी तवज्जो चाहेगी। यह काम बाँटने या एक के ज़िम्मे कई काम देने का वक़्त नहीं है। पैमाने की कल्पना और रफ़्तार आगे-आगे चलने वाले के रूप में आपकी ओर से आनी चाहिये।
- अगर आप अपनी ब्राण्ड की युक्तियों के बारे में स्पष्ट हैं, तो यह पैमाने को ऊँचा करते हुए कारोबार में इज़ाफ़ा करने का काम भी कर सकता है।
- अगर आप पैमाना ऊँचा करने को तैयार हैं तो अपने सफ़र के दौरान एक बार नहीं, कई बार छलाँग लगाइए। अच्छा, आप जोखिम लेने से घबराते हैं? भाड़ में जाये जोखिम। जो रुकना नहीं चाहते थे, उन्हें नाकामी कभी नहीं रोक पायी।

7

नाकामी कॉमा है, फ़ुलस्टॉप नहीं

असफलता के ख़िलाफ़ अपने गिर्द दीवारें खड़ी कर लेने से सफल होना सुनिश्चित नहीं हो जाता;
इससे सफलता को पकड़ना कुछ और मुश्किल हो जाता है।
नाकामी के लिए योजना तैयार रखिए। नाकामी को गले लगाइए।
आज का दिन चाहे जितना विकराल लगे, कल की सुबह तो होगी ही।

हर अनुभवी उद्यमी की तरह, हर पड़ाव पर मैं भी नाकामियों से दो-चार हुआ हूँ।

यू.टी.वी. के शुरुआती विकास के बाद एक विविध-रूपी मीडिया कम्पनी बनना हमारा एक बड़ा लक्ष्य था। हम फ़िल्म स्टूडियो और प्रसारण चैनलों के समूह की शक्ल में काफ़ी तरक़्क़ी कर रहे थे। और हालाँकि हम आम मनोरंजन की मुख्य धारा में जगह बनाने में पिछड़ गये थे, हमारी नई मीडिया और मोबाइल गेम्स की पहलक़दमियाँ अच्छी रफ़्तार पकड़ रही थीं। अब हम अन्तर्राष्ट्रीय रुझान वाली एक बड़ी सूझ और पहलक़दमी की ताक़ में थे।

2000 वाले दशक के मध्य में एक ब्रिटेन आधारित कॉन्सोल गेम्स कम्पनी ने, जो कुछ दिलचस्प विचार विकसित कर रही थी, हमसे सम्पर्क किया कि हम उसे ख़रीद लें। गेम्स बहुत लोकप्रिय हो रहे थे और कॉन्सोल गेम्स बनाने वाली कम्पनियाँ दुनिया भर के सबसे बड़े फ़िल्म स्टूडियो और मीडिया कम्पनियों से ज़्यादा पैसे बना रही थीं। यह हमें ऐसी पहल जान पड़ी जिसका हम इन्तज़ार कर रहे थे।

लेकिन मेरे बहुत-से सहयोगियों को महसूस हुआ कि कॉन्सोल गेम्स के मैदान में दाख़िल

होने से हमारा ध्यान भटक सकता था और हम पटरी से उतर सकते थे। शायद उनकी दलील में दम था। हालाँकि उस ब्रिटेन-आधारित कम्पनी को शुरू करने वाली टीम ख़रीद-बेच के बाद भी उसमें काम करती रहने वाली थी, हमारे पास गेम्स के मैदान के बारे में बहुत जानकारी नहीं थी। दरअसल, मेरे ख़्याल में हमने ऐसी तमाम ग़लतियाँ कीं जो कोई कर सकता था और जो उस दौरान प्रकट नहीं हुईं जब हम पूँजी लगा रहे थे।

दूसरी बहुत-सी सामग्री के विपरीत, गेम्स बनाने में एक दौर लगभग दो या तीन साल में जा कर पूरा होता है। इस अरसे में, जो टेक्नॉलोजी की दुनिया में सदियों जैसा है, रचनात्मक काम पर्दे के पीछे रहता है। युवा उपभोक्ताओं की रुचियाँ रोज़ाना बदलती हैं। यह अन्दाज़ा लगाना कि रचनात्मक काम को किसी दर्शक-वर्ग द्वारा किस तरह स्वीकार किया जायेगा, हमेशा एक चुनौती बना रहता है। किसी भी विचार में, जो सूझने से लेकर आख़िर में बन कर तैयार होने तक तीन साल लेता है, यह जोखिम तो रहता ही है कि वह अपने मूल दर्शक-वर्ग के लिए पुराना पड़ गया हो। और निश्चय ही, कॉन्सोल गेम्स सामाजिक, मल्टीप्लेयर और मोबाइल गेम्स के ग़रीब रिश्तेदार बन कर रह गये। मैदान से उस समय कामयाबी की जो अकेली कहानियाँ सामने आयीं, वे उन लोकप्रिय गेम्स के फ्रैन्चाइज़ की अगली कड़ी से जुड़ी थीं जिन्हें खेलते हुए एक पीढ़ी बड़ी हुई थी और अब भी खेल रही थी। थोड़े में कहें तो हम समय के पेंच में फँस गये थे।

अब मुझे यह महसूस होता है कि अहंकार भी धीरे-धीरे अन्दर घुस आया था। मैं दस साल से टेलीविज़न और फ़िल्मों में रचनात्मक काम करने वाली टीमों के साथ सफलता से काम करता आया था। हमने बार-बार उद्दण्ड घुसपैठियों के रूप में अपनी कामयाबी दर्ज भी करायी थी। हमारा एहसास था कि गेम्स निर्माण के मैदान में हम महज़ शानदार रचनात्मक प्रेरणा देने की भूमिका निभा सकते थे।

एकदम ग़लत।

जब आपको बाज़ार की गहरी जानकारी बहुत कम हो तो आप टीम के सदस्यों की सलाह और फ़ैसलों पर भी बहुत निर्भर हो जाते हैं। वे अपनी योजना के इतना नज़दीक होते हैं कि निष्पक्ष नहीं रह पाते। यह किसी भी क्षेत्र और किसी भी कारोबार के लिए एक ख़तरनाक मुक़ाम है। और ठीक यहीं से गाड़ी पटरी से उतरने लगती है।

गेम्स में हमारे दाख़िल होने के बीच में ही हमारी एक कम्पनी को ख़रीदने का प्रस्ताव हमें मिला। उसकी लागत में लगी शुरुआती पूँजी से दुगने दाम पर। हमने उसे ठुकरा दिया। एक बार फिर अहंकार था, जबकि हम उस पहलक़दमी के कई पहलुओं पर उलटी हवाओं का

सामना कर रहे थे। उस प्रस्ताव को हमने चमकती हुई रोशनी में लिखे 'इधर से बाहर' के जीवन-रक्षा संकेत की तरह नहीं देखा। बल्कि, उसने सिर्फ़ हमारे इस ख़्याल को पुष्ट किया कि हम सही राह पर थे और हमारे आत्मविश्वास (दरअसल ज़रूरत से ज़्यादा आत्मविश्वास) को बढ़ाया कि अन्त में हम क़ीमत में भारी इज़ाफ़ा करते हुए सफल होंगे।

दस साल से भी कम अरसे के बाद मार्क जुकरबर्ग ने वही बात कही—कि फ़ेसबुक उसकी सबसे बेहतरीन सूझ थी और वह दुनिया के सामने उसे तब तक पेश नहीं करना चाहता था जब तक कि अच्छी तरह तैयार न हो जाये। यह फ़ैसला उसके लिए काम कर गया। लेकिन जो देवता नहीं हैं, उनके लिए कहानी का अन्त हमेशा सुखद नहीं होता। नई दिशाओं में क़दम रखते हुए कॉन्सोल गेम्स में दाख़िल होने की मेरी प्रेरणा योजना के मुताबिक़ नहीं चली। और भी बुरा यह हुआ कि मैंने ज़्यादातर अन्दाज़े ग़लत लगाये।

हमारे दाख़िल होने के साल भर के अन्दर ही कॉन्सोल गेम्स अपनी छाप और प्रतिष्ठा खोने लगे थे। अपने अनुभवों से मेरे अन्दर यह समझदारी होनी चाहिए थी कि सम्भावित नतीजों के आधार पर गड़बड़ी सुधारूँ या बाहर निकल आऊँ। लेकिन मेरे सोचने में उतनी कड़ाई नहीं थी। अन्तर्राष्ट्रीय मैदान में गेम्स में सफल होना एक मोहक, लीक से हट कर ख़्याल था—अगर हम इसे कर ले जायें तो फ़ायदे शानदार और बेहिसाब होंगे। इसी वजह से तर्क को और दुनिया में इस उद्योग की हालत और दिशा की निर्मम समीक्षा करने की ज़रूरत को ख़ारिज कर दिया गया। जब मुझे वह उत्तर मिल गया था जो मैं चाहता था—कि गेम्स के मैदान में बने रहना उस समय हमारी सबसे अच्छी चाल थी—मैंने आगे की सोचना बन्द कर दिया।

पूरी टीम के लिए ज़बर्दस्त सबक़ थे।

'अगर सब एक जैसा सोच रहे हैं,' जेनरल पैटन ने कहा था, 'तो कोई है जो सोच नहीं रहा।'

तसल्ली सिर्फ़ इतनी थी कि भारत में मोबाइल गेम्स के मैदान में हमारी पहलक़दमियों से फ़ायदा हुआ। हम आज तक बाज़ार के अगुवा बने हुए हैं। लेकिन कॉन्सोल गेम्स में हमारी पहलक़दमी की शवपरीक्षा ने कोई अच्छी तस्वीर उजागर नहीं की। हमने इतनी ग़लतियाँ की थीं और हमें इतने ज़्यादा संकेत मिले थे कि हम ख़बरदार हो सकते थे कि हम ग़लत दिशा में बढ़ रहे थे। मेरे लिए, हार मान लेने से ज़्यादा बड़ी समस्या यह थी कि जितना अधिक हम पूँजी लगाते, मेरे लिए किसी फ़ैसले पर पहुँचना उतना ही मुश्किल होता जाता। ऐसे बहुत-से दिन आये जब मैं दिमाग़ के अन्दर-ही-अन्दर इस मामले पर अन्तहीन सोच-विचार करता रहता। एक और ज़बरदस्त ग़लती और अन्दाज़े की भूल।

अपने शुरुआती प्रयास या जमी हुई कम्पनी को 'अगली बड़ी पेशकश' समझना बहुत ललचाने वाला और ख़तरनाक होता है। कॉन्सोल गेम्स में कुछ कर दिखाने के ख़्याल से मैं ग़लत वक़्त पर मोहित था। हालाँकि उसकी नाकामी अन्त में ऐसी घटना है जिस पर मुझे आज तक अफ़सोस है, मैंने तीन महत्वपूर्ण सबक़ सीखे –

1. अपनी टीम और उसके प्रमुखों के ग़लत चुनाव का नतीजा भुगतना ही पड़ता है;
2. मैदान की जानकारी हासिल करने के महत्व—या अगर आप ऊँचे पैमाने पर नई पहलक़दमी में कामयाब होना चाहते हैं तो सही सवाल पूछने की योग्यता—पर जितना ज़ोर दिया जाय, कम है; और
3. किसी अन्तर्राष्ट्रीय अभियान की सफलता के लिए यह अनिवार्य है कि आँखों देखे नियन्त्रण की कमी को पूरा करने के लिए समीक्षा के तरीक़ों में कड़ाई बरती जाय और ग्राहकों से लगातार सम्पर्क रखा जाय।

ये सबक़ मेरी दूसरी पारी में मेरे बहुत काम आयेंगे। मुझे यक़ीन है। मैंने नाकामी के गहरे निशान ख़ुद हासिल किये हैं।

◆

नाकामी से बचना मुश्किल है। कारोबार में जो सबसे मुश्किल और सबसे स्थायी सबक़ कोई सीखता है, वह यह कि सारे शानदार ख़्याल कामयाब नहीं होते। असफलता की योजना बनाइये। नाकामी को गले लगाइये। लेकिन याद रखिये कि नाकामी कॉमा है, फ़ुल स्टॉप नहीं। एक काम के गड़बड़ा जाने से आप ज़िन्दगी में विफल नहीं हो जाते। आज का दिन चाहे जितना विकराल लगे, कल की सुबह तो होगी ही।

दो दशक से अधिक अरसे तक एक के बाद दूसरे कारोबार की पहलक़दमियों के साथ जुड़े रहने के बाद मुड़ कर पीछे देखते हुए मुझे एक नमूना नज़र आता है। उद्यमियों और आगे बढ़ कर मार्ग-दर्शन करने वालों के देश के रूप में भारत के अन्दर आम तौर पर आत्मविश्वास की कमी है। आत्मविश्वास वक़्त के साथ पैदा होता और बढ़ता है। सपने देखने वाले सभी लोग छलाँग मारने के क़ाबिल नहीं होते, चाहे पानी गहरा हो। और जब हम कूदने के लिए हिम्मत जुटा लेते हैं, तब हममें से कुछ इस ख़्याल से इतना घबरा जाते हैं कि हम पानी पर गिरते ही साँस लेना भूल जाते हैं और डूब जाते हैं।

पहले आता है ज़िन्दा बचे रहना, फिर सफल होना। आपकी नज़रें ऐसी सफलता की

योजना पर लगी होनी चाहिएँ, जो वास्तविकता पर टिकी हो। यही तो वजह थी कि आपने अपने सपने को साकार करने के लिए पहला क़दम बढ़ाया था। दूसरी तरफ़ ज़िन्दा बचे रहने की आपकी तदबीर आपको धक्कों का सामना करने और पहले से ज़्यादा ताक़तवर बन कर उभरने के लिए बेहतर तौर पर सुसज्जित करती है। यह कोई योजना नम्बर दो नहीं है, बल्कि मज़बूती से टिके रहने का सोचा-समझा विकल्प है।

जब काम मज़े में चल रहा हो, तब अधिकांश शुरुआती और मझोले आकार की कम्पनियों की सफलता की योजना लागत और लक्ष्य का मेल बैठाती है। लेकिन जब अनिवार्य झटके लगते हैं तो वे फिर से जायज़ा ले कर सुधार करने में नाकाम रहती हैं। ज़िन्दा बचे रहने की योजना के बिना हर झटका धक्के की बजाय विफलता जान पड़ता है। जबकि ज़िन्दा बचे रहना विफलता को जानने और स्वीकार करने से शुरू होता है।

हो सकता है कि जब उद्यम से जुड़े आपके सपने को साकार करने का समय आये तो आप दुविधा में फँसे हों। उस हालत में असफलता की सम्भावना शायद आपकी राह का सबसे बड़ा रोड़ा बन जाये।

या शायद आपको अपना सफ़र शुरू किये सात बरस हो चुके हों और आप इस ख़्याल में हों कि आप वह पुल पार कर आये हैं—वह 'विफलता एक विकल्प नहीं है' वाला। सच्चाई यह है कि आप उस पुल को कभी पार नहीं करेंगे। एक बार आपने अपने को कम्पनी के मालिक या राह दिखाने वाले की हैसियत से बुलेट-प्रूफ़ समझा नहीं कि दिलेरी की झूठी भावना पहले ही आपके भविष्य के दरवाज़े बन्द कर चुकी होगी।

आपको त्याग के महत्व को समझना होगा। अपने आप से पूछिये—*मैं सफल होने के लिए क्या छोड़ने को तैयार हूँ? जब मुझे पहली बार धक्का लगे तो मैं मंज़िल की राह पर बने रहने के लिए कितना समर्पित हूँ? और अपने दूसरे धक्के से उबरने के लिए मैं कितनी मेहनत करूँगा? और तीसरे धक्के से?*

नाकामी को अभी समझने और स्वीकार करने पर आपके अन्दर वह स्पष्टता और संकल्प पैदा हो जायेगा जिसकी ज़रूरत आपको बड़े झटकों से बच कर निकल आने के लिए है। आप कोई भी हों, चाहे जितने ठोस और असरदार आपके सम्पर्क और रसूख़, आपकी आर्थिक स्थिति या दूसरे हज़ारों तत्व हों जो किसी कारोबार की सफलता को तय करते हैं, एक बात समझ लीजिये—*किसी-न-किसी मुक़ाम पर आप ज़रूर नाकाम होंगे। और वह भी एक बार नहीं।* इस हक़ीक़त को अपने अन्दर बैठा लीजिये। उद्यमी और अगुवा होने के नाते उसे अपने स्वभाव के डी.एन.ए. का हिस्सा बना लीजिये। आपको सिर्फ़ एक सवाल का जवाब देना है

और वह यह कि— *जब मैं नाकामी का सामना करूँगा तो मेरी प्रतिक्रिया क्या होगी?*

समय-समय पर मेरे लिए जो बात कारगर साबित हुई है, वह है—फिर से मूल्यांकन करके सुधार लेना और अपने सबसे ख़राब नतीजे पर विचार करना; मामले से निपटने की अपनी क्षमता का अन्दाज़ा लगाना और घबराये बिना उन तरीक़ों को परखना जिनसे हल निकल सकता है। एक बार आप ऐसा करने के क़ाबिल हो गये तो आप दोबारा उठ खड़े होने की राह पर हैं।

अपने विचारों की रूप-रेखा साफ़-साफ़ बनाइये। जो रास्ता आप अख़्तियार करना चाहते हैं उस पर अपने जीवन-साथी या माता-पिता या उन लोगों के एक छोटे-से समूह के साथ सलाह-मशविरा कीजिये जिनकी सूझ-बूझ पर आपको भरोसा है। संकट का इलाज दूसरों से मिल-बाँटने की तरकीब खोजने के अलावा, आपको अचरज होगा कि आपके चेहरे पर दुख और अनिश्चय के भाव देख कर परिवार के लोग और मित्र-बन्धु कितनी तत्परता से सहारा देने के लिए आगे बढ़ आयेंगे। ताज़ा नज़रिया अपने साथ शान्ति का एक एहसास ले कर आता है। जब आप सबसे बुरे मामले के साथ दो-दो हाथ कर लें तो अधिक सार्थक स्थितियों की रूप-रेखा पर सोचना शुरू कीजिये। जब आपके इर्द-गिर्द तूफ़ान बरपा हो रहा हो, तब यह मुश्किल काम है, मगर आपकी सफलता के लिए ज़रूरी है।

आप कम्पनी के प्रमुख हैं। सब आपकी तरफ़ मार्ग-दर्शन की उम्मीद से देखते हैं, ख़ास तौर पर सबसे मुश्किल हालात में। आपकी टीम में दस सदस्य हों या दस हज़ार, धक्के को फ़ायदे में बदलने का सबसे अच्छा तरीक़ा है अपनी टीम को अपने साथ ले कर चलना। वे आपके सहारे के स्रोत होंगे और जब आप अपने धक्के से बाहर आ कर मंज़िल तक पहुँचेंगे तो आपके साथ ख़ुशियाँ भी मनायेंगे।

◆

मीडिया और मनोरंजन के अपने शुरुआती दिनों से ही हमने ग्राहकों और दर्शकों को उतनी ही अच्छी तरह समझने की कोशिश की थी, जितनी अच्छी तरह वे ख़ुद को जानते थे। ग्राहकों के साथ इस जीवन्त सम्पर्क ने मुझे भारत में घर-बैठे-ख़रीदारी की शुरुआत पर ग़ौर करने की प्रेरणा दी। उस समय घर-बैठे-ख़रीदारी का ख़्याल उतना ही नया था जितना एक दशक पहले केबल टी.वी. का विचार। लेकिन, कई बार उस रेखा को देख पाना मुश्किल होता है जो नई ज़मीन तैयार करने और अपने समय से पहले होने के बीच होती है। जैसे-जैसे हम घर-बैठे-ख़रीदारी का अपना नमूना तैयार करने की तरफ़ बढ़े, मुझे (काफ़ी देर से) एहसास हुआ कि हम अपने समय से काफ़ी पहले थे।

1990 के दशक के बीच भारत के ग्राहक ऐसी चीज़ें ख़रीदने में बहुत दिलचस्पी नहीं रखते थे, जिन्हें वे छू कर न देख सकें। किसी सामान को टी.वी. पर देखना और फिर फ़ोन करके उसे ख़रीदना और घर पर मँगवाना बहुत-से लोगों के लिए एक अजनबी-सा मामला था। उस उद्यमी के लिए जो भारत के विशाल, अनछुए बाज़ार को घर-बैठे-ख़रीदारी की सुविधा से परिचित कराना चाहता था, यह एक टेढ़ी खीर थी। इसके अलावा, सामान को घर भेजने या क्रेडिट कार्ड से पैसे वसूलने का कोई ढाँचा मौजूद नहीं था। दूसरे शब्दों में, हम तौर-तरीक़ों के मामले में एक अँधेरी खाई का सामना कर रहे थे।

बेशक, इसमें से कुछ भी हमें रोक नहीं पाया। टेली शॉपिंग नेटवर्क (टी.एस.एन.) की बुनियाद रख दी गयी।

पहले क़दमों में से एक था, माल के स्रोत की खोज से ले कर उसे पहुँचाने का बन्दोबस्त करने के लिए, सी.ई.ओ. से लेकर प्रबन्धकों तक, एक शक्तिशाली टीम को खड़ा करना। मैं अक्सर नई-नई शुरू की गयी और मझोले आकार की कम्पनियों को अपने कर्मचारियों के चुनाव में ग़लतियाँ करते देखता हूँ, क्योंकि वे ज़ाहिरा तौर पर अपनी लागत कम रखना चाहती हैं। लेकिन यह फ़ैसला आपकी कम्पनी की नियति और उसके विकास की रूप-रेखा गढ़ सकता है, जो उम्दा लोगों को काम पर रखने की आपकी कुशलता पर निर्भर है। 50 फ़ीसदी से अधिक की रफ़्तार से विकसित होते हुए (जो शुरुआती दौर में अधिकतर कम्पनियाँ करती हैं), आप जिस भी पैमाने पर काम कर रहे हों, उसके हिसाब से लोगों को नियुक्त करना जारी रखिए और आप हर छह महीने पर अपनी कुशलता की सीमा पार कर जायेंगे। जो टीम रफ़्तार बनाये न रख सके, उसके साथ चिपके रहने पर आपके विकास में रुकावटें पैदा होने लगेंगी। टीमों को बार-बार बदलते रहिए और आपके सबक़ गुम हो जाते रहेंगे। यह सन्तुलन बैठाना मुश्किल काम है, पर नज़र साफ़ रखिए और उसे पूरा कीजिये।

टी.एस.एन. में हमने उस सामान पर ध्यान केन्द्रित किया जिसके सिलसिले में 'छूने और महसूस करने' की बन्दिश नहीं थी और सस्ते भाव पर मिल रहे सामान की ख़रीदारी आवेग के प्रभाव में की जाती थी। हमारा फ़ौरन हिट होने वाला सामान एक रोटी-मेकर था जो गरम जलेबियों की तरह बिका।

विडम्बना यह थी कि शुरू करते ही मिलने वाली इस सफलता ने इस बात को हमारी नज़र से ओझल कर दिया कि हम नये रास्ते खोल रहे थे या अपने समय से पहले मैदान में आ गये थे। एक अकेले सामान के बल पर कारोबार नहीं खड़ा होता, ख़ास तौर पर ऊँचे पैमाने वाला कारोबार और जल्दी ही रोटी-मेकर का छोटा निर्माता जो हमारे कार्यक्रम 'ऐज़ सीन

ऑन टी.वी.' ('जैसा टी.वी. पर देखा') से अचानक मशहूर हो गया था, माँग पूरी नहीं कर पा रहा था।

फिर मानो सबसे ज़्यादा बिकने वाले सामान की कमी काफ़ी मसले न खड़ी कर रही हो, हमें एक और धक्के का सामना करना पड़ा। हालाँकि कुछ सैटेलाइट चैनलों पर हमें देर रात का वक़्त मिला हुआ था, हमारे मुख्य दर्शक और उपभोक्ता दूरदर्शन पर हमारे प्रसारणों से आते थे, जिसकी पहुँच हिन्दुस्तान की आधी से ज़्यादा आबादी तक थी। एक दिन अचानक ही और हमारे लिखित अनुबन्ध की रत्ती भर परवाह किये बिना दूरदर्शन के नये प्रमुख ने फ़ैसला किया कि घर-बैठे-ख़रीदारी दरअसल 'उपभोक्तावाद' था और इसलिए सरकारी प्रसारण संस्था के लिए इसका प्रसारण उचित नहीं था। हमें मुश्किल से हफ़्ते भर की सूचना देने के बाद बड़ी बेरुख़ी से हमारे प्रसारण रोक दिये गये।

ये सभी ज़बरदस्त धक्के हमें अपने पहले बरस के आख़िर तक सहने पड़े थे। हमारी आमदनी का सत्तर फ़ीसदी हिस्सा सिर्फ़ एक सामान-रोटी-मेकर-से आता था; हमारे मुख्य चैनल ने हमारे प्रसारण रोक दिये थे; और हमें घटा कर जिस छोटे-से पैमाने पर पहुँचा दिया गया था, उसकी तुलना में कहीं बड़े काम-काज के हिसाब से सामान की सूची, कर्मचारियों की संख्या और ख़र्चे हमारे सिर पर थे। शायद सबसे बुरा यह था कि भारतीय ग्राहकों ने खुली बाँहों से घर-बैठे-ख़रीदारी के विचार का स्वागत नहीं किया था और न सामान पहुँचाने और दाम वसूलने के तरीक़े पहले से अधिक आसान या अधिक कुशल बना लिये गये थे।

यह सोच-विचार करते हुए कि इतना अच्छा ख़्याल इतनी जल्दी कैसे भँवर में फँस गया, मैं भविष्य के लिए दो महत्वपूर्ण निष्कर्षों पर पहुँचा –

1. हमें बचे रहने के लिए एक योजना ज़रूरी तौर पर बनाकर रखनी चाहिए थी। इसलिए कि हम जानते थे हमने शायद अपने समय से पहले ही मैदान में क़दम रख दिया है और उसी के हिसाब से हमें रफ़्तार तय करनी होगी, ख़ास तौर पर अपने ख़र्चों और लागत और पूँजी की खपत की।
2. जिस माहौल में उस समय हमने अपने को पाया था, उस में सफल होने के लिए मैं उतना एकाग्र-चित्त नहीं था जितना मुझे होना चाहिए था। उस समय मैं यू.टी.वी. को खड़ा करने में भी लगा हुआ था। टी.एस.एन. एक अलग शाखा थी, और इसी वजह से मैंने शुरू ही से एक मज़बूत टीम में पैसे लगाये थे। लेकिन सब कुछ के बाद भी जब हमारा सामना इतनी चुनौतियों से था, टी.एस.एन. मेरी निजी एकाग्रता और ध्यान की माँग करती थी। मैं उसे अपना सब कुछ नहीं दे पाया था।

इसके बावजूद एक बार भी मेरे मन में यह ख़्याल नहीं आया कि हम कामयाब नहीं होंगे।

मुझे सचमुच यह विश्वास था कि हम नई ज़मीन तोड़ रहे थे और हमने अन्त तक डटे रहने के लिए भरपूर कोशिश की। अगले दो बरस के दौरान यह संकेत देने के लिए ऐसा बहुत कुछ हुआ कि घर-बैठे-खरीदारी का विचार काम नहीं करने वाला। पहली बात यह कि हालाँकि हम दूसरे चैनलों पर अपनी मौजूदगी क़ायम करने में सफल हो गये थे, उन चैनलों की पहुँच के अभाव की वजह से दूरदर्शन की कमी पूरी नहीं हो सकती थी। हमने रोटी-मेकर पर अपनी निर्भरता को भी कम कर दिया था, क्योंकि हमें माँग को पूरा करने में बराबर दिक़्क़तें हो रही थीं। इन धक्कों के साथ बुनियादी टीम आगे बढ़ती रही। हमने निजी पूँजी का सहारा लिया जिसका मतलब था कि सिर्फ़ हमीं नहीं थे जिन्हें विश्वास था कि लम्बे दौर में इस कारोबार में दम और गुंजाइशें थीं। साथ ही, पहले से बड़े बोर्ड पर एक नये सी.ई.ओ. को लाया गया जिसने अपनी ताक़त भर वह सब किया जिससे ज़ाहिरा तौर पर कारोबार ठप्प हो जाता। उसे लाना ही ग़लत था और जवाबदेही पूरी तरह मेरी थी। मुझे यह बाद में एहसास हुआ कि इस मामले पर फ़ौरन कड़ाई से फ़ैसला करके उसे चलता न कर देना मेरी तरफ़ से की गयी भारी ग़लती थी। एक बार फिर मेरी एकाग्रता की कमी ने अपनी क़ीमत वसूली थी।

इस बीच मैंने टी.एस.एन. के लिए बड़ी योजनाएँ बनाना जारी रखा। सिर पर लटकती तलवार से बेख़बर सीटी बजाते हुए।

मेरा यक़ीन था कि एक अन्तर्राष्ट्रीय खिलाड़ी के साथ साझेदारी हमारे लिए अच्छा क़दम साबित होगी, लिहाज़ा मैंने घर-बैठे-खरीदारी के क्षेत्र में दुनिया की सबसे बड़ी कम्पनी 'होम शॉपिंग नेटवर्क' को अपनी तरफ़ से फ़ोन किया। फिर मैंने दो महीने बाद एक दिन का वक़्त निकाल कर, उनकी टीम के सीनियर लोगों से मिलने और उनका ढाँचा, स्टूडियो और पीछे के पूरे बन्दोबस्त का मुआयना करने के लिए रात की उड़ान से टैम्पा, फ़्लॉरिडा का दौरा किया। दो हफ़्ते बाद मैं त्रिश्या के साथ, जो उस समय नौ साल की थी, तीन दिन की छुट्टियों पर गोआ में था (उस समय मैं अकेला-बाप था) और उसे बिस्तर में सुला कर मैंने 'होम शॉपिंग नेटवर्क' के साथ फ़ोन पर एक लम्बी कांफ्रेंस कॉल शुरू की। वह जाग न जाये, इसलिए मैं फुसफुसा कर बातें करते हुए तक़रीबन 50/50 की साझेदारी के क़रारनामे की कुछ गम्भीर शर्तों को पार कर गया, जिसे उस रात हमने पक्का कर दिया। लेकिन आगे के महीनों के दौरान जैसे-जैसे उनकी टीमें भारत आयीं और उन्होंने अपने काम करने के अनुभवों, तरीक़ों और नमूनों को हम से बाँटा और हम उनके साथ किये गये अनुबन्ध की बारीक़ियों में गये, यह साफ़ हो गया कि यह साझेदारी दूर तक नहीं चलेगी।

जब 'होम शॉपिंग नेटवर्क' जैसी कोई कम्पनी उस देश में इतनी सफल हो, जहाँ वह शुरू हुई, तो इस सफलता से यह एहसास पैदा होता है कि जो तरीक़ा घरेलू मोर्चे पर काम करता है, वह सब जगह काम करेगा। बहुत-से पश्चिमी देशों में यह सच हो सकता है, लेकिन 1990 के दशक के मध्य में हिन्दुस्तान में हमारा साझीदार चाहता था कि हम पिरामिड की चोटी पर ध्यान केन्द्रित करें और न्यूनतम मूल्य की बन्दिश लगा कर ऊँचे दाम वाला सामान बेचें। मैं अड़ा हुआ था कि हमें अपनी निश्चित लागत कम रखते हुए, जन साधारण तक पहुँचने की ज़रूरत थी, सामान के चुनाव में भी और क़ीमतों के मामले में भी।

अन्ततः मेरे अन्दर का खुटका सही साबित हुआ। यह साझे की खेती कामयाब नहीं हुई।

पीछे मुड़ कर सोचने पर क्या यह मेरी तरफ़ से ग़लत पहल थी? मेरे ख़्याल में नहीं। हमने सिलिकॉन वैली से दो सबसे ज़्यादा सूझ-बूझ वाले, ईमानदार और सबसे ज़्यादा सहारा देने वाले निजी पूँजी निवेशकों को अपने साथ शामिल कर लिया। अमरीका डॉटकॉम विस्फोट के बीचों-बीच था—लहर, उभार या ग़ुब्बारा (इस पर निर्भर कि आपने पूँजी कहाँ लगायी थी)—इसलिए हमारे बोर्ड की समीक्षाएँ तीन सवालों के गिर्द घूमती थीं -

1. मुनाफ़ा भूल जाइये—हम आमदनी कैसे बढ़ायें?
2. नक़दी कितने दिन चलेगी और हमें और पैसे जुटाने के लिए कब जाना पड़ेगा?
3. हम घर-बैठे-ख़रीदारी को ऑनलाइन कैसे रफ़्तार में लायें?

चूँकि हम अपने समय से पहले का कारोबार थे, हम रफ़्तार को धीमा, मगर स्थिर रखना चाहते थे, भले ही हमें बढ़कर ऑनलाइन की गुंजाइशों में फैल जाने के लिए ज़ोरों से धकेला जा रहा था। मेरे ख़्याल से, जिस समय हम छू कर महसूस करने से सम्बन्धित मामलों और सामान पहुँचाने और पैसा वसूलने के मुद्दों को हल करने में जुटे हुए थे, उस समय ऑनलाइन ख़रीदारी की अलग शाखा खोलना अच्छा विचार नहीं था। अभी हमारे पास खोजने के लिए यहाँ भारत में काफ़ी कुछ था। लेकिन हमारे सी.ई.ओ. ने सामान के अन्तर्राष्ट्रीय स्रोत खोजने का काम शुरू कर दिया; ऊपर से इंटरनेट के माध्यम पर भारी रक़म लगा दी। इस सब का मक़सद बिक्री बढ़ाने से ज़्यादा बोर्ड को प्रभावित करना था। दोनों बड़े महँगे भटकाव साबित हुए।

ज़्यादातर पैमानों पर मेरा घर-बैठे-ख़रीदारी वाला अनुभव नाकाम था और पैसे के लिहाज़ से काफ़ी नुकसानदेह साबित हुआ था। मैं तब भी कंजूसी से गुज़ारा चला रहा था और यू.टी.वी. से बहुत ज़्यादा तनख़्वाह नहीं ले रहा था। इसके अलावा, यह पहली बार था कि

निजी पूँजी निवेशकों ने मेरे काम में पैसा लगा कर घाटा सहा था। यह नाकामी मुझे आज तक बहुत चुभती है। इसके बावजूद, अब भी, उस सारी गड़बड़ी पर विचार करते हुए, मुझे महसूस होता है कि हमें हिम्मत करके अन्त तक डटे रहना चाहिए था।

अगर हम वेब के भटकाव में न फँसे होते।

अगर शुरू ही से मैंने बचे रहने की एक योजना बना रखी होती।

अगर, अगर, अगर।

मुझे अपने अन्दर के एहसास की बात मान कर उस आख़िरी साल के दौरान टी.एस.एन. को ज़्यादा वक़्त और तवज्जो देनी चाहिए थी। अगर हम उस प्रयास के साथ डटे रहते, तो उस उद्यम के पैमाने और आकार के बल पर हम आज, ऑफ़लाइन और ऑनलाइन, दोनों लिहाज़ से, किसी शक-शुबहे के बिना, बाज़ार के सरदार बन गये होते।

मगर इसी का नाम ज़िन्दगी है।

किसी भी असफलता के सिलसिले में आपके पास दो रास्ते होते हैं—अगली लड़ाई के लिए ज़िन्दा रहना और पूरी ताक़त से आगे बढ़ना या फिर हथियार डाल देना। घर-बैठे-ख़रीदारी की नाकामी के बाद मैं ख़ुद को आत्म-दया के ख़ोल में बन्द कर सकता था। लेकिन इस अनुभव ने मुझे ज़बरदस्त सबक़ दिये थे जो आज तक मेरे साथ हैं—वातावरण और अर्थ-तन्त्र को देखने और उसकी चीर-फाड़ करने और पहले ही से अन्दाज़ा लगा लेने के तरीक़े कि वह कैसे विकसित होगा। सच यह है कि हर विफलता, रुकावट साबित होना तो दूर रहा, ज्ञान के ख़ज़ाने के दरवाज़े खोल सकती है।

अब भी, घर-बैठे-ख़रीदारी के साथ अपनी मुलाक़ात के दो दशक बाद, मैं ख़बरदार करना चाहता हूँ—सस्ती पूँजी का ऐसा कोई अन्तहीन स्रोत नहीं है जो ऐसे उद्योगों को पूँजी उपलब्ध कराता रहे जिनकी बुनियाद मज़बूत नहीं है या जो लाभदायक बनने पर केन्द्रित नहीं हैं।

◆

नाकामी के ख़िलाफ़ अपने गिर्द कवच बना लेना, सफलता सुनिश्चित नहीं करता। विफलता से सीखने के लिए आपके भीतर उसके लक्षणों का पता लगाने, उसकी निशानदेही करने और उसे उसके उचित परिप्रेक्ष्य में रखने की क्षमता होनी चाहिए।

हरेक के लिए नाकामी का अलग-अलग मतलब होता है। लेकिन अगर आप सफल होना चाहते हैं तो वह कभी आख़िरी मंज़िल नहीं हो सकती। आपके लिए नाकामी का क्या मतलब

है, इसे साफ़-साफ़ तय कीजिए। नाकामी नामक राह के रोड़े को अपनी सोचने की प्रक्रिया से निकाल बाहर कीजिए। नाकामी की अनिवार्यता से निपटना कुचल देने वाला नहीं, बल्कि सारी रुकावटों की साफ़-सफ़ाई करके राहत पहुँचाने वाला अनुभव होना चाहिये। यहाँ तक कि आप जिस तरह नाकामी के बारे में सोचते और उसके लिए जो शब्द इस्तेमाल करते हैं, उसी से सारा अन्तर पड़ जाता है। इस शब्द से कलंक का तत्व निकाल दीजिए। नाकामियों के बारे में *रुकावटों* या *नुक़सानों* की सूरत में सोचिए। और जब आपका सामना रुकावट से हो, फिर से विचार करके दोबारा जाँच-परख और सुधार कीजिये और पलट कर खड़े हो जाइए।

योजनाओं को यह सोच कर शुरू कीजिये कि आपके पास इकतरफ़ा टिकट है, वापसी का नहीं। इस तरह आप पूरी तरह समर्पित रहते हैं। उतार-चढ़ाव, दोनों के दौरान। अगर आपके पास कोई सुरक्षा का स्थान हो तो आप आख़िरकार उसी की शरण जायेंगे। पहले दिन ही से मेरी सोच एक दिशा में आगे बढ़ने की रही है, कारोबार में पीछे हटने की किसी सूरत को छूट देने की नहीं। इस मानसिकता ने मुझे बहुत-से कठिन दिनों से पार कराया है। जब पीछे देखने का विकल्प न हो तो आगे का नज़ारा इतना हौसला तोड़ने वाला नहीं होता, जितना शायद आप सोचते हों।

तो, हो सकता है, आपने अपने लिए एक मंज़िल तय की और आप उस तक नहीं पहुँच पाये। हो सकता है, नाकामी निजी न हो कर सार्वजनिक हो। मैं इन परिस्थितियों को दूसरों से बेहतर तौर पर समझता हूँ। मैं ऐसी इण्डस्ट्री से आता हूँ, जहाँ हर नाकामी एक सार्वजनिक असफलता होती है। धक्का या रुकावट उस ख़बर को पढ़ने वालों की रोज़मर्रा की ज़िन्दगियों के लिए चाहे जितनी मामूली हो, हर ब्योरा सबकी जाँच-परख का मुद्दा बन जाता है। हर ग़लत क़दम अटकलबाज़ों को यह मौक़ा मुहैया करा देता है कि वे साबित कर सकें वे कितने होशियार और चतुर हैं और अपना हाथ कितनी ख़ूबी से नब्ज़ पर रखे रहते हैं। मीडिया भी जोश-ख़रोश के साथ टूट पड़ेगा, अँधेरे को महज़ और भी बढ़ाता हुआ। अगर आप हर वक़्त नाकामी का राग अलापा जाता ही सुनते रहें और आपको डर हो कि आपकी ज़िन्दगी डूब रही है तो आप कभी दुनिया में क़दम रखने की हिम्मत नहीं कर पायेंगे। लेकिन अगर आप उससे निपटना सीख जायें, जैसा करने के लिए मैं आपको उकसा रहा हूँ, तब ज़्यादातर मामलों में, ख़ास तौर पर जब ज़िन्दगी लहर के ऊपर तैर रही हो, इससे ज़्यादा तसल्लीदेह और कुछ नहीं होता।

भारत में हम ऐसे स्थायी ढोल का हिस्सा बन गये हैं जो अपने सपनों को साकार करने के लिए कड़ी मेहनत करने वाले लोगों की नुक्ताचीनी करता रहता है। प्रतिद्वन्द्वी, ना कहने वाले

और सपनों के क़ातिल, ज़िन्दगी की राह के किनारे अपनी सुरक्षित डालियों पर बैठे-बैठे लोगों की आलोचना करते रहते हैं और उन्हें नीचे गिराने की कोशिशें करते हैं, बजाय ज़िन्दगी के सुन्दर, अद्भुत, अक्सर बेलगाम नृत्य में शामिल होने के। इनमें से ज़्यादातर आलोचकों ने कभी कुछ बनाया या रचा नहीं होता, न वे कभी एक जहाज़ को आँधी-तूफ़ान से गुज़ार कर मंज़िल तक पहुँचाने के दौरान आने वाली चुनौतियों और सन्तोष को समझ सकते हैं। इसके बावजूद, वे ऐसा व्यवहार करते हैं जैसे वही विशेषज्ञ हैं। पूरा पाखण्डीपना करते हुए।

लेकिन मार्ग-दर्शकों को यह भी सहना पड़ता है। यही असली दुनिया है। आलोचना और सार्वजनिक विफलता से ताक़त हासिल कीजिये, उससे दुर्बल मत बनिये। अन्त में आप अपने सिवा किसी और के प्रति जवाबदेह नहीं हैं। ख़ुद अपने सबसे अच्छे आलोचक बनिये और किसी भी नुक़सान से ताक़त, लगन और गरिमा के साथ निपटिये। जाँच-परख कर सुधार करने की हुनरमन्दी भरोसा और इरादे के साहस की माँग करती है।

यह किसी पहाड़ पर चढ़ने की तरह है। आप अपना सिर पीछे झुकाते हैं, आसमान की तरफ़ देखते हैं और हैरत से सोचते हैं कि आप भला चोटी तक पहुँचेंगे कैसे। जब आप अपनी सबसे ख़राब हालत का अन्दाज़ा लगा कर इन्तज़ाम कर लेते हैं तो डर घटने लगता है, नाकामी कोई अमूर्त-सी चीज़ बन जाती है और आप भविष्य की तरफ़ पहला क़दम उठाते हैं।

◆

नाकामी को गले लगाने पर दरवाज़े खुल जाते हैं।

विश्व स्तर के फ़ुटबॉल खिलाड़ियों की तरह जो अपने पैरों के पैंतरों से मुग्ध कर देते हैं, सफल उद्यमी दौड़ते-दौड़ते ही इतनी आसानी से दिशा बदल देते हैं कि पता नहीं चलता। कुल कारोबारों में से आधे उस मंज़िल तक नहीं पहुँचते जिसकी कल्पना उन्हें शुरू करते समय उद्यमी ने की थी। होशियार उद्यमी रुख़ बदल देते हैं। और भी होशियार उद्यमी अपनी ताज़ा नाकामी को झटक कर आगे बढ़ जाते हैं।

असफलता का ताल्लुक़ हमेशा चीज़ों के बिलकुल ग़लत हो जाने या योजना के मुताबिक़ न होने से नहीं होता। नाकामी अक्सर छूट गये मौक़ों और दुर्भाग्यपूर्ण समय-निर्धारण से भी जुड़ी होती है। ये दोनों ही घटनाएँ किसी कम्पनी, उसके कर्मचारियों और हिस्सेदारों की नियति में ज़िन्दगी बदलने वाली साबित हो सकती हैं।

मेरे सबसे बड़े धक्कों में से एक था सैटेलाइट टेलीविज़न प्रसारण जगत में जगह बनाने के लिए पहली लहर का छूट जाना, जब वह दौर पहले-पहल 1992 में शुरू हुआ। रूपर्ट

मरडॉक ने उसी समय लि का-शिंग से स्टार टी.वी. को महज़ एक बिलियन अमरीकी डॉलर में ख़रीदा था (जो उस समय एक भारी रक़म जान पड़ी थी, मगर अब एक अविश्वसनीय सौदा जान पड़ती है)-लेकिन मरडॉक हमेशा अपने जल्दबाज़ फ़ैसलों के लिए जाने जाते हैं, साथ ही मंज़िल तक डटे रहने में ज़बरदस्त ताक़त और धीरज के लिए भी। ज़्यादातर मौक़ों पर यह मेल उन्हें भारी कामयाबी दिलाता रहा है।

भारतीय उपमहाद्वीप में सैटेलाइट टी.वी. की लहर पर सवार होने के लिए बहुत-सी भारतीय कम्पनियाँ हांगकांग में क़तार बाँधे खड़ी थीं। सुभाष चन्द्र-एक दूरदर्शी भारतीय उद्यमी और मरडॉक जितनी ही मज़बूत और दमदार शख़्सियत-ज़ी टी.वी. शुरू करके टी.वी. की लहर को यहाँ ले आये। फिर भारतीय टेलीविज़न ने पीछे मुड़ कर नहीं देखा। जहाँ हमें अपनी सामग्री के योगदान से ज़ी टी.वी. की शुरुआत और सफलता का अखण्ड हिस्सा बनने में गर्व है, मैंने प्रसारण करने की कभी नहीं सोची थी; यह महसूस भी नहीं किया था कि पैमाना मेरी पहुँच में था। अपने परिवार के पहले उद्यमी होने के नाते, जो बिना किसी (या बहुत कम) संसाधन के, मीडिया के क्षेत्र में नया-नया था, मैं नहीं सोचता था कि मैं इसे कामयाबी तक पहुँचा सकूँगा।

कोई इसे वैसे नाकामी कहेगा भी नहीं। लेकिन आगे चल कर मैं इसे नाकामी समझने लगा जब मैंने देर से प्रसारण जगत में अपने क़दम रखे और पहली बार समझा कि मेरी हिचकिचाहट की वजह से पैमाने और समग्र सफलता के सन्दर्भ में कितना कुछ हमारे हाथ से छूट गया था। ख़ैर, हम फ़र्ज़ करते हैं कि इतने बड़े जुए के बाद सब कुछ ठीक-ठाक अपनी जगह पर बैठ गया होता। लेकिन अगर हम अन्त तक डटे रहे होते, जैसा कि शुरुआती खिलाड़ियों ने किया था—और उनमें से किसी के लिए भी रास्ता सुगम नहीं था—तो मुझे विश्वास है हम डटे रहते।

◆

एक सबक़ मैंने यू.टी.वी. के सफ़र के बिलकुल शुरुआती दौर में सीखा था। जब किसी गम्भीर धक्के का सामना हो, या हर चीज़ चरमराने लगे और कर्मचारी और निवेशक कम्पनी के बारे में अस्तित्व-सम्बन्धी प्रश्न पूछने लगें, तब आपको साफ़गोई से *बात करनी चाहिये* और आगे रह कर नेतृत्व करना चाहिये। इन स्थितियों में लोग जवाब के लिए आप ही की तरफ़ देखेंगे। अगर आपने ग़लत जवाब दिया, कन्धे झुकाये या पराजित दिखे तो इससे पहले कि आपको रुक कर सुधरने का मौक़ा मिले, आप अपनी टीम को गँवा बैठेंगे। इसकी बजाय, हमेशा

स्थितियों पर हावी रहिए। उन्हें क़ाबू में रखिए। अपनी संस्था में सबसे ताक़तवर और हिम्मती व्यक्ति बने रहिए। आपके पास सारे उत्तर होने चाहिएँ। तभी तो *आप* उद्यमी हैं, मार्ग-दर्शक हैं।

व्यापारिक सहयोगी और ग्राहक आपसे साफ़-साफ़ बातें कहने-सुनने की उम्मीद करेंगे। आपको पहलक़दमी करने वाला बनने की ज़रूरत है। आपको अचरज होगा कि जब आप खुली-खरी और यथार्थवादी आशा भाव के साथ बातचीत करते हैं कि आप जीतेंगे तो आप जाने कितना समर्थन जुटा सकते हैं। हरेक को उतार-चढ़ाव से गुज़रना पड़ता है। वे बस इतना जानना चाहते हैं कि आप अब भी सुरंग के दूसरे सिरे की रोशनी को देख सकते हैं या नहीं।

यू.टी.वी. के तीसरे साल, बिना अपनी किसी ग़लती के, हमें एक झटका लगा जो काफ़ी कुछ सफ़र के ख़ात्मे जैसा जान पड़ा। उस समय हमारी आमदनी का सबसे बड़ा ज़रिया टेलीविज़न के वे कार्यक्रम थे जो हम बनाकर दूरदर्शन पर दिखाया करते थे। उनमें से छब्बीस हिस्सों में बनाये जा रहे एक कार्यक्रम—द *पार्लियामेण्टरी क्विज़*-शीर्षक से बनाया जा रहा था। इसके एक एपिसोड में प्रश्न पूछा गया था—'भारतीय राष्ट्रीय कॉन्ग्रेस का *शो बॉय* कौन है?' जाने किस वजह से कुछ संसद सदस्यों ने ग़लती से इस सवाल को भारतीय राष्ट्रीय कांग्रेस के 'प्ले बॉय' के रूप में सुना। यह बड़ी मासूम-सी भूल थी। लेकिन इससे जो ग़लतफ़हमी पैदा हुई उसने संसद में भारी हंगामा खड़ा कर दिया।

हमें देर रात को फ़ोन करके सफ़ाई देने के लिए अगली सुबह संसद में बुलाया गया। सारे तथ्यों से लैस हो कर हम संसद के कुछ समझदार और वरिष्ठ सदस्यों के एक समूह के सामने बैठे। जो विवाद जारी था, वह बहुत जल्दी आपसी समझदारी से निपटा लिया गया, लेकिन इसके बावजूद कार्यक्रम का प्रसारण रोक दिया गया।

मैं अपने दिल में जानता था कि एक बार हटाये जाने के बाद वह कार्यक्रम कभी लौटने में सफल नहीं होगा। टेलीविज़न पर उस समय चलन यह था कि प्रोडक्शन कम्पनी (इस मामले में यू.टी.वी.) किसी कार्यक्रम के सारे ख़र्च बरदाश्त करेगी। इस लागत को वह प्रसारण के समय के लिए पैसे देने वाले स्पॉन्सरों से वसूलेगी और आदर्श स्थिति में अगर मुनाफ़ा हुआ हो तो वह भी उसी का होगा। सारे एपिसोड पहले से ही रिकॉर्ड कर लिये गये थे, इसलिए ख़र्चे तो हो ही चुके थे। कार्यक्रम का राम नाम सत्त हो चुका था, जिसका मतलब था कि हमारे पास उसमें लगायी गयी पूँजी की एक कौड़ी भी वापस पाने का कोई ज़रिया नहीं था। 1990 के ज़माने में हमारे पास ऐसा धक्का बरदाश्त करने के लिए मुनासिब गद्दे और तैयार साधन नहीं थे। उस चरण में हमारी टीम के सभी पैंतीस सदस्य उस सीधी-सादी, गहरी ग़लत-फ़हमी के असर को समझते थे। दफ़्तर में उदासी और अनिश्चय का माहौल था जिसमें कर्मचारी अटकलें

लगा रहे थे कि उन्हें तनख़्वाह मिलेगी या नहीं और उन्हें कहीं और काम तलाश करना शुरू कर देना चाहिए या नहीं।

दिल्ली में संसद सदस्यों से की गयी बैठकों के बाद लौट कर अगली सुबह मैंने सारी टीम को बेसमेण्ट के अपने छोटे-से दफ़्तर के सबसे बड़े कमरे में ठूँसा और स्थिति को साफ़-साफ़, दो टूक ढंग से उनके सामने रख दिया। 'हम सब को अगले तीन महीनों के लिए हर क़ीमत पर तलवार की धार जितना तेज़ बनने की ज़रूरत है,' मैंने उनके चिन्तित चेहरों पर नज़र फिराते हुए कहा। और फिर मुश्किल हिस्से पर आया, 'मुझे अगले तीन महीने तक आपकी आधी तनख़्वाह एक महीने देर से देने की छूट चाहिये। काम को धीमा करने की कोई ज़रूरत नहीं है; बल्कि हमें अपने हर काम की रफ़्तार को और तेज़ कर देना चाहिये।'

देखने में ऐसा लगा कि टीम के कुछ लोग हिल गये, दूसरे उस स्थिति पर नाख़ुश नज़र आये जिसमें हमने ख़ुद को पाया था। लेकिन बुरी ख़बर देने के बाद हम गप-शप की भूमिका में आ गये। बहुत-से 'अगर-मगर' वाले सवालों का निपटारा किया और फिर बातचीत को थोड़ा-सा हँसी-मज़ाक़ का पुट दे दिया गया। उस बैठक का मक़सद चाहे जितना भी संगीन क्यों न रहा हो, थोड़ी-सी हँसी और हालात के डंक को निकालना ज़रूरी था। सबसे मुश्किल दिनों के दौरान भी राहत के लिए कुछ चुटकुलों से बेहतर और कुछ नहीं होता।

जब हमने बात ख़त्म कर ली, मैंने कमरे में चेहरों पर स्पष्ट राहत के निशान देखे। इसलिए नहीं कि उन्हें ख़ुशी थी, पतवार थामने वाला कोई व्यक्ति आत्मविश्वास के साथ बात कर रहा था, बल्कि इसलिए कि वे भावना के स्तर पर कम्पनी से जुड़े थे और काम करके इस धक्के को पार कर जाने के प्रति समर्पित थे। बहुतों के लिए इससे भी बड़ी राहत यह थी कि उनकी पेशेवर ज़िन्दगी के रास्ते बरक़रार थे।

उस शाम टीम के चौदह सदस्यों ने मुझे कुछ पीने-पिलाने के लिए बाहर ले जाने पर ज़ोर दिया। वे जानते थे कि मैं पीता नहीं हूँ, लेकिन उन्हें अपनी एकता दिखाने की ज़रूरत थी। वह दिन, यक़ीनन, हम सब के लिए बहुत भाव-भरा दिन रहा था और भविष्य में यू.टी.वी. की तहज़ीब को क़ायम करने की तरफ़ एक बड़ी छलाँग। टीम की प्रतिबद्धता के पैमाने में उछाल आ गया और बहुत-से लोग आगे बरसों तक कम्पनी में बने रहे। आज वे कम्पनी के सबसे भरोसेमन्द राजदूत हैं।

अगले तीन महीने तक हर कोई लगातार रेड अलर्ट पर और चौकस रहा। एक भी ख़र्च अनदेखा नहीं किया गया। अनुशासन और किफ़ायत अगले दस बरस तक कम्पनी के साँचे का हिस्सा बन गयी। हमारी रचनात्मक टीम ने दूरदर्शन के साथ—जो अपने तईं हमारे नुक़सान

के बारे में दुख और हमदर्दी महसूस कर रहा था—एक नये कार्यक्रम पर काम करने के लिए दिल्ली में खेमा गाड़ दिया। हमने उन्हें जल्दी से एक कार्यक्रम को हरी झण्डी देने के लिए राज़ी किया, फिर हमें क्विज़ शो के अपने स्पॉन्सरों को मनाना पड़ा कि वे उस नये शो के सिलसिले में आँख मूँद कर हमारा समर्थन करें और हम पर भरोसा करके पेशगी भुगतान छोड़ दें। हमारे दूसरे विभागों की बिक्री टीम नये ग्राहकों के लिए जी-जान से जुट गयी। मीडिया में इस बेवक़ूफ़ी-भरी विफलता के बारे में काफ़ी-कुछ उछला था, लिहाज़ा हमें इण्डस्ट्री का समर्थन हासिल था। यहाँ तक कि एक-एक लेनदार के दफ़्तर में व्यक्तिगत तौर पर जा कर बात करने की बदौलत हमारे लेनदार भी हमारे साथ खड़े थे।

अन्त में हम उस धक्के से उबर आये, कुल-मिला कर इसलिए कि टीम के पैंतीस सदस्यों ने फिर से जाँच-परख करके सुधार किया था और साथ निभाया था।

जिस दिन मैंने टीम को सम्बोधित किया था, मुझे पक्का विश्वास नहीं था कि हम बच निकलेंगे। लेकिन मुझे सौ फ़ीसदी यक़ीन था कि टीम के सदस्य और मैं रास्ता निकालने की भरसक कोशिश करेंगे।

किसी को नुक़सान पसन्द नहीं है, लेकिन राह के झटके और गड्ढे हम सब को किसी-न-किसी समय परेशान करते हैं और उद्यमियों और मार्ग-दर्शकों के रूप में हम सब की निरन्तर प्रगति और विकास में योगदान भी करते हैं। आप और आपकी संस्था धक्कों और नाकामियों के बिना कभी सीख कर नये धरातल पर जाने में सफल नहीं हो सकती। यह आपके डी.एन.ए. में है कि आप जोखिम उठायें, ग़लतियाँ करें, यहाँ तक कि विफल भी हो जायें, बशर्ते कि आप कोई ग़लत फ़ैसला दोहरायें नहीं। इसे याद रखें। तब उड़ानें और भी ऊँची होंगी और मज़ेदार भी।

◆

- विफलता छूट गये मौक़ों और ग़लत अन्दाज़ा लगाने या ढील बरतने से भी उतनी ही सम्बन्धित है, जितनी चीज़ों के ग़लत हो जाने से।
- नाकामियों को धक्कों के रूप में देखिये। नाकामियों से निपटने पर राहत मिलनी चाहिए; ज़रूरी है कि वह अन्दर झाँकने और अपने को जाँचने की ओर ले जाये, कुचल न डाले।
- धक्कों के बाद जाँच-परख करके सुधार करने में आत्मविश्वास और भरोसा और सबसे महत्वपूर्ण पूरी टीम के सहारे की ज़रूरत पड़ती है। खुली और साफ़-साफ़ बातें धक्कों से उबरने में सबसे शक्तिशाली औज़ार होती हैं; आप को अपनी समस्याएँ बाँटनी चाहिएँ और पूरा बोझ अपने कन्धों पर नहीं उठाना चाहिए।

- मेरे लिए जिस तरकीब ने काम किया, वह है निजी तौर पर सफलता की योजना के साथ-साथ डूबने से बचने की योजना का होना (दूसरी योजना कोई नम्बर दो योजना नहीं है।)
- इक्कीसवीं सदी में, कोई हर्ज नहीं है अगर कोई विचार पहले-पहल आप को नहीं सूझा। दूसरों से बहुत-सी अन्तर्दृष्टियाँ प्राप्त करते हुए, होशियार दूसरा या तीसरा व्यक्ति होना भी बिलकुल ठीक है।
- अगले दशक में 'मैं कैसे सफल हुआ' की बजाय 'मैं कैसे नाकाम हुआ' पर ज़्यादा किताबें प्रकाशित होंगी, जब प्रकाशकों को वह एहसास होगा जो उद्यमी पहले से जानते हैं—कि सफलता की बजाय नाकामी ज़्यादा दिलचस्प और शिक्षाप्रद है।
- कुल मिला कर साहस और विश्वास के साथ ख़ुद अपनी कहानी लिखने के लिए आप मौजूद होते ही हैं—कि कैसे आपने अपने सफ़र के दौरान कुछ ग़लत क़दम उठाए और अन्त में हर हाल में सफल हुए। वह किताब लिख डालिए। आख़िरकार, नाकामी कॉमा है, फ़ुलस्टॉप नहीं।

8

मंज़िल तक डटे रहो

अगर उद्यमी बनने के आकांक्षी लोगों के लिए असफलता सबसे मुश्किल रुकावट है,
तो आपकी सबसे बड़ी विशेषता है मंज़िल तक डटे रहने की आपकी योग्यता और इच्छा;
यही कारोबार का मूल-मन्त्र है।

इरादा और संकल्प सफलता की चाबियाँ हैं। मंगल ग्रह तक मंगलयान एक समर्पित टीम के बिना नहीं पहुँचा, जिसने रास्ते में आयी हर कठिनाई का सामना किया और उसे जीता। नोबेल शान्ति पुरस्कार विजेता कैलाश सत्यार्थी ने 80,000 से ज़्यादा बच्चों को बाल मज़दूरी से बचाया है और हर मोड़ पर रुकावटों का सामना किया है। तो फिर उल्लेखनीय लोग जो करते हैं, वह क्यों करते हैं भला? एक सपने को साकार करने के लिए हर रोज़ ख़ुद अपने आगे चुनौतियाँ पेश करना, अपनी सीमाओं तक पहुँचना, उन्हें धकेलना और हर कठिनाई से पार पाना।

और जहाँ वे पहुँचते हैं, वहाँ रास्ते पर डटे रह कर ही पहुँचते हैं। जब काम ठीक न चल रहा हो तो सब को भय और अनिश्चय का एहसास होता है। उतार-चढ़ाव ज़िन्दगी और कारोबार का हिस्सा है। अगर आप अधिकांश दूसरे लोगों जैसे हैं, तो आप का ध्यान उतार पर ज़्यादा केन्द्रित रहेगा, उन अनदेखी समस्याओं पर, जो आपके सामने आ खड़ी होती हैं।

लेकिन मंज़िल तक डटे रहने का ताल्लुक़ तैयारी, योजना और मुश्किल समय में चुस्ती-फुर्ती से है। वह आत्मविश्वास के संकट को जीतने और अपने लक्ष्यों तक पहुँचने के लिए लगे रहने से जुड़ा है। इसका मतलब यह नहीं है कि आप घूम नहीं सकते या अगर आप देखें कि

कोई चीज़ सचमुच काम नहीं कर रही तो आप अपने नुक़सान को कम करने के क़दम नहीं उठा सकते। सच तो यह है कि लम्बे समय तक मंज़िल पर डटे रहने के लिए यह आपकी रणनीति का अंग है।

अगर उद्यमी बनने के आकांक्षी लोगों के लिए असफलता सबसे मुश्किल रुकावट है, तो आपका सबसे बड़ा गुण है मंज़िल तक डटे रहने की आपकी योग्यता और इच्छा; कारोबार में, हालात हमेशा आपके अनुकूल नहीं होंगे। लोग आपके हर फ़ैसले पर सवाल उठायेंगे और ज़िद करेंगे कि जो दिशा आपने चुनी है, वह आपको अपने लक्ष्यों तक नहीं पहुँचने देगी। जब आपके प्रतिद्वन्द्वियों को किसी कमज़ोरी का एहसास होगा, वे निर्ममता से चोट करेंगे। मंज़िल तक डटे रहना कारोबार का सबसे पेचीदा फ़लसफ़ा नहीं है, जिससे आप रू-ब-रू होंगे, लेकिन वह कारोबार का मूल-मन्त्र है।

◆

एक बार उद्यमी बनने की बेपनाह सनसनी और रगों में ख़ून की तेज़ रफ़्तार को महसूस करने के बाद मुझे मालूम हो गया था कि अब मैं कभी कुछ और नहीं करने वाला। जितना अधिक मैं कोई काम करने के लिए ज़ोर लगाता, उतना ही ज़्यादा लचीला मैं बनता जाता जब काम पूरी तरह मेरी उम्मीदों पर खरा न उतरता। मैंने धीरे-धीरे टप्पा खा कर वापस उछलना सीखा।

जैसा कि मैंने ज़िक्र किया, यू.टी.वी. के पहले-पहले निवेशकों में न्यू यॉर्क के वॉरबर्ग पिंकस थे। मैं उस टीम के सम्पर्क में रहा हूँ जो हमारे बोर्ड पर कई साल तक थी। जिस समय मैं डिज़्नी यू.टी.वी. और मीडिया से बाहर आ रहा था, तक़रीबन उसी समय सिंगापुर जाने वाली उड़ान पर इत्तफ़ाक़ से मेरा आमना-सामना फ़र्म के एक साझीदार दिलीप पाठक से हुआ। हमारी सीटें बीच के रास्ते के दोनों तरफ़ थीं। उस छोटी-सी उड़ान में थोड़ी-सी झपकी लेने के लिए हम सीटों में धँस गये।

'यह जान कर ख़ुशी हुई कि तुम अपनी दूसरी पारी शुरू कर रहे हो, लेकिन मुझे तुमसे कुछ कहना है,' दिलीप ने मुस्कराते हुए कहा। 'जब तुम्हारे साथ हमारा सम्बन्ध था तो हमें मालूम रहता था कि तुम ठीक वही करोगे जो तुम हमें बताते थे कि तुम करने जा रहे थे। यह बहुत ज़रूरी था। कभी यह तरीक़ा काम करता था, कभी नहीं करता था। अरे, मुझे पाँच-छह बार की याद है जब मामला दायें-बायें हो गया होता और अन्त नज़दीक था। मुझे यक़ीन है, इससे भी ज़्यादा मौक़े रहे होंगे जिनके बारे में मैं जानता भी नहीं। मगर तुम यहीं हो।' उसने अपना सिर हिलाया।

ख़ामोशी के उन चन्द लम्हों में मैंने तेज़ी से उन घटनाओं को याद किया जिनकी चर्चा वह कर रहा था। बाल-बाल बचने के कुछ मौक़े, जब शुरू करने से पहले ही घण्टी बज गयी होती।

'आम तौर पर बिल्ली की नौ जानें होती हैं, रॉनी। तुम्हारी तो लगता है बीस रही हैं।'

'मेरा ख़्याल है, तुम सही हो!' मैंने रज़ामन्दी ज़ाहिर की। और तब से यह नाम चस्पा हो गया है—'बीस जानों वाली बिल्ली।' मैंने इस ख़िताब को एक तमग़े की तरह अपना लिया। हम उन साझी कहानियों को याद करके हँसते रहे। इत्तफ़ाक़ से की गयी उस बातचीत का असली प्रभाव मुझ पर आगे चल कर हुआ।

क्या हम इसलिए अनोखे थे कि हमने इतने दिनों तक ख़तरों का सामना किया था और रोज़मर्रा की चुनौतियों का सामना करने के लिए बच कर दूसरी तरफ़ पहले से ज़्यादा ताक़तवर बन कर निकल आये थे? मैं ऐसा नहीं सोचता। लेकिन हममें लगन थी, इस बात के बावजूद कि जितनी समस्याएँ हमारे हिस्से में आनी चाहिएँ थीं, उनसे कुछ ज़्यादा ही हमारे हिस्से में आयी थीं—ग़लत समय का चुनाव, ख़राब अन्दाज़े, छूट गये मौक़े, मरते-मरते बचने के अनुभव और दिल मसोसने वाले ऐसे बहुत-से दिन, हफ़्ते और महीने जब हमारी कोई भी कोशिश कामयाब होती नहीं जान पड़ती थी। मन में जल्दी से गिनने पर मेरे काम-काज के दौरान बीस से अधिक ऐसे मौक़े थे—सिर्फ़ यू.टी.वी. के भीतर नहीं, शुरू से। थिएटर, टूथब्रश, केबल टी.वी. और उससे भी परे जब हालत बिलकुल अलग होती, अगर हम मंज़िल की तरफ़ डटे न रहते।

उद्यमियों को हर रोज़ अनोखी चुनौतियों का सामना करना पड़ता है। हो सकता है कि आपके सामान या सेवा को वह भरपूर बाज़ार नहीं मिल सका जो आपने सोचा था कि वहाँ बाहर मौजूद था। सम्भव है, आपके पैसे ख़त्म हो गये, पूँजी के अगले दौर का इन्तज़ाम नहीं हो पाया या आपने एक बड़ा दाँव खेला और सब हार गये। शायद कम्पनी की बुनियाद रखने वाले लोग अलग हो गये या विकास बिलकुल रुक गया। कारोबार में ऐसा लगता है कि सही होने की बनिस्बत ऐसा बहुत कुछ है, जो ग़लत हो सकता है। सफलता कभी संयोग नहीं होती और बिरले ही रातों-रात अवतरित होती है। यह उस तस्वीर से कोसों दूर है जो किसी नई शानदार सेवा या लेने-लायक़ सामान का प्रचार करते समय मीडिया कभी-कभी दिखाता है।

तो फिर क्या है जो उद्योग और कारोबार के सरदारों को दिवंगतों से अलग करता है? मंज़िल तक डटे रहना वह अनिवार्य, अप्रचारित, अक्सर नाशुक्रा काम है जो उस आदमी और उसकी बुनियादी टीम के मत्थे पड़ता है जिसके हाथ में बागडोर होती है। मेरा अनुभव कहता है

कि मूल्य सृजन या मूल्य वृद्धि अक्सर दौड़ के आरम्भ में महज़ सबके साथ क़तार में खड़े हो जाने पर ही चली आती है।

फिर दौड़ के अन्त में रेखा को पार कर जाइए और दौड़ते रहिये।

◆

जब हमने टी.वी. चैनलों का अपना समूह शुरू किया—बिन्दास से यू.टी.वी. मूवीज़ तक, यू.टी.वी. एक्शन से यू.टी.वी. वर्ल्ड मूवीज़ तक—मेरी निजी इच्छा कारोबारी-ख़बरों के जगत में भी क़दम रखने की थी। सी.एन.बी.सी. झुण्ड में सबसे बहुत आगे था और इसने हमें एक अनोखा अवसर उपलब्ध करा दिया। हम यू.टी.वी. बिज़नेस न्यूज़ के रूप में मैदान में उतरे, शुरू के दिनों में ए.बी.सी. से जुड़ कर (अपने डिज़्नी सम्पर्कों की वजह से, चूँकि ए.बी.सी. डिज़्नी परिवार का हिस्सा है)। लेकिन अगली सीढ़ी फलाँगने के लिए हमें कारोबार में किसी जाने-माने ब्राण्ड से साझेदारी करने की ज़रूरत थी। ब्लूमबर्ग कुदरती चुनाव था और हमारे लिए एकदम मुनासिब भी।

मैं अपने दिल की गहराई में जानता था कि ब्लूमबर्ग से सम्पर्क साधना और एक प्रस्तावित ब्लूमबर्ग-यू.टी.वी. बिज़नेस चैनल के लिए समझौते और सौदे की शर्तें तय करना एक चुनौती साबित होगा। मैदान में ज़बरदस्त होड़ थी और हमारे साथ एक दिक़्क़त भी थी। माइकल ब्लूमबर्ग ने खुले तौर पर यह साफ़ कर दिया था कि ब्लूमबर्ग अपने ब्राण्ड और सामग्री के विशेष अधिकार किसी को नहीं देता, न आसानी से संयुक्त प्रयासों में शामिल ही होता है। हक़ीक़त यह है कि वह संस्था विश्व स्तर की पहलक़दमियाँ करते समय ज़मीनी सतह से संस्था के निर्माण में विश्वास करती है।

यह जानते हुए, मैंने उनकी प्रमुख टीम को क़ायल करना शुरू किया कि उन्हें हिन्दुस्तान के सिलसिले में एक रियायत करने की ज़रूरत थी और अपने चैनल को यू.टी.वी. के साथ जोड़ते हुए ब्लूमबर्ग-यू.टी.वी. के नाम से एक संयुक्त-ब्राण्ड बनाकर सामग्री की साझेदारी कर लेनी चाहिए। हमें उनसे उम्मीद-भरी प्रतिक्रिया मिली। लेकिन चाहे वे जितने भी उत्सुक रहे हों, कोई सौदा नहीं हुआ था। अपनी तरफ़ से हम बिना संयुक्त-ब्राण्ड के अपने लक्ष्यों तक नहीं पहुँच सकते थे।

लिहाज़ा, अगले बारह महीनों तक मैं उनके नियमित सम्पर्क में रहा और जब भी किसी काम से अमरीका जाता, उनसे मिलने उनके दफ़्तर चला जाता। दो बार मैंने न्यू यॉर्क का एक-एक दिन का दौरा किया ताकि अपनी साख बढ़ाने वाली कोशिश जारी रखूँ—सोलह घण्टे की

सीधी उड़ान के बाद सुबह पहुँच कर, बिना किसी एजेण्डा के, उनके साथ दो घण्टे बिताने के बाद फिर पन्द्रह घण्टे की सीधी उड़ान पकड़ कर वापस मुम्बई। वे बहुत थकाऊ उड़ानें थीं, लेकिन तमाम कोशिशों के लायक़। क्योंकि एक दिन उन्हीं 'पड़ोस में आया हुआ था' क़िस्म के दौरे में बर्फ़ गलने लगी।

उन दिनों ब्लूमबर्ग के लोग ऐसे देशों में फैलने के सबसे अच्छे तरीक़े खोज रहे थे जहाँ वे अपने चैनल नहीं चला सकते थे। दो-एक महीने की बातचीत के बाद, जिसकी नींव साल भर के दौरान कई मुलाक़ातों के ज़रिये रखी गयी थी, मुझे एक फ़ोन आया जब मैं मुम्बई के ताज महल होटल में पूँजी निवेशकों के एक सम्मेलन को सम्बोधित कर रहा था। ब्लूमबर्ग ने सुबह-सुबह न्यू यॉर्क में अपनी अन्दरूनी चर्चा पूरी कर ली थी। मैं फ़ोन पर बात करने के लिए अपने सत्र से बाहर आ कर मुम्बई की उस शाम पुराने ताज की इमारत में ज़ीने पर चला आया। हमारे पास अन्तिम रूप से तय करने के लिए तीन शर्तें थीं—लाइसेन्स की एक तयशुदा फ़ीस जिस पर कोई मोल-भाव नहीं हो सकता था और जिसे किसी और को नहीं दिया जा सकता था; कम्पनी में एक छोटा-सा हिस्सा जो नियमों के मुताबिक़ मंजूरी के अधीन था और ब्लूमबर्ग के कारोबारी स्रोत के साथ मज़बूत ताल-मेल-और यह सौदा मंजूर-हो-तो-लो-वरना-छोड़-दो के आधार पर पेश किया गया था।

सौदा मुनासिब था। हमने मंजूर कर लिया।

तसल्ली के गहरे एहसास और उससे जुड़े थोड़े-से आत्मविश्वास के साथ मैं ताज के ज़ीने के हत्थे से टिक कर ऊपर उस गुम्बद को देखता रहा जो आगे चल कर 26/11 के हमले में इतने दुखद रूप से आतंकवादियों द्वारा उड़ा दिया जाने वाला था। मैंने इस सम्बन्ध को पालने-पोसने में बहुत समय और मेहनत ख़र्च की थी। ब्लूमबर्ग के लिए भी यह अपने क़िस्म का पहला समझौता था। कारोबार की दुनिया का एक प्रधान यू.टी.वी. के साथ संयुक्त-ब्राण्ड बनाने के लिए राज़ी हो गया था। यह हमारे अपने ब्राण्ड के सिलसिले में बहुत-कुछ कहता था। हमारा अनुबन्ध ब्लूमबर्ग के लिए एक नमूना बन गया और जैसा कि प्रमुख टीम ने मुझे बाद में गर्व से बताया, इसी नमूने के आधार पर वे अब दुनिया के विभिन्न देशों के साथ समझौते करते हैं। मैंने उस सौदे को हासिल करने के लिए जो किया, वह कोई ग़ैर-मामूली बात नहीं थी। लेकिन मैंने उद्यम के बारे में दो महत्वपूर्ण सबक़ हासिल किये –

1. मंज़िल तक डटे रहना सचेत रूप से अपनायी गयी रणनीति है और आपको उन लक्ष्यों को प्राप्त करने में मदद करती है जो आपकी पहुँच से बाहर रहते, अगर आपने हथियार डाल दिये होते; और

2. सफलता आती है शुरुआती दौर में तैयारी और जगह तय करने से; किसी विचार पर पूरे समर्पण और अपने लक्ष्यों पर निगाहें गाड़े रहने से; अपने और अपनी टीम के लिए भरोसा पैदा करने से; और उस आत्मविश्वास से जो मज़बूत इरादे और एक साफ़, तरतीबवार दिमाग़ से काम करने पर उपजता है।

◆

जितना ही अधिक मैं अपने अन्दर कारोबार का तजुर्बा करने और उसे परखने के पिछले दो दशकों की जाँच-परख करता हूँ, उतना ही मैं हमारी सफलता का ज़्यादातर श्रेय मंज़िल तक डटे रहने की हमारी क्षमता को देता हूँ। ईमानदारी के लम्हे में अपनी कुछ सबसे बड़ी नाकामियों के लिए मैं उस समय अपने अन्दर लगन के अभाव को ज़िम्मेदार ठहराता हूँ— जिसकी सबसे अच्छी मिसाल है घर-बैठे-ख़रीदारी में हमारा ग़ोता खा जाना।

मनोरंजन और मीडिया एक सेक्सी, लुभावना उद्योग साबित हो सकता है। लेकिन जो ऊर्जा और जोश उद्यमियों को पहले-पहल मीडिया की तड़क-भड़क और चकाचौंध की तरफ़ खींचता है, वह उन्हें बस एक ख़ास दूरी तक ही ले जाता है। इसके बाद हुनरमन्दी की कमी और औसत के नियम उन्हें थाम लेते हैं। यू.टी.वी. 1990 में शुरू किया गया था। आँकड़ों के हिसाब से मीडिया के ज़्यादातर उद्यमियों का जीवन-चक्र सात बरस का होता है। इसका मतलब है हमारा बीस से ज़्यादा बरस का दौर हमें जीवन-रेखा के ऊपरी सिरे पर रख देता है। बॉलीवुड और प्रसारण में हमारे प्रवेश ने हमारी सूरत-शक्ल बदल दी और यू.टी.वी. को अगली पैदान पर पहुँचा दिया। इसके बावजूद कि जब हम 1990 के अन्त में वहाँ पहुँचे थे, हम हर नज़र से एक अजनबी जगत में अजनबी थे, हम आँखें पूरी तरह खुली रखते हुए गये थे।

मुश्किल स्थितियों को पार करने का रहस्य है कभी यह न दिखाना कि वे आप को परेशान कर रही हैं। चाहे वे अध्यापकों के साथ हों या विरोधियों, प्रतिद्वन्द्वियों, दोस्तों या माता-पिता के साथ। अपनी निगाहें क्षितिज के पार टिकाइये। ज़िन्दगी इतनी छोटी है कि आप दूसरों को यह इजाज़त नहीं दे सकते कि वे आपको अधूरा महसूस करायें। ऐसा ही संकल्प सफलता की भविष्यवाणी करता है और एकाग्र, समर्पित विचार-प्रक्रिया से शुरू होता है। जो करना ज़रूरी है, वह कीजिये। पता लगाइये कि क्या ग़लत हुआ और उसे ठीक कीजिये। उस ट्रक से होशियार रहिये जो आपको कुचलने चला आ रहा है और बग़ल हट जाइये। सफलता के लिए योजना बनाइये और बचे रहने पर ज़ोर दीजिये। उद्यमी के तौर पर आप के साथ सबसे ख़राब

बात यही हो सकती है कि आप का कारोबार बन्द हो जाये और आप लौट कर वहीं पहुँच जायें जहाँ से चले थे। बचे रहने का मतलब है, सफल होने के लिए जी-जान लगा देना।

◆

भविष्य के लिए योजना बनाते समय यह बहुत ज़रूरी है कि अपनी टीम को भी लम्बे दौर तक चलने के लिए तैयार कीजिये। ज़रूरत यह है कि आपकी टीम आपके सपने में विश्वास करे। और हर तूफ़ानी लहर के प्रकट होने पर जहाज़ से कूद कर निकल न भागे। डटे रहने के लिए समर्पित रहे। यह कहने के बाद भी आप शुरू में कभी यह नहीं जान सकते कि कौन लम्बे समय तक रहने के लिए आया है और कौन आपके नमस्ते कहने से पहले ही चला जायेगा। लेकिन आगे रास्ता दिखाने वाले के रूप में यह आपके ऊपर है कि आप प्रतिभा को पहचानें, उसे पालें-पोसें, विचारों में हिस्सा बँटायें, टीम के सदस्यों को अपने साथ जोड़े रहें और उन्हें पुरस्कृत करें जब तक सब में एक-सी समझ और सहमति न आ जाये।

निश्चय ही, हम 'जब तक मौत हमें न अलग कर दे' क़िस्म के समर्पण की बात नहीं कर रहे। इस 24/7 की दुनिया में प्रचलित समझदारी का तक़ाज़ा यही है कि किसी-न-किसी समय हर व्यक्ति यह देखता है कि उसके काम-काजी जीवन में जल्दी से बदलाव कैसे आ सकता है। ज़्यादातर पेशेवर लोगों और कम्पनी के अन्दर तरक़्क़ी करने वालों के लिए पद और नौकरियाँ बदलने के अवसर पहले से बेहतर जान पड़ते हैं-लेकिन यहीं आप एक मार्ग-दर्शक की तरह सामने आते हैं अपनी टीम को बड़ी और समूची तस्वीर दिखा कर क़ायल करने के लिए कि सबसे अच्छी तरह सीखने, विकास करने और दौलत पैदा करने का काम तभी हो सकता है जब आप सब साथ बने रहें। यू.टी.वी. में मैंने मालिक होने के एक ताक़तवर जज़्बे को पैदा करने के लिए कड़ी मेहनत की थी। टीम के बहुत-से सदस्य हमारी तरक़्क़ी के पहले चक्र के पूरे होने तक एक दशक से भी ज़्यादा समय हमारे साथ बने रहे और बहुत-से लोग दूसरे दौर में भी। कुछ, जिनमें मेरे साथी-संस्थापक शामिल थे, पूरा समय साथ रहे। टूथब्रश जगत में भी जैसे ही एक बार लोगों ने एक साझा सपना और जोश महसूस किया, मुझे यह पहचानने में दो साल लगे कि कौन लम्बे दौर का साथी था, कौन नहीं।

मोटे तौर पर कहने का जोखिम उठा कर कहूँ तो आपको यह जानने के लिए छह महीने से ज़्यादा का समय नहीं लगना चाहिए कि आपने सही लोगों को काम पर रखा है या नहीं; यही बात आपकी टीम में शामिल होने वाले व्यक्ति पर लागू होती है। जब एक बार उसे कम्पनी के भीतर अपनी भूमिका को निर्धारित करने का वक़्त मिल जाये, तो वह अपना रास्ता

साफ़-साफ़ देख सके और कम्पनी और आपकी टीम के हिस्से के तौर पर अपने भविष्य के बारे में सोच सके। दोनों पक्षों को यह अन्दाज़ा लगाने में लगभग दो साल का समय लगता है कि लम्बे दौर में सफलता सम्भव है या नहीं।

मैं टीम के साथ काम करने, क़ायम रहने और मंज़िल तक डटे रहने, कम्पनी को अपना समझने की संस्कृति पैदा करते हुए कम्पनी-प्रमुख के रूप में सिखाने और रास्ता दिखाने के महत्व को सिड रॉय कपूर से बेहतर तौर पर नहीं ज़ाहिर कर सकता। डिज़्नी इण्डिया के मैनेजिंग डायरेक्टर के तौर पर मेरी जगह लेने के बाद ही उसने शुरू 2014 में मुझे एक पत्र लिखा था –

यू.टी.वी. के साथ अपने सम्बन्ध के बीस साल पूरे करते हुए आज मैं यह सोचे बिना नहीं रह सकता कि मैं सात साल का था जब आप केबल टी.वी. कही जाने वाली यह अद्भुत तकनीक हमारे रोमांचित घर में लाये थे। मैं चकित था कि मालिक ख़ुद हरेक कनेक्शन को जाँचने और यह देखने के लिए आता था कि उसका रिसेप्शन कैसा था। मीडिया में—जो ठीक-ठीक वही रास्ता था जिस पर मैं भी चलना चाहता था—आप जो कर रहे थे, उससे प्रभावित हो कर मैंने यू.टी.वी. में 1994 में एक शागिर्द की हैसियत से शुरू किया था। मैंने आज आपके दस्तख़त वाला अपना पहला नियुक्ति-पत्र फ्रेम कराया है जिसमें मेरा वज़ीफ़ा उस समय रु. 2000 महीना था। मैं इन-फ़्लाइट विभाग में काम करता था, देर रात तक चलने वाली एडिटिंग और सबके साथ बैठ कर सोच-विचार की बैठकों में हिस्सा लेते हुए और मुझे हैरत होती थी कि आप भी कम्पनी को क़ायम करने वाले के रूप में हमारे साथ सुबह के 3.00 बजे तक दफ़्तर में वॉयस-ओवर करने और टेपों के भेजे जाने से पहले उन्हें जाँचने के लिए मौजूद होते। यह संयोग से वही गर्मियाँ थीं जब न्यूज़ कॉर्प ने यू.टी.वी. में पूँजी लगायी थी और *शान्ति* शुरू किया गया था। एक युवा, महत्वाकांक्षी नये सीखने वाले की हैसियत से मीडिया में काम करने के लिए इससे बेहतर और कोई जगह नहीं जान पड़ती थी और आदर्श के रूप में आपसे अधिक शान्त और प्रेरणा देने वाला व्यक्ति मुझे और कोई नज़र नहीं आता था।

दस साल बाद एम.बी.ए. करने, प्रॉक्टर एण्ड गैम्बल के साथ काम करने के बाद मैं हांग कांग में स्टार के एक सबसे युवा वाइस प्रेज़िडेण्ट की हैसियत में था जब आपने मुझे फ़ोन करके पूछा था कि चूँकि आपने अभी-अभी *रंग दे बसन्ती* और *परिणीता* को हरी झण्डी दिखायी थी, क्या मैं वापस आ कर फ़िल्मों के

कारोबार को खड़ा करने में आपके साथ काम करना चाहूँगा। मैंने मुम्बई के लिए अगली उड़ान पकड़ ली थी। और अब हम उसके एक दशक बाद इस मुक़ाम पर हैं जब आप अपनी दूसरी पारी शुरू करने जा रहे हैं और इस नई मिली-जुली कम्पनी का ज़िम्मा मुझे सौंप रहे हैं। यह सिर्फ़ संयोग नहीं, और भी बहुत कुछ है। यह आपका सपना और दृष्टि है, हमेशा आगे को देखती हुई और हरेक से दस क़दम आगे। जिस तरह आप योजना बनाते हैं और कोई इरादा बनाकर नहीं, बल्कि सहज प्रेरणा के बल पर और विचारों के छन कर दूसरों तक पहुँचने से रास्ता दिखाते हैं, उसे हम दिल में सँजोये रखते हैं और उसकी कमी महसूस करते हैं, और यही एक कम्पनी-प्रमुख और उद्यमी के नाते आपकी सबसे आश्चर्यजनक निशानी है।

◆

अपने काम-काजी जीवन की जो सबसे ख़ास यादें मैंने सँजो रखी हैं, वे छोटी-छोटी घटनाएँ हैं जो आगे चल कर कहीं अधिक अहमियत अख़्तियार कर लेती हैं। वे मुझे याद कराती हैं कि मैं उतने बरस पहले उद्यमी क्यों बना था।

मेरी अब तक की एक पसन्दीदा फ़िल्म योजना, *स्वदेस,* जिस पर आगे चल कर हमारे *स्वदेस* फ़ाउण्डेशन का नामकरण हुआ, 2003 में भारत के गाँवों में फ़िल्मायी जा रही थी। शाह रुख़ ख़ान ने मोहन भार्गव की भूमिका निभायी थी, जो अमरीका का पढ़ा हुआ नासा का इंजीनियर है और अपने माता-पिता की मृत्यु के बाद भारत लौटता है। जितना ज़्यादा वह अपने इस पुराने घर को देखता और जानता है, उतना ही उसके मन में भारत में ही रह जाने और तब्दीली लाने की प्रबल इच्छा जागती है। दो संसारों के बीच बँटे हुए मोहन भार्गव को एक ज़िन्दगी बदलने वाला फ़ैसला करना है।

फ़िल्म के लिए मुख्य लोकेशन महाबलेश्वर और पंचगनी की तलहटी में बसी हुई वाई नाम की एक जगह थी जो अपने मन्दिरों और कृष्णा नदी तक उतरते चले जाने वाले घाटों के लिए जानी जाती थी। सुन्दर जगह थी, लेकिन पूरी तरह देहात का इलाक़ा। उस होटल से, जहाँ फ़िल्म के अभिनेता और दूसरे काम करने वाले ठहरे हुए थे, इतने फ़ासले पर थी कि कार से एक तरफ़ आने या जाने में एक घण्टा लगता था।

एक दिन की बात है, फ़िल्माने का सिलसिला शाह रुख़ के किरदार को ऐसे गाँव ले गया जहाँ रेलगाड़ी से ही जाया जा सकता था। वहाँ वह उस गाँव के एक सबसे ग़रीब निवासी, एक बूढ़े आदमी से मुलाक़ात करने के लिए गया था। वापसी के दौरान उसे अपने अन्दर अपनी

आत्मा में झाँकना था, क्योंकि यह मुलाक़ात और इसके लिए किया गया सफ़र उसे भारत में अपने पुराने घर के बारे में दोबारा से सोचने के लिए मजबूर करता था।

अब, *स्वदेस* का निर्देशन आशुतोष गोवारीकर कर रहे थे जो दो-एक साल पहले अकैडेमी पुरस्कार के लिए नामांकित *लगान* के सिलसिले में चर्चित हो चुके थे। बॉलीवुड में आशु की शोहरत फ़िल्म के हर फ्रेम में पूरी सच्चाई लाने का हठ करने वाले निर्देशक की है। उन्होंने ज़ोर दिया कि बूढ़े आदमी की झोंपड़ी असली हो और चारों तरफ़ नंगे पहाड़ों से घिरे वीरान इलाक़े में हो।

हम उस सुबह कार पर तयशुदा लोकेशन की दूसरी तरफ़ एक घण्टे के उस लम्बे सफ़र के लिए निकले। शाह रुख़ को उन दिनों पीठ में कोई गम्भीर समस्या तंग कर रही थी और वह फ़िल्माने का काम ख़त्म होते ही ऑपरेशन की सोच रहा था। हम दोनों एक-दूसरे का साथ देने और ताज़ा हाल-चाल जानने के इरादे से चले। इस दौरान हमने ऐसा बीहड़ इलाक़ा पार किया जैसा मैंने पहले कभी नहीं देखा था। जब-जब कार गड्ढों में झटके खा कर उछलती, शाह रुख़ तकलीफ़ से अपने जबड़े कसता और दाँत पीसता।

शाह रुख़ सपने देखने और करने-कराने वाला आदमी है, बड़े दाँव लगाने वाला ख़ालिस उद्यमी और वह भी सिर्फ़ फ़िल्म में नहीं। कारोबार में और खेलों में भी वह हमेशा अपने अन्दर की प्रेरणा पर चलता है। वह अपनी टीम को प्रेरित करते हुए और उसके सदस्यों को काम करने की आज़ादी देते हुए, आगे-आगे बढ़कर रास्ता दिखाता है। वह 'स्लीपलेस शाह रुख़' भी है, चूँकि वह लगातार शोर-शराबे के साथ ऊर्जा बिखेरता हुआ उन सब को प्रेरित करता रहता है जो ख़ुशक़िस्मती से उसके नज़दीक होते हैं।

उस तीन घण्टे के कार के सफ़र में हम या तो उसके कभी न ख़त्म होने वाले हँसोड़पने और उसके क़िस्सों की वजह से हँस-हँस कर पागल होते रहे या फिर हर बार सड़क पर किसी गड्ढे का झटका खा कर दर्द से दोहरे होते रहे। जब हम वहाँ पहुँचे, हमारा जोश बहुत जल्दी ठण्डा पड़ गया। हमारा स्वागत एक बिलकुल वीरान, बंजर ज़मीन के टुकड़े ने किया जिसकी शोभा सिर्फ़ एक अदद छोटी-सी झोपड़ी बढ़ा रही थी। शाह रुख़ ने अपनी दर्द कर रही पीठ को खींचते-तानते हुए अविश्वास से उस दृश्य पर निगाहें दौड़ायीं और सिर हिलाया। 'यहाँ तो कुछ भी नहीं है। हम इसे फ़िल्म सिटी में फ़िल्मा सकते थे,' उसने सपाट स्वर में कहा। वह सही था। मुम्बई में स्टूडियो के परिसर में ऐसे सेट हैं जिनमें पीछे हर क़िस्म की पहाड़ियाँ और हर स्थिति के लिए कुछ-न-कुछ सीनरी होती है।

आशु और सच्चाई के प्रति उसके समर्पण के लिए अपने अन्दर गहरे सम्मान के बावजूद

मैं शाह रुख़ के साथ हैरत से सोचता रहा कि हम इस जगह क्यों थे। लेकिन उस एक टिप्पणी के बाद शाह रुख़ ने बाक़ी का सारा दिन बिलकुल एकाग्र हो कर लगन के साथ काम करते हुए बिताया, मानो हम उस शॉट के लिए एकदम सही जगह पर थे।

आगे चल कर, लंच के समय हम सब झुलसा देने वाली गर्मी में कुछ काम-चलाऊ छतरियों के नीचे बैठे। मैं अपनी उत्सुकता रोक नहीं पाया और मैंने वह दिल को चुभने वाला सवाल पूछ ही लिया। 'आशु, मैं यही सोच रहा हूँ कि इस लोकेशन में अनोखा क्या है? तुम अपने दर्शकों को क्या दिखाना चाहते हो?'

आशु ने मुझे तीखी नज़र से देखा और मेरे कन्धे के पीछे दूर फ़ासले पर खड़े एक अजीबो-ग़रीब आकार और तीन चोटियों वाले पहाड़ की तरफ़ इशारा किया। वह चाहता था कि जब शाह रुख़ उस बूढ़े से मिलने के लिए झोपड़ी में दाख़िल हो तो पीछे वह अद्भुत दृश्य दिखायी दे।

सवा तीन घण्टे की फ़िल्म में तीन सेकेण्ड का सीन। लेकिन जब मैं वे तीन सेकेण्ड देखता हूँ तो मैं उस टीम के प्रति गर्व से भर जाता हूँ जो अपने विश्वास पर क़ायम रही और जिसने कप्तान और उसकी कल्पना को सहारा दिया।

◆

- लम्बे समय तक साथ निभाने का ताल्लुक़ जितना दम, हिम्मत और भरोसे से है, उतना ही योजना और चुस्ती-फुर्ती से और आत्मविश्वास से किसी संकट पर विजय पाने से है।
- जब काम योजना के अनुसार न चल रहा हो तो डर और अनिश्चय स्वाभाविक है, लेकिन यहीं आपके विश्वास की असली परीक्षा भी होती है। आम तौर पर सफलता और नाकामी के बीच अन्तर सिर्फ़ इतना होता है कि आप मंज़िल तक डटे रहते हैं या नहीं।
- चाहे आप अपने उद्यम के सफ़र पर पहले ही कुछ साल लगा चुके हों या आप उस पथ पर पहला क़दम रख रहे हों, अन्त तक डटे रहने की चाभी है अपने सपने में विश्वास करना और हर रोज़ उसे जीना। मंज़िल तक डटे रहने में आत्मविश्वास, दम, हिम्मत और संकल्प का साहस ज़रूरी है। इन्हें अपने अन्दर खोजिये।

9

चट्टान और रुझान

किसी भी कम्पनी-प्रमुख की सबसे बड़ी हुनरमन्दी होती है चट्टानों और रुझानों को पहचान लेना। शुरुआती कारोबार हों या विकसित व्यापार, सम्भावित मुसीबतों को भाँप लेने की आपकी विशेषता, लम्बे दौर में आपका समय, ऊर्जा और परेशानी बचाने के लिहाज़ से ख़ास तौर पर ज़रूरी है। लेकिन एक मिनट के लिए आपका ध्यान भटका नहीं कि आपको पता चलने से पहले ही वे चट्टानें आपको कुचलती चली जायेंगी।

कारोबार में यह जानना ज़रूरी होता है कि रुझान को कैसे पहचाना जाये। और इससे दुगना ज़रूरी है उस चट्टान या रेलगाड़ी को पहचानना जो अगर आप ध्यान न दे रहे हों तो आपका सिर कुचल देगी। हालाँकि मुझे दोनों ही का भरपूर तजुर्बा हुआ है, चट्टानें हमेशा याद रह गयी हैं।

2010 में फ़िल्म *चान्स पे डान्स* ऐसी ही एक चट्टान थी जो पूरी रफ़्तार से हमारी तरफ़ लुढ़कती चली आ रही थी। ऊपर से देखने पर वह एक मज़ेदार फ़िल्म थी, जिसमें मुख्य भूमिका में शाहिद कपूर था, फ़िल्मी सितारों की चकाचौंध का मारा एक युवक जो बाहर से मुम्बई आ कर बॉलीवुड में काम ढूँढने की कोशिश कर रहा था; और जिनीलिया डिसूज़ा वह नृत्य-निर्देशिका थी जो प्यार पाने के एक मौक़े के लिए अपने सपनों को क़ुर्बान कर देती है।

यहाँ तक तो ठीक था। शुरुआत में हमने सोचा, 'यह बॉलीवुड है। हम नाच-गानों से भरी फ़िल्म के साथ कोई ग़लती कैसे कर सकते हैं?' और निर्देशक-अभिनेता के इसी मेल ने

शाहिद को उसकी पहली फ़िल्म में इतनी सफलता दिलायी भी थी।

इसके बाद हम रास्ते में हर ग़लत मोड़ पर मुड़ते रहे, जिसमें ऐसी फ़िल्म के साथ 'रुझान' को न पहचानना शामिल था, जिसे पहले-पहले सम्पादन के फ़ौरन बाद देखते ही हमें मालूम था कि वह कहीं नहीं जायेगी।

चान्स पे डान्स के सिलसिले में शुरू ही से बात नहीं बनी। बॉलीवुड में अपने स्टूडियो के अलग-अलग विभागों के दस से भी ज़्यादा साल के तजुर्बे के बाद हमारे पास फ़िल्मों को प्रोड्यूस करने, रोज़-रोज़ की शूटिंग के नतीजे देखने और सीखने और क्या काम करेगा क्या नहीं, यह भाँपने का इतना तजुर्बा था कि हम ख़तरे के निशान देख सकें। हालाँकि मेरे अन्दर यही एहसास था कि कुछ ठीक नहीं है और मैंने अपनी टीम के साथ यह बेचैनी बाँटी भी थी, मैंने हर हाल में उस चट्टान को गड़गड़ाते हुए सीधे हमारी तरफ़ आने दिया था।

एक सीधी-सादी फ़ारमूला फ़िल्म के हिसाब से कुल मिला कर संगीत आकर्षक था। लेकिन बाक़ी सब कुछ एक हादसा था। कल्पना और उसके साकार रूप के बीच अलगाव बताना मुश्किल है, लेकिन उसे देखना आसान है। जितना ज़्यादा हम कहानी और सम्पादन के साथ छेड़-छाड़ करते, उतना ही ज़्यादा बात हमारे हाथ से बाहर होती जाती, जब तक कि अन्त में किसी तरह की छेड़-छाड़ की गुंजाइश ही नहीं रही।

इससे भी ख़राब यह था कि हमारे पास जो बुनियादी रचनात्मक टीम थी उसे हमारे विवेक और अन्दाज़े पर कोई भरोसा नहीं था। यह रचनात्मक टीम के ख़िलाफ़ आलोचना का मुद्दा नहीं है, क्योंकि इस तरह की समय और साधनों की माँग करने वाली योजना के साथ जुड़ा कोई भी व्यक्ति उसे मंज़िल तक पहुँचाना चाहता है। लेकिन दोबारा मज़े की शूटिंग और फेर-बदल करने के बाद भी हमें मालूम था कि वह एक डूबता जहाज़ था।

लागत का 40 फ़ीसदी ख़र्च करने के बाद ही हम काम रोक कर अपना नुक़सान घटा सकते थे—लेकिन कारोबार सम्बन्धी कोई भी फ़ैसला करने के लिहाज़ से वही समय सबसे मुश्किल होता है। अगर आप दुकान बढ़ा देते हैं तो यह लगभग तय है कि आप पूरी लागत को बट्टे-खाते में डाल रहे हैं। मगर यह कौन कह सकता है कि वह पूरी तरह बट्टे-खाते में डालने के क़ाबिल है? यही मौक़ा है जब 'आशा' और 'कौन जाने' का खेल शुरू होता है—और ये दोनों शायद ही कभी बिल चुकाते हैं।

कहने की बात नहीं कि हमने बोरिया-बिस्तर नहीं समेटा। और इसकी क़ीमत चुकायी।

ऐसी ही स्थिति का सामना हमने फ़िल्म *जोकर* के सिलसिले में किया, जो साइन्स-फ़िक्शन और कॉमेडी का फ़ारमूला मेल था, जिसके प्रचार पोस्टरों पर नाम के नीचे यह अशुभ

वाक्य लिखा रहता था—'समटाइम्स बीइंग एलियन इस द ओनली ऑप्शन' (कभी-कभी दूसरे ग्रह का वासी होना ही एकमात्र चारा है)। हमने स्क्रिप्ट पढ़ी और सभी सहमत हो गये। 'ठीक, एक बनावटी दुनिया की शैली में अजीबो-ग़रीब फ़ारमूला फ़िल्म। बहुत मज़ेदार और अनोखा मज़ाक़िया ख़्याल जो अगर ज़मीन पर उतारा जा सका तो सफल हो सकता था।' दुर्भाग्य से, ज़मीन पर उतरते वक़्त *जोकर* ने जो आवाज़ पैदा की वह थी—*धड़ाम!* वह फ़िल्म महज़ चट्टान नहीं थी, बल्कि पूरा-का-पूरा पहाड़ थी।

सिड रॉय कपूर और मुझे, हम दोनों को, फ़िल्म के पहले आधे हिस्से का रफ़ कट देखते हुए यह खुटका था कि निर्देशक और एडिटर द्वारा ख़ाली जगहों को—उस 20 फ़ीसदी हिस्से को जो पहले कट में अक्सर छूटा होता है—भरने के बाद भी फ़िल्म बिखरने से बच नहीं पायेगी। उस फ़िल्म का एक भी फ्रेम देखने की कोई ज़रूरत नहीं थी; यह उस तरह के लम्हों में से था जब आपके तन-मन का हर ज़र्रा चीख़ता है, 'मैं यह क्यों कर रहा हूँ?' हमें वह सख़्त फ़ैसला वहीं-के-वहीं लेना चाहिये था और फ़िल्म बन्द कर देनी चाहिये थी। हमने नहीं की।

दोनों फ़िल्मों से जो सबक़ मिले, वे बहुत कड़े थे। ज़िन्दगी में आपको सख़्त फ़ैसले करने पड़ते हैं। हमेशा ही वे पसन्दीदा फ़ैसले नहीं होते, मगर ऐसे होते हैं जो आप की नज़र में सही होते हैं। हम लोग पूरी तरह आपसी पीठ खुजाने और सन्तुलन बैठाने के खेल में उलझ गये जो किसी भी कारोबार में काम नहीं करता। हालत और ख़राब ही हो सकती थी। *जोकर* का निर्देशक फ़राह ख़ान का पति था और फ़राह के साथ हम उसकी अगली फ़िल्म के लिए क़रार करने वाले थे। ऊपर से, मुख्य भूमिका अदा कर रहे अक्ष्य कुमार ने शूटिंग के पहले आधे हिस्से के लिए बहुत तैयारी की थी। वह फ़िल्म को रद्द करने या हमारी जगह किसी और स्टूडियो को लाने के मूड में नहीं था, जिसका मतलब होता एक नामी सितारे के साथ अपने काम-काजी रिश्तों में तनाव पैदा करना।

थोड़े में कहें तो हमने सब कुछ ग़लत किया। हमने समझौते किये। हम अगले छह महीनों तक ऊपर से हिम्मत और समर्पण का चोला पहने, चापलूसी करते और सब कुछ सहते हुए दाँत दिखाते रहे, जबकि हम उस नतीजे से वाक़िफ़ थे जो रोका नहीं जा सकता था।

जो बात हमें मालूम नहीं थी, वह यह कि कब अपने नुक़सान को बचाते हुए पीछा छुड़ा लेना चाहिए।

इस ग़लती को एक से ज़्यादा बार कीजिये और आप पायेंगे कि आप उद्यमी और कम्पनी-प्रमुख के रूप में डूबने-उतराने लगे हैं। यही मेरे साथ हुआ। यह ग़लत और बेवक़ूफ़ाना था। अगर काम-काजी रिश्तों में इसलिए तनाव पैदा होता है कि आप अपने

विश्वास पर क़ायम हैं तो उसूल यही है कि होने दीजिए।

मैंने यह भी सीखा है कि समय बहुत-से घाव भर देता है। अगर मैंने उस रोज़ फ़ैसला कर लिया होता तो ख़राब-से-ख़राब क्या होता? अक्षय और फ़राह के साथ टकराव हुआ होता, लेकिन अकेले में वे हमारे कड़े फ़ैसले को समझ गये होते और मंज़ूर करते। अन्त में, कोई और स्टूडियो हमारी जगह लेता। हो सकता है वे हमारे ख़र्चों का मुआवज़ा देते, कम-से-कम कुछ हद तक, और फ़िल्म रिलीज़ हो गयी होती। यह बात अलग है कि इसके बावजूद वह एक हादसा ही साबित होती।

ज़िन्दगी आगे बढ़ती है। हम नापसन्दीदा, कड़े फ़ैसलों से कतराते है और यह नहीं समझते कि अन्त में जब नतीजे सामने आयेंगे तो हम किसी भी हालत में पसन्द नहीं किये जायेंगे।

आज भी, मेरा विश्वास है कि चट्टानों को पहचान लेना किसी भी मुहिम या काम में आगे-आगे रास्ता दिखाने के सिलसिले में सबसे मुश्किल काम है। सच्चाई यह है कि अगर सब बिना चूके चट्टानों को नीचे लुढ़कते देख लेते तो कारोबार की दुनिया, और आम दुनिया भी, एक बिलकुल ही अलग जगह होती।

ठहरिये ज़रा! इसमें ऐसी क्या मुश्किल है? आप कूद कर बग़ल हट जाइये, ठीक? हमें बचपन ही से ऐसा ही करने के लिए सिखाया जाता है। लेकिन कारोबार में आप को यह भी सुनिश्चित करना होता है कि आपकी टीम भी बग़ल हट जाये। जो कम्पनी-प्रमुख अपनी टीम का साथ छोड़ देता है, या और भी बुरा, उन्हें जानते-बूझते चट्टान के नीचे आने देता है, वह उद्धारक और मसीहा के रूप में देखे जाने की बात तो दूर रही, ख़ुद अपनी विश्वसनीयता खो देता है। वह उस भरोसे और आदर की जड़ें खोखली कर देता है, जो सफलता के लिए इतना ज़रूरी है।

आपके सामने दूसरा चारा है कि बीच रास्ते में खड़े रहें और कुचले जायें। मेरी नज़र में तो यह कोई चारा न हुआ।

कड़े फ़ैसले कीजिये और अपनी टीम को अपने साथ लीजिये और वक़्ती तौर पर निराश होने के बावजूद, कि उनकी कड़ी मेहनत सफल नहीं हुई, ईमानदारी से सोचते समय हर कोई आपको धन्यवाद देगा। टीम के साथ उस स्तर का भरोसा क़ायम करना, ख़ास तौर पर बड़ी टीम के साथ, आपसे उद्यमी और कम्पनी-प्रमुख होने के नाते आपकी सारी प्रतिभा और हुनरमन्दी की माँग करता है। लेकिन जब आप सब में आपसी समझ और सहमति हो तो क़ीमत और संगत, दोनों इस कोशिश के क़ाबिल हैं। टीमें अपने कम्पनी-प्रमुख की दृष्टि और अन्दाज़े पर भरोसा करती हैं।

शुरुआती कारोबार हों या विकसित व्यापार, सम्भावित मुसीबतों को भाँप लेने की आपकी विशेषता लम्बे दौर में आपका समय, ऊर्जा और परेशानी बचाने के लिहाज़ से ख़ास तौर पर ज़रूरी है। लेकिन एक मिनट के लिए आपका ध्यान भटका नहीं कि आपको पता चलने से पहले ही वे चट्टानें आपको कुचलती चली जायेंगी।

◆

कारोबार में रुझानों पर अगर तवज्जो दे कर काम न किया जाये, तो वे अच्छे ख़्यालों से ज़्यादा और कुछ नहीं रहते। अक्सर हम चट्टानों को किसी और की समस्या समझ लेते हैं जब तक कि बहुत देर न हो गयी हो।

मोड़ की उस तरफ़ झाँकना—यानी उन सारी अजानी चीज़ों को स्पष्ट और सुनिश्चित करना जो भविष्य में आपके सामने आ सकती हैं—और चट्टानों और रुझानों, दोनों को देख लेना, सबसे पहले इस बात की माँग करता है कि आप बेहतर ढंग से लोगों तक अपनी बात पहुँचायें, सही सवाल पूछें, अपनी टीम को भी ऐसा करने के लिए प्रेरित करें और मिल कर आगे बढ़ने की सबसे कारगर योजनाएँ विकसित कर सकें।

रुझानों को पहले ही हथिया लेने और भविष्य का अन्दाज़ा लगाने के साधन हैं –

1. एक गहरी समझदारी और बीते हुए वक़्त का विश्लेषण करने की योग्यता (चूँकि बीते हुए में प्रयोग और अनुभव पर आधारित सबूत मौजूद होते हैं);
2. वर्तमान को समझना-बूझना;
3. कम-से-कम अपने समय का 30 फ़ीसदी हिस्सा 'बाहर' ग्राहकों और बराबर वालों के साथ बिताना; और
4. सम्बन्धित अन्तर्राष्ट्रीय रुझानों की जानकारी और अकेले में इतना समय कि सूचनाओं के इस अम्बार को मन में बैठाया जा सके और यों अपनी सोच और अन्दर के एहसास को पैना बनाया जा सके। बहुत-से लोगों को कारोबार में मोड़ की उस तरफ़ देखने का ख़्याल सहज बुद्धि की बजाय जादूगरी जैसा जान पड़ता है। यही वजह है कि जब मैं अपनी टीम के सदस्यों या बाहर के सहकर्मियों से यह कहता हूँ कि चट्टानों और रुझानों के सिलसिले में किसी संस्था के अन्दर जो सबसे बड़ी समस्या सच्ची और खुली बातचीत के आड़े आती है, वह एक, सिर्फ़ एक शब्द-प्रेज़ेन्टेशन-से बतायी जा सकती है तो बहुत-से लोग अचरज से मुझे देखते हैं।

जी हाँ, मैं उन 20 से 200 तक स्लाइडों का ज़िक्र कर रहा हूँ जिन्हें तैयार करने में हमें एक दिन से ज़्यादा का वक़्त लगता है। इन्हें हम अगले दिन की बैठक के समय घण्टे भर से भी कम समय में निपटा देते हैं जबकि कमरे में मौजूद सबसे प्रमुख व्यक्ति दरअसल सिर्फ़ आख़िरी तीन स्लाइडें देखना चाहता है।

जब आप ऊपर बैठे लोगों को ध्यान में रखकर प्रेज़ेन्टेशन करते हैं—उस समूह के सामने जो संस्था के पिरामिड में आप से ऊपर हैं—तब आप बिना शक उन्हें वही बतायेंगे जो वे सुनना चाहते हैं। ऐसे में, सच्चाई लफ़्फ़ाज़ी के अम्बार के नीचे दबी रह जाती है। उद्यमी और कम्पनी-प्रमुख को सीधा दो टूक होना चाहिये। एक से ज़्यादा मौक़ों पर मुझे कहना पड़ा है, 'मित्रो, मतलब पर आइये। मुझे योजना बनाम असलियत के बारे में जानना है। मैं चुनौतियों के बारे में जानना चाहता हूँ और यह भी कि हमें अलग ढंग से क्या करने की ज़रूरत है। क्या हम सही राह पर हैं या हमें अपने थोड़े और लम्बे समय के लक्ष्यों की समीक्षा करने की ज़रूरत है? क्या टीम आपस में सहमत और जोश से भरी हुई है?'

अगर लोगों ने प्रेज़ेन्टेशन तैयार करने में मज़े का वक़्त लगाया है तो बेशक आप उन्हें ध्वस्त नहीं करना चाहते। ज़्यादातर कांफ्रेंस या बैठक के कमरों में बिजली से चलने वाले परदे होते हैं जो प्रेज़ेन्टेशन के समय गिर कर नीचे आ जाते हैं। बत्तियाँ बन्द हो जाती हैं जिससे कमरे में बैठे लोगों को प्रेज़ेन्टेशन सुनने की बजाय बाक़ी सब कुछ करने की अनकही छूट मिल जाती है। मसलन, अपनी ईमेल और वॉट्स ऐप सन्देश देखना। ज़्यादातर मामलों में प्रेज़ेन्टेशन पेश करने वाले की हरकतें आपको स्लाइडों पर दिखने वाले शब्दों और तस्वीरों से कहीं अधिक बता देती हैं, लेकिन आप अँधेरे कमरे में इन शब्दहीन संकेतों को नहीं देख पाते। प्रेज़ेन्टेशन को ख़त्म करने का मेरा अक्खड़ और सीधा तरीक़ा है परदे को उठाने और बत्तियाँ जलाने वाले बटन को दबा देना। 'सुनो, मेरे ख़्याल में यह एक शानदार प्रेज़ेन्टेशन है। तुमने इस पर काफ़ी समय लगाया है,' मैं कहता हूँ। 'लेकिन इस समय हमें उन मुद्दों पर ध्यान केन्द्रित करने की ज़रूरत है जो सामने खड़े हैं। इसे ईमेल से मुझे भेज दो और मैं आज रात इस पर ग़ौर कर लूँगा।'

प्रेज़ेन्टेशन पेश करने वाले को कठघरे में खड़ा करने की बजाय आपने स्थिति को शान्त कर दिया और टीम के ध्यान को दोबारा उस वजह पर केन्द्रित कर दिया जिसके लिए आपने बुनियादी तौर पर यह बैठक बुलायी थी। *मुझसे सीधे-सीधे आँखें मिलाओ और आओ, हम सामने मौजूद मुद्दों पर बहस करें। तुम जो यहाँ कह रहे हो, मैंने उसमें अनकही बातें भी सुन ली हैं और मैं आगे बढ़ने के लिए हमारे सबसे मुनासिब क़दमों के बारे में बात करना चाहता हूँ...*

जब आप इस तरह की नसें झनझना देने वाली मुसीबत के रू-ब-रू होते हैं तब आपको किस तरह लिया जाता है, यह इस पर निर्भर है कि आपकी टीम किस हद तक और किस ख़ूबी से उस संस्कृति और तौर-तरीक़ों को समझती और मानती है जो आपने क़ायम किये हैं। अगर आपने ऐसे आदमी की मलामत की, जिसने पूरी सच्चाई से कम्पनी की हालत पर अपने विचार बताये हैं, तो दस लोग आपको तत्काल सुनना बन्द कर देंगे; उनका ध्यान आपसे खीझने या इस चिन्ता की तरफ़ चला जायेगा कि जब उनकी बोलने की बारी आयेगी तो वे अपने को इस चीर-फाड़ से कैसे बचा सकेंगे। कहने की ज़रूरत नहीं कि यह एक अनुपजाऊ मानसिकता है।

बात कहने में माहिर लोग बात कह ले जाते हैं।

कारोबार को महज़ पावर पॉयण्ट, एक्सेल के पन्नों और आँकड़ों की सतह तक उतार देना उस फ़ायदे को नज़रन्दाज़ कर देना है जिसे अनुभव अपने साथ लाता है। मोड़ की उस तरफ़ झाँकना और चट्टानों और रुझानों पर नज़र रखना काग़ज़ पर बहुत बढ़िया जान पड़ता है, लेकिन अपने पीछे एक टीम की मौजूदगी के बिना उसमें से किसी बात का कुछ मतलब नहीं, न वह सम्भव ही है। इस पूरी किताब में मैंने बराबर ज़ोर दिया है कि आपकी कम्पनी की सबसे बड़ी दौलत है खुली और ईमानदार बातचीत। और इसके साथ-साथ, सूचनाओं को नहीं, पैसे को तो यक़ीनन नहीं, बल्कि लोगों को गिनना-परखना। अपने सबसे अच्छे लोगों को गँवा दीजिये और फिर चाहे जितनी सूचना और पैसा हो, सफलता का दरवाज़ा नहीं खुलेगा।

शुरू-शुरू के दिनों ही से, जब हम तीस लोगों की टीम थे, मैंने खुली अनौपचारिक सभाओं और टीम के जमावड़ों में गहरा भरोसा किया है। बातों की दुतरफ़ी आवा-जाही और खुले तौर पर योजना बनाना कम्पनी के तौर-तरीक़ों और संस्कृति की बुनियाद रखने के लिए बहुत ज़रूरी है। इससे टीम के लोगों को एहसास होता है कि वे 'कहानी का हिस्सा' हैं, महज़ 'कहानी के श्रोता' नहीं। बरसों तक, समूहों के स्तर पर नियमित आदान-प्रदान के अलावा, मैं लगाव के उस भाव को, रिश्ते के जज़्बे को, क़ायम रखने के लिए साल के आख़िर में टीम के हर सदस्य को एक जायज़ा लेने वाला सन्देश भेजता आया हूँ। इस सन्देश में पिछले साल की उपलब्धियों के हवाले के साथ आने वाले साल की चुनौतियों और लक्ष्यों की चर्चा रहती है। यह सब इस एहसास को बनाये रखने के लिए कि इस मामले में हम सब साथ हैं और ऐसी चीज़ बना रहे हैं जिस पर हमें गर्व होगा।

मुझे सोचते हुए बीते दिनों का ऐसा वक़्त याद आता है जब मैंने छह सहकर्मियों को शनिवार की शाम एक बेहद ज़रूरी बैठक के लिए बुलाया। उस समय उनमें से किसी के भी

पास कार नहीं थी और संयोग से उस रोज़ टैक्सियों की हड़ताल थी। सब ने आने-जाने की समस्या के बारे में चर्चा की और सोचा कि क्या सोमवार को सुबह-सवेरे मिलने से काम चलेगा। लिहाज़ा मैं ख़ुद अपनी कार ले कर गया और अपने सहकर्मियों को उनके घरों से बटोर लाया। फिर, सबसे नज़दीक के कॉफ़ी घर में बैठक पूरी कर लेने के बाद, मैंने उनमें से हरेक को उसके घर पहुँचा दिया। उनके लिए वह एक बैठक थी। मेरे लिए वह कम्पनी की संस्कृति को बनाने का तरीक़ा था।

मुझे याद आता है कि यू.टी.वी. की एक पुरानी सहयोगी, माइलीता आग़ा ने, जो शादी करके अमरीका जा बसने से पहले सिंगापुर में हमारी ट्रेण्डसेटर बुनियादी टीम में शामिल हुई थी, विदाई का एक सन्देश भेजा था। 'आपने हमेशा ऐसा दिखाया कि हर चीज़ कितनी आसान थी, जबकि मैं जानती हूँ कि ऐसा कभी नहीं था और यक़ीनन आपके लिए तो नहीं ही। लेकिन महज़ इसलिए कि आपने उसे आसान और करने-योग्य बना दिया, आपको बहुत-से समर्थक मिल गये।' यह लिखते हुए उसने उस संस्कृति और काम करने की फ़ितरत का सार पेश किया था जिसे लागू करने के लिए मैंने यू.टी.वी. में हमेशा कोशिश की और उन सारी कम्पनियों में भी जो मैंने इस दौरान बनायीं। 'ज़्यादातर मौक़ों पर हम जानते थे कि हम साहसी और लीक से हट कर काम कर रहे थे और वे किसी भी समय ग़लत हो सकते थे। लेकिन हमने किये, क्योंकि आपको उनमें, और मेरे ख़्याल में हम सब में, विश्वास था।'

मुझे उसकी यह सनद पा कर ख़ुशी और गर्व भला क्यों न होता? लेकिन अन्त में उसके शब्दों का कोई सम्बन्ध मुझसे नहीं था। वह सब सारी टीम और उस संस्कृति के बारे में था जो हमने खुली और ईमानदार बातचीत से बनायी थी।

◆

जो उद्यमी होते हैं वे रुझानों को कैसे लक्षित करते और विचारों को कर्मों में बदलते हैं? इससे पहले, मैंने ज़िक्र किया है कि कैसे हमने *शान्ति* और उसके बाद के दैनिक धारावाहिकों की अवधारणा को विकसित करते हुए एक समूचा वातावरण बना दिया था जो उस रुझान पर आधारित था जिसे हमने भाँप लिया था। हमने छलाँग लगायी और दरवाज़े खोल दिये जिससे भारत एशिया में सोप कार्यक्रमों की राजधानी बन गया—काफ़ी कुछ जैसे दक्षिणी अमरीका अमरीकी महाद्वीप में, और उससे पहले यूरोप में, सोप कार्यक्रमों की राजधानी बन गया था।

ऐसे ही एक इलहाम ने हमें यह विश्वास दिला दिया कि दक्षिण पूर्वेशिया परम्पराओं को तोड़ कर लीक से हटने को तैयार हो चुका है। उन शुरू-शुरू के दिनों में सिंगापुर और

मलयेशिया में हमारी पहलक़दमी का ताल्लुक़ एक रुझान को खोजने और योजना बनाकर उसे लागू करते वक़्त दिलेरी से नई राह खोलने से था। सिंगापुर और मलयेशिया में विस्तार की हमारी योजना न्यू यॉर्क के एक होटल में बनी थी जहाँ मैं मीडिया के एक सम्मेलन को सम्बोधित कर रहा था। स्कूली दिनों का एक पुराना मित्र, फ़िरदौस खरस भी संयोग से शहर में था। स्कूल के बाद फ़िरदौस कैनेडा जा बसा था और वहाँ सरकारी सेवा में आप्रवास के मामलों में सरकार के वरिष्ठ सदस्य के रूप में राजनीति से जुड़ गया था। वह राष्ट्र संघ में बैठकों के लिए न्यू यॉर्क आया हुआ था।

कमरे में ही मँगाये खाने के दौरान उस रात मैंने फ़िरदौस को सिंगापुर और मलयेशिया में विस्तार करने के अपने ख़्यालों का राज़दार बनाया और उससे कहा कि मुझे सारे ब्योरों टटोलने के लिए ऐसे आदमी की ज़रूरत है जिसके पास उसके जैसा तजुर्बा हो। मुझे मालूम था, सिंगापुर में हमारे लिए यह महत्वपूर्ण होगा कि हम हर स्तर पर सरकार से जुड़े रहें और उस देश के दो प्रमुख मीडिया समूहों से यह टोह लें कि वे हमारे साथ काम करने को तैयार होंगे या नहीं। सिंगापुर के आर्थिक विकास बोर्ड का समर्थन जुटाना भी हमारे लिए इतना ही ज़रूरी था। इसी तरह, मलयेशिया में हमें वहीं का कोई 'भूमि' साझीदार चाहिये था ताकि मीडिया और मनोरंजन जगत के प्रमुख खिलाड़ियों तक हमारी रसाई हो सके।

फ़िरदौस कैनेडा की सरकार में अपनी भूमिका समेट रहा था और दक्षिण पूर्वेशिया में उसके शानदार सम्पर्क थे। 'मुझे यह चुनौती स्वीकार करने में ख़ुशी होगी,' उसने लगभग उतना ही उत्साह दिखाते हुए कहा, जितना मेरे मन में इस योजना के लिए था। लिहाज़ा, खाने का अन्त आइसक्रीम से (हम दोनों ही मिठाई के शौक़ीन हैं) और साथ काम करने की रज़ामन्दी से हुआ, जिसमें फ़िरदौस के लिए सफलता की एक फ़ीस भी शामिल थी अगर मामला सिरे चढ़ गया। कम्पनी उसके ख़र्चे साठ दिन के लिए बर्दाश्त करेगी और देखेगी कि इतने समय में वह किस क़िस्म की प्रगति कर दिखाता है।

हम हफ़्ते में दो बार फ़ोन पर सम्पर्क करते रहे। दक्षिण पूर्वेशिया में हमारे सम्भावित विस्तार के लिए भारत से इजाज़तों की प्रक्रिया शुरू कर दी गयी और यू.टी.वी. में उन अहम साथियों की निशानदेही की गयी जो सिंगापुर या कुआला लम्पुर जाने में दिलचस्पी रखते थे। यह ज़रूरी था कि दोनों देशों में पहले दिन से ही उस संस्कृति और तौर-तरीक़ों के आधार पर काम शुरू किया जाये जो हमने हिन्दुस्तान में लागू कर रखे थे—रचनात्मक परम्परा—विरोध और लीक से हट कर चलना, नई सूझ, सादगी और भरपूर जोश। इसके अलावा, चूँकि न तो सिंगापुर के पास जानकारों और प्रतिभाशाली लोगों का कोई आधार या ढाँचा था, न

कुआला लम्पुर के पास, इसलिए यह ज़रूरी था कि हम अपनी टीम के नये सदस्यों को सिखायें और शायद अपना ख़ुद का स्टूडियो भी बनायें। योजना बनाने की यह सारी क़वायद किसी हद तक समय से पहले की थी, क्योंकि अभी हमने कुछ भी तय नहीं किया था। तो भी ख़ालिस यू.टी.वी. शैली में हम आत्मविश्वास और स्पष्टता के साथ आगे को दौड़ते रहे और रुझान को पहचानने और मौक़े का ज़्यादा-से-ज़्यादा फ़ायदा उठाने के लिए हठ से जुटे रहे।

न्यू यॉर्क की बैठक के तीन महीने बाद, फ़िरदौस, मेरे तीन सहकर्मी—जो योजना के सही उतरने की स्थिति में दक्षिण पूर्वेशिया जाने के लिए तैयार थे—और मैं कुआला लम्पुर के एक होटल के कमरे में नक़्शे और ख़ाके, वग़ैरा ले कर ठँसे हुए थे। फ़िरदौस ने अपनी खोज-बीन के ब्योरे पेश किये। 'आर्थिक विकास बोर्ड हमारा समर्थन करने का इच्छुक है,' उसने बताया। 'और हमें कुआला लम्पुर में एक ''भूमि'' साझीदार भी मिल गया है। मलयेशिया में इस समय गद्दी पर बैठे राजा का बेटा, जिसने यू.टी.वी. के बारे में अच्छी बातें सुनी हैं, हमारे साथ साझेदारी के लिए उत्सुक है।'

ख़बर सुनने के बाद हम होटल से भेंट में मिले चॉकलेट चबाते रहे। डेढ़ घण्टे बाद (जिसमें से पन्द्रह मिनट मुफ़्त के उन चॉकलेटों के गुणों की चर्चा में गये) मैं उठा और मैंने कहा, 'बातें बहुत हुईं। अब बस आइए इसे किया जाये। अलबत्ता, पहले मुझे कुछ और चॉकलेट चाहिएँ।'

यह मीडिया और मनोरंजन के हमारे जीवन का एक और सफ़र था।

◆

रुझानों को पहचानना ही काफ़ी नहीं है, अगर आप इस स्थिति में नहीं हैं कि सबके शामिल होने से पहले ही सीमा फलाँग सकें। कम्पनी-प्रमुख के लिए सूक्ष्म और विराट, दोनों तरह के चित्रों की पूरी जानकारी रखना आज से पहले कभी इतना महत्वपूर्ण नहीं रहा। आज सूचना की भरमार टीम पर हावी हो जाने का ख़तरा पेश करती है। आपके लिए ज़रूरी जानकारी और पीछे हो रहे शोर-शराबे में अन्तर करना ज़रूरी है और आपको रोज़मर्रा के मामूली ब्योरों के साथ-साथ, लम्बे दौर की सोच से वास्ता रखने की हिकमत आनी चाहिये। बारीक़ियों पर क़ाबू पाने का मतलब है सहयोगियों के साथ सम्पर्क बनाये रखना, उन समस्याओं का हल ढूँढना जिन्हें आपने मिल कर पहचाना है, चट्टानों को पहले ही देख लेना और अपनी टीम की ताक़त बढ़ाना। बड़ी तस्वीर देखने का मतलब है वहाँ बाहर अपने ग्राहकों से मिल कर भविष्य की उनकी योजनाओं को जानना, हर चीज़ के सम्पर्क में रहना और इस तरह अपनी संस्था के लिए

रुझानों को पहचान लेना।

सबसे बढ़कर आपको तेज़ कारोबारी बुद्धि की ज़रूरत है—सिर्फ़ आँकड़ों और आर्थिक हिसाब-किताब को जानना ही नहीं (जो यक़ीनन महत्वपूर्ण होता है), बल्कि समग्र रूप से कारोबारी समझदारी दिखाना। तभी आप किसी विचार को ले कर, मौक़ा पैदा कर सकते हैं और उस मौक़े को व्यावसायिक रूप से काम करने लायक़ योजना में तब्दील कर सकते हैं। रुझानों और चट्टानों की निशानदेही करने के लिए आपको अपने उद्यम के बारे में और कारोबार के बारे में सब कुछ जानने की ज़रूरत है।

क्योंकि एक बार आप आरम्भ की रेखा पार कर जायें तो दौड़ नहीं रुकती, कभी नहीं।

पूरा समय मर्फ़ी का नियम लागू होगा। 'जो कुछ घटित हो सकता है, वह ज़रूर घटित होगा।' इसीलिए आप कम्पनी-प्रमुख हैं। मन की शान्ति (और रात भर की अच्छी नींद) यह जानने से आती है कि काम सही हाथों में है। अपने काम-काज को सरल और कारगर बनाना, सही लोगों को काम पर रखना और जब आप चट्टानों और रुझानों को पहचान रहे हों तो दूसरों को अपने सपने और दृष्टि में साझीदार बनाना आपको दस में से सात बार मंज़िल तक पहुँचा देगा।

कारोबार में हम इसे सफलता कहते हैं।

◆

मोड़ की उस तरफ़ देखने में लगातार चौकन्ने रहने की ज़रूरत पड़ती है—ढील-ढाल की कोई गुंजाइश नहीं होती। इस धारणा के आदी हो जाइए कि आप एक पल में पुराने पड़ सकते हैं। आपको शानदार कम्पनी-प्रमुख होने के लिए सबसे होशियार आदमी होने की ज़रूरत नहीं, महज़ वह व्यक्ति होने की ज़रूरत है जो आपकी संस्था के सारे पहलुओं के बारे में सब कुछ जानता हो और उसके हित के लिए सबसे अच्छे फ़ैसले कर सकता हो। इसके लिए जिस अनुशासन की ज़रूरत है, वह निर्मम चीर-फाड़ है।

कम्पनी को बनाने के शुरुआती पाँच से सात साल तक आपको रणनीति के बारे में सोचने के लिए कुछ समय अलग निकालना पड़ेगा, हालाँकि आप पायेंगे कि रोज़मर्रा की बातें आपके समय को ऐसे तरीक़ों से घेर लेती हैं जिनकी आप कल्पना भी नहीं कर सकते। हो सकता है, आप इतनी तेज़ी से फल-फूल रहे हैं कि आपको ऐसे लोग काम पर रखने पड़ रहे हैं जो उतने कुशल नहीं साबित हो रहे, जितनी आपको आशा थी; या आप अच्छे लोगों को ला रहे हैं जिन्हें रफ़्तार पकड़ने में थोड़ा वक़्त लग रहा है; या अपने कारोबार की संस्कृति को स्थापित करने में

आपको आशा से अधिक कठिनाई हो रही है। सच यह है कि हर वह चीज़ जो एक कारोबार को बढ़ाने के साथ-साथ आती है, आपके सामने एकबारगी आ सकती है।

उद्यमी ऐसी पगलायी रफ़्तार को गले लगाते हैं। शिखर पर रहने की ख़ामी यह है कि आप अकेले में बैठ कर सोचने-विचारने के लिए काफ़ी समय नहीं निकाल पाते। ऐसी हालत में, इस एहसास के साथ समय निकालिये कि मोड़ की उस तरफ़ देखने की आपकी क्षमता ही आपकी कम्पनी, आपके निवेशकों, आपकी टीम और आपके हिस्सेदारों के लिए वह महत्वपूर्ण अनोखापन साबित होगी।

मोड़ की उस तरफ़ देखना लोगों को अपने साथ बनाये रखने की क़ूवत को भी बढ़ाता है। जिस पल आपने चट्टानों और रुझानों को पहचान कर उनसे निपटने की योग्यता विकसित कर ली और अपने लोगों के सामने साबित कर दिया कि आप एक ईमानदार, कुशल कम्पनी-प्रमुख हैं, वे उस संस्कृति को अपनाने लगते हैं जो आपने पैदा की है। वे टीम के सदस्यों की तरह सीखने और विकसित होने लगते हैं (शायद ख़ुद कारोबारी या हिस्सेदार बनने की उम्मीदें रखते हुए)। इसी के लिए तो आप ख़ुद कम्पनी-प्रमुख के रूप में लालायित रहते हैं।

स्वाभाविक रूप से, लगातार चौकन्ने रहने के साथ कुछ तनाव पैदा होता है। सीखने के तीखे मोड़ भी आते ही हैं। लेकिन ऐसी टीम का प्रमुख होना सुखद है जिसे आप हर दो-एक हफ़्ते के फ़ासले पर लंच के वक़्त कांफ्रेंस रूम में बुला सकें ताकि भविष्य में कम्पनी पर असर डालने वाले रुझानों पर सोच-विचार हो सके। काम की बागडोर अगर ऐसे आदमी के हाथ में हो, जो बीच-बीच में 'अभी-पूरा-नहीं-किया?' वाली मानसिकता से बाहर निकल आता है, तो इससे सहयोगी तरो-ताज़ा हो कर नई ऊर्जा से काम करने लगते हैं। इसके साथ ही बराबर के लोगों, टीम के सदस्यों और बाहरी सम्पर्कों के मन में सम्मान दुगना हो जाता है। वरना, मुखिया के तौर पर आप काम-काज में जितने भी कुशल क्यों न हों, पूरा सम्मान अर्जित नहीं कर पायेंगे—वह पूरा विश्वास जो आपकी टीम को यह सोचने के लिए प्रेरित करता है, *मैं सचमुच इस आदमी के साथ काम करना चाहता हूँ, क्योंकि मैं हर रोज़ इसके साथ कुछ-न-कुछ नया सीख रहा हूँ।*

मुझसे अक्सर पूछा जाता है, 'तो फिर वह कौन-सा तरीक़ा है जिससे सफल उद्यमी और उसकी टीम को सोचने-विचारने के लिए समय मिल पायेगा?' यह सवाल उन लोगों की तरफ़ से आता है जो क़ायल नहीं हैं कि समय का ऐसा इस्तेमाल उपजाऊ हो सकता है। 'क्या आप बस वहीं बैठे रहते हैं? या उठ कर किसी और जगह चले जाते हैं? बटन बन्द करके, आधे दिन के लिए हर चीज़ बन्द कर देते हैं?'

'''सोच-विचार'' को किसी नियम की तरह नहीं, बल्कि अनुशासन के रूप में देखिये,' मैं जवाब देता हूँ। 'जब आप उस प्रक्रिया में जुटे हुए हों तो अपना इलाक़ा खोज लीजिये—ट्रेडमिल पर कसरत करते हुए, सैर पर चहल-क़दमी करते हुए, संगीत सुनते वक़्त, नहाते समय या कार में घूमने के लिए निकल कर। मुझे मुम्बई में कार चलाना नापसन्द है, पर कभी-कभी जब कोई चीज़ मुझे परेशान कर रही होती है, मैं कार उठा कर निकल जाता हूँ। अपने दिमाग़ को खुला छोड़ देता हूँ।'

दरअसल, हिन्दुस्तान में कार चलाना मोड़ की उस तरफ़ देखने का एक सटीक रूपक है। आपके कार चलाने का आधा कौशल तो इससे ताल्लुक़ रखता है कि आप कैसे गाड़ी चलाते हैं; बाक़ी आधा इससे कि दूसरे कैसे चलाते हैं। यही हिन्दुस्तान है। कोई लाइन नहीं, बेतरतीबी की हद और हरदम चौकन्ना रहने और भाँपने की ज़रूरत जो कार चलाने के (आम तौर पर) सरल और सुरक्षित काम के साथ जुड़ा रहता है।

कम्पनी-प्रमुख और उद्यमी के तौर पर होशियार और चौकन्ने रहिए। सबसे अच्छा तरीक़ा अपना कर अपने होश-हवास क़ायम रखिये। जब बाक़ी सब लोग किसी नये रुझान या विचार के बारे में बातें कर रहे हों जो लगता है कि हक़ीक़त में उतना अच्छा साबित नहीं होगा जितना सुनने में लग रहा है, तब आपके कान खड़े हो जाने चाहिएँ और आपको कमान सँभाल लेनी चाहिए।

बहादुर इण्डियाना जोन्स की तरह आप गुफा के मुहाने तक जायेंगे, सिर अन्दर घुसा कर कहेंगे, 'यह एक जाल है। हम लौट रहे हैं।' और सिर पर पैर रखकर वहाँ से रफ़ूचक्कर हो जायेंगे।

आपकी टीम आपकी शुक्रगुज़ार होगी। एक दिन।

◆

◆ आपको कड़े फ़ैसले करने ही पड़ेंगे। पसन्दीदा फ़ैसले नहीं। समझौते के लिए कोई जगह नहीं है; अगर आप आज ऐसा करेंगे तो आप हमेशा ऐसा करने के बहाने ढूँढ लेंगे। आपको पता होना चाहिये कि आपको कब धुरी पर पूरा घूम जाना है या अपने नुक़सान में कटौती करके अलग हो जाना है। यही किसी उद्यम को खड़ा करने का सबसे मुश्किल हिस्सा है।

◆ चट्टानों को किसी और की समस्या मत बनाइये। रुझानों पर अगर क़दम न उठाये जायें तो वे महज़ विचार ही बने रहते हैं।

◆ आपकी अपनी कम्पनी के अन्दर बातचीत और आदान-प्रदान सच्चा और खुला होना चाहिये। उन लोगों पर निगाह रखिये जो प्रेज़ेन्टेशन 'ऊपर वालों के लिए पेश कर रहे हैं,' क्योंकि ऐसा प्रेज़ेन्टेशन

कभी सच्ची और पूरी तस्वीर पेश नहीं करता।

- आपके अन्दर कारोबार की सूक्ष्म समझ और व्यावसायिक बुद्धि होनी चाहिये; इन गुणों का कोई विकल्प नहीं है।
- अन्त में, सूचना, जानकारी और टेक्नॉलाजी और यक़ीनन पैसा नहीं, बल्कि लोग हैं जो कुल-मिला कर आपकी कम्पनी की सबसे बड़ी सम्पत्ति साबित होंगे।

10

दुनिया चपटी नहीं है—किसे परवाह है?

हालाँकि हम में से 99 फ़ीसदी लोग महसूस करते हैं कि हमारी ज़िन्दगियों के किसी मुक़ाम पर
कोई काम हमारे बस के बाहर है, उद्यमी होने की विशेषता हमें
इस काल्पनिक धारणा से दो-दो हाथ करने और उसे जीतने के लिए उकसाती है।
क़िस्मत और ग़ैर-बराबरी उसी सिक्के के दो पहलू हैं।
जब वह सिक्का आपके हाथ लगे, उसे जितनी दूर आप फेंक सकें, फेंक कर चल दीजिये।
आपको उसकी ज़रूरत नहीं। अब अपने सपने को साकार करने में जुट जाइए।

जब क़िस्मत की बात उठेगी, हममें से कम ही लोग यह स्वीकार करेंगे कि हमें अपने हिस्से से ज़्यादा मिला है।

क्या यह सुनी हुई बात लगती है? दूसरे लोग ख़ुशक़िस्मत हैं। मैं तो पाँसे उलटे पड़ने पर भी चलता ही रहा हूँ। मुझे अमीर परिवार, सही शिक्षा और अपने कारोबार के लिए आसानी से पैसे हासिल करने का वरदान नहीं मिला।

'क़िस्मत,' डेविड लेविएन लिखते हैं, 'हमेशा किसी और के हिस्से आयी लगती है।' मैं ऐसे बहुत-से लोगों को जानता हूँ जो इससे सहमत होंगे। शायद आप भी हों।

लेकिन मैं क़िस्मत में बहुत विश्वास नहीं करता। अगर क़िस्मत से आपका मतलब हो कि कारोबार में कोई एक आदमी जन्मजात रूप से दूसरे से बेहतर है, तब नहीं। मैं यह ज़रूर विश्वास करता हूँ कि सम्भव है, अपनी काम-काजी ज़िन्दगी के दौरान आप सही समय पर

सही जगह हों। इसका फ़ायदा उठाने के लिए कुशल योजना बनाने, ऊँचे दर्जे की तैयारी और खुलापन और एक विकासशील मानसिकता की ज़रूरत पड़ती है।

लेकिन आज हिन्दुस्तान में उद्यम और कारोबार के मार्ग में सबसे आम और ज़िद्दी रुकावट यह धारणा है कि जब आप अपने विचारों पर क़दम उठायेंगे तब आप कितने सफल होंगे (या नहीं) इसमें क़िस्मत या उसकी कमी एक बड़ी भूमिका निभायेगी। अपने सफ़र के हर पड़ाव पर आपको इस विचार को ख़ारिज करते रहना होगा कि एक मज़बूत कारोबार खड़ा करने में क़िस्मत एक ज़रूरी तत्व है। इसकी बजाय, सफलता का असली स्रोत वे लोग हैं, जो मेहनत करके एक लक्ष्य पर निगाहें टिकाये, अपने अवसर ख़ुद बनाते रहते हैं।

नाटक और थिएटर में एक आम अन्धविश्वास है कि अभिनेताओं को 'जाओ, टाँग तुड़वा आओ' कह कर शुभकामना दी जाये। लेकिन कोई समर्पित अभिनेता अपनी लाइनें याद किये बिना मंच पर नहीं जायेगा। उस अर्थ में अभिनय और कारोबार एक-से हैं; दोनों में सफ़र के शुरू होने से पहले ही मुनासिब तैयारी और दूरदर्शिता की ज़रूरत पड़ती है। ढीली-ढाली तैयारी कभी उस नतीजे तक नहीं पहुँचाती जिसकी इच्छा या उम्मीद की गयी होती है। इसी वजह से खेल जगत के बहुत-से कोच अपने खिलाड़ियों से कहते आये हैं कि क़िस्मत वहाँ है जहाँ तैयारी और मौक़े का मेल होता है। एक सकारात्मक नज़रिये, आगे को देखने वाली योजना और आत्मविश्वास की भी ज़रूरत होती है ताकि आपके सामने रास्ता खुल जाये।

अपने विचारों का प्रचार कीजिये, जो भी सुनने को तैयार हो (और जो न भी हो) उसके साथ बाँटिये और दूसरे उद्यमियों, पेशेवर लोगों या उस्तादों से बात कीजिये। यह बातचीत और विचारों का लेन-देन सम्पर्क के विभिन्न स्तरों पर अवसर पैदा करता है। आपको मालूम नहीं, आप कब किसी पर ऐसा असर डाल बैठेंगे जो कहेगा, 'मुझे यह ख़्याल पसन्द आया। क्या आप फ़लाँ-फ़लाँ से मिले हैं? क्या मैं आपको उससे मिलवा दूँ?'

आपका आत्मविश्वास बढ़ने लगता है और आप सोचने लगते हैं, *यह बेल सिरे चढ़ने वाली है। अगर आज बड़े पैमाने पर नहीं होगी तो किसी और मौक़े पर होगी। मैं आगे बढ़ता रहूँगा।*

लेकिन, कभी-कभी हम स्थिति की चीर-फाड़ में ज़रूरत से ज़्यादा वक़्त लगा देते हैं। जब मैं ऐसे आदमी से बात करता हूँ जो ऐसे चक्कर में फँसा हुआ है, मैं उससे कहता हूँ, 'ज़्यादा नहीं, थोड़ा कम मीन-मेख निकाल कर मौक़े पैदा करो।' हममें से बहुत-से लोग विचार करते हैं और सोचते हैं और फिर थोड़ा और विचार करते हैं। इससे पहले कि हमें पता चले, समय गुज़र जाता है और उसके साथ मौक़ा भी। हम सब जानते हैं 'क़िस्मत वीरों का साथ देती है' लेकिन क़िस्मत उनकी मदद नहीं कर सकती, जो 'ग़ैर-हाज़िर' हों !

शुरू-शुरू के दिनों में जब भी कोई बैठक, मुलाक़ात, फ़ोन या यात्रा किसी ठोस पहलक़दमी या सम्भावित सौदे की तरफ़ नहीं ले जाती थी, मैं उसे वक़्त की बरबादी समझता था। लेकिन जैसे-जैसे मैंने बार-बार 'जीवन के पहिये' की चाल को देखा, मैंने अपना ख़्याल बदल दिया। मसलन, जैसे-जैसे एक संस्था के लोग अपने काम-काजी जीवन में आगे और ऊपर की ओर बढ़े, उनके साथ कई साल पहले की गयी बैठक एक ताज़ा पहल के लिए बहुत उम्दा शुरुआत साबित हुई; या जब पूर्व-सहयोगियों के साथ मिल-बैठने का या किसी सम्भावित अन्तर्राष्ट्रीय साझीदार या ग्राहक के साथ बैठकों के सिलसिले का उस समय कोई नतीजा नहीं निकला; मगर कुछ साल बाद इन्हीं प्रयासों ने एक बड़े अवसर के दरवाज़े खोल दिये जब अचानक फोन आया; या कोई पहलक़दमी, जो समय और टीम की कोशिशों की भयंकर बरबादी जान पड़ती थी, रूपान्तरित हो कर अब तक के सबसे बड़े रचनात्मक विचार या नतीजे के रूप में सामने आयी।

हो सकता है, जो मैंने अब तक बताया है, वह एक क़िस्म का भाग्य या क़िस्मत है—बहुत-से विकल्पों को खुला रखने की इच्छा और सबको शामिल करने की संस्कृति पैदा करना, विचारों को सुनना और उन्हें भविष्य में हवाले के लिए सँजो रखना। बाहर से जो क़िस्मत का खेल लगता है, वह इसकी बजाय सम्भव है, बरसों तक मौक़ों को पोसने और दूर की कौड़ियों का पीछा करने का नतीजा हो। जब तक आप आगे बढ़कर अवसर नहीं खोजते, आपको अन्दाज़ा नहीं होगा कि कितने दरवाज़े आपके सामने खुल जायेंगे।

समय के साथ, मैंने दुर्दिन का शिकार और अशक्त हो कर दौड़ के बाहर हो जाने वाले लोगों, सहयोगियों, ग्राहकों, सप्लायरों और साझीदारों के साथ खड़े रहना सीखा है। यह स्वाभाविक प्रतिक्रिया नहीं है। भारी होड़ और मुक़ाबले वाली दुनिया में, जो आपके समय की इतनी ज़्यादा माँग करती है, लोगों के साथ खड़े रहना हो सकता है सुनने में आख़िरी प्राथमिकता लगे। मैं इसे किसी रणनीति के रूप में नहीं बता रहा। वह सच्चा और दिल से महसूस करके लिया गया फ़ैसला होना चाहिये, वरना कष्ट करने की ज़रूरत नहीं। लेकिन निश्चिंत रहिये, जब वे दोबारा उछल कर खड़े होंगे—और ऐसा वे ज़रूर करेंगे, सब करते हैं—तब आपमें और उनमें पहले से कहीं ज़्यादा मज़बूत सम्बन्ध होगा। आपमें एक-दूसरे की महत्वाकांक्षाओं और मंज़िलों की ज़्यादा गहरी समझदारी होगी। यही शायद ऐसे अवसर के बीज बो देगी जिसे आपमें से किसी ने आते नहीं देखा था।

◆

अगर आप सब कुछ सही-सही करें तो क्या आप उसे न्योता दे रहे हैं जिसे सफल होने के बाद लोग 'क़िस्मत' कहते हैं? उन्हें उसको जो वे चाहें, कहने दीजिए। अपनी किताब—*दुनिया चपटी है, इक्कीसवीं सदी का एक संक्षिप्त इतिहास*—में टॉमस फ्रीडमैन ने बताया है कि कैसे पिछले दो दशकों के दौरान अन्तर्राष्ट्रीय तकनीकी जानकारियों और माल और सेवाओं के मुक्त लेन-देन ने कारोबार के मैदान को बराबर कर दिया है। बहुत-से देखने-परखने वालों ने फ्रीडमैन के दावों का यह मतलब निकाला कि कुछ मार्ग-दर्शकों, सी.ई.ओ. या उद्यमियों को दूसरों पर जो बढ़त हासिल थी, वह नये नियमों से मिटा दी जायेगी। लेकिन जिसने भी लड़ाई की खन्दकों में काफ़ी समय बिताया है, वह जानता है कि दुनिया सचमुच कभी सपाट नहीं होगी। और किसे परवाह है?

हर कोई पीछे की हवा के सहारे नहीं उड़ता। कुछ उद्यमी दूसरों के मुक़ाबले ज़्यादा रफ़्तार के साथ शुरू करते हैं। सफलता का गुर है इस सब पर नज़र न रखना कि दूसरों के पास ख़ूबी या कमी के तौर पर क्या है। जो धन-दौलत के बीच नहीं पैदा हुए, उनकी एक बड़ी शिकायत यह रहती है कि किसी उद्योग को शुरू करने और बढ़ाने के मुद्दे पर दूसरों का पलड़ा पहले से भारी होता है। उनके पास दौलत होती है, किसी क़िस्म की चिन्ता-फ़िक्र नहीं और जो मन चाहे वह करने की बेपनाह आज़ादी। दूसरों के पास क्या है, इसके बारे में सिर खपाते हुए वक़्त ज़ाया करना छोड़िये और यह समझिये कि अपने जीवन और कारोबारी दौर के एक से अधिक मुक़ाम पर आप ख़ुद को सही वक़्त पर सही जगह पायेंगे।

हो सकता है, धन-दौलत के कारण एक व्यक्ति दूसरे से, जिसे उस पहले दौर में हिसाब को बराबरी पर लाने के लिए कड़ी मेहनत करनी पड़ी है, कुछ फ़ायदेमन्द हालत में हो। लेकिन पैसा सिर्फ़ उस शुरुआत को गद्देदार बनाने में ही मदद करता है। दौलत किसी भी तरह से कामयाबी को पक्का नहीं करती। ज़िन्दगी का ताल्लुक़ महज़ आज से नहीं, अगले दस बरस या इससे ज़्यादा से है, और औसत का नियम हम सब—प्रमुखों, पेशेवर लोगों, उद्यमियों—के सिलसिले में काम करता है, ठीक वैसे जैसे वह बाक़ी सब के सिलसिले में करता है।

सोचने पर लगता है कि जो तत्व बड़े मार्ग-दर्शक और उद्यमी बनाते हैं वे काफ़ी हद तक सफलता के नुस्ख़े सरीखे जान पड़ते हैं।

◆

पहली बार जब हमने यू.टी.वी. को पब्लिक लिमिटेड कम्पनी बनाने की कोशिश की तब शेयर बाज़ार में गिरावट आ गयी।

दूसरी बार? सीधे गड्ढे में।

इस बार के बाद पूँजी लगाने वाले किसी बैंकर ने चलते-चलाते व्यंग्य से एक जुमला कसा, 'सुनो रॉनी, क्या तुम अपनी कम्पनी को पब्लिक लिमिटेड बनाने जा रहे हो? क्योंकि अगर ऐसा है तो मैं शेयर बाज़ार से फूट रहा हूँ।' भले ही वह मज़ाक़ कर रहा था, उसका मुद्दा सही था। मैं उन लोगों में नहीं था जिन्हें अनुकूल हवा का सहारा हासिल हो। और अगर मैंने समय के साथ अपनी खाल मोटी न कर ली होती तो मैं उस जुमले को दिल से लगा लेता और सोचता, *मैं कभी कम्पनी को पब्लिक लिमिटेड नहीं बनाऊँगा! दो बार तो कोशिश की। कुछ हुआ? सम्भावनाएँ क्या हैं? मैं बदक़िस्मती का शिकार हूँ?*

जब मुझे उसके बारे में तर्क-संगत ढंग से सोचने का कुछ वक़्त मिला तो मैंने ताज्जुब किया, मैं भला सारी दुनिया का बोझ अपने कन्धे पर लिये यहाँ क्यों बैठा हूँ? सारी दुनिया के शेयर बाज़ार ठप्प हो गये हैं। *मैं कौन हूँ यह सोचने वाला कि इसका कुछ ताल्लुक़ मुझसे है, कि कम्पनी को पब्लिक लिमिटेड बनाने के मेरे फ़ैसले के बारे में संसार क्या सोचता है? हज़ारों-लाखों लोगों को ऐसा ही या इससे भी ख़राब धक्का लगा होगा।*

हरेक को तीन इक्के नहीं मिलते। अगर आपको तीस बरस के काम-काजी जीवन में एक भी उम्दा मौक़ा न मिले तो यह सचमुच बदक़िस्मती होगी। लेकिन अगर आप किसी छोटे शहर में एक वडा-पाव की दुकान चला रहे हों तो क़िस्मत के सिलसिले में आप क्या उम्मीद कर सकते हैं? कि एक दिन सब लोग कहेंगे, 'सुनो, मुझे एक वडा-पाव खाना है और मुझे मालूम है कि वह मुझे कहाँ मिलेगा!'? अचानक आपकी बिक्री तीन गुना बढ़ जायेगी? ऐसा नहीं होने वाला।

लेकिन शहर की दूसरी तरफ़ इस बन्दे ने एक नये मॉल में, जहाँ लोगों का जाना बढ़ता जा रहा है, जगह ले ली है। तीन महीने में उसकी बिक्री आपसे तीन गुना हो गयी है। क्या क़िस्मत ने उसका साथ दिया? क्या आपकी क़िस्मत बुरी थी? दोनों में से एक भी बात नहीं। आप अपना माहौल ख़ुद बनाते हैं। फिर आप मौक़े का फ़ायदा उठाते हैं।

जब टीम के साथ मैंने हंगामा का ख़ाका बनाया था, तब चैनल को आख़िरकार मिलने वाली सफलता और आगे चल कर डिज़्नी के हाथों उसकी बिक्री को मीडिया के बहुत-से लोगों ने क़िस्मत की मेहरबानी कहा था। यह सही नहीं है। इस ख़्याल की कामयाबी के पीछे एकाग्र दृष्टि, भरपूर योजना, लीक से हट कर बनाये गये कार्यक्रम और दबंग मार्केटिंग थी। सबसे बड़ी बात, हम अपने जिगरे के साथ गये और अपने विश्वास पर टिके रहे। उसके बारे में अब सोचते हुए मुझे याद आता है कि उस सब में भयंकर मेहनत, ढेर सारी मौज-मस्ती और

उत्तेजना और बहुत कम क़िस्मत थी। लोग संयोगों के बारे में तभी सोचते हैं जब ऐसा करना उनके लिए सुविधाजनक हो।

फ़िल्मों में हमारा ऐसा ही अनुभव रहा। फ़िल्म उद्योग में लगभग दस बरस की उल्लेखनीय उपलब्धियों के बाद, मुझसे अब भी लोग हमेशा कहते रहते हैं, 'वाह, ऊपर तक पहुँचने के लिए आपको कुछ शानदार मौक़े मिले होंगे, है न?' मानो पलड़ा हमेशा हमारी तरफ़ झुका हुआ था, नतीजा पहले से तय था। शायद मुझे लोगों की उस भारी तादाद से उत्साहित होना चाहिए, जो लगता है भूल गये हैं कि इन बरसों के दौरान हम कितनी बार नाकाम हुए थे।

सच यह है कि बाहरी होने के नाते हमने वहाँ ऊपर रस्सी पर अपने पैर रख दिये थे और नीचे हमारे बचने के लिए कोई जाली भी नहीं थी। नाकाम होना और दोबारा उछल कर न खड़े होना हमारे आलोचकों को सही साबित कर देता। फ़िल्मों में हमारी सबसे बड़ी सफलताओं का कोई ताल्लुक़ क़िस्मत से मिले मौक़ों से नहीं था। हम अपने साथ लगन; बाज़ार और दर्शकों के बारे में गहरी समझ; अपनी टीम में और निर्देशक के नज़रिये में भरोसा; अच्छी स्क्रिप्टों के लिए अन्दर का एहसास; सीमाओं को तोड़ने की गहरी इच्छा और जो कुछ इस सब को बड़े परदे पर उतार सके, उसे करने का इरादा ले कर आये थे।

जब हमारी फ़िल्में फ़्लॉप हुईं, और बहुत-सी हुईं, तब क्या हम बदक़िस्मत थे? जब वे बहुत हिट हुईं तो क्या हम ख़ुशक़िस्मत थे? दोनों में से कोई भी नहीं।

ठीक-ठीक पलड़ा किस हद तक हमारे ख़िलाफ़ था और नतीजे से क़िस्मत का कितना लेना-देना था, इस बात का एहसास मुझे एक दिन रूपर्ट मरडॉक के साथ एक ख़ास तौर पर दिलचस्प बातचीत के दौरान हुआ। जब यू.टी.वी. की मिल्कियत का काफ़ी बड़ा हिस्सा न्यूज़ कॉर्प के पास था, मैं मरडॉक से मुलाक़ात करने होटल के उनके सीधे-सादे आवास में गया। दुनिया की एक सबसे बड़ी मीडिया कम्पनी के सर्वे-सर्वा के लिए एक मामूली-सा दफ़्तर, जिसके साथ लगा हुआ बैठक का कमरा जिसमें ज़्यादा-से-ज़्यादा आठ लोग आ सकते थे और बाहर उनके दो सहायकों के लिए एक छोटी-सी जगह। भारत के व्यापक आर्थिक परिदृश्य और मीडिया के ताज़ा हाल-चाल पर बीस मिनट की गप-शप के बाद वे अपनी कुर्सी से उठे और मुझे हवाई जहाज़ से खींचे गये एक पुराने फ़ोटोग्राफ़ के पास ले गये। यह फ़ोटो उस इलाक़े का था जो आगे चल कर बेवरली हिल्ज़ और सेन्चुरी सिटी बनने वाला था।

'तुम ज़मीन का यह बड़ा-सा टुकड़ा देखते हो? ये इमारतें? यह सारा-का-सारा फ़ॉक्स की मिल्कियत थी। जब 1963 में *क्लियोपैट्रा* फ़्लॉप हो गयी तो कम्पनी को मजबूर हो कर इसका तीन-चौथाई बेचना पड़ा। कम्पनी के पास बस इतना रह गया,' उन्होंने उँगली से एक

बहुत छोटे टुकड़े को ठकठकाते हुए कहा। 'यह आज दुनिया की सबसे महँगी ज़मीनों में से है।' वे मुस्कराये और हम बाहर के दफ़्तर की तरफ़ बढ़े। 'अलबत्ता, यह सब मेरे समय से पहले की बात है। जब मैंने फ़ॉक्स को ख़रीदा नहीं था।'

मरडॉक का इशारा किसी ख़ास बात की तरफ़ नहीं था। यू.टी.वी. ने अभी फ़िल्मों के कारोबार में दाख़िल होने के बारे में सोचा भी नहीं था। लेकिन उनका सन्देश साफ़ था। बुनियादी तौर पर कारोबार के बारे में पहले से कुछ नहीं बताया जा सकता। वह नाज़ुक होता है। किसी भी समय वे चट्टानें आपकी तरफ़ तेज़ी से लुढ़कती हुई आ सकती हैं। अपनी सबसे बड़ी, सबसे निराशाजनक नाकामियों के बावजूद आप आगे बढ़ सकते हैं, बढ़ते हैं। आख़िरकार, यहाँ एक मार्ग-दर्शक था जो गर्व और स्पष्टता से अपनी गहरी पहुँच और पैठ के बारे में बात कर रहा था। हालाँकि दुनिया की सबसे बेहतरीन कलाकृति उनकी बिसात के अन्दर थी, मरडॉक ने अपनी बैठकों वाले कमरे को नश्वरता के स्मारक सजाया था। यह ग़लती या इत्तफ़ाक़ नहीं था।

पार्किंग की तरफ़ जाते समय मैंने मरडॉक के साथ अपनी बातचीत के बारे में सोचा। दुनिया *क्लियोपैट्रा* को एक अमर फ़िल्म के रूप में देखती है, ऐसी कामयाब फ़िल्म जो रिलीज़ होने के साल ऑस्कर पुरस्कारों पर छा गयी थी। मेरा दिमाग़ रुपहले पर्दे के उन दो सितारों— एलिज़ाबेथ टेलर और रिचर्ड बर्टन—के बीच अद्भुत ताल-मेल की तरफ़ चला जाता है और मैं उस फ़िल्म को एक शाहकार के तौर पर ही देख पाता हूँ।

लेकिन ज़िन्दगी के ज़्यादातर मामलों की तरह, हर कहानी का दूसरा पहलू भी हुआ करता है।

◆

मीडिया और मनोरंजन के कारोबार से मुझे सबसे अहम सबक़ यह मिला था कि कुछ भी तय किया-कराया मत समझो। हमने बड़े-बड़े जोखिम उठाये और उन पर दाँव लगाने की हिम्मत की। ज़रूरत पड़ने पर अपने पैर जमा कर मुक़ाबला किया। उन चुनौतियों ने हमें एक मज़बूत, जीवट वाली संस्था बनाने की छूट दी, हमें मजबूर किया। हमने मौक़े पैदा किये जिनसे हम और साझीदारों को अपनी तरफ़ खींच सकें, क्योंकि हमने ख़ुद को सही चौराहे पर ला खड़ा किया, जहाँ नई सूझ के साथ पहलक़दमी करके हमने ऊँचे पैमाने पर नज़र रखी। कभी-कभी हमसे चूक भी हुई।

बड़े जोखिम का इनाम बड़ा होता है। यह क़िस्मत जैसा जान पड़े, लेकिन उसके सिवा

बाक़ी सब कुछ है। जो हमने पाया, और जो अपनी मंज़िल तक डटे रहने वाले और अपनी 'क़िस्मत' ख़ुद बनाने वाले इतने सारे उद्यमी पाते हैं, वह यह कि नतीजा जोखिम और कोशिश के हिसाब से होता है।

लेकिन, यक़ीनन वह सब कोई फूलों की सेज नहीं थी। एक से ज़्यादा मौक़ों पर, यह जाने बग़ैर कि हमारी अगली कोशिश कामयाब होगी या अपने ही बोझ तले दब जायेगी, मैं अकेले दम आख़िरी फ़ैसला करना चाहता था। लेकिन हर बार मुझे महसूस हुआ कि मैं सही चीज़ के साथ, सही समय, सही जगह पर, सही कोशिश और सही अन्दाज़े के साथ मौजूद था...और जब आप जोश और ऊपर उठने की इच्छा के साथ इतने सारे सही इकट्ठा कर लें तब आप ख़ुद को चोटी तक धकेल कर ले ही जाते हैं।

और जब चीज़ें गड़बड़ा जायें, जैसा कि अक्सर गड़बड़ा जाती हैं तो आपको स्वीकार करने, फिर से जाँच-परख और बातचीत करने, सुधारने, सीखने और आगे बढ़ने के जीवट और तजुर्बों की ज़रूरत पड़ती है। इतनी सारी तैयारी के बाद क़िस्मत को दोष देना ख़ुद को धोखा देना है।

चूँकि मुझ पर उद्यमी बनने का ख़्याल हावी था, मैंने उन शुरुआती दिनों से ही कड़ी चढ़ाई को गले लगा लिया था। मुझमें यह समझ थी कि जब मैं अपनी सीमाओं को परखूँगा, भविष्य की योजना बनाऊँगा और एक मज़बूत टीम के साथ साफ़ दृष्टि के प्रति समर्पित रहूँगा, तो मैं अपना भाग्य ख़ुद बना लूँगा।

कुछ किये-धरे बिना भाग्य देवता भी आपकी क्या मदद कर सकते हैं?

◆

रंग दे बसन्ती के प्रीमियर से पहले के दिनों में नई सूझ, जीवट और पलट कर उठ खड़े होने के सिलसिले में दिलचस्प सबक़ हासिल कराये। यह ऐसी फ़िल्म भी थी जो—रिलीज़ होने और बॉक्स-ऑफ़िस पर अचानक कामयाब होने के बाद—मीडिया पर नज़र रखने वाले बहुत-से लोगों के बीच क़िस्मत का खेल समझी गयी।

इस बात के बावजूद कि हम जानते थे कि फ़िल्म किस हद तक लीक से हट कर है, इसे हरी झण्डी दिखाना आसान नहीं था। बल्कि, रिलीज़ के एक हफ़्ते बाद मैंने अभिनेता आमिर ख़ान को आमन्त्रित किया कि वह हमारी पूरी कम्पनी को सम्बोधित करे। 'मुझे पता है कि फ़िल्म मुझे पसन्द थी, क्योंकि भूमिका शानदार थी और राकेश के लिए यह नई लीक डालने वाली फ़िल्म थी,' आमिर ने वहाँ इकट्ठा लोगों से कहा। 'लेकिन मुझे रत्ती भर अन्दाज़ा नहीं

कि रॉनी ने किस वजह से इसे बनाने का फ़ैसला किया। यह जिगरे और हिम्मत से ज़्यादा की बात है। मेरा ख़्याल है, उसने भी कुछ देखा जिसने उस पर असर डाला।'

कहानी किसी भी सूरत में बॉलीवुड की पिटी-पिटायी फ़िल्मों से मेल नहीं खाती। हमारी फ़िल्म में नौजवान दोस्तों का एक गिरोह है जिसमें किसी का कोई गम्भीर प्रेम-सम्बन्ध नहीं है; एक-तिहाई फ़िल्म फ़्लैश-बैक में चलती है, लिहाज़ा कहानी अतीत से वर्तमान की तरफ़ आती है; एक अंग्रेज़ स्त्री-पात्र है, ऐलिस पैटन जो फ़िल्म में सू मैकिनली नामक डॉक्यूमेण्टरी फ़िल्म-निर्माता बनी है और बड़ी ख़ूबसूरती से अंग्रेज़ी लहजे में अपने हिन्दी संवाद बोलती है; और अन्त में, आतंकवादियों के रूप में सरकार का निशाना बन कर, सभी हीरो मर जाते हैं।

जब हमने रफ़ कट देखे तब हमारी टीम फ़िल्म के स्वागत को ले कर उम्मीदों की लहर पर सवार थी। लेकिन हमें अभी एक बड़ा झटका लगने वाला था। जब सेन्सर सर्टिफ़िकेट लेने की बारी आयी जो आम तौर पर औपचारिकता होती है, तो सेन्सर बोर्ड के अध्यक्ष ने मुझे थोड़ी-सी बुरी ख़बर सुनाने के लिए फ़ोन किया। 'हम सेन्सर सर्टिफ़िकेट देने के लिए तैयार नहीं हैं,' सफ़ाई में कहा गया। 'ऐसा नहीं कि हमें आपकी फ़िल्म में कुछ आपत्तिजनक लगा, बस इतना कि सेन्सर सर्टिफ़िकेट जारी करने से पहले हम चाहते हैं कि आप वायु सेना और रक्षा मन्त्रालय से रज़ामन्दी ले लें।'

फ़िल्म का जो फ़ौजी पहलू था, रूसी एम.आई.जी. विमान के गिरने से हुई मौत वाला, वह निशाने के कुछ ज़्यादा क़रीब बैठा था। इतना तो हमें सेन्सर बोर्ड की हिचक से पता चल गया था। मगर इसके अन्दर छिपे मतलब परेशान करने वाले थे। वैसे तो यह ख़बर हमारी किसी भी फ़िल्म के लिए नागवार होती, लेकिन *रंग दे बसन्ती* यू.टी.वी. की तब तक की सबसे शानदार कोशिश थी और उसका 40 करोड़ का बजट उस समय का हमारा सबसे बड़ा बजट था। हमें भरोसा था कि वह हमारी धाँसू फ़िल्म होगी। जिन-जिन लोगों ने उस फ़िल्म में काम किया था—आमिर और फ़िल्म में दिल उडेल देने वाले नये अभिनेताओं से ले कर परदे के पीछे काम करने वालों और निर्देशक राकेश ओमप्रकाश मेहरा और मुझ तक—सबने उसे बनाने में जान लगा दी थी।

जब सेन्सर बोर्ड की चिन्ताओं की ख़बर आयी, हमने अपनी फ़ौज इकट्ठा की और राकेश, आमिर और दूसरे प्रधान लोगों के साथ एक बैठक की योजना बनायी। जब तक हम बान्द्रा में आमिर के यहाँ इकट्ठा हुए, सेन्सर बोर्ड के अध्यक्ष ने पलट कर मुझे कुछ और ख़बरें दे दी थीं। 'देखिये, हम तत्काल क़दम उठा कर कल सुबह ख़ास तौर पर वायु सेना के अध्यक्ष को फ़िल्म दिखाने का बन्दोबस्त कर रहे हैं,' उन्होंने मददगार साबित होने की भरसक कोशिश करते हुए

कहा। 'हम चाहते हैं कि वे बस फ़िल्म को देख लें।'

मुझे मालूम था कि सेन्सर बोर्ड महज़ अपना फ़र्ज़ अदा कर रहा था। सेन्सर सर्टिफ़िकेट न हासिल कर पाने का ख़्याल मुझे चाहे जितना नागवार लग रहा था, यह यक़ीनन लाचारी का सौदा था। किसी ने फ़िल्म पर सीधा ऐतराज़ नहीं किया था। लेकिन जब तक हम संवेदनशील मामले न सुलटाते, फ़िल्म धरी-की-धरी रहनी थी। *रंग दे बसन्ती* कहीं नहीं जा रही थी।

अगर अगले दिन फ़िल्म के दिखाये जाने के बाद मामला हमारे पक्ष में न जाये तो हम लोगों में आमिर विरोध करने के बारे में सबसे अधिक मुखर था। उसे फ़िल्म के शक्तिशाली सन्देश में सचमुच विश्वास था। फ़िल्म में उसका दाँव कम-से-कम दूसरों जितना ही था। 'मेरे ख़्याल में हमने फ़िल्म बहुत साफ़ दिल से बनायी है,' उस शाम अपने घर पर इकट्ठा लोगों को उसने भाषण देने वाले की सी गम्भीरता से कहा। 'हमने उसे सच्ची भावना से बनाया है। फ़िल्म फ़िल्म होती है, क़िस्से-कहानियाँ। इससे ज़्यादा हमसे कुछ भी उम्मीद या माँग नहीं की जा सकती।' उसने संजीदा बैठे लोगों पर नज़रें फिरायीं। किसी ने कुछ नहीं कहा। हम सब ने हामी में सिर हिलाये।

'हम उतने ही देश-प्रेमी हैं जितना कोई और। मैं तुम से कह रहा हूँ रॉनी, अगर वे उस फ़िल्म का एक फ्रेम भी काटने के लिए कहते हैं, मैं इजाज़त नहीं दूँगा। उस हालत में हम इसे रिलीज़ न करें।'

मुझे आमिर की ईमानदारी और उसकी भावना पसन्द आयी। कुछ लोगों ने तालियाँ बजायीं और अपना समर्थन व्यक्त किया। खेल में काफ़ी धँसे होने के बावजूद, मैं आमिर के नज़रिये से पूरी तरह सहमत था।

दिमाग़ में कहीं अन्दर मुझे कारोबार की हक़ीक़त भी कोंच रही थी। अगर सेना के अधिकारियों ने फ़िल्म को मार गिराया तो हमारे सामने मार्केटिंग की लागत के अलावा 40 करोड़ का झटका मुँह-बाये खड़ा था। यक़ीनन हम फ़िल्म को काटने के किसी फ़ैसले के ख़िलाफ़ लड़ सकते थे। लेकिन बतायी गयी तब्दीलियाँ किये बग़ैर, मामला बरसों तक लटका रह सकता था। उस दौरान एक कलात्मक और व्यावसायिक सम्भावनाओं वाली फ़िल्म की बजाय हमारे हाथ में महज़ एक ऐतिहासिक कलाकृति रह जाती। हर कहानी, चाहे वह कितनी महत्वपूर्ण हो, एक ख़ास मियाद तक ही ज़िन्दा रह सकती है। लिहाज़ा, जहाँ मैं भावना के स्तर पर आमिर से सहमत था, मुझे मालूम था कि हमारे फ़ैसले के कुछ गम्भीर नतीजे भी हो सकते थे।

ख़ैर, हम दिल्ली गये और तयशुदा तौर पर फ़िल्म की स्क्रीनिंग हुई। हॉल के बाहर का

दृश्य अजीबो-ग़रीब हक़ीक़त पेश कर रहा था। सपनों का सौदागर, बॉलीवुड, देश के सबसे ताक़तवर सेना नायकों के साथ कन्धे मिलाता हुआ! जब इस ग़ैर-मामूली जमावड़े की ख़बर फैली तो मीडिया के लगभग दो सौ से ज़्यादा लोगों ने कैमरों और माइक्रोफ़ोनों के साथ फाटक पर हमारा स्वागत किया। वे टोह लगाये हुए थे कि इन गुप-चुप गतिविधियों के बारे में जो भी जानकारी मिल सके, मिल जाये। प्रेस को असलियत की कुछ ख़ास सुन-गुन नहीं थी। हम इतने संवेदनशील मामले के बारे में कुछ भी कहने से हिचक रहे थे, ख़ास तौर पर जब वह पलक झपकते हमारे ख़िलाफ़ जा सकता था। सवालों की झड़ी से बचते-बचाते हम सभी भीड़ को चीरते हुए सीधे स्क्रीनिंग कक्ष की तरफ़ चल दिये, ताकि अपनी क़िस्मत का फ़ैसला सुन लें।

अन्दर हमें दूसरा धक्का लगा—न सिर्फ़ वहाँ वायु सेना प्रमुख मौजूद थे, बल्कि उनके अलावा थल सेना और नौसेना के अध्यक्ष, तत्कालीन रक्षा मन्त्री प्रणब मुखर्जी, सेन्सर बोर्ड की अध्यक्ष शर्मिला टैगोर और फ़िल्म में अजय राठौड़ की माँ का किरदार निभाने वाली प्रमुख अभिनेत्री वहीदा रहमान भी थीं। रक्षा मन्त्री फ़िल्म देखने के लिए इन दो सुन्दर सौम्य महिलाओं के बीच अपनी जगह बैठ गये। राकेश, आमिर और मैंने एक-दूसरे की तरफ़ छिपी हुई घबरायी नज़रें डालते हुए, वहाँ मौजूद गण्य-मान्य लोगों से सलाम-दुआ की। फिर हम अपनी-अपनी जगह पर जा बैठे।

ढाई घण्टे बाद जब बत्तियाँ दोबारा जलीं तो राकेश, आमिर और मैं सवालों का जवाब देने के लिए वहाँ मौजूद लोगों के सामने चले गये। दोनों, थल सेना और नौसेना के प्रमुखों को फ़िल्म पसन्द आयी थी और उनके पास कहने को कुछ ख़ास नहीं था। 'मुझे भी फ़िल्म सचमुच पसन्द आयी। समस्या क्या है?' रक्षा मन्त्री ने कन्धे उचकाते हुए कहा। *रंग दे बसन्ती* में अजय की मौत के लिए रक्षा मन्त्री को काफ़ी ज़िम्मेदार ठहराया गया था। साफ़ था कि श्री प्रणब मुखर्जी इस तुलना से परेशान नहीं थे।

सबसे आख़िर में वायु सेना प्रमुख ने बात रखी। अपने विचारों को तरतीब देते हुए उन्होंने हम में से हरेक पर तीखी निगाह डाली। 'मिस्टर ख़ान, मिस्टर मेहरा, मिस्टर स्क्रूवाला, अपने काम में हमें हिस्सेदार बनाने के लिए शुक्रिया,' उन्होंने अपने शब्दों को सावधानी से चुनते हुए कहा। 'मेरे ख़्याल में यह एक उम्दा फ़िल्म है। हमने पहले कभी यह नहीं किया है,' उन्होंने अपनी बाँह से बैठे हुए लोगों को समेटा, 'और हम कभी किसी फ़िल्म को सेन्सर न करते जब तक कोई ख़तरनाक हालत न पैदा होती। आपने जो करने की सोची है, वह कीजिये। जाइये और फ़िल्म को रिलीज़ कीजिये।'

वे रुके। हम सब ने राहत की सांस ली। ख़तरा टल गया था।

'मैं बस यही कह सकता हूँ,' वे आगे बोले, 'कि मुझे अपने उन जवानों की माँओं से, जिनके बेटे एम.आई.जी. उड़ाते हैं, महीने में दस फ़ोन आते हैं। यक़ीनन वे अपने बेटों की हिफ़ाज़त को ले कर चिन्तित हैं। हम सब हैं। कौन नहीं होगा? लेकिन इस फ़िल्म के बाद मुझे महीने में सौ फ़ोन आने लगेंगे।' इसी के साथ उन्होंने पीछे को टेक लगा ली और हाथ अपनी गोद में रख लिये। 'मेरी शुभकामनाएँ।'

सेना की प्रतिक्रिया से हम बेहद ख़ुश थे और उनके सहारे के लिए शुक्रगुज़ार भी। लेकिन वायु सेना प्रमुख के शब्दों ने हमें अन्दर कहीं गहरे में छुआ भी था। यह असलियत थी। जब सभी सेनाओं के प्रमुख स्क्रीनिंग से चले तो उन्होंने बड़ी उदारता से वहाँ इकट्ठा मीडिया को इण्टरव्यू भी दिये।

सेन्सर की प्रतिकूल सुनवाई द्वारा फ़िल्म ख़ारिज कर दिये जाने की सम्भावना से बाल-बाल बचने के बाद हमें इससे बेहतर प्रचार नहीं मिल सकता था। स्क्रीनिंग के बाद बैठक की ख़बरें हफ़्ते भर तक प्राइम टाइम की ख़बरों में छायी रहीं।

मेरे दिमाग़ का एक हिस्सा समझता है कि अगर फ़िल्म रिलीज़ न हो पाती तो हमारे सामने अलग क़िस्म की चुनौतियाँ होतीं। मुझे पूरा भरोसा है कि उस हालत में भी हम हल ढूँढने की कोशिश कर रहे होते। सब कुछ के बाद जब आपका काम आगे-आगे चलना है तो आप उन परिस्थितियों के मुताबिक़ ढल जायेंगे जो आपके सामने आती हैं और सबसे अच्छे इरादों के साथ आगे बढ़ते रहेंगे।

रंग दे बसन्ती हमारे लिए कामयाब साबित हुई, क्योंकि स्क्रीनिंग के वक़्त मौजूद सभी यह समझ रहे थे कि हम सम्मान प्रकट कर रहे थे। जब आप उस बात को ले कर सचमुच, वाक़ई सच्चे होते हैं जिस में आप यक़ीन करते हैं तो आपके इरादे छिपे नहीं रहते। हमने अपनी इच्छा से स्क्रीनिंग करने का फ़ैसला किया जब कि हमारे लिए ऐसा करना लाज़िमी नहीं था। अलावा इसके, हमने ऐसी फ़िल्म बनायी थी जो बहुत 'बॉलीवुड मार्का' नहीं थी—बल्कि जो सीखने-समझने, आत्मपरीक्षण और ज़िन्दगी की क़ीमत पर केन्द्रित थी। यही सबसे बड़ा फ़र्क़ था।

किसी शख़्स और उसकी टीम के बारे में सबसे ज़्यादा उन प्रतिक्रियाओं से पता चलता है जो उम्मीद के परे होने वाली घटनाओं पर प्रकट होती है। आप ऐसे हालात से कैसे निपटते हैं, वही उद्यमी के तौर पर आपके भविष्य के बारे में बहुत कुछ बता देता है। आख़िर में, हमने वही रास्ता अख़्तियार किया जो हम जानते थे—हमने अपने दिल की बात सुनी। राकेश

और आमिर जैसे सहयोगियों का साथ होना हमारी ख़ुशक़िस्मती थी। कुल मिला कर वह एक शानदार टीम थी। हममें से कोई भी काम को उस तरह करने पर सन्तुष्ट नहीं था, जैसे वह हमेशा किया जाता रहा था। हम सौ साल पुराने चलन से अलग राह अपनाते हुए फ़िल्मों की नई लीक पर चले थे और लगे हाथ दूसरों को भी रास्ता दिखाया था। शानदार टीमों के साथ यही होता है। जब आपमें आत्मविश्वास हो, आपका यक़ीन मज़बूत हो और कारोबार जो चुनौतियाँ आपके सामने पेश करे, आप उनके हिसाब से ढलने को तैयार हों तो आपके पास खोने के लिए कुछ नहीं होता।

रंग दे बसन्ती के स्वागत के बारे में यह बात मुझे अब भी मुग्ध करती है कि जाने कितने लोगों ने हमसे कहा कि उसकी कामयाबी क़िस्मत की मेहरबानी है। जब मैंने यह सुना तो सोचा कि *उसका ठीक-ठीक कौन-सा हिस्सा भाग्य का वरदान था?* हमें किसी ने मदद नहीं दी थी। हम वहाँ अपने बल पर थे और हमने उसे मंज़िल तक पहुँचा दिया था। मेरे ख़्याल में उसमें क़िस्मत का कोई हाथ *नहीं* था।

स्थिरता और अपने यक़ीन पर टिके रहना अविश्वास करने वालों को ख़ामोश करने का बेहतरीन तरीक़ा है।

◆

ग़ैर-बराबरी कुदरती बात है। आप ग़ैर-बराबरी को चुनौती समझ सकते हैं या आगे को बढ़ते रह सकते हैं, क्योंकि वह कभी पूरी तरह नहीं ग़ायब होती। सच पूछिए, ज़रूरी नहीं कि यह कोई बुरी ख़बर हो।

अपने परिवार के पहले उद्यमी के रूप में शुरू करते हुए, मेरे पास कोई बाहरी और आर्थिक साधन नहीं थे, कोई गॉडफ़ादर या उस्ताद नहीं। लेज़र ब्रशेज़ की सीमित सफलता के साथ भी, मैंने पाया कि कोई भी ऐसे कारोबार में पैसा नहीं लगाना चाहता जो सिर्फ़ क़रारनामे पैदा करता हो। जब मैंने नये-नये जन्मे मीडिया जगत में शुरुआत की, उस समय लोग उसे 'मीडिया इण्डस्ट्री' नहीं कहते थे। लेकिन वह अच्छा ज़माना था, क्योंकि मैंने अपनी चादर के हिसाब से पैर फैलाना सीखा। नज़र आने वाली किसी भी ग़ैर-बराबरी को ले कर उदास-हताश होने की बजाय मैंने चुनौती को गले लगाया।

मुझे बहुत खीझ होती है जब आज मैं किसी नौजवान को अपना सपना टालने के लिए यह बहाना पेश करते सुनता हूँ, 'लेकिन मेरे पैसों का जुगाड़ नहीं हो रहा। मुझे कोई सहारा नहीं मिल रहा। क़िस्मत मेरा साथ नहीं दे रही।'

'एक मिनट रुको ज़रा,' मैं जवाब देता हूँ,'तुमने एक करोड़ रुपये माँगे हैं और कोई तुम्हें पाँच लाख रुपये देने को भी तैयार नहीं है?'

'मुझे एक करोड़ की ज़रूरत है,' वह ज़िद करता है। 'मैं पाँच लाख रुपये क्यों माँगता फिरूँगा भला।'

'इसलिए कि कोई तुम्हें एक करोड़ रुपये देने को तैयार नहीं है! तुम पाँच लाख रुपये क्यों नहीं ले लेते और उसके बाद अगले दस लाख रुपये हासिल करने के लिए कड़ी मेहनत करते? वहाँ से शुरू करो। अपने सपने को एक-एक टुकड़ा करके खड़ा करो। क्या तुमने इसके बारे में ऐसे सोचा है?'

'अ...नहीं।'

चुप्पी। बात ख़त्म।

और यही मेरी बात का मतलब है।

अगर आप कारोबार को पाँच लाख रुपये या इससे कम से भी शुरू करने के लिए एक ख़ाका तैयार कर सकते हैं तो गुंजाइशें हैं कि आप यह सोच लेंगे कि पैसा कैसे हासिल किया जाये। शुरू करने का एक बिन्दु खोजिये और फिर काम पर जुट जाइये! अगर आप शुरू करते वक़्त अकेले हैं तो भी आपके विचार की ऊर्जा और गति उस आरम्भिक रक़म का हिसाब बैठा लेगी। उस रक़म का जो आपकी जानकारी के बावजूद, और जैसा मैंने पहले कहा है, आपको मिलने वाली सबसे आसान रक़म होगी।

उद्यम और कारोबार की अपनी यात्रा शुरू करते समय उस ख़्याल से ख़बरदार रहिये जो ग़ैर-बराबरी को नाकामी के बराबर ठहराता है। उद्यम से जुड़े बहुत-से सपने बेबुनियाद निराशा से चकनाचूर हुए हैं। *यह मेरे लिए नहीं है। मैं सही पृष्ठभूमि से नहीं आता कि इसे सिरे चढ़ा सकूँ। तीसरी दुनिया के देश में होना मेरे लिए नुक़सानदेह है। मैं भला कैसे यह काम कर सकूँगा?* मैंने ये जुमले बहुत बार सुने हैं। जब आप नकारात्मक प्रतिक्रिया के चक्कर में फँस जाते हैं और सन्देह को हावी हो जाने देते हैं तो आप ख़ुद अपने लिए रुकावटें खड़ी कर लेते हैं।

इसके अलावा, पुख़्ता सामाजिक ढाँचा हिन्दुस्तान में बहुत मज़बूत है—शायद अतीत की तुलना में कुछ कम मज़बूत—लेकिन इस पर भी उस उद्यमी के लिए एक रुकावट जिसमें पूरी ताक़त से कूदने लायक़ आत्मविश्वास नहीं है। आप को अपने परिवार से कुछ खरी-खरी बात करने की ज़रूरत है कि आप क्या हैं और क्या करने के इच्छुक हैं। ग़ैर-बराबरी के साथ समस्या यह नहीं है कि यह हक़ीक़त में आपके सपने को साकार करना और मुश्किल बना

देती है, बल्कि यह कि वह आपको आपकी कल्पना से दूर कर देती है। जब आप अपने उद्यम के सफ़र पर हों तो बाक़ी लोगों की तरफ़ नहीं, आईने में देखिये। वहाँ आपको सच्चाई नज़र आयेगी और वह अन्दरूनी ताक़त जो आपको सही दिशा में बढ़ाती रहेगी।

जब मैंने लन्दन का वह निर्णायक सफ़र किया था और मुझे उस कारख़ाने में टूथब्रश बनाने वाली मशीनें नज़र आयी थीं, मुझे 2400 पाउण्ड, चुंगी के पैसों और तत्काल आयात करने के लाइसेन्स की ज़रूरत थी। मेरे पास उस क़िस्म का पैसा नहीं था। लेकिन मैंने इस बात को अपने भीतर ग़ैर-बराबरी का एहसास पैदा करने नहीं दिया। मैं जानता था कि मुझे वह पैसा अपने माता-पिता से नहीं मिल सकता था (मैंने माँगा ही नहीं)। लेकिन अर्थ-तन्त्र ऐसा था जहाँ पैसा मौजूद था, अगर मैं साबित कर देता कि मैं चुनौती के बराबर था। भले ही इसके लिए मुझे अपने ग्राहक से पहला आशय-पत्र लेने के लिए उतनी ज़्यादा मेहनत करनी पड़ती, जो मैंने की थी। मंज़िल के लिए एक रास्ता खोजना और सूझ-बूझ से समस्याएँ सुलझाना—सब उद्यमी बनने का हिस्सा है। कोई बहानेबाज़ी नहीं चलेगी।

सच पूछिये तो पैसों का अभाव आज पहले से कहीं छोटा मुद्दा है। सादगी और मुट्ठी कसना दुनिया भर में कहीं भी किसी भी कारोबार के बुनियादी उसूल हैं। जिस उद्यमी के डी.एन.ए. में कमख़र्ची की विशेषता होगी, वह निस्बतन कम ग़लतियाँ करेगा, लागत के अधिक कुशल नमूने बनायेगा, भविष्य की बेहतर योजनाएँ तैयार करेगा। उसकी कामयाबी की सम्भावनाएँ भी बग़ल के शख़्स की बनिस्बत बढ़ जायेंगी, जिसे अभी-अभी अच्छी पूँजी मिल गयी है और वह भूल से और अहंकार में महसूस कर रहा है कि उसे वे मुश्किल फ़ैसले करने की ज़रूरत नहीं है। जब आपको लगता है कि कुछ लोगों के पास ज़्यादा है, तब सम्भावना यही है कि वे बहुत कुछ मान कर चल रहे होते हैं। जब आप उस सब के लिए काम करें जो आपके पास है तो आपके लिए इसका ज़्यादा मतलब होता है। कुल-मिला कर दूसरे की बनिस्बत, जिसके बारे में आपका ख़्याल है कि वह आपसे बहुत अधिक फ़ायदे में है, सफलता की आपकी सम्भावनाएँ ज़्यादा हो सकती हैं। *इसलिए आप ग़ैर-बराबरी का शिकार नहीं हैं।*

यह सरल-सा वाक्य उद्यम-उद्योग का सार है। अपने को ग़ैर-बराबर मान लेना पीछे हटने की मानसिकता की निशानी है। जनरल जॉर्ज पैटन की तरह सोचिये। जब उन्हें पता चला कि उनकी फ़ौज के पास पेट्रोल ख़त्म हो गया था, वे बोले, 'हो जाये ख़त्म। हम आगे पैदल जा रहे हैं। हम जर्मनों को वापस बर्लिन तक धकेल देंगे।'

◆

जिस पल आप कहते हैं, 'मैं पिछड़ा हुआ हूँ,' आप अपनी तुलना बाक़ी सबसे कर रहे होते हैं। और इसी में हिन्दुस्तान के लिए चुनौती का काफ़ी हिस्सा छिपा है। यहाँ उद्यमियों की एक पीढ़ी मौजूद है जो अपने सपने देखने को तैयार हैं, मगर उनका सामना भय और अनिश्चय से, संकीर्ण मानसिकता से, जोखिम लेने की हिचक से, बात करने के गुण की कमी से, सहारा देने वालों के अभाव से और आत्मविश्वास की आम कमी से है। ज़्यादातर मामलों में जब कोई व्यक्ति जिसके पास सपना है, उसे साकार करने की चुनौती स्वीकार नहीं करता तो आपको उसकी हिचक के पीछे इनमें से कोई कारण मिल जायेगा।

हो सकता है आपके लिए—और बहुत-से दूसरे लोगों के लिए भी—ग़ैर-बराबरी का मतलब है, *मैं एक छोटे शहर से आता हूँ, मैंने कभी बाहर क़दम नहीं रखा। मुझे क्या पता होगा?* लेकिन अगर मैं आपके साथ दो घण्टे बैठ कर आपकी पारिवारिक पृष्ठभूमि की चर्चा करूँ—पिता सेना में हैं या रेलवे में, शायद आप हर दो-तीन साल पर एक छोटे शहर से दूसरे छोटे शहर जाते रहे या और जो भी हो—तो मुझे क्या नज़र आता है? आपके लिए असली भारतीय बाज़ार का फ़ायदा उठाने का मौक़ा—वे छोटे शहर जो भविष्य में माल की खपत के प्रमुख केन्द्र बनेंगे, वे ग्रामीण बाज़ार जिन्हें आप इतनी अच्छी तरह समझते हैं। मुझे वह बदनुमा तस्वीर नज़र नहीं आती जो आप देखते हैं—अपने 'अधिक भाग्यशाली' साथी की जो विश्वविद्यालय में पढ़ने दिल्ली गया, जिसकी इच्छा बस यही है कि हज़ारवाँ सबसे लोकप्रिय आई.फ़ोन ऐप बना दे।

उद्यमी इसकी चिन्ता नहीं करते कि दुनिया चपटी है या नहीं। वे कारोबार को खड़ा करने में ज़्यादा व्यस्त होते हैं।

◆

◆ अपने सफ़र के किसी भी चरण में उद्यमियों और कम्पनी प्रमुखों के लिए इस धारणा को मद्धम करने की ज़रूरत है कि ताक़तवर कम्पनी खड़ी करने के लिए क़िस्मत ज़रूरी है। उन्हें क़िस्मत की कमी को अपनी सबसे हठी बाधा बनाने से भी बचना चाहिये।

◆ जो लोग मुसीबत में हैं उनका साथ दीजिये। जब वे पलट कर खड़े होंगे तब वे आपका साथ निभायेंगे।

◆ उन सुविचारित जोखिमों को चुनिये जिन्हें लेना आपकी बिसात के भीतर है और फिर जम कर खड़े हो जाइये। ऊँचे जोखिमों से ऊँची कामयाबी ज़रूर मिलती है, अगर उनके पीछे शानदार तैयारी और अमल हो। इसका क़िस्मत से कुछ लेना-देना नहीं है। जब हालत गड़बड़ा जाये, तो यह बदक़िस्मती नहीं है, बल्कि महज़ एक मौक़ा है नाकामी को स्वीकार करने, परखने, बात करने, सुधारने, सीखने

और आगे बढ़ने का।

◆ सही समय पर सही जगह होने का फ़ायदा उठाना कुशल योजना बनाने, तैयारी के ऊँचे स्तर, खुलेपन और प्रगतिशील मानसिकता की माँग करता है।

◆ दूसरों से तुलना करना और जो उनके पास है या नहीं है, उससे अपने को नापना बन्द कीजिये। यह आपके उद्देश्य को फ़ायदा नहीं पहुँचायेगा, महज़ आपका ध्यान भटकायेगा। अलावा इसके, याद रखिये, ग़ैर-बराबरी कुदरती है; लेकिन ग़ैर-बराबरी असफलता का संकेत नहीं है। आप उसे चुनौती समझ सकते हैं या आगे बढ़ते रह सकते हैं। अपने सकारात्मक रवैये से ग़ैर-बराबरी की सारी धारणाओं को ध्वस्त कर दीजिये; उद्यम सचमुच हमें ग़ैर-बराबरी के मिथक का सामना करने और उसे जीतने के लिए उकसाता है।

11
बायें नेपथ्य से बाहर?

जिसने भी किसी कारोबार को सफलता से छोड़ा है, उससे पूछिए,
वह बतायेगा–आप विदाई का समय पहले से नहीं तय कर सकते।
विदाई के लिए हिकमत की ज़रूरत नहीं पड़ती। मज़बूत कारोबार खड़ा करने के लिए पड़ती है।

2013 के अन्त में मीडिया जगत से अलग होने के बाद मुझे बहुत-से लोग मिले हैं जो कहते हैं, 'मैं बाहर निकल आने के बारे में आपसे बात करना चाहता हूँ...' पहली बार मैंने इस अनुरोध पर बहुत ध्यान नहीं दिया था। लेकिन चौथी या पाँचवीं बार के बाद, मैंने हैरत से सोचा—क्या मैं सचमुच वैसा आदमी हूँ? वे ऐसा क्यों सोचते हैं कि मुझे बाहर निकल आने के बारे में इतना मालूम है?

यक़ीनन, बीते हुए बरसों के दौरान ऊँचे दाम पर कम्पनी को बेचने या 'बाहर आने' के विभिन्न अवसर सामने आये हैं। हर बार मुझे मौक़ा मिला है कि मैं देख सकूँ कि कारोबार कहाँ खड़ा है, मैं कहाँ चाहता था कि वह हो और उपलब्ध जानकारी के आधार पर जाँच-परख और फेर-बदल करूँ। जो बात बहुत-से लोगों को चकित करती है (और वे अक्सर इस पर विश्वास नहीं करते) वह यह कि इनमें से कोई भी विदाई पहले से तय करके नहीं हुई, हर विदाई पूरी तरह बिना इरादे के हुई। अपने कारोबारी सफ़र के दौरान मैंने कोई भी कारोबार विदाई को मन में रखते हुए नहीं शुरू किया। अगर कोई उद्यम अपने तीसवें साल में होता और तब भी मज़बूती से चल रहा होता तो मैं तब तक ख़ुश रहता जब तक मैं रचनात्मक काम

करता रह सकता, उस संसार में नई खोज करते हुए फलता-फूलता रह सकता।

कुछ उद्यमी आसानी से एक लुभावने विचार से दूसरे पर छलाँग लगा देते हैं। मीडिया अक्सर उन सफलताओं को बढ़ा-चढ़ा कर प्रचारित करता है जो इतनी जल्दी-जल्दी नहीं नज़र आतीं और शुरू होते ही ठप्प हो जाने वाले मामलों को आम तौर पर नज़रन्दाज़ कर देता है। दूसरे उद्यमी जी-जान से जुटे रहते हैं। वे विदाई को नाकामी की निशानी मानते हैं, या इससे भी बुरी बात, उस कारोबार के प्रति ग़द्दारी समझते हैं जिसे परिवार ने पीढ़ियों के अरसे में बनाया है, हर उद्यमी विदाइयों को अपने अनोखे ढंग से देखता है; किसी में भी वह दूरदृष्टि नहीं होती कि ठीक-ठीक उनके समय के बारे में बता सके।

एक कारोबारी और उद्यमी के नाते अपना सफ़र शुरू करते समय आपको एक जलते हुए सवाल का सामना उस पल से करना ही होगा जब कम्पनी 100 फ़ीसदी आपकी नहीं रह जायेगी - *बाहर का रास्ता किधर है?*

आइए, तीन बातें स्पष्ट कर लें।

पहली, बाहर से देखने वाले विदाइयों को कारोबार 'त्याग देने' के अर्थ में देखते हैं। यह सच नहीं है। एक बार जब आपके सामने विदाई का विकल्प या उसकी सम्भावना आ गयी तो आप फ़ैसला यह हिसाब लगाने के बाद ही करते हैं कि कम्पनी, उसके हिस्सेदारों और आपकी टीम के हित में सबसे अच्छा क्या है? हो सकता है, जो आपके लिए विदाई हो, वह कम्पनी, ब्राण्ड और काम-धाम के लिए महज़ इस उम्मीद के साथ एक स्थिति से दूसरी में जाना हो कि इससे तरक़्क़ी की नई ऊँचाई पर पहुँचा जा सकेगा। बेशक, बाहर आने के सिलसिले में कुछ नये गठजोड़ हो सकते हैं, मगर इन्हें आप बुनियादी तौर पर ज़िम्मेदारी सौंपने की फेर-बदल के रूप में ले सकते हैं।

दूसरी, अपने निवेशकों और साझीदारों के लिए विदाई का एक मौक़ा उपलब्ध कराने का मतलब हमेशा आपकी विदाई नहीं होता। बाहर आने से हमेशा मुनाफ़ा नहीं होता या कम्पनी की क़ीमत नहीं बढ़ती। सच तो यह है कि ज़्यादातर मामलों में इसका उल्टा ही होता है। कम्पनी के प्रमुख के तौर पर यह आपकी ज़िम्मेदारी है कि आप सही समय पर अपने पत्तीदारों को पैसा वापस वसूलने का मौक़ा दे दें। कम्पनी की नींव रखने वाले उद्यमी के रूप में आप क़ीमत में और इज़ाफ़ा कर सकते हैं, अगर आप जमे रहने और लम्बे समय तक क़ायम रहने वाली शानदार कम्पनी, टीम, ब्राण्ड और कारोबार बनाने के लिए राज़ी हैं; बीच के अरसे में पूँजी लगाने वालों के लिए कोई पैमाना बनाने के लिए नहीं। यह न सिर्फ़ ध्यान भटकाता है, बल्कि कारोबार के लिहाज़ से भी खोटी हिकमत है।

तीसरी, अलग होते वक़्त अपनी पूरी टीम और सहयोगियों के साथ खुली, खरी बातचीत बेहद ज़रूरी है। सही तौर पर की जाने वाली बातचीत के लिए कुशल योजना बनानी पड़ेगी। इसे निष्ठा, स्पष्टता और सही समय पर लागू करना होगा—और यही बातें लोग पसन्द करते हैं। मेरे लिए हमेशा ही से विचारों का खुला-खरा लेन-देन आसानी से एक स्थिति से दूसरी में जाने का बुनियादी हिस्सा रहा है; यह कम्पनी की संस्कृति और उसके मूल्य को तरक़्क़ी के रास्ते पर क़ायम रखता है। लोग साफ़गोई पसन्द करते हैं ताकि वे अपने स्वतन्त्र फ़ैसले कर सकें। उन्हें उस चिन्ता, सरोकार और योजना बनाने की सावधानी का आभास होता है जो एक सुचारु परिवर्तन के लिए ज़रूरी है।

जब उद्यमी अपने कारोबार कम्पनी की रोज़मर्रा की सेहत को दुरुस्त रखने की बजाय, बाहर निकल आने की हिकमतों के इर्द-गिर्द केन्द्रित करते हैं तो कारोबार को जीवन्त, फुर्तीला और सही रास्ते पर रखने वाले फ़ैसले करना और उन्हें अमल में लाना और भी मुश्किल हो जाता है। मैं कम्पनियों के बोर्ड की ऐसी बैठकों में मौजूद रहा हूँ जहाँ बाहर निकलना क़ीमत बढ़ाने के तरीक़ों के रूप में प्रचारित किया गया है। *दो साल बाद यह होगा। तीन साल बाद यह। और फिर हम...*

मैं अब पक्के तौर पर कह सकता हूँ कि उनमें से एक-एक प्रेज़ेन्टेशन कोरी गपबाज़ी थी। बुनियादी सच यह है - आप बाहर निकलने की कोई समय सीमा नहीं बाँध सकते। उन सबसे जा कर पूछिए जो सचमुच किसी कारोबार से कामयाबी के साथ विदा हुए हैं। वे सब एक ही बात कहेंगे - 'इसके बारे में सचमुच कभी सोचा नहीं था, योजना नहीं बनायी थी, न उस समय मेरा इरादा ही था।' मैं शर्त बद सकता हूँ कि 95 फ़ीसदी सफल विदाइयों में दोनों—आने वाले पूँजी निवेशक और जाने वाले संस्थापक—के लिए सौदा फ़ायदे का होता है और विदाई ख़रीदार की पहल पर हुई होती है।

अगर आप महज़ कारोबार खड़ा करने के लिए कारोबार खड़ा कर रहे हैं, तो आपको सही समय पर विदा होने के बहुत-से मौक़े मिलेंगे, अगर यही आप करने का फ़ैसला करते हैं। सीधी-सी बात है।

दुनिया भर में, महज़ बीस साल पहले, उद्यमी इस गुंजाइश पर नज़र रखकर कारोबार नहीं खड़ा करते थे कि उसे तीन साल में बेच कर बाहर आ जायेंगे। आज की इण्टरनेट संस्कृति— तत्काल अन्तर्राष्ट्रीय सम्पर्क, ऑनलाइन सामाजिक साधनों, मीडिया और ब्लॉगों पर रोज़-रोज़ बेहिसाब दौलत की सूचनाओं के वातावरण—ने ऊर्जा से भरे महत्वाकांक्षी उद्यमियों की एक नई पीढ़ी की कल्पनाएँ जगा दी हैं। वे इन सफल लोगों की मिसालों पर चलते हैं—वह टीम

जिसने डेढ़ साल में एक अरब का कारोबार खड़ा कर दिया; कॉलेज की पढ़ाई छोड़ देने वाला पच्चीस वर्षीय युवक जिसने रातों-रात अपनी माँ के तहख़ाने को अन्तर्राष्ट्रीय सोशल-नेटवर्किंग का एक केन्द्र बना दिया; कॉलेज का वह छोकरा जिसने अपने होस्टल के कमरे से एक जीपीएस ऐप विकसित कर दिया। हमें इस दुर्लभ प्रजाति के नमूने लगातार लुभाते रहते हैं; उनकी उपलब्धियाँ प्रचारित की जाती हैं—मानो यह तेज़ रफ़्तार वाली कामयाबी आम हो, हमेशा तयशुदा योजना के हिसाब से और ट्विटर अकाउण्ट खोलने जितनी सरल। इससे ज़्यादा और कोई बात सच्चाई से दूर नहीं हो सकती।

उन दूरदर्शियों, उद्यमियों और प्रमुखों में से किसी से पूछिए; वे आपको बतायेंगे कि वे ढेरों चुनौतियों और क़ुरबानियों के बाद उस मुक़ाम तक पहुँचे थे जब मालदार प्रेमियों ने उन्हें रिझाना शुरू किया। इस रास्ते में जब सफलता पूरी तरह हाथ में नहीं आयी थी, तब कई बार वे बाल-बाल बचे और निशाना चूकने के क़रीब भी आये। लेकिन वे बिना विदा होने की कोई भव्य योजना बनाये, लगन के साथ कमर कस कर जुटे रहे। जो उन्होंने सही-सही किया, वह था पथ पर बने रहना और एक हलचल पैदा करने वाला, महत्वपूर्ण कारोबार, माल, सेवा या ग्राहक वर्ग बनाना।

◆

जब मैं कारोबार से अपनी विदाइयों के बारे में सोचता हूँ, मुझे याद आता है कि कैसे हर विदाई एक अपनी ही ज़िन्दगी अख़्तियार करती गयी। जैसा मैंने पहले कहा, मैंने केबल टी.वी. की दुनिया से शुरू किया था। मेरे मन में ऐसे कारोबार में पहलक़दमी करने का गहरा जोश था जो मज़े में अपने समय से पहले का साबित हो सकता था। जैसे-जैसे केबल टी.वी. एक घरेलू उद्योग में बदला, और होड़ बढ़ी, पारदर्शिता और ईमानदारी कम होती गयी। चूँकि इस कारोबार के नियम-क़ायदे पूरी तरह नहीं बने थे, हर कोई अपने नियम बनाता था। हालाँकि नियम-क़ायदे कभी-कभी कारोबार के विकास में रुकावटें भी पैदा करते हैं, बुनियादी नियम स्वस्थ होड़ और मुक़ाबले के ज़रिये किसी भी क्षेत्र में विकास करने के कुछ ज़रूरी चौखटे लागू करते हैं।

केबल व्यापार के पाँचवें साल के आते-आते, मुझे धीरे-धीरे यह एहसास होने लगा कि हमें ऐसे अनियन्त्रित बेलगाम क्षेत्र में सफल होने में मुश्किल होगी।

चूँकि हमने बाहर से कोई पैसा नहीं लिया था, हमारे सामने बाहर निकलने की कोई मजबूरी नहीं थी। मैंने ख़ुद को कारोबार के रोज़मर्रा के काम-काज से अलग करने का फ़ैसला

इसलिए किया था, ताकि मैं कारोबार की नब्ज़ को जाँच कर उसे सही दिशा दे सकूँ और अपने समय को दूसरे उद्यमों के लिए मुक्त कर सकूँ। इस मक़सद से हम पेशेवर प्रबन्धकों को ले आये। इसके बावजूद मुझे साल भर के अन्दर यह अन्दाज़ा हो गया कि केबल टी.वी. ऐसा कारोबार नहीं था जिसमें मुझे लम्बे समय तक बने रहने की इच्छा थी। मुझे नहीं लगता कि मैं उस समय तक इतना अनुभवी हो गया था कि 'बाहर निकलने का रास्ता' शब्द के बारे में सोच भी सकूँ। अगर कोई मुझसे पूछता कि बाहर जाने का रास्ता क्या है तो मैं कहता थिएटर से बाहर निकलने का दरवाज़ा। लेकिन मैं उन मौक़ों के बारे में सोचने के लिए तैयार था जो सामने आयें।

मैंने अपने सीनियर साझीदार और साथी-संस्थापक से, जो उस समय मेरे ससुर थे, विस्तार से दो या तीन बार बातचीत की। वे अन्त तक डटे रहना चाहते थे। मैं बाहर आना चाहता था। इत्तफ़ाक़ से जिस सी.ई.ओ. को हमने नियुक्त किया था, वह एक दिन मेरे पास आया और उसने बताया कि उसने आगे बढ़ जाने का फ़ैसला किया है। मैंने उसे दिल-से-दिल की बात करने के लिए बैठा लिया। 'तो फिर इरादा क्या है?' मैंने उससे पूछा।

'दक्षिण भारत का एक बड़ा व्यापारी समूह है जो हॉलिडे रिज़ॉर्ट और ज़मीनों के कारोबार में लगा है,' उसने बताया। 'वे चाहते हैं कि मैं उनकी कम्पनी में चला जाऊँ और केबल टी.वी. के कारोबार को ज़मीन से शुरू करके देश भर के पैमाने पर ले जाऊँ।'

'मेरा ख़्याल है, तुम्हें चले जाना चाहिये,' मैंने उससे कहा। 'लेकिन मेरे पास तुम्हारे लिए एक प्रस्ताव है। तुम उनसे जा कर बात करो और कहो कि तुम उनकी कम्पनी में शामिल हो जाओगे। इतना ही नहीं, बल्कि तुम मौजूदा कारोबार को ख़रीद भी सकते हो, ताकि बाक़ी सबसे पहले आगे-आगे चल सको।' शब्द बस अचानक ही मेरे मुँह से निकल आये। और इसके साथ मैंने एक मौक़ा पैदा कर लिया था, जो देखने में सबके लिए फ़ायदे का सौदा था।

सी.ई.ओ. ने नई संस्था के लोगों से बात की और यह प्रस्ताव उन्हें बहुत मुनासिब लगा। दो महीने के अन्दर हमने सौदे की शर्तें तय कर लीं। योजना-शून्य मामला था। मुझे यह शब्द ही नहीं मालूम था।

सोचें तो कारोबार में बहुत कुछ इसी तरीक़े से होता है।

◆

विभिन्न कारोबारों में अपने पच्चीस बरस के सफ़र के दौरान हमारे बहुत-से साझीदार और पूँजी लगाने वाले रहे हैं। उन्होंने भी कम्पनियाँ छोड़ी हैं, लेकिन बिरले ही मैंने किसी

इन्वेस्टमेन्ट बैंकर को साथ लिया है। बात साफ़ कर दूँ। मेरे ख़्याल में इन्वेस्टमेन्ट बैंकर आर्थिक तन्त्र में ज़रूरी बिचौलिये होते हैं। लेकिन अपने तईं मैंने उन्हें हमेशा हितों के टकराव से ग्रस्त पाया है। ज़्यादातर मामलों में अपनी 'क़ीमत' जताने के लिए वे अचानक कमरे में हर चीज़ के विशेषज्ञ और हित-साधक बनने का दावा करते हैं और अन्त में लम्बी और महँगी देरियों का कारण बनते हैं।

अगर आप पहली बार पूँजी लगाने वालों या साझीदारों की तलाश कर रहे हैं तो एक बिचौलिया वरदान है जो ऐसे लोगों के दरवाज़े आपके लिए खोल सकता है जिन तक आपकी रसाई नहीं है। और मेरी निजी राय में यहीं से टकराव शुरू हो जाता है। इन्वेस्टमेन्ट बैंकरों के सम्पर्कों का जाल बहुत अच्छा होता है। यह उनका काम है। ज़्यादातर मामलों में, सम्भावित पूँजी निवेश करने वाला भी इन्वेस्टमेन्ट बैंकर का पूर्व और भावी ग्राहक होता है। टकराव इसीलिए पैदा होता है।

इन्वेस्टमेन्ट बैंकर अपनी भूमिका को दोहरे रूप में देखता है। एक ओर वह परखता है कि उद्यमी के रूप में आप कितना झुकने को तैयार हैं; दूसरी ओर वह समझने की कोशिश करता है कि सम्भावित पूँजी-निवेशक की 'मुनासिब माँग' क्या है। इस आधार पर वह आपके हित में सबसे अच्छा सौदा तैयार करके सम्भावित साझीदारों के सामने रखता है। एक-दूसरे की सीमाओं को जान कर इन्वेस्टमेन्ट बैंकर जिसे अपने दिमाग़ से दोनों के लिए फ़ायदेमन्द प्रस्ताव समझता है, उसे पेश करता है। असलियत में यह खुले तौर पर हितों का टकराव है।

मेरे नज़रिये से, काम इस तरह नहीं होता। आपने इन्वेस्टमेन्ट बैंकर की सेवाएँ इसलिए ली हैं कि वह आपकी कम्पनी के लिए सबसे अच्छा सौदा तैयार कर सके; इसलिए नहीं कि वह ऐसा प्रस्ताव तैयार करे जो उसके ख़्याल से सबसे अच्छा है और दोनों पक्षों के लिए सही और मुनासिब है। मैं शर्त बदने को तैयार हूँ कि सौ में से पंचानवे मामलों में जो दाम आप और सम्भावित निवेशक सीधे तय करेंगे, वह इन्वेस्टमेन्ट बैंकर के माध्यम से मिले प्रस्ताव से 10 से ले कर 20 फ़ीसदी तक ऊँचा होगा।

अगर बाहरी लेन-देन और आदान-प्रदान की दुनिया में यह आपका पहला मौक़ा हो तो, अगर आपको ज़रूरी लगे, इन्वेस्टमेन्ट बैंकर की मदद लीजिये, लेकिन –

1. दूसरे पक्ष के साथ सीधे मोल-भाव कीजिये (बैंकर को घेरे में रखते हुए)।
2. कुछ ख़ास बिन्दुओं के सिलसिले में बैंकर के कन्धे से गोली चलाइये; और
3. समय सीमाओं के सिलसिले में सारी चर्चा की बागडोर अपने हाथ में रखिये और सभी खुले मामलों में फ़ैसले कीजिये।

सही परिचय और सम्पर्क कराने (और कुछ नहीं) के लिए एक मुआवज़े की रक़म तो ठीक है, मगर पहली बार के लिए ही। अगर आप खुल जायें और अपनी सारी उम्मीदें शुरू ही में इन्वेस्टमेन्ट बैंकर के साथ बाँट लें तो सम्भावना यही है कि आपने अपने सारे पत्ते खोल दिये हैं और मोल-भाव करके बेहतर सौदे के लिए गुंजाइशें नहीं छोड़ीं।

इस सब के बाद, आपके कारोबार को ख़ुद अपना चुम्बक होना चाहिये और आपके साझीदारों और निवेशकों को बाहर की दुनिया के सिलसिले में आपका सबसे सच्चा मार्ग-दर्शक। वरना, यह जान लीजिये कि फिर आपको कम सौदा तोल दिया जायेगा।

◆

क्या ऐसे दिन आये जब मैं अन्दर झाँक कर सोचता, चिन्ता करता कि कहीं मैंने बहुत जल्दी तो बाहर निकलने का फ़ैसला नहीं कर लिया? क्या मैं इससे बेहतर (या बदतर) हासिल कर सकता था? यक़ीनन। लेकिन किस मक़सद से? इससे क्या हासिल होगा? यही बात उन उद्यमियों के लिए सच्ची उतरती है, जो किसी ख़्याल से प्यार करने लगते हैं। यह ख़्याल उनके ब्राण्ड के सिलसिले में इतना निजी और अखण्ड होता है कि किसी और से उसमें पैसे लगवाने का सवाल उन्हें समझ से बाहर लगता है। कारोबार से विदा होने से निपटने का यह सबसे पेचीदा पहलू है।

मिसाल के लिए, जो गुज़रा है, उसे देखने की क़ूवत उस समय मेरे पास होती (जो मेरे पास नहीं है, न किसी के पास होती है) तो मैंने केबल टी.वी. के कारोबार को वैसे-का-वैसा रखा होता और हम औरों की बनिस्बत देश में केबल टी.वी. के सबसे बड़े उद्यमी होते। जब यू.टी.वी. स्थापित होने के बाद अगले कुछ वर्षों के दौरान छलाँगें लगाते हुए बढ़ने की ओर अग्रसर था, तब 1992 में मैंने प्रसारण की उस पहली-पहली लहर को पकड़ लिया होता और जमा रहता...

या मैं अन्त तक घर-बैठे-ख़रीदारी के साथ बना रहता...

या अगर मैं दक्षिण पूर्वेशिया में डटा रहता और विराट स्तर की अखिल-एशियाई मीडिया कम्पनी बन गया होता...

अगर, अगर, अगर।

मैं सारा दिन याद करता रह सकता हूँ कि क्या हो सकता था और इसका दुख मना सकता हूँ कि कितनी बार मुझ से भूलें हुईं। बेशक। लेकिन अगर उनमें से एक भी कारोबार ने डुबकी लगायी होती तो फिर अतीत के प्रति कोई मोह न होता, महज़ बुरे सपने सरीखा बरबादी का

मंज़र रह जाता। पीछे मुड़ कर किसी कारोबार पर सोग मनाना फ़िज़ूल है।

ज़िन्दगी और कारोबार, दोनों गन्दे और बेतरतीब होते हैं। इनमें से कोई भी तयशुदा ख़ाके पर सच्चा नहीं उतरता, न उन बेगिनती पेचों और मोड़ों की पहले से कोई जानकारी देता है जो अप्रत्याशित होते हैं और जिन्हें पहले से नहीं देखा जा सकता। लोग पूर्णता की तलाश करते हैं जिसका कोई वजूद नहीं है। वे ऐसे कारोबारों की नींव रखने और उन्हें बढ़ाने के साफ़-सुथरे तरीक़ों की तमन्ना करते हैं, जो उनके लिए परेशानी नहीं खड़ी करेंगे और छप्पर-फाड़ दौलत के रास्ते खोल देंगे। ज़मीन पर आओ, मैं कहता हूँ।

विदाइयों का मतलब हथियार डाल देना नहीं है। उनका सम्बन्ध मौक़े थामने से है। अगर आपका ख़्याल है कि जब आप किसी कारोबार से विदा हो रहे हैं तो आप किसी चीज़ का त्याग कर रहे हैं तो आप ख़ुद को धोखा दे रहे हैं और यह भुलाये दे रहे हैं कि आप उद्यमी क्यों बने थे।

◆

हिन्दुस्तान में आज बाहर आने से सम्बन्धित सबसे बहस-तलब चर्चा पारिवारिक कारोबारों पर केन्द्रित है। परिवारों द्वारा चलाये जा रहे लाखों व्यापार—मामूली से ले कर विराट तक—भारत के आर्थिक तन्त्र की रीढ़ हैं। ये कारोबार उद्यमियों की आज की पीढ़ी के लिए जिन्हें दसियों साल पुरानी विरासतों की बागडोर थामने के लिए चुना गया है, भारी खीझ का सबब हैं। किसी कारोबार को, जो आपके परदादा के समय से अगली पीढ़ी को सौंपा जाता रहा है, पूरी तरह या उसके किसी हिस्से को छोड़ना उतना ही मुश्किल हो सकता है, जितना वह फ़ैसला जो किसी उद्योग का सी.ई.ओ. करता है। आपके मन में सबके बेहतर-से-बेहतर हितों की रक्षा का भाव होते हुए भी, सम्भव है, आप चिन्तित हों कि यह विदाई परिवार पर बुरा असर डालेगी। आख़िरकार, वह कारोबार आपके इतिहास का हिस्सा है, समाज में आपकी हैसियत का प्रतीक है।

सबसे पहले तो यह समझ लीजिये कि फ़ैसला आपके और सिर्फ़ आपके हाथ में है। अगर आप साफ़ दिल के साथ फ़ैसला करेंगे तो आप वही करेंगे जो आपके, आपके परिवार और कारोबार के लिए सबसे सही और उचित होगा। 'बाहर' वाले सवाल आज पहले से ज़्यादा उठने लाज़िमी हैं जब हर दसेक साल पर दुनिया पाँच-पाँच बार बदल जाती है। आपके दादा को कोई अन्दाज़ा नहीं था कि दुनिया चालीस या तीस या बीस साल बाद भी कैसी हो जायेगी। अब आप पाते हैं कि आप एक हल्की तकनीक वाला कारख़ाना, कोई इस्पात उद्योग,

व्यापार और वितरण का काम, पड़ोस का किराना स्टोर, दवा की दुकान या परिवार का रेस्तराँ चला रहे हैं। सब टिकाऊ कारोबार हैं, लेकिन ये मुश्किल ही से ऊर्जा से भरा वह गतिशील अवसर है जिसकी कल्पना आपने उद्यम के सपने से प्रेरित होने के बाद की थी।

हो सकता है कि आपका पारिवारिक कारोबार समय के हिसाब से पुराना पड़ गया हो या फिर सच्चे विकास की सम्भावनाओं के लिए उसमें ऑनलाइन बिक्री या किसी और माध्यम से सीधे ग्राहक-सम्पर्क की ज़रूरत हो। यह भी सम्भव है, उससे इतनी नक़द आमदनी हो रही हो कि वह आपके परिवार के लिए ज़िन्दगी को सुविधाजनक बना रहा हो, बस, इसके अलावा और कुछ नहीं। शायद आपका कारोबार राज्य और सरकारी नियमों पर बहुत ज़्यादा निर्भर हो और यह आपको माफ़िक न बैठ रहा हो। या सम्भव है उसमें इतना खिंचाव न हो कि आप हर सुबह उठते ही काम पर जाने के लिए उछल पड़ें। इनमें से किसी भी मामले में आप अगर कारोबार को बेच कर अपने परिवार के लिए मुनासिब दाम हासिल कर लेंगे तो महज़ इतने ही से हीरो बन जायेंगे।

लेकिन कारोबार तो पीढ़ियों से चला आ रहा है, आप सोचते हैं। *अगर मैंने इसे बेच दिया तो इसका मेरे परिवार पर कैसा असर पड़ेगा?* ख़ुद से पूछिये – अगर आप अपने परिवार की इस विरासत को आगे बढ़ाने में पाँच साल बाद पूरी तरह उत्साहित नहीं महसूस करते तो आपको कैसा लगेगा? परिवार को कैसा लगेगा अगर एक सिकुड़ते हुए बाज़ार की वजह से कारोबार अगले पैमाने तक नहीं पहुँच पायेगा? महज़ दिखावा करने के लिए आप जो मेहनत किये चले जा रहे हैं, उसकी वजह से आप उत्तेजना से भरपूर और कितने ही अवसर छोड़े दे रहे हैं?

जीवन आगे बढ़ता रहता है। माल बनाने से ले कर सेवा प्रदान करने से ले कर तकनीकी क्षेत्र से ले कर...कौन जाने कहाँ। जब बाहर निकलने की बात आये तो वही कीजिये जो आपके और आपके कारोबार के लिए मुनासिब हो। आपका परिवार आपको धन्यवाद देगा।

◆

पहली बार जब आम लोगों ने यह देखना शुरू किया कि बाहर आने के सिलसिले में हमने क्या किया था, तो वह हंगामा वाला मामला था। बच्चों का वह चैनल जिसने डिज़्नी के साथ यू.टी.वी. के सम्बन्धों की नींव रखी थी। जब हमें उस चैनल का विचार आया था, टीम में से किसी ने नहीं कहा था, 'चलो, चैनल क़ायम करें, उसे नम्बर एक तक ले जायें और दो या तीन साल में बेच दें।' ऐसा कुछ भी नहीं। सच तो यह है कि डिज़्नी का प्रस्ताव बिन-माँगे, बिना कोशिश

किये मिला था।

जैसे-जैसे हमने हंगामा को हिन्दुस्तान और मलयेशिया में बनाकर खड़ा किया (जहाँ चैनल का नाम सेरिया था), मलयेशिया के प्रसारक ने हम से सम्पर्क करके हंगामा में 26 फ़ीसदी का पूँजी निवेश करने का प्रस्ताव दिया। हम अनुबन्ध पर हस्ताक्षर करने के लिए तैयार थे जब मीडिया ने यह ख़बर फैला दी।

उसूली तौर पर 26 फ़ीसदी निवेश के लिए राज़ी होने के अगले दिन मैं ट्वेन्टिएथ सेन्चुरी फ़ॉक्स के साथ संयुक्त प्रयास से बन रही हमारी फ़िल्म द *नेमसेक* के ब्योरों के सिलसिले में लोस ऐन्जिलीज़ में था। तभी मुझे डिज़्नी इण्टरनेशनल के अध्यक्ष एण्डी बर्ड का फ़ोन आया। एण्डी और मैं एक-दूसरे को जानते थे। पिछले एक दशक के अरसे में हम कई बार अन्तर्राष्ट्रीय प्रसारण सम्बन्धी सम्मेलनों के पैनलों पर बोल चुके थे। तो भी मुझे दूसरी तरफ़ से उसकी आवाज़ सुन कर हैरत हुई।

'मैंने अभी ख़बरों के एक चैनल पर सुना कि तुम हंगामा के 26 फ़ीसदी शेयर बेच रहे हो,' उसने कहा। दसियों साल से मीडिया और मनोरंजन के कारोबार में होने के बावजूद, मुझे सचमुच बहुत हैरत होती है कि ख़बरें—अच्छी और बुरी—कितनी तेज़ी से फ़ासले तय करती हैं। 'तुम्हें तो पता है कि हम अपने डिज़्नी चैनल हिन्दुस्तान में चलाते हैं। हम काफ़ी दिलचस्पी के साथ हंगामा पर नज़र रखते रहे हैं। उम्दा सूझ-बूझ और कार्यक्रम। चैनल को किसी और की बजाय हमें बेचने के बारे में क्या ख़्याल है?'

मैंने फ़ौरन जवाब दिया। 'कोई ख़्याल नहीं। हम चैनल को बेचने के बारे में क्यों सोचेंगे भला? हम तो सिर्फ़ पूँजी लगाने वाले के बारे में सोच रहे थे। इससे ज़्यादा नहीं। और यहाँ हमारे सामने एक अच्छा प्रस्ताव है।'

एण्डी की एक सबसे अच्छी ख़ूबी है उसकी धुन। मुझे मालूम था, मैं उसे इतनी आसानी से नहीं झटक सकूँगा। 'मैं लोस ऐन्जिलीज़ हवाई अड्डे से बोल रहा हूँ और बाहर जा रहा हूँ। अगले हफ़्ते के दौरान ज़रा इसके बारे में सोचना और हम बात करेंगे। अगली बार जब तुम लोस ऐन्जिलीज़ में रहो तो आ कर हमसे मिलना।' उसका ख़्याल था कि वह मुझे मुम्बई में फ़ोन कर रहा था।

'दरअसल, मैं लोस ऐन्जिलीज़ ही में हूँ,' मैंने संयोग का मज़ा लेते हुए कहा।

'वाह! क्या तुम हमारे योजना प्रमुख केविन मेयर से मिलना चाहोगे? बस, ख़्यालों की अदला-बदली। देखो, अगर कुछ तुम्हें पसन्द आये। मुझे अच्छा लगा कि तुम चैनल नहीं बेचना चाहते। बस, उससे बात करो। सुन लो, वह क्या कहता है। कोई बन्धन नहीं।'

अगले दिन मेयर के साथ मेरी दो घण्टे की बातचीत के दौरान एक बात से दूसरी बात निकलती चली गयी। 'ठीक है, तो मामला कैसे सधेगा?' सलाम-दुआ ख़त्म होने के बाद उसने मुद्दे को आगे बढ़ाते हुए कहा। एण्डी और वह एक ही थैली के चट्टे-बट्टे थे। दोनों बेहद ज़िद्दी थे। यही वजह है कि वे डिज़्नी जैसी भीमकाय संस्था में इतने ऊँचे पदों पर थे। जितना ज़्यादा मेयर डिज़्नी द्वारा हंगामा को ख़रीदने और उसे अपने हिन्दुस्तानी गुलदस्ते का अंग बनाने की बात करता, उतना ही मैं सोचता कि क्या यह यू.टी.वी. के लिए किसी तरह सार्थक हो सकेगा।

लेकिन मुझे इस पैंतरेबाज़ी में मज़ा आया और हम इस पहली ही मुलाक़ात में नज़दीक आ गये। मुझे खरी-खरी कहने की इतनी आदत है कि मैं सीधा मुद्दे पर आ गया। केविन भी जानने-समझने वाला खुला-खरा बन्दा है। इससे चर्चा केन्द्रित हो गयी और उसने हमारे सामने सभी रास्ते खोल दिये। 'हमें यू.टी.वी. का नमूना पसन्द है। हम हिन्दुस्तान में हैं और हम फूलना-फैलना चाहते हैं। आओ, हम हंगामा की बिक्री के बाहर एक ज़्यादा बड़े और व्यापक सम्बन्ध के बारे में सोचें,' केविन ने मुस्कराते हुए कहा।

उसे एक प्रस्ताव तैयार करके दोबारा मुझसे बात करने के लिए लगभग पन्द्रह दिन दरकार थे और उसने मुझसे कहा कि उस दौरान हम अपने ताज़ा बन्दोबस्त को रोके रखें। अगर हम अपने मलयेशियाई प्रसारक से अपने 26 फ़ीसदी वाले सौदे को नक्की कर लेंगे तो डिज़्नी के साथ हमारा लेन-देन विवाद और सन्देह का शिकार हो जायेगा। हम राज़ी हो गये और हमने अपना रास्ता लिया।

मेरी पहली ज़िम्मेदारी थी अपने मलयेशियाई प्रसारक को, जो हमारे साझीदार और मित्र भी थे, ताज़ा घटनाओं की जानकारी देना। वे घटनाओं के इस रुख़ से निराश हुए, लेकिन अन्त में उन्होंने बात समझ कर हमारा समर्थन किया। हमारे सामने जो बड़ी तस्वीर थी, उसे वे समझ गये और हमने उन्हें सेरिया के लिए अपना सहारा देने का वादा किया।

एण्डी बर्ड से बात करने और केविन मेयर से मिलने के एक पखवाड़े के बाद हमें भारत के समय के हिसाब से देर रात को फ़ोन आया। डिज़्नी की तरफ़ से हंगामा को 100 फ़ीसदी ख़रीदने और इसके अलावा यू.टी.वी. में 14 फ़ीसदी पूँजी निवेश करने का प्रस्ताव हमारे सामने रख दिया गया। हमें अब हैरत करने की कोई ज़रूरत नहीं थी कि वे क्यों दिलचस्पी रखते थे। इसके अलावा, पहली बार हमें समझ में आया कि डिज़्नी के साथ सौदे का मतलब क्या होगा—वर्तमान और भविष्य, दोनों के लिहाज़ से।

हमने बच्चों का एक लोकप्रिय चैनल बनाया था। लेकिन वह एक अकेला चैनल था,

गुलदस्ते का एक हिस्सा नहीं। यह सम्भावित निवेश हमारे लिए रणनीति की चर्चा का मुद्दा ज़्यादा था—चैनल बेचने के बारे में नहीं, बल्कि बड़ी तस्वीर को देखने के बारे में। अन्त में हमें एक महत्वपूर्ण साझीदार, चैनल बेच कर संसाधन, कम्पनी में ताज़ा पूँजी और कुल-मिला कर अपने कारोबार का पैमाना बढ़ाने का मौक़ा मिल रहा था।

और इसके साथ सौदा हो गया।

सिवा इसके कि वह लगभग कभी हुआ ही नहीं। कुछ भी नक्की नहीं होता...जब तक नक्की न हो। हम सब इतना समय काग़ज़ तैयार करने पर ख़र्च करते हैं, ताकि आसानी से बिना रुकावट और समय से सब हो जाये। लेकिन इसे समझ लें, अगर दोनों में से कोई भी पक्ष छोटी-से-छोटी शर्त से भी असुविधा महसूस करता है तो वह उठ कर जा सकता है और चला जायेगा। आप इसके बारे में कुछ नहीं कर सकते। यह एक सच्चाई है और मेरे ख़्याल में यह उचित है। कुछ भी पहले से मान कर मत चलिये।

हाथ का मामला लें - रात के 11.00 बजे फ़ोन की उस बातचीत में हम मोटे तौर पर एक क़ीमत पर सहमत हो गये थे। उस आधार पर मैंने अपने उस दूसरे प्रस्ताव का दरवाज़ा बन्द कर दिया था। अब, अगले तीन या चार हफ़्ते के दौरान जो हुआ, वह यह—डिज़्नी ने अपना आर्थिक और क़ानूनी काम करना शुरू किया जिसका नतीजा यह निकला कि बहस या चिन्ता के किसी भी मुद्दे पर सभी पक्षों की बातचीत हो। मेरे हिसाब से जो मुद्दे केविन और डिज़्नी के साथ बातचीत में उठे वे हमारे सौदे से बुनियादी मतलब नहीं रखते थे। इसके बाद जो हुआ, वह दोबारा बातचीत की शुरुआत थी जो हमारी पहले की चर्चा की भावना के अनुरूप नहीं थी।

इस मुक़ाम पर मैंने उनसे यह कहते हुए कि हम मोल-भाव नहीं करना चाहते, मामला रोक दिया। हम सही भावना के साथ एक समग्र प्रस्ताव पर सहमत हुए थे। हमने मोल-भाव नहीं किया था। इसलिए यहाँ ऐसा कुछ नहीं था कि दोबारा से क़ीमत तय करने के लिये चर्चा की जाये। दस सेकेण्ड से भी कम समय में दुनिया भर में बैठे पच्चीस लोगों ने एक-दूसरे को उनके वक़्त के लिए शुक्रिया अदा किया और फ़ोन रख दिया। मेरी तरफ़ मेरे सहयोगी रॉनल्ड और अमित थे—क्रम से कम्पनी के वित्तीय अधिकारी (फ़ाइनेंस ऑफ़िसर) और कम्पनी के विकास और रणनीति के प्रमुख—और ज़रीना और मैं। बाद में मुझे पता चला कि रॉनल्ड और अमित की नज़र में मेरी प्रतिक्रिया उतावलेपन और आवेग से उपजी थी और उस शाम उन्होंने एक से अधिक जाम चढ़ाये थे, ताकि उसके असर को दूर कर सकें। रहे हम—ज़रीना और मैं—तो हम कार में घर जाते समय नये जोश के साथ आने वाले नये कल की चर्चा करते

रहे। मुझे याद है, उस रात यह सोच कर कि यह क़िस्सा बन्द हुआ, मैं चैन की नींद सोया था।

अगली दोपहर मैंने फ़ोन उठाया ताकि केविन को, जो रातों-रात लन्दन पहुँच गया था, उसकी सारी ज़हमत और सबर के लिए धन्यवाद दे दूँ। हालाँकि मुझे अपने फ़ैसले पर इत्मीनान था, मैं नहीं चाहता था कि जिस अचानक तरीक़े से हमने फ़ैसला किया था, उसी तरह हमारा रिश्ता भी ख़त्म हो। केविन और मैं एक बार फिर गप-शप में लग गये और चूँकि हमारे बीच पहले ही अच्छी समझदारी और आपसी सम्मान क़ायम हो चुका था, बातें चलती रहीं। जल्दी ही हम अपने अलग-अलग नज़रियों की चर्चा करने लगे और सौदे को वापस पटरी पर ले आये। बात ख़त्म होने तक हम उचित समाधान के साथ आगे बढ़ने पर राज़ी हो गये।

यह है 'तयशुदा विदाइयों' की असलियत।

इस क़िस्से को आज बयान करते समय मुझे एहसास है कि यह एक चलन जैसा जान पड़ता है-कैसे मैंने अपना टूथब्रश का कारोबार बेचा; केबल टी.वी. में बुनियादी काम किया और उसे बेच दिया; विजय टी.वी. को विजय माल्या से ख़रीदा, उसे बढ़ाया, स्टार टी.वी. के रूप में एक अहम साझीदार को न्योता दिया और त्याग दिया; एक और चैनल शुरू किया और उसे डेढ़ साल बाद बेच दिया।

लेकिन हंगामा वाली बिक्री के सिलसिले में हमने एक मौक़े का फ़ायदा उठाया जो पूरी तरह हमारे आगे की सोचने और मलयेशिया में बच्चों के एक चैनल की कल्पना करने का नतीजा था। न बच्चों का चैनल होता, न मलयेशियाई साझीदार और उनका पहला प्रस्ताव, अगर हम 26 फ़ीसदी वाले एक साझीदार को अन्दर लेने को तैयार न होते तो हमने डिज़्नी द्वारा हमें ख़रीदने की पेशकश पर विचार ही न किया होता।

अगर टीम ने कहा होता, 'आओ, बच्चों का एक चैनल शुरू करें और तीन साल में या तो निकलोडियन या डिज़्नी उसे ख़रीद लेगा,' तो हमारे हाथ एक घटिया-से हादसे के सिवा और कुछ न लगता—एक चैनल जिसकी कल्पना यह सोच कर की गयी थी कि निकलोडियन या डिज़्नी क्या देखना चाहते थे। अपने सपने को साकार करने की जगह, हम किसी और की कल्पना को पूरा करने पर ज़्यादा चिन्तित हो कर, चैनल का नाम कभी लीक से इतना हट कर और पागलपन से भरा न रखते जितना हंगामा था (डिज़्नी के सभी लोगों को लगभग एक महीने यह नाम बोलने में ही दिक़्क़त होती रही।) हमने चैनल को कोई पश्चिमी नाम दिया होता; हमने जापानी एनिमेशन की बजाय पश्चिमी तर्ज़ के कार्यक्रमों पर ज़्यादा ज़ोर दिया होता। और अन्त में हमारे हाथ वह चैनल न लगता जो हम चाहते थे। किसी और की छवि के आधार पर कारोबार खड़ा करके बाज़ार को रिझाने की कोशिश में जुटे लोगों की बढ़ती हुई भीड़ में

हम सिर्फ़ एक और चेहरा बन कर रह गये होते।

हंगामा के सौदे और डिज़्नी के साथ आगे चल कर कई साल बाद जो कुछ घटित हुआ, उसके बावजूद, मैं यू.टी.वी. को अन्ततः पूरी तरह ख़रीदने के डिज़्नी के फ़ैसले का सारा श्रेय ख़ुद नहीं ले सकता। सौदा इसलिए हुआ, क्योंकि डिज़्नी एक महत्वपूर्ण साझीदार था और हिन्दुस्तान में उसका अपना संस्थान और दफ़्तर वग़ैरा था। हमने यू.टी.वी. के भविष्य और जो हम अगले दस साल के दौरान कर सकेंगे, उसके बारे में बहुत दिमाग़-सोज़ी की। डिज़्नी जैसी कम्पनियाँ आगे को नज़र रखने वाली होती हैं। वे बड़े आराम से अगले पाँच, दस, पन्द्रह साल की योजना बनाकर चलती हैं। लिहाज़ा, यू.टी.वी. और डिज़्नी हिन्दुस्तान में लम्बे अरसे के दौरान मिल कर क्या कर सकते थे, इसकी चर्चा में वे मुझे शामिल करने पर ख़ुश थे। इन चर्चाओं में हम बिरले ही पहले से विषय तय करके बैठते थे। समय के साथ, जितना ज़्यादा हमने अपने भविष्य पर चर्चा की, उतना ही साफ़ होता चला गया कि अवसरों के समान संसार में डिज़्नी और यू.टी.वी. समानान्तर दृष्टियों वाली दो कम्पनियाँ थीं। जब हमने बड़ी तस्वीर देखी तो हमें मालूम था कि हम साथ-साथ काम कर सकते थे। अन्त में, लहरें टकरा गयीं। मैं इस सौदे का कोई श्रेय नहीं लेता; यह दर्जनों प्रतिभाशाली लोगों की कड़ी मेहनत का नतीजा था जो एक साझी मंज़िल तक पहुँचने की कोशिश कर रहे थे।

जिस बात पर मुझे गर्व है वह यह कि दरअसल, हर कम्पनी जिससे मैं बाहर आया हूँ, सौदा होने के बाद और ताक़तवर होती गयी है।

केबल की नींव पर एक विशाल उद्योग खड़ा हुआ और कम्पनी एक टिकाऊ विरासत का हिस्सा है।

टूथब्रश का कारोबार उम्दा हाथों में है और उत्तम-से-उत्तम तकनीक के साथ अपने विभिन्न ग्राहकों की सेवा करता रहता है।

विजय टी.वी. स्टार द्वारा विविधता अपना कर क्षेत्रीय भाषाओं में उतरने की योजना का प्रकाश-स्तम्भ बन गया। बेहद होड़-मुक़ाबले वाले बाज़ार में उस चैनल ने अपनी जगह बनायी हुई है।

डिज़्नी के लिए हंगामा बच्चों की विधा में रातों-रात सोच और तौर-तरीक़ा बदलने वाला साधन सिद्ध हुआ। आगे चल कर हंगामा का सबसे सफल शो *डोराएमन* डिज़्नी चैनल पर दिखाया जाने लगा और उसने उस चैनल को अव्वल दर्जे का बना दिया।

वॉल्ट डिज़्नी कम्पनी में यू.टी.वी. का विलय पूरा हो चुका है। नई, मिली-जुली कम्पनी को दोनों तरफ़ से ऊँचा पैमाना, मीडिया जगत में विविध-रूपी उपस्थिति और सबसे बड़ी

चीज़, पहले से ज़्यादा शक्तिशाली संस्कृति के साथ एक शानदार टीम मिली है। अभी यह कहना जल्दबाज़ी होगी कि यह गठजोड़ हिन्दुस्तान में डिज़्नी के इरादों की तामीर कैसे करेगा। लोग देख रहे हैं और समय बतायेगा, लेकिन डिज़्नी की नज़र दूर तक देखती है।

◆

अपनी पहली पारी में, मीडिया और मनोरंजन के उद्योग से बाहर आने के ठीक पहले, हमने काफ़ी नई ज़मीन खोजी थी, हर शुरुआत को अन्त तक ले गये थे और हमें बाहर आने के मुनासिब मौक़े मिले थे। उस अरसे में, हमें वॉरबर्ग पिंकस, कनेडियाई पेन्शन फ़ण्ड (सी.डी.पी.क्यू.), आई.एल. एण्ड एफ़.एस. जैसे बड़े भारतीयों, मित्सुई जैसे जापानी निवेशकों, सिलिकॉन वैली के वॉल्डेन और ड्रेपर और न्यूज़ कॉर्प/फ़ॉक्स, डिज़्नी और ब्लूमबर्ग जैसे साझीदारों से पूँजी निवेश प्राप्त हुआ था। सूची लम्बी है। ऐसे अनुभवों के होते हुए, मेरे अन्दर एक अलौकिक समझ होनी चाहिये कि विदाइयाँ कैसे, कब और क्यों काम करती हैं। सही? ग़लत। बिलकुल ग़लत।

ईमानदारी से, अगर मैं आज बाहर आने के रास्ते पर नज़र रखते हुए कोई कारोबार शुरू करने की सोचूँ तो मुझे कुछ अन्दाज़ा नहीं होगा कि कहाँ से शुरू करूँ। मुझे बैठ कर यह कहने में बेहद मुश्किल होगी कि *ठीक है, अब कम-से-कम मैं फिर अपने पैरों पर खड़ा हो गया हूँ और मुझे मालूम है कि क्या चल रहा है.. मैंने एक ज़िन्दगी जी ली है। अच्छी विदाइयों से फ़ायदा उठाया है, बुरी विदाइयों से बच निकला हूँ। अब शायद मैं इन अनुभवों से कुछ पक्के नियम बना सकता हूँ।*

आप भले ही तेईस साल के हों और उद्यमी के नाते अपने पहले बड़े मौक़े की ताक में हों या तपे हुए तजुर्बेकार हों जो अपने सपने को पूरा करने के लिए अपनी रोज़मर्रा की काम-काजी ज़िन्दगी से पटरी बदल रहे हों, आपके उद्यमी सफ़र में एक मुक़ाम ऐसा आयेगा जब आप विदाई के एक चौराहे पर पहुँच कर ख़ुद से पूछेंगे, *क्या मैं उतर जाऊँ या सवार रहूँ?*

मेरे अनुभव ने मुझे सिर्फ़ यही सिखाया है कि जब ज़रूरत पड़े और मौक़ा सामने आये तो विदाइयों का ताल्लुक़ क़ीमत बढ़ाने और अलग हट जाने से है। हो सकता है, इससे आभास हो कि मेरे अन्दर प्रतिबद्धता नहीं है। लेकिन समय से की गयी विदाई किसी उद्यमी का सबसे अच्छा कारोबारी फ़ैसला हो सकता है, उसी तरह जैसे ग़लत समय पर बाहर आना सबसे बुरा फ़ैसला होता है।

◆

◆ ज़्यादातर विदाइयाँ बिना योजना के होती हैं। हमारे पास उनकी सही-सही भविष्यवाणी करने का कोई ज़रिया नहीं होता।

◆ हम सभी अपने-अपने अनोखे ढंग से बाहर आने का मतलब लगाते हैं। मगर याद रखिये, किसी कारोबार से बाहर आने का मतलब उसे त्यागना नहीं है, बल्कि उसके भावी विकास का काम दूसरों को सौंपना है।

◆ अगर आप पारिवारिक कारोबार का ज़िम्मा क़बूल कर रहे हों जो पीढ़ियों से चला आ रहा है, तो आपको ख़ुद से सारे कठिन सवाल पूछने चाहिएँ और वही करना चाहिए जो कारोबार के हित में हो। सिर्फ़ फ़र्ज़-अदायगी के लिए किसी विरासत से मत चिपके रहिए। आपका परिवार अन्त में आपके इरादे के लिए आपको धन्यवाद देगा।

◆ विदाई/बिक्री के समय पूरी टीम के साथ खुली-खरी बातचीत बेहद ज़रूरी है। उद्यमी और कम्पनी-प्रमुख के तौर पर आपका काम एक मज़बूत टीम, ब्राण्ड और दूर तक चलने वाली व्यापारिक रणनीति बनाना है। बाहर आने के ख़्याल को अपने ऊपर हावी मत होने दीजिये।

12
दूसरी पारी

दूसरी पारी का ताल्लुक़ फिर से शुरू करने से नहीं है।
ज़िन्दगी जारी रहने का नाम है, दोबारा आविष्कार करने का नहीं;
यह लगे रहने और ज्ञान प्राप्त करने के बारे में है, इत्मीनान से बैठने का नहीं।

खेलों की तरह ज़िन्दगी में आपकी दूसरी पारी काफ़ी हद तक आपकी पहली पारी पर निर्भर करेगी। इस बात पर कि रास्ते में आपने क्या सीखा है और क्या जज़्ब किया है और आगे बढ़ते हुए उन सीखों को आपने कैसे इस्तेमाल किया है और कैसे इस्तेमाल करेंगे। हालाँकि, यह ग़लत धारणा भी आम है कि दूसरी पारी तभी सार्थक हो सकती है, अगर आपने अपनी पहली पारी में कोई निशान छोड़ा है या दौलत बनायी है। ऐसा बिलकुल नहीं है।

हो सकता है, आपकी पहली पारी का अन्त वैसे नहीं हुआ हो जैसे आपने योजना बनायी थी। शायद नुक़सानों ने आपको अपने पसन्दीदा कारोबार या परियोजनाओं से अलग हटने पर मजबूर कर दिया। शायद आप दीवालियेपन के कगार पर पहुँच गये थे और आपके पास तमाम किये-कराये के नाम पर दिखाने को कुछ नहीं था। हो सकता है, आपने पिछले दो साल किसी गम्भीर बीमारी से उबरने में बिताये हों जिसकी वजह से आप काम-काजी ज़िन्दगी में बहुत पीछे छूट गये हों। और अब दोबारा शुरूआत कर रहे हों, क्योंकि आपके अन्दर सफल होने की इच्छा है। या सम्भव है आपकी दूसरी पारी अभी-अभी शुरुआत हो रही हो क्योंकि दस साल तक पेशेवर ज़िन्दगी बिताने के बाद आप अपने बल पर कुछ करना चाहते हों।

मैं अक्सर सुनता हूँ कि दूसरी पारियाँ उन्हीं के लिए होती हैं, जो पैंतालीस साल पार कर आये हों। ग़लत! हो सकता है, आप लोगों में से कुछ लोग, जो इस किताब को पढ़ रहे हैं और ज़िन्दगी के दूसरे अंक की तैयारी कर रहे हैं, अभी तीस और चालीस के दरम्यान हों। दूसरी पारी एक बुकमार्क या आधार-शिला होती है, और कुछ नहीं। सिनेमा और खेल-कूद के विपरीत ज़िन्दगी में कोई तयशुदा इण्टरवल नहीं होता। बल्कि, ज़िन्दगी फाँक या सिलायी से लगभग रहित होती है, अक्सर रहस्यमय, चौराहों से भरी, टेढ़ी-मेढ़ी और मोड़ों वाली। और अगर हम अन्दर झाँकने के मौक़े की तलाश करें तो ज़िन्दगी हमें उसका समय भी जुटाती है।

मैं अपनी ज़िन्दगी के मौजूदा मुक़ाम को अपनी दूसरी पारी के रूप में क्यों देखता हूँ? आख़िरकार, मेरे उद्यमी और कारोबारी सफ़र के दौरान इन बरसों में बहुत-से मोड़ और मरोड़ आये हैं। लेकिन मैं उन प्रयासों को कभी एक-दूसरे से अलग नहीं समझता; जैसे-जैसे मैं आगे बढ़ा, मुझे एहसास हुआ कि वे थिगलियों से बनी उसी रज़ाई की अलग-अलग थिगलियाँ थीं।

मेरा सौभाग्य था कि मैं एक मीडिया और मनोरंजन कम्पनी को शुरू करके खड़ा करने का हिस्सा था। मुझे गर्व है कि मैं कई कारोबारों का हिस्सा रहा हूँ, जिन्होंने भारत में एक नये-जन्मे उद्योग को बनाने और उसका रूप गढ़ने में मदद की। इस क्रम में उन्होंने युवा पीढ़ियों को प्रभावित किया। मुझे हर रोज़ अपनी पेशेवर ज़िन्दगी में एकदम शून्य से कुछ खड़ा करने या किसी नये ख़्याल या लीक से अलग विचार के पीछे भागने से ज़्यादा और किसी चीज़ में मज़ा नहीं आया।

अब मेरी ज़िन्दगी का वह दौर ख़त्म हो चुका है और मैं ज़िन्दगी का एक नया अध्याय शुरू कर रहा हूँ। मैं अपने साथ वह सब लाया हूँ जो मैंने वर्षों के दौरान सीखा है, अनसीखा है, दोबारा सीखा है और अब मैं उद्देश्य की एक विकसित भावना से उद्यम और सामाजिक क्षेत्र में दूसरे रास्ते परख रहा हूँ।

जैसा कि मैंने पिछले अध्यायों में ज़िक्र किया है, कारोबार और ज़िन्दगी के बहुत-से हिस्से की योजना किसी क़िस्म के भरोसे के साथ नहीं बनायी जा सकती। अगर आपने डेढ़ साल पहले मुझसे पूछा होता कि मैं आज अपनी कारोबारी यात्रा के बारे में कोई किताब लिख रहा होऊँगा तो मैं शायद आपको पागल कहता। समय और परिस्थितियाँ आपको और आपकी सोच, आपकी प्राथमिकताओं और ज़िन्दगी के नज़रिये को अजीबो-ग़रीब, हिलते-डुलते, अद्भुत तरीक़ों से बदलती रहती हैं। एक बार आप अपने ऊपर से बन्दिशें हटा लें और ख़्यालों को बहने दें तो आप इस सिलसिले में बहुत कुछ जान सकते हैं कि आप कहाँ हैं, कहाँ होना चाहते हैं और आपको सचमुच क्या उत्साहित करता है।

हाल की याद में पहली बार 2014 में मुझे जायज़ा लेने और अन्दर झाँकने, समीक्षा करने, ज़िन्दगी को उद्यम की उस अनवरत दौड़ से अलग हो कर देखने का मौक़ा मिला जिस पर मैंने ढाई दशक से ज़्यादा पहले क़दम रखा था। मुझे प्रेरणा हासिल करने के लिए महीने भर के लिए हिमालय की ओर जाने की कोई ज़रूरत महसूस नहीं हुई थी, हालाँकि काश, वह सब इतना आसान होता।

एक जानने वाले ने मुझसे साल के शुरू में पूछा, 'अब जबकि तुम इस चौराहे पर हो तो क्यों नहीं बेफ़िक्री से कुछ समय ख़ाली रह कर मज़ा लेते?' सवाल जितना गहरा लगता है, उससे ज़्यादा गहरा है। यह ऐसा सवाल है जो मैंने ख़ुद से एक लम्बे अरसे से नहीं पूछा था। 2014 के उन कुछेक महीनों के दौरान मैंने उसे काफ़ी उलटा-पलटा परखा; जितना मैंने पिछले पूरे बीस बरस में नहीं किया था। कैसी विडम्बना है कि जब मुझे कुछ साँस लेने की मुहलत मिली है, मैं ठीक वहीं खड़ा हूँ जहाँ से मैंने शुरू किया था। यही है उद्यमी का जीवन चक्र।

इस सवाल का जवाब खोजते हुए, मैंने ख़ुद से पूछा, *क्या मैं उस पूरी क़वायद को फिर से दोहराना चाहता हूँ? फलने-फूलने, टीम बनाने, नई खोज करने, संकट से निपटने वग़ैरा और बहुत-सी दूसरी चीज़ों की अनवरत तलाश?* मेरा लगभग तत्काल ही जवाब था, 'यक़ीनन। यही तो मैं करता हूँ। और मैं एक बार फिर चुनौती को गले लगा लूँगा।'

आज मेरे पास पहले से कहीं ज़्यादा योजनाएँ हैं। मैं चुस्त और ऊर्जावान लोगों के साथ काम कर रहा हूँ जो मुझे तरो-ताज़ा और व्यस्त रखते हैं। फ़र्क़ सिर्फ़ इतना है कि अब मैं जो चाहूँ, कर सकता हूँ, बशर्ते कि उसका कोई प्रभाव पड़े। यह एक अच्छा एहसास है।

प्रभाव पैदा करने का ताल्लुक़ आवेग से है। मेरा आवेग ग्रांट रोड के उन पहले-पहले दिनों की तुलना में ज़रा भी कम नहीं हुआ है, जब दुनिया में असीम सम्भावनाएँ थीं। दरअसल, अगर ज़ोर दे कर पूछा जाये तो वह और बढ़ा ही है। किसी चीज़ को पैदा करने, फिर उससे बाहर आ कर कहीं वीराने में जा कर आराम करने की सारी कल्पना, बस कल्पना ही है। सच्चे उद्यमी, चाहे सफल हों या कठिन संघर्ष कर रहे हों, यों ही ग़ायब नहीं हो जाते। सबसे पहले, कुछ सार्थक उपलब्ध करने के लिए आपके अन्दर ज़बरदस्त जोश की ज़रूरत होती है। यह आपके डी.एन.ए. में है। लिहाज़ा जब एक अध्याय ख़त्म होता है, अगली बड़ी (या छोटी) चीज़ शुरू हो जाती है। दुनिया को एक बार और जीतने के उस अद्भुत एहसास को फिर से हासिल करने का मौक़ा।

यह अध्याय मेरे भविष्य के बारे में उतना नहीं है; बल्कि, जो भी बदलने या ज़िन्दगी के काम को आगे बढ़ाने के लिए तैयार हो, उसके लिए मोटे-मोटे विचार हैं। जिसे आप जीवन–

शैली में एक मूल परिवर्तन समझते हैं...वह वैसा नहीं है। या कम-से-कम मेरे लिए नहीं रहा है। हालाँकि एक ताज़ा शुरुआत से मुझे एक सबसे बड़ा रोमांच यह हुआ है कि मुझे पिछले बीस बरस के दौरान जो सबक़ हासिल हुए हैं और जिनमें से बहुत-से मैंने आपके साथ बाँटे हैं, उन्हें इस्तेमाल करने और बिलकुल नये क्षेत्रों में ख़ुद अपने को चुनौती देने का मौक़ा मिला है।

◆

वॉल्ट डिज़्नी कम्पनी के साथ मेरी लगभग छह बरस की साझेदारी और उसके बाद संयुक्त डिज़्नी-यू.टी.वी. इण्डिया के मैनेजिंग डायरेक्टर के रूप में मेरा दो बरस का पेशेवर सम्बन्ध मेरे लिए सीखने का एक अद्भुत अनुभव और प्रेरणा का स्रोत रहा है। इसने ऊँचे पैमाने के बारे में मेरे विश्वास को और पक्का ही किया, साथ ही ब्राण्ड, नई खोज और अन्त तक डटे रहने की अहमियत के बारे में भी। डिज़्नी इण्टरनेशनल के अध्यक्ष, एण्डी बर्ड के साथ मेरा रिश्ता फ़ोन पर हुई उस बातचीत से शुरू हुआ था—हंगामा को ख़रीदने के प्रस्ताव के साथ—और जितने साल वह डायरेक्टर की हैसियत से बोर्ड पर रहा, वह एक आश्चर्यजनक साथी और गुरु साबित हुआ है। मेरे और यू.टी.वी., दोनों के लिए। डिज़्नी के अन्दर एक पेशेवर के तौर पर मेरी बदली हुई भूमिका कभी अजीब नहीं लगी। सुविधा के साथ हुए इस परिवर्तन के लिए मैं सिर्फ़ एण्डी का ही आभारी हूँ। जब डिज़्नी ने यू.टी.वी. को अपना एक हिस्सा बना लिया तो वह मेरा बॉस बन गया। मेरे अन्दर उसकी सराहना और आदर का भाव बराबर मात्रा में रहता था और आज भी है।

अलबत्ता, दूसरे साल के मध्य तक आते-आते मैंने गहराई से ख़ुद को टटोला कि अगले पाँच साल या उससे ज़्यादा के लिए क्या मैं सचमुच भारत में डिज़्नी के एजेण्डा के लिए सही और मुनासिब उम्मीदवार और पेशेवर आदमी था। जब मैं इस सवाल का जवाब हाँ में नहीं दे पाया तो मैंने उद्योग को छोड़ कर आगे बढ़ने के उस दुखदायी फ़ैसले को उलटना-पलटना शुरू किया। यह मेरे काम-काजी जीवन का सबसे कठिन फ़ैसला था। इससे महज़ साल भर पहले ही मैं यू.टी.वी. से अलग हुआ था। यह वही कारोबार था जिसे मैंने बीस बरस से ऊपर के अरसे में ज़मीनी सतह से शुरू करके एक आश्चर्यजनक टीम के साथ खड़ा किया था, बनाया था। मुझे यह कहते हुए ख़ुशी है कि इस टीम के बहुत-से लोग इण्डस्ट्री में शानदार जगहों पर हैं। कभी-कभी मैं विस्मय के साथ सोचता हूँ कि ज़्यादा मुश्किल क्या था—यू.टी.वी. में अपना हिस्सा बेचना और एक और बड़ी कम्पनी में एक भूमिका स्वीकार कर लेना या उस

उद्योग से पूरी तरह बाहर आ जाने के लिए आख़िरी फ़ैसला करना जिसमें मैं अपनी बालिग़ ज़िन्दगी का ज़्यादातर वक़्त जीता और साँस लेता आया था।

मेरे पास जवाब नहीं है। कम-से-कम ऐसा जो सीधा-सादा हो।

लेकिन डिज़्नी के अध्यक्ष और सी.ई.ओ., बॉब आइगर ने अपनी विदाई की ईमेल से मेरा फ़ैसला आसान कर दिया। बॉब हर लिहाज़ से एक प्रधान है। उसमें कुशल नेतृत्व के सारे निजी गुण हैं—लोगों के लिए गहरा सम्मान, और उन्हें शक्ति सौंपने और आज़ाद बनाने की क्षमता; सहयोगी और रचनात्मक भावना; बुनियादी तौर पर प्रेरणादायक; सक्रिय रहने और आगे-आगे रह कर रास्ता दिखाने का स्वभाव; और गहरी सूझ-बूझ और रणनीति बनाने का हुनर। बॉब ने लिखा –

रॉनी,

मुझे पता है कि बड़े निगमों में काम करना हमेशा आसान नहीं होता, लेकिन यह हमारी क़िस्मत थी कि तुम हमें मिले और हमारी आपसी क्रिया-प्रतिक्रिया में मुझे हमेशा मज़ा आया। डिज़्नी में तुम्हारा जोश-खरोश हमेशा ज़िन्दा रहेगा और मुझे यक़ीन है कि आने वाले बहुत-से वर्षों के दौरान भारत में हम फलते-फूलते रहेंगे।

शुभकामनाओं के साथ
बॉब

'तुममें और मुझमें कुछ बातें एक-सी हैं,' बॉब ने एक बार हवाई उड़ान के दौरान मुझसे कहा था। 'मैंने भी अपना काम-काजी जीवन, कम-से-कम थोड़े समय के लिए, कैमरे के सामने शुरू किया था-एबीसी के मौसम कार्यक्रम की टीम के सदस्य के तौर पर। जब डिज़्नी ने एबीसी और ईएसपीएन को ख़रीद लिया तो मैं डिज़्नी में चला आया।' कितनी अद्भुत शुरुआत थी। और फिर नीचे से ऊपर उठ कर दुनिया के दस सबसे अधिक सराहनीय ब्राण्डों और कम्पनियों का प्रमुख बनना। यही नहीं, डिज़्नी की फ़िल्मों, टी.वी. चैनलों, थीम पार्कों, होटलों, सैलानी जहाज़ों और सामान में रचनात्मकता और कल्पनाशीलता को जगाना; एक लाख से ज़्यादा लोगों की टीम को मिल-जुल कर वह जादू जगाने के लिए प्रेरित करना जो डिज़्नी की निशानी है। ये सारी सफलताएँ बॉब आइगर को कम्पनी-प्रमुख के नाते एक अपनी ही अनोखी श्रेणी में रख देती हैं।

◆

आपमें से कुछ ने लाभदायक पद छोड़े हैं और आपमें से कुछ ने अपना आविष्कार नये सिरे से किया है। यह सब आपने जीवन में एक बदलाव लाने का फ़ैसला करने के बाद किया है। यह सब इसलिए कि जब एक छाप छोड़ने का सवाल आता है, आपमें गम्भीरता और जोश है—दो गुण जो आपको बहुत दूर तक ले जायेंगे।

भारत की सबसे बड़ी ज़रूरतों के बारे में जानकारी की भरमार के बावजूद, हम अब भी टेक्नॉलोजी के देवताओं के आगे दण्डवत करते रहते हैं। किसी भी क्षेत्र में नई तकनीकी खोज बुनियादी ज़रूरत है। लेकिन जहाँ फ़ेसबुक द्वारा भारत में किसी कम्पनी को ख़रीद लेना पहले पन्ने की ख़बर बनती है, वहीं अगर कोई गाँवों में खारे पानी को मीठा बनाने का कुशल और सस्ता नया तरीक़ा खोज लेता है तो कोई उसके बारे में बात नहीं करना चाहता। यही सीधे-सादे आविष्कार अन्त में भारी असर डालेंगे और जो लोग इन्हें आगे बढ़ायेंगे, भविष्य के रहनुमा कहलायेंगे।

आज की युवा पीढ़ी की ज़्यादा-से-ज़्यादा दिलचस्पी मज़बूत कारोबारी विचारों में है, जो सम्पत्ति पैदा करने और लोगों की ज़िन्दगियों को प्रभावित करने पर केन्द्रित हैं। यह एक उत्साह बढ़ाने वाला रुझान है। भारत में जहाँ नन्हे-नन्हे प्रयास क्रान्तिकारी परिवर्तन कर सकते हैं, युवा लोगों की मानसिकता अवसरों को उजागर करने का काम करती है। उद्यमी बनने और उद्योग स्थापित करने की इच्छा रखने वाले ज़्यादातर लोग टेक्नॉलोजी, डॉट कॉम, सोशल मीडिया के जगत से ज़ुड़े एकांगी और सतही विचारों, नये कारोबारों की महिमा के बारे में सुर्ख़ियों में छाये क़िस्सों की शरण जाते हैं। वह सब जो उस रोज़ चर्चा में है। लेकिन भारत जैसे बाज़ार की तरफ़ देखते हुए हमें अपनी नज़र पिरामिड के बीच के हिस्से पर टिकाने की ज़रूरत है।

बहुत दिन नहीं बीते, मैंने सामाजिक उद्यम पर आयोजित एक मंच पर अपने विचार रखे थे। मुझे वहाँ जो कहना था, उसे ले कर मेरे अन्दर थोड़ी कशमकश थी। मैं चाहता था कि 'सामाजिक' उद्यम और आम उद्यम के बीच जो गहरी रेखा खींच दी गयी है, उसे समझ लूँ। लिहाज़ा मैं उस अवसर पर वहाँ इकट्ठा लोगों में घुलने-मिलने के लिए एक घण्टा पहले पहुँच गया। कथित 'सामाजिक जगत' के ज़्यादातर लोगों का यह विश्वास है कि इन संगठनों या संस्थाओं को, जहाँ मुनाफ़ा एक बुनियादी मक़सद नहीं है, अलग ढंग से देखा जाना चाहिए। यह लगभग ऐसा ही है मानो कारोबार में कहा जाये कि कोई 'कम मुनाफ़े के लिए' वाला वर्ग है। मैं अपने दिमाग़ में इस धारणा को नहीं बैठा पाता। अगर आप किसी मुनाफ़े-के-लिए कारोबार में हैं तो यही आपका केन्द्रीय उद्देश्य है। जिस पल आप दो नावों पर पैर रखने की कोशिश करने लगेंगे, आपका असर यक़ीनन सीमित हो जायेगा।

पहली बात, जैसा कि हम सब जानते हैं 'कम मुनाफ़े के लिए' वाले कारोबार की तरफ़ बहुत कम पूँजी खिंच कर आती है। एक बार जब आपने यह रास्ता चुन लिया तो क्या यह आपकी रणनीति और आपकी ज़िम्मेदारी नहीं है कि आप पैमाने पर नज़र रखें? क्या आप महज़ कुछ हज़ार किसानों पर ही असर डालना चाहेंगे, एक छोटे-से इलाक़े में ही पीने के पानी की नई खोज लागू करना चाहेंगे, चन्द ज़रूरतमन्दों के लिए ही हस्पताल में बिस्तरों का इन्तज़ाम करेंगे, कम भाग्यशालियों में से गिने-चुने लोगों को ही घर बनाने के क़र्ज़ देंगे?

या फिर आप यह सब कुछ राष्ट्रीय स्तर पर देखना चाहेंगे?

अधिकांश पश्चिमी देशों के विपरीत भारत को किसी भी तरह का प्रभाव पैदा करने के लिए अरबों डॉलर की ज़रूरत है। क्या आपको इस असंगठित बेनाम क्षेत्र को फिर से परिभाषित करने की तरफ़ नहीं देखना चाहिए, ताकि आप बड़ी तस्वीर को दिमाग़ में रखकर मुद्दों से निपटें और बड़े पैमाने पर पूँजी को आकर्षित करें? सब कुछ के बाद, ज़्यादातर सफल और लम्बे अर्से तक चलने वाले कारोबार अपने मुनाफ़े को वापस कारोबार में लगा देते हैं। यही उन संस्थाओं के सिलसिले में सच होना चाहिये जो प्रभाव पैदा करने के लिए बनी हैं।

उस सम्मेलन में यही मेरा सन्देश था। मुझे नहीं लगता इसे बहुत पसन्द किया गया। शायद अपनी सोच की वजह से मैं अल्पमत में हूँ। हो सकता है, यह विचार धीरे-धीरे पिघल कर फैलेगा और रातों-रात तब्दीली नहीं ला सकता। या शायद ये शब्द—'सामाजिक कारोबार', 'मुनाफ़े के लिए' और 'ऊँचा पैमाना'—एक पंगत में बैठते ही नहीं।

सिर्फ़ समय बतायेगा। आपको सफल उद्यमी होने के लिए मार्क जुकरबर्ग होने की ज़रूरत नहीं। न अलग दिखने या फ़र्क़ पैदा करने के लिए आपका तड़क-भड़क की दुनिया में रहना ज़रूरी है।

भारत में परिवर्तन आ सकता है, आयेगा। आइए, हम सब मिल कर उसे लायें।

◆

चूँकि ज़िन्दगी के इस मुक़ाम पर मेरे पास चुनाव की सुविधा है, मैं यह सुनिश्चित कर लेना चाहता हूँ कि जो कुछ मैं अपनी दूसरी पारी में करूँ, वह पूरी तरह लीक से हट कर हो, बने-बनाये साँचों को तोड़ने वाला हो और उसका कोई ज़िन्दगी बदलने वाला प्रभाव हो। पिछले साल भर के दौरान मैं अपने स्वदेस फ़ाउण्डेशन के बाहर कई लोगों के साथ काम करता रहा हूँ—और इसकी एक साफ़ मिसाल है कबड्डी।

दक्षिणी एशिया के सभी लोगों में प्रचलित, कबड्डी स्थानीय क्लबों में पिछले सौ साल

से खेला जाने वाला एक प्राचीन खेल है। इसका शायद सबसे उल्लेखनीय प्रदर्शन 1936 के ओलिम्पिक खेलों में हुआ था। लेकिन इसकी तरफ़ किसी ने ध्यान नहीं दिया, न इस खेल को वह जगह मिली जिसके योग्य यह था। अब, जैसा कि यह खेल है, थोड़ी देर चलने वाला, तेज़ रफ़्तार और उत्तेजना से भरा, यह टेलीविज़न पर बड़ी ख़ूबी से देखा-दिखाया जा सकता है।

मैं विदेश गया हुआ था। पीछे मुम्बई में एक निजी डिनर के दौरान ज़रीना महिन्द्रा समूह के आनन्द महिन्द्रा के साथ एक ही मेज़ पर बैठी थी। वहीं उसने आनन्द से इस खेल के सिलसिले में उसके ज़बरदस्त लगाव और एक लीग क़ायम करने में उसकी दिलचस्पी के बारे में जाना। 'मुझे यक़ीन है, रॉनी को यह ख़्याल बहुत अच्छा लगेगा। उसे कड़ी चुनौती और दबाये गयों की तरफ़दारी पसन्द है,' ज़रीना ने आनन्द से कहा। 'सुनने में यह उसका मन-पसन्द ख़्याल लगता है।' जब ज़रीना ने उस रात फ़ोन पर मुझे उस बातचीत के बारे में बताया तो मैंने उस मौक़े को फ़ौरन थाम लिया। वापस आने से पहले ही मैं आनन्द को फ़ोन कर चुका था। बात से बात निकलती गयी। चूँकि सबसे पहले हमने एक टीम और एक लीग को हाँ कहा था, हमने मुम्बई अपनी झोली में डाल लिया।

जैसे-जैसे लीग की शक्ल-सूरत निकली, हमने अपने नये खेल विभाग के लिए एक नाम चुना-यू स्पोर्ट्स (यह आसान था, इसी तरह मैंने पहले यू.टी.वी. और यूनिलेज़र चुना था)। हमारी टीम का नाम रखा गया यू मुम्बा, मुम्बई के नाम पर (शहर का मूल नाम मुम्बा था)। हफ़्ते भर के अन्दर हमने एक आकर्षक प्रतीक चिह्न तय कर लिया था और हम खेल-कूद के मैदान में एक ब्राण्ड खड़ा करने के लिए तैयार थे।

और इस तरह यह घटित हुआ-एक टीम बनायी गयी और एक खेल ने सांस्कृतिक नक़्शे पर अपनी मौजूदगी दर्ज करा दी।

कबड्डी मेरी नई पारी का एक उत्तेजना-भरा और मज़ेदार हिस्सा है। भूल मत कीजिएगा, इस गम्भीर कारोबारी पहलक़दमी का ताल्लुक़ पूरी तरह खेल और उसके पीछे की ज़बरदस्त प्रतिभा से है। आठ टीमों के मालिकों और टीमों, लीग के समर्थकों और स्टार टी.वी. ने एक युगों पुराने खेल पर पूरे देश की निगाहें केन्द्रित कर दीं, ताकि देश के लोग हर गली-मुहल्ले में इसे खेलें और अगली पीढ़ी कबड्डी को अपना बना ले। दो महीने के छोटे-से समय में कबड्डी ने राष्ट्र भर में सनसनी पैदा कर दी और भारत का दूसरा सबसे लोकप्रिय खेल बन गया।

एक विचार दसियों बरस से ठीक हमारे सामने खड़ा था और उसमें दिलचस्पी ले कर उसे समर्थन देने के लिए मुट्ठी भर दमदार सिरफिरे लोगों की ज़रूरत थी। जब आप इतनी दिलचस्प

और मज़ेदार चीज़ हाथ कर ले कर उसे कारोबार बना दें तो इसी को उद्यम की असली तस्वीर कहा जा सकता है।

◆

आप किस वजह से मशहूर होना चाहते हैं? कैसे याद किये जाना चाहते हैं? प्रभाव डालने वाले किस प्रयास के पीछे आप अपनी ताक़त लगा देना चाहते हैं?

ये गम्भीर चिन्तन को प्रेरित करने वाले सवाल हैं और ऐसे सवाल नहीं हैं जिनके उत्तर आप तुरत-फुरत दे सकें। लेकिन इन सवालों के बारे में सोच-विचार करने से ही मुझे अपने और अपनी बनायी कम्पनियों के बारे में साफ़ नज़रिया हासिल हुआ।

ये प्रश्न और इनसे निकलने वाले जवाब भी अचेत या सचेत रूप से आपके उद्यम के ब्राण्ड पर अपनी छाप छोड़ेंगे। इन पर थोड़ा सोचिये। लेकिन यह भी जान लीजिये कि उत्तर कोई पत्थर की लकीर नहीं हैं; आपके विकास के साथ वे भी बदल सकते हैं और ज़रूर बदलेंगे। लेकिन उन पर हमेशा खूँटा गाड़े रखना शानदार बात है, चाहे आप ज़िन्दगी में जिस भी उमर और अवस्था में हों।

13

ख़ुद अपना सपना देखें

मेरे ख़्याल में यह इन्सानी फ़ितरत ही है जिसके चलते मैं इतनी बारीक़ी से और भावुक हो कर ग्रांट रोड के अपने शुरुआती दिनों और उसके बाद के अपने उद्यमी सफ़र की याद करने को मजबूर हुआ हूँ। वहाँ से यहाँ तक के सफ़र में कई मोड़ आये। वह मज़ेदार और आनन्ददायक रहा। कभी-कभी निराशा भी हाथ लगी। बाज़ वक़्त यह सफ़र पगला देने वाला भी रहा। लेकिन रहा हमेशा चुनौतियों से भरा। मेरा ख़्याल है कि मैंने उन चुनौतियों का सामना निष्ठा से किया और इन बरसों के दौरान जिन लोगों के साथ मैंने काम किया, उनके साथ ईमानदारी बरती, उन्हें सम्मान दिया।

जैसा मैंने पिछले अध्यायों में ज़िक्र किया है, रास्ते में आप धक्कों और नुक़सान का सामना करने से बच नहीं सकते। जितनी आप कल्पना करते हैं, उससे ज़्यादा। उन सभी के लिए जो मार्ग-दर्शक बनते हैं, कड़ी मेहनत और अनिश्चितता लाज़िमी है। सफलता आती है— महत्वाकांक्षा, भूख, जोश और सम्भावनाओं को लगाम लगा कर क़ाबू में करने से। रोमांच पैदा होता है—शून्य से कुछ रचने से; हर बार नये इलाक़े का रुख़ करने पर ताज़ा इम्तहानों का सामना करके, उनमें कामयाब होने से; नई सूझ और लीक से हट कर चलने के लिए 'पाबन्दियों' को बढ़ावा मानने से। आप नई ज़मीन खोजने वाले हों या देर से मैदान में उतरने वाले, आपका भविष्य अनन्त सम्भावनाओं और अवसरों से भरा है। वह एक चौड़ा, कोरा पन्ना है जो इस इन्तज़ार में है कि आप अपनी कल्पना और करने-कराने वाले रवैये से उसे एक शाहकार में बदल दें।

मैंने अपने सपने को साकार करने का फ़ैसला किया।

मुझे कभी इसका अफ़सोस नहीं हुआ।

◆

इस किताब में जगह-जगह मैंने बेवक़ूफ़ाना ग़लतियों, धक्कों और नुक़सानों और बरसों के दौरान सीखे गये सबक़ों की चर्चा की है। ऐसा इसलिए ताकि उन चुनौतियों को रेखांकित कर सकूँ जिनका सामना कल के बाज़ारों में सीधी छलाँग लगाने वाले किसी भी कम्पनी-प्रमुख को करना पड़ेगा। मैंने पैमानों की चर्चा की है, और अन्त तक डटे रहने की, चट्टानों और रुझानों को पहचानने की, नाकामियों की और उस भूमिका को जाँचने-परखने की जो 'क़िस्मत' अदा करती है (बहुत ज़्यादा नहीं, अगर आप याद करें)। लेकिन इस सब में मैं तीन शब्द जोड़ना चाहता हूँ जो मुझे मालूम है मुझे राह दिखायेंगे जब मैं फिर से सबको इकट्ठा करके अगले बीस साल या उससे ज़्यादा काम करूँगा।

एकाग्रता। चुनाव। संवेदना।

एकाग्रता

पहली बात यह कि *एकाग्रता* उद्यम का ऐसा पहलू नहीं है जिसे आप विकसित होते हुए गले लगाते हैं या जो आपके कारोबारी या काम-काजी जीवन में आगे चल कर 'यों ही घटित' हो जाता है। शुरुआती दौर में बहुत-सी दिलचस्पियों में हाथ आज़माना बहुत बढ़िया है, उचित है। जब तक आपने तजुर्बा न किया हो, नतीजे न इकट्ठे किये हों, आप दरअसल नहीं जान सकते कि क्या काम कर रहा है, क्या नहीं। लेकिन एकाग्रता आपके प्रयासों को साफ़ करके, परिभाषित करके सूरत-शक्ल देती है। अपने अन्दर सघन एकाग्रता बनाये रखिये और शानदार ख़याल, तेज़ दिमाग़ और टीम के भरोसेमन्द सदस्य आपकी तरफ़ खिंच कर आते रहेंगे, जैसे लोहे के ज़र्रे चुम्बक की तरफ़ आते हैं।

एकाग्रता हमेशा वर्तमान में घटित होती है। जहाँ तक मेरा सवाल है, पीछे देख कर क़दम उठाने जैसी कोई चीज़ नहीं है। कौन जानता है कि अगर आपने दूसरा रास्ता अख़्तियार किया होता तो नतीजा क्या होता। बीते हुए के बारे में चिन्ता सिर्फ़ वर्तमान में समय नष्ट करती है। समय आपकी सबसे क़ीमती चीज़ है। सबसे नश्वर भी।

लेकिन अगर मैं *पीछे देखने* के बाद *लौट कर* एक चीज़ बदल सकता तो वह मेरी एकाग्रता होती।

अगर मुझे तब वह पता होता जो मैं आज जानता हूँ, ठीक?

अगर मैंने उतने बरस पहले एकाग्रता के प्रभाव को समझा होता।

अगर मेरा कोई उस्ताद रहा होता जिसने मुझे अनुभव के बल पर बताया होता कि नतीजे की चिन्ता के बिना किसी विचार के प्रति पूरे मन से ध्यान देने पर कुछ बेहद क़ीमती सबक़ हासिल हो सकते हैं...

अगर, अगर, अगर।

चीज़ें काफ़ी अलग साबित होतीं।

मैं यह सब किसी मलाल के बिना कह रहा हूँ, क्योंकि मैं एकाग्रता के बारे में अपनी समझदारी को भविष्य के हर प्रयास में इस्तेमाल करूँगा। लेकिन आपसे मैं यही कहना चाहता हूँ कि इस विचार पर सरसरी नहीं, गहरा ध्यान दीजिये, ताकि आप भविष्य में सोच-विचार से बच सकें। आप पायेंगे कि आपका समय ज़ाया नहीं हुआ।

चुनाव

ज़िन्दगी *चुनावों* का भी दूसरा नाम है। जैसे-जैसे आपके अन्दर की सहज बुद्धि हर धक्के, चुनौती या ग़लती के साथ प्रौढ़ होती चलती है, आपको यह समझ में आने लगता है कि किसी भी मज़बूत प्रयास या संगठन को बनाने में कड़े चुनाव करने पड़ते हैं। आपकी टीम अपने कम्पनी-प्रमुख या संस्थापक के नाते बहुत-सी बातों के लिए आपकी ओर देखती है; सबसे पहली बात यह कि वे चाहते हैं, आप सही चुनाव करें। कभी-कभी ऐसे फ़ैसले या उनके नतीजे (जब आप सही हों तब भी) आपको अकेला कर देंगे। कारोबार की यही फ़ितरत है।

दिन-पर-दिन हम ज़िन्दगी को बहते पानी की तरह देखना भूल जाते हैं। लेकिन ज़िन्दगी दरअसल चुनावों का सिलसिला है, एक-दूसरे पर यों जमा हुआ जैसे किताब के पन्ने। जब हम पीछे मुड़ कर देखते हैं, हमें एहसास होता है कि उनमें से हरेक ने हमें कैसे बदल दिया है। ठीक उस तरह जैसे किसी तितली के पंखों से धरती की दूसरी तरफ़ तूफ़ान बरपा हो सकता है, उसी तरह जो चुनाव हम करते हैं, बिना ज़्यादा सोचे-समझे किये गये फ़ैसले भी, लहर-दर-लहर एक सकारात्मक छाप छोड़ सकते हैं। दूसरी तरफ़ वे हमें एक अन्धी गली में ले जा सकते हैं। अफ़सोस, ज़िन्दगी में रिवाइण्ड का कोई बटन नहीं होता।

थोड़ा समय निकाल कर समुद्र, पहाड़ों और तारों को निहारिये। जो भी आपको रुचता हो। और ऐसा हर कुछ साल पर नहीं, बल्कि एक नियमित गतिविधि के रूप में कीजिये। सोचिये कि कैसे आपके चुनाव आपकी ज़िन्दगी को बदल कर या उसमें अर्थ भर कर बेहतर की तरफ़

ले जा सकते हैं। सब कुछ के बाद, सफलताएँ और नुक़सान, साख और प्रतिष्ठा—ये सब उन चुनावों पर निर्मित होते हैं जो हम करते हैं।

संवेदना

संवेदना—और यहाँ मैं स्पष्ट कर दूँ, मैं हमदर्दी या सहानुभूति के बारे में, किसी के लिए दुख या दया की भावना के बारे में नहीं बात कर रहा—एक सक्रिय, गहरी समझ है कि आपकी टीम किसी स्थिति से कैसे निपटेगी और किस हद तक आप अपनी टीम और अपने कारोबार को कामयाब होने में मदद करने को तैयार हैं। समय के साथ मेरे अन्दर लोगों और स्थितियों के प्रति गहरी संवेदना विकसित हो गयी है। यह मेरे इतनी बार नाकाम होने और दोबारा पलट कर खड़े हो जाने का नतीजा है। कारोबार में काफ़ी दिन बिताइये और कुछ भी आपको हैरान नहीं करेगा। आप उस अकेलेपन और हताशा से जुड़ने पर संवेदना विकसित करते हैं जो उद्यम और कारोबार के अनुभव का अभिन्न हिस्सा है।

आप तब तक पूरी तरह तजुर्बेकार नहीं होते जब तक कि, ख़ैर, आपने उसे अनुभव न कर लिया हो। आपको परिवार के लोगों, सहयोगियों, सलाहकारों और निवेशकों से सबसे अच्छी (या सबसे अच्छे इरादे से दी गयी) सलाह मिल सकती है। लेकिन कुल-मिला कर वे उस समर्पण और क़ुरबानी को समझ ही नहीं सकते जो कामयाबी के लिए महज़ एक ईमानदार कोशिश के लिए ज़रूरी है।

टीम के सदस्यों, लेनदारों, ग्राहकों और प्रतिद्वन्द्वियों के लिए संवेदना विकसित करने पर आपको कारोबार और जीवन के सिलसिले में ज़्यादा प्रौढ़ और मानवीय नज़रिया उपलब्ध होता है। संवेदना आपको किसी भी तरह के बड़प्पन की भावना या सर्व-ज्ञानी होने के रवैये से मुक्त कर देगी जो आपके अन्दर (झूठे ही) है। वह अहंकार की किसी भी भावना पर क़ाबू रखेगी जो दूसरों के बारे में फ़ैसले करते वक़्त आड़े आ सकता है। साथ ही वह उस घमण्ड को भी दूर करेगी जिसे आप अपने अन्दर पालना गवारा नहीं कर सकते, अगर आपको फलना-फूलना है। नाटकीय लगने का ख़तरा उठाते हुए यह कहूँगा कि हालाँकि अन्तिम फ़ैसला आप का है और आप ही जानते हैं कि आपकी टीम, कारोबार और ग्राहक के लिए सबसे अच्छा क्या है, आपके सफल होने की सम्भावना तभी है, अगर आप अपने फ़ैसले संवेदना के साथ लें।

संवेदना जीवन का परिवर्तन करने वाली भावना है। जैसे-जैसे आप एक उद्योग-निर्माता (और सम्भावित विध्वंसक भी) बनेंगे, आप सफलता को इस पैमाने से नापना बन्द कर देंगे

कि रास्ते में आपने कितने प्रतिद्वन्द्वियों को हराया है। इसकी बजाय, आप यह समझने लगेंगे कि चूँकि हम ऐसे पर्यावरण का हिस्सा हैं जो विभाजित नहीं किया जा सकता, साथ-साथ जीना ही सबसे अच्छा है।

◆

कुछ शुरुआती अध्यायों में मैंने चर्चा की है कि आप संकटों से कैसे निपट सकते हैं। मेरे तईं, इन स्थितियों में, यही सवाल हमेशा उठता है कि *मेरे साथ बुरा-से-बुरा क्या हो सकता है?* एक बार मुझे इसका जवाब मिल गया तो हल धीरे-धीरे सामने आने लगते हैं।

लेकिन इस सच्चाई की चर्चा मैंने पूरी तरह नहीं की है कि बुरे-से-बुरे को स्वीकार करना हमेशा इतना सरल नहीं होता (*आसान* वह कभी नहीं होगा, लेकिन आप उसे *सहज* बना सकते हैं और बनाना चाहिये भी)। स्थिति को इस नज़रिये से परखिये कि *मेरे पास विकल्प क्या है?* सिक्के का दूसरा पहलू है—जड़ हो जाना, पहाड़ से गिर जाना।

मेरे अनुभव के अनुसार, मार्ग-दर्शक और संस्थापक अक्सर यह समझने में चूक जाते हैं कि असफलता की आशंका उसकी वास्तविकता से कहीं अधिक तनाव-भरी होती है। बुरी-से-बुरी स्थिति भी कभी उतनी बुरी नहीं होती जितनी वह लगती है।

हालात कठिन हो सकते हैं, निश्चय ही। बहुतों ने अपने कारोबारों को बचाने की कोशिशें त्याग दी हैं; बहुतों ने अपने डर और असुरक्षा के आगे घुटने टेक दिये हैं; कुछ किसी गड्ढे में जा गिरे हैं और वहीं लोटते रहे हैं। लेकिन आशा की हल्की-सी किरण खोजिये और आप उसे पकड़ रखेंगे और कोशिश करेंगे कि वह बढ़े और दमके।

एक दिन मैं ऊँचे अधिकारियों के लिए कम्पनी के एक अन्दरूनी ट्रेनिंग सत्र में एक बैठक के समय बिना पहले से तय किये अपने लेक्चर से लगभग एक घण्टा पहले जा धमका। सत्र का संचालक यह दिखा रहा था कि भय का सामना किस तरह किया जाये। अपनी बात साबित करने के लिए उसने फ़र्श पर बिछे जलते कोयलों के किनारे खड़े हो कर वहाँ मौजूद सभी लोगों से कहा कि वे अपने जूते-मोज़े उतार दें। फिर उसने उन लोगों से कहा कि वे उन गर्म कोयलों पर चलने के लिए बारी-बारी से ख़ुद-ब-ख़ुद आयें।

वहाँ मौजूद हर व्यक्ति बाँहें सीने पर बाँधे संचालक को यों देखता रहा, मानो उसके सिर पर सींग उग आये हों। 'मामला क्या है दोस्तो?' मैंने समूह से पूछा। 'यह बन्दा हमें जलते कोयलों पर चलने के लिए कह रहा है, आओ गरम कोयलों पर चलें !'

'लेकिन यह *फ़ियर फ़ैक्टर* टी.वी. प्रोग्राम नहीं है,' कमरे के पिछले हिस्से से किसी ने

साफ़-साफ़ नाख़ुशी से कहा। 'हम ऐसा क्यों करना चाहेंगे?'

मैंने कन्धे उचकाये, जूते-मोज़े उतारे और कोयलों पर पैर रखे। वे बहुत गर्म थे, मगर जलन बरदाश्त के बाहर नहीं थी और संचालक ने मुझे एक लय बनाने और बराबर चलते रहने के लिए उत्साहित किया। कुछ ही पलों में मैं उस पार था।

निश्चय ही, प्रयोग ख़तरनाक नहीं था, बल्कि उसका मक़सद था बेबुनियाद डरों से मुक्ति पाना; जलते हुए कोयलों से बिछे फ़र्श वाले कमरे में दाख़िल होने पर होश-हवास में कुछ बेसुरापन पैदा हो सकता है, अनुभव करने की क्षमता का ताल-मेल गड़बड़ा सकता है, ख़ास तौर पर अगर आप इसकी उम्मीद न कर रहे हों। भय का सामना करने के अलावा, आप दूसरों पर भरोसा रखने और आगे-आगे रह कर रास्ता दिखाना भी सीखते हैं।

यह एक पुरानी दुविधा है जो सदियों से चली आ रही है–यह पक्का करना कि बच निकलने का सबसे अच्छा मौक़ा आपके पास है। आपके दिमाग़ का दायाँ हिस्सा इस सोच में पड़ जाता है कि आप उन कोयलों को बिना बुरी तरह पैर जलाये या शर्मिन्दगी सहे, कैसे पार करेंगे (पूछे जाने पर ज़्यादातर लोग शर्मिन्दा होने की बजाय जलना पसन्द करेंगे)। इसी समय, आपके दिमाग़ के बायें हिस्से में आपकी ज़िन्दगी की वे सारी चीज़ें कौंधती हैं जो कोयलों को पार करना फ़ायदेमन्द बनायेंगी। एक बार आप सही-सलामत पार पहुँच गये तो दोनों बातें आपकी स्मृति में हमेशा के लिए अंकित हो जायेंगी—आपके दिमाग़ के बायें हिस्से की यह आशा की किरण भी और दायें हिस्से का तर्क भी कि मंज़िल के मिलने तक एक योजना पर क़दम-दर-क़दम चला जाये।

दूसरी तरफ़ पहुँचने तक आप बहुत-से लोगों की तुलना में ज़्यादा सबक़ सीख चुके होंगे—भय और अनिश्चय से निपटने की तरकीब, फ़ैसलों को ख़ानेबन्द करना और भविष्य के फ़ायदे के लिए मौजूदा वर्तमान पर एकाग्र रहना। संक्षेप में आपने ज़िन्दगी के बारे में सबक़ हासिल किये होंगे।

अब आपको पता है कि सफलता के लिए क्या ज़रूरी है।

जब तक कि जलते कोयलों का अगला गड्ढा नहीं प्रकट होता। और मेरा भरोसा कीजिये, बहुत-से गड्ढे आयेंगे।

◆

जब कड़े फ़ैसलों, संकट से निपटने या बुरी-से-बुरी परिस्थिति की बारी आये तो मैं योजना नम्बर दो का बहुत हामी नहीं हूँ। हो सकता है कि यह मेरे पिछले बयान के उलट लगे जिसमें

मैंने कहा था कि बुरी-से-बुरी परिस्थिति को दिमाग़ में रखना ज़रूरी है। मुझे ग़लत मत समझिये; मैं यह नहीं कह रहा कि योजना नम्बर दो पर काम करना अनुशासन के हिसाब से अच्छा नहीं है, जिसमें आप 'अगर' का अन्दाज़ा लगाते हैं। यह ख़ाका बनाने के दौर में आपकी मदद करता है जब आपके पास समय की सुविधा होती है और योजना नम्बर दो को जेब में रखे रहने का विकल्प।

लेकिन अगर एक बैकअप योजना हो तो वह दृढ़, अटल इरादा कुछ कम हो जाता है जिसकी ज़रूरत आपको योजना नम्बर एक के लिए है। बैकअप योजना आपका ध्यान मंज़िल से भटका देती है और आपको और आपकी टीम को नाकाम होने की हालत में सुरक्षा कवच का एक झूठा एहसास देती है (जो दरअसल वहाँ होता ही नहीं)। योजना नम्बर एक का मतलब है अपनी नज़र को पूरी तरह निशाने पर गाड़े रखना। योजना नम्बर दो का छिपा मतलब है एक आँख बाहर निकलने के रास्ते पर लगाये रखना। और यही वह फ़ैसला है जो आप करेंगे, अगर योजना नम्बर एक आशा से बहुत बड़ी हो गयी, आपके लिए कुछ ज़्यादा ही लीक से हट कर चलने वाली साबित हुई या महज़...बहुत ज़्यादा हो गयी। अर्जुन को याद कीजिये, जब उसके गुरु ने उससे पूछा था कि दूर पेड़ पर बैठी चिड़िया पर निशाना साधते समय उसे क्या दिख रहा है—'आँख,' उसने चिड़िया की आँख पर ही नज़र को गाड़ते हुए जवाब दिया था।

योजना नम्बर दो नहीं, बल्कि असली विश्वास और एकाग्रता के बल पर ही आप अन्त तक डटे रह सकते हैं और करो-या-मरो की स्थितियों को पार कर सकते हैं। हर दरवाज़े के खुलने पर आपके अन्दर वह नया जोश भर जाता है जो सही रास्ते पर होने से आता है। रास्ता कभी सीधा और सरल नहीं होगा, लेकिन यही है जिस पर आपने अन्त तक चलने का फ़ैसला किया है।

संकट से निपटने की तरकीबों पर विचार करते हुए वे कठिन सवाल पूछिये जो एक उद्यमी या कम्पनी-प्रमुख के रूप में आपकी छवि निर्मित करते हैं। जब सिर-धड़ की बाज़ी लगी हो तो आप कम-से-कम किसी योजना नम्बर दो के भटकाव को गवारा नहीं कर सकते। संकट आपसे ख़ुद में अटल, अडिग विश्वास की माँग करता है और दबाव में किये जा रहे फ़ैसलों को लागू करने पर मन की पूरी एकाग्रता भी चाहता है। दोनों ही ज़रूरतों का तक़ाज़ा है कि आप समय से खुली-खरी बातचीत करें, टीम के सदस्यों और दूसरे हिस्सेदारों का भरोसा जीतें और अपनी कम्पनी को विपदा से सफलता की ओर ले जायें।

ऐसे समय पर योजना नम्बर दो आपके संकल्प को कमज़ोर बनाती है। भले ही यह

योजना आपने बनायी हो या आपके सहयोगियों ने या फिर बाहरी सलाहकारों ने (जो न तो आपकी कम्पनी के हर पहलू को जान सकते हैं और न भविष्य में आने वाले मोड़ो और मरोड़ों की कहानी में हर वक़्त आपके इर्द-गिर्द मौजूद रह सकते हैं)। यह तजुर्बे पर टिका मेरा निजी नज़रिया है; आपको अचरज होगा कि जब आप यह मान लें कि सुरंग से बाहर आने का एक ही रास्ता है, तब आपका तन, मन और संकल्प क्या कुछ कर सकता है।

मैं एक फ़र्ज़ी मिसाल से इस बिन्दु को और पक्के तौर पर सामने रख दूँ। कारण यह कि मेरे ख़्याल में यह एक ज़रूरी मुद्दा है और यह भी बहुत ज़रूरी है कि आपके मन में उस संकल्प की मात्रा का स्पष्ट अनुमान रहे जो संकट के समय सफल होने के लिए दरकार होगी। मान कर चलिए कि आपकी कम्पनी के सामने गम्भीर संकट की स्थिति है और आपने उसे हल करने के तीन रास्ते खोजे हैं –

1. पूरे कारोबार को एकबारगी बेच कर छुट्टी पायें या उसे धीरे-धीरे विलीन होते देखें।
2. बिना किसी ख़रीदार के, कारोबार को बन्द कर दें, जो बचा सकें बचा लें, कुछ उधार चुका दें और एक नई शुरुआत की उम्मीद में विदा ले लें।
3. टीम के बहुत-से सदस्यों को निकाल दें, ख़र्चे कम कर दें और कारोबार का सबसे उम्दा काम करने वाला हिस्सा बेच दें जिससे आपको समय या क़ीमत मिल जाये।

अब सोच कर तय कीजिये कि आपकी योजना नम्बर एक कौन-सी है।

संकट के समय सहयोगी, पूँजी निवेशक और दूसरे लोग आपको इनमें से हर विकल्प के लिए एक योजना बनाने की सलाह देंगे। 'तीनों पर विचार करो और तुम्हारे लिए जो सबसे अच्छा नतीजा हो, उसे तय करो,' वे आपसे कहेंगे, यह जताते हुए कि वे जो कह रहे हैं उसके बारे में उन्हें मालूम है। लेकिन जब तक कि वे आपके साथ सभी बैठकों में शामिल न रहे हों और उन्होंने आपके साथ सारे कड़े फ़ैसले न किये हों, उन्हें असलियत का रत्ती भर अन्दाज़ा नहीं होगा। चाहे उनका हल एक मुश्किल स्थिति का तर्कपूर्ण जवाब जान पड़े, मगर जो बाहर से असलियत नज़र आती है, वह बिरले ही कम्पनी-प्रमुख की तीखी नज़र का मुक़ाबला कर सकती है। इस क़िस्म के संकट-प्रबन्ध की समस्याओं को हल करना व्यापार के स्कूल या बोर्ड के सदस्यों की बैठक के दौरान फ़र्ज़ी हालात का अन्दाज़ा लगाने के दौरान अच्छी क़वायद हो सकता है। लेकिन अन्त में कारोबार शास्त्रीय चर्चा से नहीं बचाये जाते। उन्हें वे लोग बचाते हैं जो अपने कारोबार को अन्दर-बाहर से जानते हैं और जो सबसे अच्छी जानकारी हासिल हो, उसके बल पर फ़ैसले करते हैं।

मेरी पक्की सलाह तो यही होगी कि जो विकल्प आपको सबसे अधिक समझदारी का लगे, उसे अपनाइये। वह फ़ैसला जिसे आप महसूस करें कि आप लागू कर सकेंगे और अंजाम तक पहुँचा सकेंगे और जिसके साथ बाद में जी सकेंगे। *अलबत्ता, यह बात दिमाग़ में रखिये कि कई बार सबसे अच्छा फ़ैसला ऐसा नहीं होता जिसके साथ आप जी सकें।* यह कारोबार के बहुत-से अन्तर्विरोधों में से एक है जिसके साथ आपको अपने दिमाग़ में ताल-मेल बैठाना पड़ेगा।

पैर जमाइये। गहरे जमाइये। और अगर सब कुछ नाकाम हो जाये और आप महसूस करें कि अपने कारोबार को बन्द करना और चीज़ों को साफ़ करना ही वह फ़ैसला है जिसके साथ आप जी सकते हैं तो उसे ही चुनिये। लेकिन वह *आपका* फ़ैसला है, सिर्फ़ आप ही का। कारोबार की सख़्त हक़ीक़त यह है कि अगर आपने सलाहकारों की राय पर योजना नम्बर दो बनायी और अगर आपकी सबसे दुरुस्त कोशिशों के बावजूद वह भी नाकाम हो गयी तो इसका ज़िम्मा लेने को आपके साथ कोई खड़ा नहीं होगा। दूसरों की सलाह पर चलने के बाद भी आप अपने बल पर ही हैं। महज़ योजना नम्बर दो होने का मतलब यह नहीं कि वह काम भी करेगी। सच तो है कि जद्दो-जेहद के वक़्त आज़माये बिना बहुत कम योजनाएँ समय और इतिहास की कसौटी पर खरी उतरेंगी। और इसलिए, मेरा तो यही कहना है कि जैसे-जैसे आप अपने फ़ैसले लेने के उतार-चढ़ाव को परखें, योजना नम्बर दो को रणनीति के सलाहकारों और व्यापार-स्कूलों के पास ही छोड़ दें। वे एक शानदार सबक़, दिमाग़ के बायें हिस्से के लिए एक कसरत साबित हो सकते हैं।

इतिहास को समझने में मेरा गहरा विश्वास है जो हमें बताता है कि पैटन, मोंटगोमरी और नेपोलियन और दूसरे बड़े सेनापति अक्सर किसी योजना नम्बर दो के बिना लड़ाई में उतरते रहे। इस रणनीति के पीछे मुहरबन्द दलील है। कर सकें तो कल्पना कीजिये कि आप नॉर्मैण्डी के समुद्र-तट पर अपनी फ़ौजों के साथ उतरते हैं। सामने से भयंकर गोलीबारी हो रही है और आपके इर्द-गिर्द फ़ौजी लगातार हताहत हो रहे हैं। उस समय आपका पहला ख़्याल क्या होगा?

क्या आपका पहला ख़्याल है— *ज़रा फिर से बताना मेरी योजना नम्बर दो क्या थी?*

बिलकुल नहीं।

इसकी बजाय आप सोचेंगे, *मुझे दिमाग़ को साफ़ रखना है, चुनौती का सामना करना है और उन रुकावटों को पार करना है जो मेरे सामने खड़ी हैं। मैं लड़ाई जीतने के लिए अपने हिस्से का काम करने के लिए यहाँ आया हूँ।*

संकट के समय यही ज़िन्दगी की असली शक्ल होती है।

◆

ईमानदारी बरतिये। अपने साथ। हर वक़्त। हमेशा।

सुनने में हो सकता है, यह घिसे हुए रिकॉर्ड जैसा लगे। पर इसका जोखिम उठा कर यही कहूँगा कि यह इतना आसान नहीं है जितना मुमकिन है, आप सोचें। सम्भावना यही है कि आप ज़्यादातर समय अपने को धोखा दे रहे हैं।

जब मैं हर समय अपने आप से ईमानदार रहने का उपदेश देता हूँ तो मैं निष्ठा के बारे में बात नहीं कर रहा होता जो सफलता के लिए एक बुनियादी तत्व है। मेरा मतलब अपनी असलियत से अपने विश्वासों का मेल बैठाने से होता है। उद्यमियों और कम्पनी-प्रमुखों के तौर पर यह हमारी बनावट में है कि हम कठिन-से-कठिन परिस्थितियों में (अगर ज़रूरत से ज़्यादा आशावादी नहीं तो) भरोसा और उम्मीद क़ायम रखें। अच्छी ख़बर को हज़म कर लेना और बुरी ख़बर को पलँग के नीचे छिपा देना हमारा स्वभाव होता है। लेकिन सकारात्मक और असली के बीच एक बारीक़ रेखा होती है। जब हम यह मान कर कि एकाग्रता, मेहनत और जोश हमारे मनचाहे नतीजे के लिए काफ़ी होते हैं, अपने सामने खड़ी असलियत को नज़रन्दाज़ कर देते हैं तो उस रेखा को लाँघ जाते हैं। जबकि एकाग्रता, मेहनत और जोश हमारे मनचाहे नतीजे के लिए कभी काफ़ी नहीं होते।

इससे भी बुरा यह है कि हम अपनी नाकामियों के लिए बहाने खोजने और यह सफ़ाई देने में माहिर होते हैं कि कारोबार जितना अच्छा चलना चाहिए उतनी अच्छी तरह क्यों नहीं चल रहा—वातावरण, आर्थिक नीति, बारिशें, ईराक़, खपत में कमी।

और, और, और। *इनमें मेरा कोई दोष नहीं।*

हालाँकि सम्भावनाएँ यही हैं कि इनमें से कोई भी बहाना आपके कारोबार के पैमाने पर सचमुच असर नहीं डालता। होशियार कम्पनी-प्रमुख, अपने सामने खड़ी चुनौतियों के बारे में निर्ममता से ईमानदारी बरत कर, इनमें से सभी अनसोची परिस्थितियों को पहले से ही अपनी योजनाओं में शामिल कर चुके होते हैं और अपनी तैयारी और दूरन्देशी के बल पर और भी मज़बूत और बेहतर हो जाते हैं। बाक़ी लोग दुनिया की मुसीबतों को यों लेते हैं, मानो वही उन्हें अकेले-दम उठाये, कष्टों के एवरेस्ट पर्वत पर चढ़ रहे हों। यह बात भी सफल लोगों को ये-भी-दौड़े-थे की सूची में शामिल लोगों से अलग करती है।

असली तथ्यों की बहुत कम जानकारी वाले बाहरी लोगों के रूप में आपके ख़्याल से वॉरेन बफ़ेट इतने लम्बे समय तक झुण्ड से इतना आगे कैसे बना रहा है? मैं एक अनुमान प्रकट करने का जोखिम लेना चाहता हूँ। सफल उद्यमी के लिए अनिवार्य चार गुणों—एकाग्रता,

विकास की पारम्परिक मानसिकता, गहराई से सीखने के जोश और भरपूर उत्सुकता—के अलावा बफ़ेट को कसी हुई चुस्त टीमों से भी फ़ायदा मिलता है जो हर समय एक-दूसरे के साथ निर्मम ईमानदारी बरतती हैं। जैसा कि बफ़ेट ने सार्वजनिक रूप से कहा भी है, 'आप अगर ज़िन्दगी में बहुत-सी ग़लतियाँ न करें तो आपको कामयाब होने के लिए थोड़े-से सही क़दम ही उठाने पड़ते हैं।' दुनिया भर में और हिन्दुस्तान में भी ऐसे उद्यमियों की बहुत-सी मिसालें हैं जो सच्ची दौलत पैदा करने वालों में अलग से नज़र आते हैं। ये सभी एक सरल नियम का फ़ायदा उठाते हैं।

हर वक़्त अपने प्रति ईमानदार रहिये।

◆

लिहाज़ा अब मैं आख़िर में भारत के भविष्य के बारे में अपने सपने से बात ख़त्म करूँगा।

मुझे अपने देश और उसकी सच्ची सम्भावनाओं पर बहुत गर्व है। मैंने यह किताब आपको यह बताते हुए शुरू की थी कि मुझे इस महान देश की शक्ति और जीवट में कितना विश्वास है। लेकिन मैं लगातार चिन्ता करता रहता हूँ कि हम दुनिया के पैमाने पर बहुत ऊपर नहीं जा पाये हैं। कम-से-कम अभी नहीं। कुछ थोड़े-से अपवादों को छोड़ दें तो हमें अपनी असली आन-बान-शान को हासिल करने के लिए काफ़ी लम्बा सफ़र तय करना है।

भारत के सामने असाधारण चुनौतियाँ हैं। आधी से ज़्यादा आबादी देश से अलग-थलग, गाँवों में रहती है। बेशक, परिवर्तन की पतवार को एक युवा, सभ्य, प्रतिभाशाली पीढ़ी के कुछ सौ या लाख लोग थामे लिये चल सकते हैं, जिनके मन में भविष्य के प्रति खुली ईमानदार उम्मीद हो। लेकिन ज़रूरी यह है कि सारी आबादी में सोचने और काम करने के नये तरीक़ों की, भविष्य के नये लक्ष्यों की लहर फैल जाये। यह तभी हो सकता है जब दूर-दराज़ के ग्रामीण इलाक़ों में रहने वाले हिन्दुस्तान के उस आधे हिस्से को परिवर्तन का हिस्सा बनने का एहसास कराया जाये।

ऐसी तब्दीली के लिए कोई सरकार ज़िम्मेदार नहीं हो सकती। परिवर्तन लोग लाते हैं। आप तब्दीली लाते हैं और दूसरों की ज़िन्दगियों पर असर छोड़ते हैं। इसीलिए मुझे अपनी फ़िल्म *रंग दे बसन्ती* पसन्द है। अन्त के उस दृश्य को याद कीजिये, जब सभी युवक ऑल इण्डिया रेडियो में फँसे हैं और करन रेडियो पर सारे देश से कहता है—*'कोई भी देश पर्फ़ेक्ट नहीं होता, उसे पर्फ़ेक्ट बनाना पड़ता है।'*

सात दशक पहले अपने माता-पिता या दादा-दादी के समय में हमने अपनी आज़ादी

हासिल की थी। जर्मनी और जापान तबाह और बरबाद हो कर खँडहर बन गये थे; दुनिया के सामने वे शर्म और शिकस्त में ग़र्क थे। वे देश अपने धक्के और नुक़सान से चन्द नेताओं के शब्दों के बल पर नहीं उबरे। वे उबरे तो इसलिए कि सारी जनता ने एक हो कर सोचा और काम किया और एक लक्ष्य पर निशाना साधे रखा। आम नागरिकों में से हरेक ने सिर झुका कर अपने देश को फिर से महान बनाने के लिए अपनी ज़िम्मेदारी अदा की।

यही वह मिसाल है जिस पर हमें चलना चाहिए। अब हम ख़ुद को और धोखा नहीं दे सकते कि मौक़ा, ठोस घरेलू बाज़ार और अच्छा प्रशासन हमें दुनिया के देशों की फ़ेहरिस्त में ऊँचा स्थान दिला सकेगा। अब हम और यह सोचना गवारा नहीं कर सकते कि—*मैं अकेला कोई फ़र्क़ नहीं पैदा कर सकता, चलो बहाव के साथ बहते चलें और देखें क्या होता है।* अब हम अपने आसन पर बैठे-बैठे शिकायतें करते और असहाय महसूस करते हुए और वक़्त नहीं गुज़ार सकते। इस बात का इन्तज़ार नहीं कर सकते कि कोई और आ कर पहला क़दम उठायेगा।

एक अभूतपूर्व उन्नति क़ुरबानी, प्रगति की प्रबल इच्छा और जवाबदेही की माँग करेगी। हम सब को अपने-अपने काम-काज में एक बेहतर भविष्य के लिए समर्पित होने की ज़रूरत है, चाहे हम उद्यमी हों या डॉक्टर, किसान, व्यापारी, टीचर, सरकारी नौकर, शोध करने वाले या वैज्ञानिक। इसके साथ ही हमें जागरूक रहना होगा कि अगर हमने अब अपना मौक़ा खो दिया तो हम हमेशा के लिए उसे खो देंगे।

◆

एक अरब तीस करोड़ की आबादी वाला देश होते हुए भी दुनिया के पैमाने पर किसी भी खेल में हिन्दुस्तान मुश्किल से ही कहीं ठहरता है। जब मैं इस सच्चाई का ज़िक्र बातचीत के दौरान करता हूँ तो लोग आम तौर पर जवाब में कन्धे उचका कर कहते हैं, 'खेलों पर ही क्यों नज़र रखते हो? नई खोज करने और रास्ता दिखाने वाले भारतीय मूल के इतने सारे लोग हैं जिन्होंने विज्ञान और तकनीक के क्षेत्र में दुनिया पर अपनी छाप छोड़ी है और संसार की सबसे प्रतिष्ठित कम्पनियों के प्रमुख हैं, उनके बारे में क्या ख़्याल है?'

'मेरी बात को साबित करने के लिए शुक्रिया,' मैं कहता हूँ। सही बात है। हमारे यहाँ प्रतिभा हमेशा रही है। लेकिन ज़रा ईमानदारी से बात करें, जो लोग विश्व के मंच पर और फ़ॉर्चून 500 वाली कम्पनियों में चमक रहे हैं—और उनकी चमक और बढ़े—उन्होंने यह निजी हैसियत में किया है, अपनी योग्यता के बल-बूते पर। ये कामयाबियाँ भारत की छवि पर चार

चाँद भले ही लगायें, मगर इन से हज़ारों-लाखों हिन्दुस्तानियों को अपनी सम्भावनाओं को साकार करने और उद्योगों की उस क्रान्ति को घटित करने में कोई मदद नहीं मिलती जिसके सपने हम दशकों से देखते आ रहे हैं।

मैं एक रुपये की शर्त बदने को तैयार हूँ (मेरी सबसे बड़ी शर्त, और इसलिए नहीं कि मुझे हारने का डर है) कि जिस दिन भारत ओलिम्पिक खेलों में बड़ी जीतें हासिल करेगा—और मेरा मतलब बीस या इससे ज़्यादा स्वर्ण पदकों से है—और खेलों में दुनिया के स्तर पर चमकेगा, उस दिन तक हम महाशक्ति बन चुके होंगे। दुनिया के अखाड़े में किसी देश के प्रभाव को खेलों में उसकी सफलताओं से आँकना पुराने पैमाने जैसा जान पड़े, लेकिन इस सम्बन्ध से नज़रें नहीं चुरायी जा सकतीं। आख़िरकार, ज़्यादातर कामयाबियाँ ख़ुशी और आत्मविश्वास की भावना से पैदा होती हैं। मैं तो कहूँगा अदम्य और अजेय महसूस करने से और यह यक़ीन करने से कि हम लगभग कुछ भी हासिल कर सकते हैं। और खेल-जगत की जीतें इस उल्लास में योगदान करती हैं।

◆

आइए, ऐसा सामान और सेवाएँ पैदा करें जो जीवन भर के लिए मरम्मत न करें, जीवन भर के लिए हासिल करायें।

इसके लिए हमें अपनी रचनातगक सम्भावनाओं को उन्मुक्त करके उन तक पहुँचना होगा। दुनिया में प्राकृतिक संसाधन भले ही लगातार चुकते जा रहे हों, रचनात्मकता लगातार नई होती जाने वाली चीज़ है। यह भरपूर मात्रा में उपलब्ध है। इस पर राशन लागू करने की ज़रूरत नहीं। न रचनात्मकता, जैसा कि कुछ लोग सोचते हैं, सिर्फ़ कला-जगत से ही जुड़ी होती है। बल्कि, रचनात्मकता हर क्षेत्र में मौजूद रहती है और आविष्कारों, कल्पना के कार्यों और सीमाहीन सम्भावनाओं के दरवाज़े खोलती है। जिस दिन हम अपनी रचनात्मक सम्भावनाओं को साकार कर लेंगे, उस दिन हमें कोई नहीं रोक सकेगा। अलबत्ता, अगर हम अपनी सम्भावनाओं तक नहीं पहुँच पाते तो किसी को हमें रोकने की ज़रूरत ही नहीं, हम कहीं जा ही नहीं रहे।

राष्ट्र के रूप में हमें इसको अगले दशक तक समझने की ज़रूरत है। ख़ुद को छोटी दूरी की मंज़िलों में ही अटकाये रखने की बजाय, हमें दूरगामी उद्देश्यों से जुड़ना होगा। महज़ बातें करने की बजाय, हम में से हरेक को पूरा योगदान करना चाहिये, चल कर दिखाना चाहिये।

शुरू करने के लिए एक दिन भी मत इन्तज़ार कीजिये। धावा बोलने के लिए कोई तुरही

नहीं बजायेगा। अपनी तुरही (या ढोल-नगाड़ा या सितार) और अपनी वर्दी और हथियार ख़ुद लाइये, अपनी नज़रें निशान पर टिकाइये और इससे कुछ भी कम पर समझौता न कीजिये। अपने विचार, सूझ-बूझ, जोश और दृष्टि और सपने लाइए और दुनिया के सामने साबित कर दीजिये कि आप अन्तर पैदा कर सकते हैं।

हमारे पास एक और मौक़ा है। बाज़ी हमारे ख़िलाफ़ सजी है। लेकिन हमारे पास वह क़ूवत है जो इस अद्भुत देश को घुमा सकती है। और हम उम्मीद और भरोसे के साथ, दुनिया के सबसे युवा, ऊर्जावान, जोशीले लोगों के बल पर ऐसा कर दिखायेंगे।

यह सब सम्भव है।

बस अपना सपना देखिये—और ऐसा करते वक़्त आँखें खुली रखिए।

◆

परिशिष्ट
अक्सर पूछे गये सवाल

हालाँकि मेरी किताब पिछले अध्याय—'अपना सपना देखिये'—के साथ ही ख़त्म हो जाती है, मुझे एहसास है कि सम्भव है मैंने कुछ ऐसी व्यावहारिक चिन्ताओं और सरोकारों की चर्चा न की हो जो अब भी आपके मन में रह गये हों। कुछ ऐसे विशेष मुद्दे जो आपके दिमाग़ में सबसे ऊपर हों। मैंने काफ़ी सबक़ों और सीखों पर बात की है, लेकिन मैं कुछ सवाल शामिल करना चाहता हूँ जो मुझसे साथी, सहयोगी, कम्पनी-प्रमुख और साथी उद्यमी पूछते रहते हैं। उनके दायरे में अन्य बातों के अलावा, मुख्य रूप से संस्कृति, तौर-तरीक़ों, टीम-निर्माण और नियुक्तियों, दृष्टि और कल्पना, गुरुओं, पैसा जुटाने, ब्राण्ड और कारोबार को बनाने और बढ़ाने से जुड़े मामले आते हैं।

मैंने इन सवालों के जवाब संक्षेप में और दिल की गहराई से देने की कोशिश की है। इस कोशिश में मैंने अपने तजुर्बों से काम लिया है और उन विषयों पर अपना नज़रिया सामने रखा है जिनसे हम सब अपने सपनों को जीते हुए दो-चार होते हैं। मैं एक पल के लिए भी यह विश्वास नहीं करता कि इनमें से किसी सवाल का जवाब पूरी तरह एक या दो पन्नों में दिया जा सकता है। मुझे यह भी भरोसा नहीं है कि मेरे जवाब ही आगे बढ़ने का अकेला रास्ता हैं। मेरी उम्मीद यही है कि ये जवाब आपको अपने बल पर पुराने और नये इलाक़ों की और भी खोज-बीन करने के लिए प्रेरित करेंगे। ये वही सवाल हैं जिनका जवाब काश, किसी ने मेरे लिए उस समय दिया होता, जब मैंने अपना सफ़र शुरू नहीं किया था। उस समय अगर मुझे वह पता होता जो मैं

आज जानता हूँ तो मैंने उसे सीखने में जो वक़्त लगाया वह काफ़ी हद तक बच जाता।

लिहाज़ा इस बार हम फ़ास्ट फ़ॉरवर्ड में चलें।

प्रश्न 1

किसी संगठन में संस्कृति का कितना महत्व है? कम्पनी के जीवन के किस चरण में उसे बनाना सबसे अच्छा होता है? मैं कम्पनी के फलने-फूलने के दौरान कैसे एक जीवन्त, स्वस्थ संस्कृति बनाये रख सकता हूँ? क्या कम्पनी-प्रमुख संस्कृति को संस्था का-सा रूप दे सकते हैं? वह काम कर रही है इसके सबसे अच्छे संकेत क्या हैं?

उत्तर 1

संस्कृति का मुद्दा हमेशा मेरे दिमाग़ पर छाया रहता है। संस्कृति के आधार पर कम्पनियाँ सफल या नाकाम होती हैं। संस्थाओं का ताल्लुक़ लोगों से होता है; लोग संस्कृति से प्रभावित होते हैं, प्रतिक्रिया व्यक्त करते हैं। दोनों अभिन्न हैं। जितनी जल्दी आप अपने संगठन में संस्कृति की नींव रखना शुरू कर देंगे, उतना बेहतर होगा। जैसे-जैसे कम्पनी का पैमाना बढ़े, मैं तो चाहूँगा कि कम्पनी की संस्कृति में 'मूल्य' शब्द को भी बुन दिया जाये।

कम्पनी की संस्कृति को किसी तालाब जैसा समझिये। इसे सबने मिल कर बनाया है और इसमें टीम के हर सदस्य का हिस्सा और विश्वास है। टीम का हर सदस्य हमेशा, मगर मुसीबत के दिनों में ख़ास तौर पर, इससे निकाल सकता है और जब ज़रूरत पड़े तो दोबारा भर सकता है। यह हरेक का तालाब है। उम्दा कम्पनी की संस्कृति इसी तरह काम करती है।

संस्कृति की सूरत-शक्ल एक संस्था से दूसरी संस्था के अनुसार रूप बदलती है। हर रूप स्वाभाविक होता है और उस टीम के अनुकूल होता है जो बनायी गयी है। संस्कृति ऊपर से नहीं लादी जा सकती, न यह कोई ऐसा काम है जो मानव संसाधन विभाग के ज़िम्मे सौंप दिया गया है। यह ऊपर से आती है—उन प्रमुखों के ज़रिये जो दिल से कम्पनी का हित चाहते हैं और टीम के हर सदस्य के अन्दर यह गहरी भावना पैदा करने के इच्छुक हैं कि कम्पनी उसकी मिल्कियत है। कम्पनी-प्रमुख होने के नाते आप संस्कृति का स्वरूप तय करते हैं। जिन कम्पनियों में शानदार और जीवन्त संस्कृति है, वे उन कम्पनियों की बनिस्बत सौ फ़ीसदी बेहतर काम करेंगी, जहाँ ऐसा नहीं है।

शानदार दफ़्तर शानदार संस्कृति का हिस्सा है। इसका यह मतलब नहीं कि वह कोई गूगल जैसा दफ़्तर हो या वहाँ मुफ़्त जल-पान और विडियो गेम खेलने की सुविधा हो, गद्देदार

कुर्सियाँ या निजी शावर हों। बल्कि उसमें ज़िन्दादिली और ऊर्जा हो। कभी-कभी सबसे अच्छे दफ़्तर छोटे और भीड़-भरे होते हैं जहाँ विडियो गेम खेलने की ऐश तो नहीं होती, लेकिन टीम के सदस्यों के बीच आपस में क्रिया-प्रतिक्रिया की भरपूर गुंजाइश होती है। वे विचारों का आदान-प्रदान कर सकते हैं और महत्वपूर्ण परियोजनाओं को मिल-जुल कर पूरा करते हैं। मेरे दो दशकों के दौरान हमारे दफ़्तर हमेशा सुगठित रहे। कभी खुली जगह का एहसास उनमें नहीं हुआ, लेकिन मुझे हमेशा काम करने की उन जगहों में ऊर्जा और आनन्द का अनुभव हुआ।

ऐसी खुली संस्कृति में बुरी ख़बर बड़ी तेज़ी से ऊपर जाती है। जहाँ वातावरण औपचारिक होता है, वहाँ बुरी ख़बर का गला घुट जाता है। औपचारिकता का मतलब है प्रोटोकोल, लालफीताशाही। लालफीताशाही का मतलब है देरी, काम का धीमा पड़ना। इक्कीसवीं सदी में इस रख-रखाव और औपचारिकता की कोई जगह नहीं है।

शानदार पेशेवराना संस्कृति का एक और महत्वपूर्ण लक्षण है साहस। इसका पक्का बन्दोबस्त कीजिये कि काम करने का ऐसा माहौल बने जो लोगों को फ़ैसले करने में मदद करे और उनमें यह एहसास पैदा हो कि उन्हें सहारा दिया जायेगा। ग़लतियाँ काम करने का हिस्सा हैं। देखना यही है कि वे दोहरायी न जायें। टीम को साहस और आगे बढ़कर काम करने का मौक़ा और छूट दिये बिना आप कभी एक सीधा-सपाट और शक्तिशाली ढाँचा नहीं खड़ा कर सकते। वरना, 'अपनी खाल बचाओ' या 'ऊपर पेश करो और हरी झण्डी का इन्तज़ार करो' क़िस्म की संस्कृति हावी हो जायेगी।

संस्कृति बराबर बनती चलती है। वह किसी शानदार धमाके की तरह अचानक प्रकट नहीं हो जाती। उसके निर्माण में एक-एक करके बहुत-से लम्हे ख़र्च होते हैं, जिनका नमूना एक विचारशील कम्पनी-प्रमुख ऊपर से पेश करता है और बाक़ी सब उसका पालन करते हैं। जब मझोली या बड़ी कम्पनियाँ अपना कायाकल्प भी करना चाहती हैं तो वे सबसे पहले संस्कृति पर हमला बोलती हैं। यही किसी कम्पनी का सबसे मज़बूत औज़ार होता है।

प्रश्न 2

आप बातचीत पर, विचारों के खुले लेन-देन पर बहुत बल देते हैं। किसी कारोबार में शक्तिशाली संस्कृति (और इसके अलावा भी बहुत कुछ) बनाने में सम्पर्क-संचार कितना महत्वपूर्ण है?

उत्तर 2

हर प्रयास में बातचीत और सम्पर्क की संस्कृति को पहले दिन से क़ायम करना मेरे लिए अनिवार्य रहा है। चाहे यह लाल धारियों वाले नोट-पैड (एक पंक्ति की हिदायत या 'देखें और क़दम उठाये' वाले अनुरोध के लिए आदर्श आकार) के ज़रिये हो, जो मैं टीम के सदस्यों का ध्यान खींचने के लिए पिछले पन्द्रह साल से इस्तेमाल करता आ रहा हूँ या समय से फ़ोन और ईमेल का जवाब देने के ज़रिये या फिर टीम के सदस्यों को ख़बरों से आगाह करने या संस्था के अलग-अलग विभागों और लोगों का मार्ग-दर्शन के माध्यम से। एड़ी से चोटी तक। कोई उद्यमी बिना अच्छे सम्पर्क-संचार के सफल नहीं हो सकता।

सम्पर्क का मेरा एक सबसे लीक छोड़ कर किया गया काम था वर्षान्त का ईमेल जो पिछले दशक के ज़्यादातर वर्षों में भेजा गया। जनवरी की पहली या दूसरी तारीख़ को मैं टीम को एक लम्बा ईमेल भेजता, जिसमें मैं पिछले साल का जायज़ा लेता, अच्छा-बुरा, दाग़ों और मुँहासों के साथ, सब कुछ। 2009 में, विश्व स्तर की आर्थिक प्रलय के बाद ईमेल का शीर्षक था 'नरक का सफ़र और वापसी, 2009, लीक तोड़ने वाली सोच के बल पर उबरने, क़ाबू पाने और जीतने वाला साल।' अगले बरस तक निश्चय ही संकट से पूरी तरह कोई भी बाहर नहीं आया था, इसलिए शीर्षक था 'कठोर 2010 के लिए शुभकामनाएँ।' इस तरह का लेन-देन संस्था की लय-ताल तय कर देता है।

यह एक अनवरत प्रक्रिया है। जनवरी 2010 के उस ईमेल के बाद हरेक ने 'कठोर' शब्द का प्रयोग शुरू कर दिया। और कठोरता से लक्ष्यों के पीछे लगे रहने का यह रवैया हमारी सोच में रिस कर पहुँचने लगा। मिसाल के लिए, कुछ हफ़्ते बाद एक बैठक में किसी ने कहा, 'हाँ, हमें इस मुद्दे पर परेशानी हो रही है, लेकिन फ़िलहाल बस हमें इस पर जुटे रहना है, इसके बारे में चिन्ता मत कीजिये...' ऐसी हिम्मत और सीधे-सादे 'हम कर सकते हैं' वाले रवैये ने, जो उस टिप्पणी से उपजा था और समय के साथ फलता-फूलता रहा था, सचमुच अगले साल की संस्कृति की लय निर्धारित कर दी। प्रेरणा और हँसने-हँसाने के सही मेल के साथ विचारों और सूचनाओं का सीधा, ईमानदार और उपजाऊ लेन-देन जिसमें आश्चर्य के लिए ज़्यादा गुंजाइश न हो, बहुत काम का साबित होता है।

सच पूछिये तो हँसने-हँसाने को सम्पर्क-संचार के सिलसिले में अमूमन नज़रन्दाज़ ही किया जाता है। इन बरसों के दौरान सम्भव है, मैंने कई बार धीरज खो दिया हो या मैंने अपनी कुण्ठा और निराशा टीम के सदस्यों के सामने प्रकट की हो, लेकिन मैंने कभी हँसने-हँसाने का अपना रवैया नहीं छोड़ा। टीम के अधिकांश सदस्यों ने मेरे इस रवैये को दो रूपों में देखा—

व्यंग-भरी टिप्पणियाँ जिनका निशाना कभी व्यक्तिगत या सख़्त चोट करने पर नहीं था; और किसी ऐसी चीज़ से मौजूदा हालत की अजीबो-ग़रीब, मज़ाक़िया तुलना, जिससे हम सब परिचित थे। मुझे कभी लम्बी व्यक्तिगत बातचीत करना या काम के बाद कुछ पीते-पिलाते हुए क़रीब आने की आदत नहीं रही। लेकिन काम से जुड़ी ख़ुश-मिज़ाजी टीम के सदस्यों को काम पर एकाग्र रहने में मदद देती है और एक मज़बूत पेशेवर रिश्ता क़ायम करती है।

उद्यमियों को बहुत-से काम करने पड़ेंगे, लेकिन आप कभी सम्पर्क-संचार के सिलसिले में समझौता नहीं कर सकते या जब अपनी टीम के साथ सीधी, खरी बात करने की नौबत आये तो चूक नहीं सकते। अपने सहयोगियों के समय का उतना ही सम्मान कीजिये, जितना आप उनसे अपने लिए उम्मीद करते हैं। असरदार सम्पर्क-संचार के साथ शिष्ट व्यवहार और आदर-सम्मान का चोली-दामन का साथ है। वे चुप्पी की संस्कृति और टाल-मटोल करने वाले तरीक़ों को दूर करते हैं जो उन संस्थाओं को बन्द डिब्बे बना देते हैं, जहाँ खुली बातचीत और सम्पर्क की क़दर नहीं की जाती।

प्रश्न 3

मैं सबसे प्रतिभाशाली लोगों को कैसे आकर्षित और प्रेरित करूँ और साथ बनाये रखूँ? मैं काम को जाँच कर उसे पुरस्कृत कैसे करूँ? साथ ही अल्पकालीन लक्ष्यों और दीर्घकालीन उद्देश्यों के बीच उपजाऊ सन्तुलन कैसे क़ायम करूँ?

उत्तर 3

सबसे पहले ख़ुद से तीन सवाल पूछिये।

क्या मेरे पास ऐसी स्पष्ट रूप से बनायी गयी व्यापक दृष्टि और कल्पना है जिसे मैं अपनी टीम के सदस्यों और उन लोगों के सामने रख सकूँ जिन्हें मैं काम पर रखना चाहता हूँ?

जब मैं कम्पनी के भविष्य के सिलसिले में अपने जोश और योजनाओं को दूसरों तक पहुँचाता हूँ तो क्या मैं प्रेरित करने में सफल होता हूँ?

जब कम्पनी की संस्कृति पर अमल करने की बारी आये तो क्या मैं उसका साफ़-साफ़ ख़ाका बनाकर अपनी टीम के सदस्यों से उसके प्रति कुछ विश्वास अर्जित कर सका हूँ?

दृष्टि, ऊपर उठने की इच्छा और संस्कृति उत्तम प्रतिभा को आकर्षित करती है। जिन लोगों को आप अपनी टीम में चाहते हैं, वे भी आपके साथ सीधे या परोक्ष रूप से काम करते हुए इत्मीनान महसूस करना चाहते हैं। उनके लिए यह महसूस करना ज़रूरी है कि वे आप से हर

रोज़ कुछ सीख सकते हैं और कम्पनी-प्रमुख के रूप में आपकी तरफ़ मार्ग-दर्शन के लिए देख सकते हैं। अगर वे पायें कि कम्पनी में एक सहयोगी और खुली, फिर भी सफलता की भूखी संस्कृति है तो उन्हें आभास होगा कि उनके विचार भी सुने जायेंगे और बढ़ने और फलने फूलने के लिए उन्हें भी मौक़े मिलते रहेंगे।

सही लोगों को आकर्षित करने के लिए आपको सही तरह के लोगों को नियुक्त करना होगा। इससे पलट कर सकारात्मक सन्देश जाता है। दूसरी तरफ़, अगर आप ख़राब ढंग से लोगों को काम पर रखते हैं तो ख़बर फैल ही जाती है। अगर टीम के एक या दो महत्वपूर्ण सदस्य, नियुक्त होने के बाद जल्दी ही आपकी कम्पनी की संस्कृति में बेमेल साबित होते हैं या काम के लिहाज़ से उम्मीद पर खरे नहीं उतरते, तो वे पूरी संस्था में बेचैनी और भटकाव पैदा करते हैं। ऊपर के स्तर पर उचित लोगों को काम पर रखना जितना मुश्किल है, उतना ही ज़रूरी भी है।

मुझे ऐसे सदस्यों को टीम में शमिल करना पसन्द है, जिनमें मेल-मिलाप से काम करने की ज़ोरदार विशेषताएँ हों। साथ ही गहरी जवाबदेही का गुण और नतीजे लाने और लक्ष्यों को हासिल करने का पिछला तजुबा भी हो। योग्यता और होशियारी निश्चय ही उपयोगी लक्षण हैं, लेकिन यह पक्का कीजिये कि जिन्हें आप नियुक्त करें, वे कम्पनी में अच्छी तरह खप जायें। कोई रॉक स्टार हो सकता है, लेकिन अगर वह टीम के साथ काम करने का आदी नहीं है या आपकी कम्पनी की संस्कृति और मूल्यों में विश्वास नहीं करता तो यह रिश्ता देर तक नहीं चलने वाला।

अन्त में, कुल-मिला कर कुछेक इण्टरव्यू और बैठकों के बाद आप बस उतना ही जान सकते हैं। इण्टरव्यू लेने के लिए पहली बार दफ़्तर में मुलाक़ात के बाद उम्मीदवारों से अलग-अलग जगहों पर मिलिये—हो सके तो कहीं खाने पर या सैर या दौड़ते हुए। अलग-अलग वातावरणों में इस आदान-प्रदान के माध्यम से आपको सिर्फ़ रेज़्युमे ही नहीं, बल्कि उस व्यक्ति का एक अन्दाज़ा भी मिलने लगता है, जिसे आप नियुक्त करने पर विचार कर रहे हैं।

ऐसे इण्टरव्यू के दौरान आपको जल्दी ही पता चल जायेगा कि टीम का सम्भावित सदस्य बोलना चाहता है या सुनना; साथ ही आत्मविश्वास की वह मात्रा जो वह टीम के भीतर लाना चाहता है और यह भी कि उसमें किस हद तक उत्सुकता है और वह असल में और सीखने का कितना इच्छुक है। लोगों को नियुक्त करने का एक महत्वपूर्ण और अक्सर नज़रन्दाज़ कर दिया गया पहलू है अपनी टीम के सभी ज़रूरी सदस्यों और सीधे सम्पर्क रखने वालों से

कहना कि वे उम्मीदवार का इण्टरव्यू करें। इसका बन्दोबस्त करना आसान नहीं है, लेकिन यह उस व्यक्ति के बारे में अपनी राय की तस्दीक़ कराने का कारगर साधन है। अपनी कम्पनी को खुलेपन के इसी स्तर और भावना से चलाइये और आप को भरोसेमन्द सहयोगियों से कुछ तीखे-तेज़ विचार हासिल होंगे। इसके अलावा, टीम के सभी सदस्यों को ज़ोरदार संकेत जायेगा कि आप एक सच्चे तौर पर बराबरी वाला ढाँचा बनाये रखते हैं।

प्रश्न 4

जैसे-जैसे मैं अपनी कम्पनी को बढ़ाता हूँ, मेरी मौजूदा टीम के कुछ सदस्य, जो शुरू से वफ़ादार रहे हैं, पैमाने पर पूरे उतरने और ज़िम्मेदारियाँ निभाने के क़ाबिल नहीं साबित होते। मैं इस स्थिति से कैसे निपटूँ? क्या बाद में भी इसके होने की सम्भावना है?

उत्तर 4

अपनी टीम की क्षमताओं के परे अपनी कम्पनी को बढ़ाना एक सच्ची समस्या है। इसका सामना सिर्फ़ हाल में शुरू हुई कम्पनियाँ ही नहीं, बल्कि छोटी और मझोली कम्पनियाँ भी करती हैं। आपकी वफ़ादार टीम कितनी बड़ी दौलत है, इसे कभी कम करके मत आँकिये। बहुत-से तरीक़ों से—महज़ संस्था से जुड़ी स्मृतियों और अनुभवों के सन्दर्भ में ही नहीं—ये सहयोगी गहरे गर्व के साथ कम्पनी को बढ़ते हुए देखते रहे हैं और बदले जाने योग्य नहीं हैं।

लेकिन हालात ठीक उसी तरह नहीं बनते-बिगड़ते जैसे हम कल्पना करते हैं। यही कारोबार और ज़िन्दगी का तरीक़ा है। चुनौती का सामना सीधे-सीधे कीजिये। जो लोग कम्पनी के साथ फले-फूले और बढ़े नहीं हैं, वे कम्पनी में बने रह कर आपका और अपना भी नुक़सान करते हैं। हमेशा पहला क़दम उठाने की ज़िम्मेदारी आप ही पर नहीं है। सम्भव है, आपके सहयोगी उर्वरता और कुशलता के बीच बढ़ते हुए अन्तर को उतनी ही जल्दी पहचान लेंगे जितना आप। जो भी मामला हो, आपकी तरफ़ से खुला-खरा राय-मशविरा—कि उनका विकास सीमित है और अब आगे बढ़ने का समय आ गया है—ज़रूरी है।

टीम के पुराने सदस्य के चले जाने पर कुछ समय की असुविधा के बाद आप उन लोगों को खोज लेंगे जो मेल बैठा कर आपके साथ विकसित हो सकते हैं। अगर आप पुराने लोगों को रखे रहें तो सम्भावना यही है कि वे 'नई भर्ती' को नापसन्द करेंगे, या अगर टीम का नया सदस्य संस्था के भीतर से आता है तो वे आपके फ़ैसले पर सवाल उठायेंगे। दूसरी कोई चीज़ जीवन्त संस्कृति को इतनी जल्दी नहीं मारती जितनी नाराज़गी और दुश्मनी।

भविष्य के लिए नियुक्तियाँ करने का काम अलग क़िस्म की चुनौतियाँ ला खड़ा करता है। आपको ऐसे वफ़ादार सहयोगियों को भर्ती करने से बचना है जो आगे चल कर शायद उस पैमाने का साथ न दे पायें जो कम्पनी आपके सामने पेश करे। कम्पनी-प्रमुख होने के नाते आप हमेशा एक आँख किफ़ायत और लागत पर रखते हुए कम्पनी को बनाते-बढ़ाते हैं। आप चाहते हैं कि उस स्तर को ध्यान में रखकर भर्तियाँ करें जहाँ तक कम्पनी बढ़कर पहुँच गयी है; वहाँ तक नहीं, जहाँ कम्पनी आपके ख़्याल में एक या दो बरसों में पहुँचेगी।

अगर आपने अपनी कम्पनी को अभी तक इस अति किफ़ायतशार संस्कृति के हिसाब से बनाया है और 'महज़ समय से' आज के लिए भर्तियाँ की हैं, सम्भावना यही है कि यह रवैया कम्पनी के डी.एन.ए. में रच-बस जायेगा और विकास, ऊपर उठने की आकांक्षा और अन्त में सफलता को भी प्रभावित करेगा। आर्सेनल फ़ुटबॉल क्लब की मिसाल देखिये। उनके पास क़र्ज़, साख और दूसरी चीज़ों के हिसाब से सबसे अच्छा आर्थिक पैमाना है, लेकिन वे यूरोप में लीग प्रतियोगिता लगभग दो दशकों से नहीं जीत सके हैं। इसका कारण बहुत हद तक उनका किफ़ायती रवैया है जिसके चलते वे स्टार खिलाड़ियों को 'ख़रीदने' और क़ीमत से ज़्यादा देने से कतराते रहे हैं। तय कीजिये कि प्रतिभा और विकास की आपकी आकांक्षाओं के सिलसिले में आप कहाँ खड़े हैं। ये अनिवार्य फ़ैसले हैं।

प्रश्न 5

आसान क्या है— कारोबार शुरू करना या उसे पैमाने के हिसाब से बढ़ाते हुए खड़ा करना?

उत्तर 5

संक्षिप्त उत्तर—खड़ा करना। मेरा हमेशा यक़ीन रहा है (और इस किताब में कई बार ज़िक्र भी किया गया है) कि पहली बार पूँजी जुटाना आगे की बारियों से ज़्यादा आसान होता है। अधिकतर लोग सोचते हैं, 'एक बार मैं दरवाज़े के अन्दर पैर रख दूँ तो जो रफ़्तार मैंने बनायी है वह हमेशा आगे पूँजी जुटाना आसान बना देगी।' सच्चाई यह है कि इसका उलट ही होता है। शुरू करते समय आप सही लम्हे का इन्तज़ार कर सकते हैं और अपनी चादर के मुताबिक़ पैर फैला सकते हैं। लेकिन एक बार आपके पास एक कारोबार आ गया, ग्राहक बन गये, ज़िम्मेदारियाँ और टीम खड़ी हो गयी तो आप रुक नहीं सकते। जब आप एक बार हल में जुत गये तो आपको खेत तो जोतना ही है,

शुरू करना और किफ़ायत बरतना और एक स्तर पर पहुँचना एक क़दम है। बनाने-बढ़ाने

का ताल्लुक़ वहीं बने रहने से है। जब आप शुरू कर रहे होते हैं तब आपके पास अलग-अलग क़िस्म के विचारों को आज़माने और उन्हें लागू करने के लिए रचनात्मक तरीक़ों की खोज करने की सुविधा होती है। लेकिन एक बार आप 'निर्माण' के दौर में आ गये तो एकाग्रता बुनियादी तत्व होता है। एकाग्रता के बिना आप मुनाफ़े पर आधारित पैमाने के हिसाब से कम्पनी को बढ़ा कर असली क़ीमत नहीं पैदा कर सकेंगे। न एक कुशल टीम की अगुवाई कर पायेंगे या एक शानदार कारोबार और संस्था-प्रमुख बन पायेंगे।

शुरुआती चरण में आप बहुत-से लोगों के लिए बहुत कुछ हो सकते हैं, थोड़ा-थोड़ा हर जगह। निर्माण के चरण में आपके लिए सही जगह (बेहतर हो कि सही समय पर) होना ज़रूरी है और इसका मतलब है अवसरों को पैदा करना और उनकी ताक में रहना और कई स्तरों पर हर समय तैयारी की हालत में रहना।

जब आप शुरू कर रहे हों तब सम्भव है, आप ही हर ग्राहक या असामी से मिलें और रिश्ते क़ायम करें। जैसे-जैसे आप कम्पनी को बढ़ाते-बनाते हैं, आप अपनी टीम को अधिकार सौंपते हुए, ये ज़िम्मेदारियाँ उनके हवाले करते हैं। इस बीच आप टेक्नॉलाजी की मदद ले कर ग्राहकों से और 'वहाँ जो है' से सम्पर्क बनाये रखते हैं।

बहुत-से उद्यमी इस सोच में पड़ जाते हैं कि जो कम्पनी उन्होंने शुरू की है, उसे बनाने-बढ़ाने के लिए वही उचित आदमी हैं। हालाँकि इसका कोई आसान जवाब नहीं है, यह इस पर निर्भर है कि आप कम्पनी के साथ कैसे विकसित हुए हैं और इससे भी ज़्यादा महत्वपूर्ण यह कि आपने एक शानदार टीम को कैसे खड़ा किया और शक्ति सौंपी है। अगर आपने ये सारे काम सही-सही किये हैं तो आप निर्माण करने, अपनी कम्पनी को ऊँचे पैमाने पर ले जाने और सफल होने की भरपूर कोशिश के लिए तैयार हैं।

प्रश्न 6

सब मुझसे कहते हैं कि गुरु महत्वपूर्ण होते हैं, सिर्फ़ शुरू करते समय ही नहीं, बल्कि कम्पनी के बढ़ते रहने के दौरान भी। मैं किसी गुरु को कैसे खोजूँ? मुझे कैसे पता चलेगा कि वह सही है? क्या कई गुरुओं से काम चल सकता है? जैसे-जैसे कारोबार का पैमाना बढ़ता है या उसका स्वरूप बदलता है, क्या मुझे गुरु भी बदल लेने चाहिएँ?

उत्तर 6

'गुरु' का मतलब उससे है जो आपसे ज़्यादा अनुभवी हो। लेकिन सवाल है, 'किस

बात में अनुभवी?'

अधिकतर गुरु आपको 360 डिग्री का सैरबीनी चित्र नहीं दिखा सकते, लेकिन आपको उसकी तलाश नहीं छोड़नी चाहिए जिसके पास बेशक़ीमती जानकारी का वैसा विशाल भण्डार हो। किसी ख़ास गुरु पर निशाना साधने से पहले ठीक-ठीक जान लीजिये कि आप क्या खोज रहे हैं। क्या आप उससे रणनीति, तरक़ीब, आर्थिक मामलों, फ़ैसले लेने, बाज़ार, विकास, लीक से हट कर चलने, नई सूझ, लोगों और भर्ती करने के बारे में बात कर सकते हैं? संक्षेप में सब कुछ के बारे में? या उसने एक बड़ी कम्पनी या संस्था ज़मीनी सतह से ऊठा कर खड़ी की है और आप इसी कारण से उसे गुरु बनाना चाहते हैं?

काफ़ी तजुर्बे से आम तौर पर ज़्यादा बुज़ुर्ग गुरु का संकेत मिलता है। ध्यान रखिये कि उमर का बहुत अन्तर होने पर हो सकता है, आपको खिचड़ी बाल और बुद्धि तो मिल जाये, मगर गुरु न मिल पाये। गुरु की ख़ूबी यह होनी चाहिये कि वह ख़ुद को आपकी जगह रखकर तजुर्बे से काम लेते हुए बाहर से हिसाब बैठाये, यह न मान बैठे कि 'पुराने दिनों में' वाला ढंग आज की अलग कारोबारी आबो-हवा में काम देगा। अगर आप का गुरु काल-दोष में फँसा हुआ है तो आपको ज्ञान तो शायद बहुत मिले, पर उचित मार्ग-दर्शन नहीं मिलेगा। दोनों में भूल मत कीजिये।

और अपने परिवार में कभी गुरु की तलाश मत कीजिये। सीधे-साफ़ ढंग से यह बुरा विचार है। आपका परिवार आपकी चुनौतियों में हिस्सा बँटाने या आपको सहारा देने के लिए है, लेकिन परिवार का चाल-चलन पेचीदा होता है। अगर कोई बुज़ुर्ग आपको सलाह देता है तो वह उम्मीद करता है कि आप उस पर अमल करेंगे। इसके अलावा, परिवार के लोग आपको जिस रूप में जानते हैं और आपकी ख़ूबियों-ख़ामियों को देखते हैं, उस आधार पर सलाह देंगे। यह हमेशा बुरा बोझ नहीं होता, लेकिन बोझ तो होता ही है।

मेरी निजी सिफ़ारिश यह है कि एक गुरु चुनिये और उसी के साथ बने रहिये। एक-दूसरे को समय दीजिये, एक लय बनाइये और बेरहमी से ईमानदारी बरतिये। बहुत-से उद्यमी गुरु से इसलिए कुण्ठित हो जाते हैं, क्योंकि असल में उन्हें एक उपदेशक चाहिये होता है जो उनमें ऊर्जा भर दे और उनके आत्मविश्वास को आकाश तक पहुँचा दे और हर रोज़ उनके लिए मोमबत्ती जलाये। ठीक उस समय गुरु सोच रहा होता है, ठहरो ज़रा, अगर तुम्हें बस यही चाहिये था तो तुम मेरे पास सलाह के लिए क्यों आये थे, मूर्ख? मैं दो टूक सलाह देने वाला हूँ, 'तुम्हें ठेंगा नहीं पता कि तुम बात क्या कर रहे हो!'

प्रश्न 7

काम और ज़िन्दगी के सन्तुलन का सवाल लामुहाला खड़ा हो जाता है जब मैं सीनियर स्तर पर भर्ती करता हूँ। भारी दबाव और तनाव थकान की ओर ले जा सकता है। मुझे भी यह महसूस होता है कि मुझे परिवार और मित्रों के लिए बहुत कम समय मिल पाता है। सही सन्तुलन क्या है?

उत्तर 7

सब कुछ कहने-सुनने के बाद काम और जीवन के बीच सन्तुलन किसी कारोबार की सफलता के लिए अनिवार्य है।

लेकिन एक आम ग़लत-फ़हमी यह है कि काम और जीवन का सन्तुलन बाज़ार की तलाश में नई क़ायम कम्पनियों में ज़्यादा मुश्किल होता है, बनिस्बत काम की दूसरी जगहों के। सूत्र यह है कि—अगर आपकी कम्पनी की संस्कृति शुरू ही से 'जम कर काम करो, जम कर खेलो' है और 'हमें करने वालों की बनिस्बत ज़्यादा सोचने और योजना बनाने वाले चाहिएँ' तो आप सही सन्तुलन बना लेंगे।

देखिये, एकदम शुरू में आप और टीम के पहले-पहले सदस्य उन शुरुआती दिनों की ऊर्जा और उत्तेजना पर ज़िन्दा रहेंगे और एक या दो बरस तक ख़ुशी से कई-कई काम करते रहेंगे। यह ठीक है। लेकिन जैसे ही आप कम्पनी को बढ़ाने लगेंगे, आप यह सुनिश्चित करना चाहेंगे कि काम और जीवन का सन्तुलन आपकी पेशेवर संस्कृति का अंग बन जाये।

इस सन्तुलन का बहुत-सा हिस्सा समय का प्रबन्ध करने के कौशल से आता है। अगर कम्पनी की नींव रखने और प्रमुख होने के नाते आपके अन्दर समय का बन्दोबस्त करने की हुनरमन्दी नहीं है तो पूरी कम्पनी का भविष्य ख़तरे में है। तनाव ऊपर से नीचे को बहता है। इसके साथ-साथ अपनी टीम के सदस्यों के अन्दर समय का प्रबन्ध करने के कौशल पर भी नज़र रखें। काम की जगह की गति और लय को क़ायम करने के लिए कम्पनी का प्रबन्ध करने वाली बुनियादी टीम के बीच आपसी ताल-मेल रखें, चाहे कम्पनी कितनी बड़ी या छोटी हो। अगर आप ऐसे संस्थापक हैं जो लोगों में काम का बँटवारा नहीं कर पाते—या तो इसलिए कि आप (ग़लतफ़हमी में) यह सोचते हों कि आप ही हर काम को सबसे अच्छी तरह कर सकते हैं या इसलिए कि आप कमज़ोर टीमें भरती करते रहते हैं—तो आपकी संस्कृति और काम और जीवन का सन्तुलन आपकी कम्पनी के लिए हमेशा तनाव का कारण बना रहेगा।

जो संस्था हफ़्ते के हर रोज़ पन्द्रह-पन्द्रह घण्टे काम करती है, उसमें न तो उर्वरता बढ़ेगी, न कुशलता। यह समझ लीजिये कि आज-कल हर व्यक्ति हर वक़्त तैयारी की हालत में होता है और किसी भी समय काम शुरू कर सकता है। कर्मचारी यह महसूस करना चाहते हैं कि कम्पनी उनके समय की क़ीमत समझती है और काम को सन्तुलित करना उनके हाथ में, उनके विवेक पर, छोड़ देती है। टीम के सदस्यों को ऐसी आज़ादी दीजिये और फिर मालिक बनने के जादू को परखिये।

काम के सन्तुलन का ताल्लुक़ सिर्फ़ काम से नहीं है, इसका ताल्लुक़ छुट्टी लेने से भी है। छुट्टियाँ काम बन्द करके आराम करने के लिए होती हैं, और अनिवार्य हैं। जब यू.टी.वी. कम्पनी के रूप में जम गयी तो हमने एक नियम बनाया कि छुट्टियाँ अगले किसी वर्ष के लिए बढ़ायी नहीं जायेंगी, न उनके एवज़ में पैसे दिये जायेंगे। सन्देश साफ़ था—हम चाहते हैं आप कुछ समय काम बन्द कर दें, फिर से तरो-ताज़ा हो जायें। हम चाहते हैं, आपकी ग़ैर-हाज़िरी में आपकी टीम काम करती दिखायी दे। यही आपके कौशल और प्रभाव की असली परीक्षा है। तरो-ताज़ा हो कर अपने नये तेज़-तर्रार विचारों के साथ दुनिया का सामना करने के लिए लौटिये।

प्रश्न 8

जब कारोबार में मन्दी चल रही हो तब मैं अपनी टीम और कर्मचारियों को कैसे प्रेरित और प्रोत्साहित करूँ? हमारे कारोबार में जीवन चक्र लगातार बदलता रहता है। मैं टीम को परिवर्तन का तनाव महसूस कराये बिना कैसे अपने साथ लिये चलूँ?

उत्तर 8

संक्षेप में दो शब्द—बातचीत और ठोस फ़ैसले वाले क़दम।

साफ़-साफ़ और पारदर्शी बातचीत एक बार की घटना नहीं है। इस किताब के बहुत-से अध्यायों में मैंने उन अलग-अलग संकटों की चर्चा की जिनका हमने सामना किया और बच निकले। इन सभी मिसालों में हमने टीम को इकट्ठा किया और ईमानदारी से खुली-खरी बात की। हरेक हमारे (मज़ाक़िया अन्दाज़ में दिये गये) इस आश्वासन पर लामबन्द हो गया कि सुरंग के दूसरे छोर पर रोशनी नज़र आ रही थी। लोग शरीर की हरकतों की भाषा और चेहरे के भाव देखना-परखना, सही-सही बातें सुनना और कम्पनी-प्रमुख के सुर और आत्मविश्वास पर भरोसा करना चाहते हैं। ये चीज़ें सारा फ़र्क़ पैदा करती हैं, लफ़्फ़ाज़ी नहीं। हमेशा महत्व उस बात का नहीं होता जो आप कहते हैं, कहने के अन्दाज़ का होता है।

संस्थाओं के लिए, हर नज़रिये से लागत और रणनीति पर विचार करने का सबसे अच्छा समय मन्दी के दौर में होता है या जब कम्पनी के भविष्य में कोई दिशा-परिवर्तन हो रहा हो। छोटे-छोटे समूहों में संस्था-केन्द्रित बातचीत। संकट या परिवर्तन के समय, चाहे बड़ा हो या छोटा, अन्दर से अफ़वाहों का फैलना सबसे बड़ी समस्या है। इन फुसफुसाहटों के सिलसिले को रोकने के लिए हर सम्भव प्रयत्न कीजिये। अपनी तैयारी पूरी रखिये और यह समझिये कि आपकी टीम क्या सुनना चाहती है, ताकि आप बुरी ख़बर क़तरा-क़तरा करके न दें। संकट के समय कम्पनी-प्रमुख का सबसे बुरा क़दम यह होगा कि वह उस बैठक के तीन हफ़्ते बाद, जिसमें पूरी कम्पनी का ख़्याल था कि सारी बातें कर ली गयी हैं, टीम को फिर से बुलाये और कहे, 'अरे, थोड़ी-सी बुरी ख़बर और है।'

असली संकट के दौरान आपकी टीम के 20 फ़ीसदी लोग साथ छोड़ जायेंगे। कम्पनी-प्रमुख के तौर पर आपकी पहली प्रतिक्रिया हो सकती है, 'ऐसे समय में मैं भारी संघर्ष नहीं चाहता।' लेकिन यह समय पिछले रिश्तों को बचाने का नहीं है। कम्पनी के भीतर संस्कृति-निर्धारण के अंग के रूप में आपको उन लोगों को जाने देना चाहिये जिनका विश्वास कम्पनी से उठ गया है। इसकी बजाय टीम के उन सदस्यों पर ध्यान केन्द्रित कीजिये जो अच्छे-बुरे हर मौसम में कम्पनी का साथ निभायेंगे। जो संकट का एक झोंका आते ही भाग खड़े हों, वे कभी लम्बे समय तक आपके साथी साबित नहीं होंगे। कड़वी गोली निगलिये और आगे बढ़िये।

प्रश्न 9

साथी-संस्थापक कितना महत्वपूर्ण है? क्या मेरे एक से ज़्यादा साथी-संस्थापक हो सकते हैं? क्या मुझे हरेक से उसके हिस्से के अनुपात में पूँजी निवेश की ज़रूरत है? क्या मित्र अच्छे साथी-संस्थापक बन सकते हैं? क्या टीम के सदस्य आगे चल कर साथी-संस्थापक बन सकते हैं और क्या इससे कम्पनी की तरक़्क़ी में फ़ायदा होगा?

उत्तर 9

किसी कम्पनी को शुरू करना, चलाना और बढ़ाना अकेलेपन का काम है। भले ही आपके भरोसेमन्द साथी-सहयोगी हों, जिनके विचारों का आप सम्मान करें, मुसीबत के वक़्त आप अकेले होते हैं। हालाँकि बोझ बँटाने के लिए किसी का साथ होना अच्छा हो सकता है, साथी-संस्थापक को चुनना एक गम्भीर और लम्बे दौर वाला फ़ैसला है। अगर आप को किसी साथी-संस्थापक पर विचार करना है तो उस व्यक्ति के साथ आपका एक इतिहास होना

चाहिये। आप दोनों को एक-दूसरे की ख़ूबियों-ख़ामियों, ताक़त-कमज़ोरी और सनकों के बारे में राई-रत्ती पता होना चाहिये। अगर ऐसा नहीं है तो छह महीने ख़र्च करके परखिये कि दूसरा व्यक्ति कैसे सोचता है, प्रतिक्रिया व्यक्त करता है और भविष्य के लिए योजना बनाता है।

लक्षण के हिसाब से संस्थापक या संस्थापक-टीम कारोबार के साथ शुरू ही से रहती है। वह संस्था का हिस्सा बनने के लिए निजी जोखिम भी उठाती है। चाहे यह पूँजी लगा कर हो या निजी क़ुरबानी दे कर और शायद दूसरी नौकरी छोड़ कर या कम तनख़्वाह मंज़ूर करके। जब मैंने टूथब्रशों के कारोबार से शुरू किया था, तो मेरे साथ एक सहयोगी-संस्थापक भी था—मनोज मेहरा। मनोज ने कम्पनी में पैसा तो नहीं लगाया था, पर वह सक्रिय प्रबन्धक था। यू.टी.वी. में ज़रीना (जिससे तब मेरी शादी नहीं हुई थी) और देवेन खोटे पहले दो कर्मचारी थे। दो साल काम करने के बाद मैंने उन्हें साथी-संस्थापक बनने का न्योता दिया और वे अन्त तक इसी रूप में बने रहे। टीम के सदस्य जो बोर्ड पर शुरू से मौजूद हों, समय के साथ साथी-संस्थापक बनाये जा सकते हैं और इस तरह उनके लगाव की भावना बढ़ायी जा सकती है। ऐसी स्थितियों में यह सुनिश्चित कर लें कि साथी-संस्थापक की हैसियत में उनकी तरक़्क़ी शुद्ध रूप से योग्यता पर टिकी हुई हो और महज़ उन्हें रखे रहने की रणनीति न हो।

सभी साथी-संस्थापक पूँजी का योगदान नहीं करते और इसमें कोई बुराई नहीं है। अगर वे करें तो उनका हिस्सा उनके पूँजी निवेश के अनुपात में आँका जायेगा। शेयर की हिस्सेदारी न होने की हालत में कारोबार में पैसा लगाने वाले संस्थापक को फ़ीसदी के हिसाब से हिस्सा तय करना चाहिये।

मित्रों को साथी-संस्थापक बनाने के मुद्दे पर—अगर आप इस लम्बे सफ़र पर महज़ इसलिए क़दम रख रहे हैं, क्योंकि आपका साथी-संस्थापक मित्र है, तो मेरा ज़ोरदार जवाब है *नहीं*! सच यह है कि मित्रों या परिवार के लोगों से जुड़ा कारोबार का कोई फ़ैसला आपसे दस बार सोचने की माँग करता है, और इसके बाद भी विचारने की। सम्बन्ध बदलते हैं, विकसित होते हैं और परिपक्व होते हैं। कुछ भी थिर नहीं रहता। अगर आपके काम के बाहर कोई मित्र या परिवार का सदस्य है जो साथी-संस्थापक बन सकता है, तब आप हितों के टकराव का सामना करेंगे, हमेशा और अपवाद के बिना, चाहे आप कितना ही सोचें कि आप निष्पक्ष हैं। सम्भावना यही है कि लम्बे समय में आप निष्पक्षता भी खो देंगे और एक मित्र भी।

प्रश्न 10

कम्पनी के लिए एक दृष्टि या उसके लक्ष्यों को व्यक्त करना कितना ज़रूरी है और किस

मुक़ाम पर मैं इसे बनाकर व्यक्त करूँ? क्या दृष्टि और लक्ष्य-विवरण को बनाने में मेरी मुश्किल, बड़ा सोचने और ऊँचा पैमाना और उत्कृष्टता हासिल करने में कम्पनी की क्षमता को प्रभावित करेगी?

उत्तर 10

लक्ष्य-विवरण तीन या चार पंक्तियों में आपकी टीम के सदस्यों, ग्राहकों और सभी हिस्सेदारों के सामने आपकी कम्पनी की पहचान और अस्तित्व को परिभाषित करता है। यह कारोबार की शुरुआती ज़िन्दगी के दौरान संस्थापक और उसकी बुनियादी टीम की आँखों से देखा गया ख़ाका होता है। इसे दर्ज कर लीजिये, मैं बड़े समूह वाली बैठकों या संयुक्त लक्ष्य-विवरणों के पक्ष में नहीं हूँ।

अपनी कम्पनी की कल्पना का ख़ाका चन्द मोटे-मोटे सवालों को सामने रखकर बनाइये –

मैंने यह कारोबार क्यों शुरू किया?

इसका उद्देश्य क्या है?

यह कौन-सी ज़रूरत पूरी करेगा और इसका क्या प्रभाव होगा?

ऐसा कौन-सा अनोखा या ज़िन्दगी बदलने वाला माल यह बनायेगा या सेवा उपलब्ध करायेगा?

तीन या पाँच साल बाद मैं कारोबार के सिलसिले में किस पैमाने की कल्पना करता हूँ?

इसमें आप एक पंक्ति संस्कृति और मूल्यों के बारे में भी शामिल कर सकते हैं, अगर आपको लगे कि वह कल्पना को भविष्य की ओर बढ़ा सकती है।

आप सबसे अनोखे और अद्भुत लक्ष्य-विवरण पेश करने की प्रतियोगिता में शामिल नहीं हैं। न ऐसा ख़ाका आप को असली दुनिया में कोई प्रतिष्ठा दिलायेगा। बल्कि साफ़-साफ़ और ईमानदारी से बताइये कि कम्पनी के नज़रिये से क्या सही और उचित है, हमारी आदत होती है लक्ष्य-विवरणों को ऊँचे आसनों पर बैठा देना। यही वजह है कि बहुत-सी कम्पनियों में लक्ष्य-विवरण जल्दी ही नियन्त्रण से बाहर हो जाते हैं और अच्छे लक्ष्य-विवरणों की पैनी एकाग्रता खो देते हैं। अगर लक्ष्य-विवरण कम्पनी की दो या तीन आकांक्षाओं से ज़्यादा का ज़िक्र करता है तो सम्भावना यही है कि वह लफ़्फ़ाज़ी में उलझ जायेगा और पायेगा कि वह महज़ प्रतीक्षा-कक्ष में शीशे की मेज़ पर नुमाइश के लिए रखा हुआ है और उसने किसी का भी शक-शुबहा दूर नहीं किया है।

ध्यान में रखिये कि लक्ष्य-विवरण सफलता सुनिश्चित नहीं करता, लेकिन अगर वह न हो तो बाधा और चुनौती खड़ी हो सकती है। यह पक्का कीजिये कि वह सरल और साफ़ हो और आसानी से समझा जा सके। सबसे बढ़कर यह कि लक्ष्य-विवरण कम्पनी की महत्वाकांक्षाओं को प्रेरित करे और उनका पैमाना तय करे।

यहाँ से शुरू कीजिये, अपनी दृष्टि को विकसित कीजिये और बड़े सपने देखिये।

प्रश्न 11

आज एक आम जुमला है 'मूल्य-सृष्टि', क़ीमत पैदा करना। अगर मैं एक मुनाफ़ा देने वाली कम्पनी खड़ी करूँ और आमदनी बढ़ाता रहूँ तो मैं मूल्य-निर्माण कर रहा हूँ, सही है न? लेकिन असली मूल्य-सृष्टि क्या है?

उत्तर 11

ज़्यादातर लोगों को महसूस होता है कि अगर बाज़ार में एक कम्पनी का अच्छा हिस्सा है, वह विकास कर रही है और उसमें मुनाफ़ा देने की क्षमता है तो वह मूल्य-सृष्टि कर रही है। क़ीमत पैदा करने का इससे बेहतर तरीक़ा और क्या होगा कि जो आप सबसे बढ़िया तौर पर कर सकते हैं, वह साल-दर-साल करते चलें? यह एक मुनासिब बयान है। मैं किसी कम्पनी में मूल्य-सृष्टि के बुनियादी तत्वों को पैमाने, बाज़ार में हिस्सेदारी, विकास, मुनाफ़े की क़ूवत, स्थिरता और आमदनी के पूर्व अनुमान की शक्ल में देखता हूँ। इनके बिना तो आप बुनियादी तौर पर कुछ अधिक मूल्य-सृष्टि कर ही नहीं रहे।

लेकिन सम्भव है ये तत्व आपकी क़ीमत के 50 फ़ीसदी हिस्से के बराबर ही ठहरें। तो फिर वे कौन-से तत्व हैं जो बाक़ी 50 फ़ीसदी में योग देते हैं, वह अनोखापन जो आपकी कम्पनी की तरफ़ लोगों का ध्यान आकर्षित करता है? यह कोई सम्पूर्ण सूची नहीं है, लेकिन मुझे उम्मीद है कि इससे कुछ अन्दर झाँक कर जायज़ा लेने का मौक़ा मिल जायेगा –

- ब्राण्ड – यह आपको अभूतपूर्व लाभ करा सकता है। आपके ब्राण्ड में ऐसा क्या है जो आपको भरोसेमन्द ग्राहकों का आधार उपलब्ध कराये और अपने माल या सेवा के लिए अधिक मुनाफ़ा हासिल करने की क्षमता दे? सबसे ऊपर की दो या तीन कम्पनियों में कौन-सी बात अन्तर पैदा करती है जिनके पास हर क्षेत्र में धाँसू ब्राण्ड हैं?
- नई खोज, टेक्नॉलोजी, शोध और विकास, बौद्धिक सामग्री और पेटेण्ट – इनमें से कुछ भी आपकी बैलेन्स शीट पर नज़र नहीं आयेगा, लेकिन जब मूल्य-सृष्टि की बात आयेगी तो ये आपको ऐसा

लाभ देंगे जो दिखायी नहीं देता।

- ग्राहक - क्या आपके पास ग्राहकों और ग्राहकों के आधार का बन्दोबस्त करने का कोई अनोखा साधन है? सम्भव है, परम्परागत ज्ञान टेलीविज़न पर विज्ञापन देने और नियमित ग्राहक बनाने की बात करे, जो पहले ही आपके पास आ रहे हों। अपने ग्राहक-आधार को देखिये और समझिये कि जो आप करते हैं उसे आप जैसे करते हैं वह भारी मूल्य-सृष्टि कर सकता है।
- 'एक्स-फ़ैक्टर' - अगर आपके पास 'एक्स-फ़ैक्टर' है, वह खास विशेषता जो आपको अनोखा बनाती है, तो लोग उसे पहचान लेंगे। अपने 'एक्स-फ़ैक्टर' को समझिये और उसका प्रचार कीजिये। कुछ कम्पनियों के पास भारी बढ़त होती है, क्योंकि वे आक्रामक, अपने क्षेत्र में लीक से हट कर चलने वाली होती हैं या रुझानों को औरों की बनिस्बत ज़्यादा अच्छी तरह पहचान लेती हैं। एपल और गूगल इसकी बेहतरीन मिसालें हैं, जहाँ उनकी क़ीमत का 30 से 50 फ़ीसदी हिस्सा किसी-न-किसी एक्स-फ़ैक्टर पर निर्भर है। मिसाल के लिए, एपल जिस भी चीज़ को बाज़ार में उतारता है, उसकी तत्काल सफलता का लेखा-जोखा करें। सम्भव है, असलियत थोड़ी अलग हो (एपल भी कभी-कभी चूक जाता है), लेकिन इसका एहसास ही सब कुछ है।

मूल्य-सृष्टि कोई ऐसी चीज़ नहीं है जिस पर आप तभी विचार करते हैं जब आप बाहर आने की सोच रहे हों। मूल्य वह है जो आप अपने और अपने शेयर-धारकों के लिए पैदा करते हैं जब आप लम्बे समय तक चलने के लिए कम्पनी को खड़ा करते हैं।

प्रश्न 12

'व्यापार-स्कूल वाला' सवाल—अपना कारोबार चलाने से पहले मेरे लिए कितना ज़रूरी है कि मैंने मैनेजमेण्ट की पढ़ाई या पोस्टग्रेजुएट काम किया हो? क्या मेरे लिए बड़े पूँजी निवेशकों को आकर्षित करने की सम्भावनाएँ व्यापार-स्कूल की डिग्री से बढ़ जाती हैं? क्या आप निजी तौर पर एम.बी.ए. या चार्टर्ड अकाउण्टेण्ट की डिग्री न लेने की कमी महसूस करते हैं?

उत्तर 12

इस बात को साफ़ कर लें। सारी ऊँची शिक्षा निजी चुनाव है और ऐसा ही होना चाहिए। आप चाहे जो भी करें, इस बात का आपके मन में स्पष्ट और पक्का विचार होना चाहिए कि आप उसे क्यों कर रहे हैं। अगर आप इस सवाल का सच्चा जवाब दे सकें कि आप व्यापार-स्कूल क्यों जाना चाहते हैं?—साथियों या माता-पिता के दबाव की वजह से नहीं या इसलिए नहीं कि यह कोई योजना नम्बर दो है या सुरक्षा कवच है, या 'यही करने लायक़ है'—तब आप सही फ़ैसला करेंगे। लेकिन साफ़-साफ़ समझ लीजिये कि आप अपनी

ज़िन्दगी के अगले कई साल शिक्षा में लगा रहे हैं और यह भी कि आप उससे ठीक-ठीक क्या हासिल करना चाहते हैं। अब आधे पन्ने पर लिखिये कि आप डिग्री हासिल करने के बाद अपने लिए कैसी सम्भावना देखते हैं। निर्मम सच्चाई से काम लीजिये। *यह आपका अकेले का फ़ैसला है।*

व्यापार-स्कूल के डिग्रीधारियों के बारे में मुझे चिन्ता सिर्फ़ इतनी है कि उन सारे वर्षों के दौरान जो सबक़ उन्हें हासिल हुए हैं, वे उन्हें अक्सर ज़िन्दगी के लिए वेद-वाक्य की तरह लेते हैं। कठोर तर्कों और व्यावहारिक समस्याओं का सामना करने पर उनकी पहली सहज प्रतिक्रिया किताबी ज्ञान की तरफ़ दौड़ने की होती है, बिना (अक्सर सख़्त) हक़ीक़त को समझने में समय लगाने के। व्यापार-स्कूल तभी लाभदायक है अगर वे लोग वहाँ से हासिल सबक़ को असली दुनिया के स्तर पर काम में ला सकें और यह मानें कि उन्हें कुछ सीखा हुआ *अनसीखा* भी करना पड़ेगा। स्कूल से बाहर आने के बाद उन्हें ऐसे तरीक़ों से आज़माया जायेगा जिनके लिए स्कूल ने उन्हें तैयार नहीं किया होगा।

मुझे निजी तौर पर पूँजी निवेशकों की दिलचस्पी और शिक्षा सम्बन्धी योग्यताओं के बीच कभी कोई रिश्ता नज़र नहीं आया। निवेशक आपको, आपकी टीम और साथी-संस्थापकों को, आपके क्षेत्र और उसकी गुंजाइशों को, और आपकी कार्य योजना को उद्यम के लिहाज़ से उसकी योग्यता के बल पर जाँचते हैं। बस।

क्या बी.कॉम. करने के बाद मुझे और ऊँची पढ़ाई न करने का अफ़सोस है? कॉलेज ही में मेरे सामने साफ़ हो गया था कि मैं आगे पढ़ाई नहीं करना चाहता। मैंने काग़ज़ पर कोई हिसाब-किताब नहीं किया, हालाँकि मैंने आगे नज़र दौड़ाकर एम.बी.ए. या चार्टर्ड अकाउण्टेण्ट करने के बाद ज़िन्दगी की कल्पना ज़रूर की थी; मैंने जल्दी ही तय किया था कि वह रास्ता मेरे लिए नहीं था। मुझ पर साथियों और माता-पिता की ओर से काफ़ी दबाव था। मेरा भाई मेरी जानकारी में बहुत शिक्षित व्यक्ति है। लेकिन जैसा कि मैंने इस किताब में बराबर कहा है, मुड़कर देखने में मेरा यक़ीन नहीं। हो सकता है कि अगर मैंने एम.बी.ए. किया होता तो वे दो साल (या चार्टर्ड अकाउण्टेण्ट के लिए पाँच) मेरी मानसिकता और महत्वाकांक्षाओं को अलग साँचे में ढाल देते। हो सकता है, तर्क और सन्तुलित विचार पद्धति और योजना बनाने की विशेषताओं ने, जिन्हें ये दोनों ही डिग्रियाँ प्रोत्साहित करती हैं, मुझे उद्यम के क्षेत्र से विमुख कर दिया होता।

शायद, शायद। कौन जाने?

जो कमी मुझे महसूस होती है वह है साल-दो साल के लिए किसी उम्दा विश्वविद्यालय

में पढ़ाई न कर पाना। वह सीखने-सिखाने और अध्यापन की आपसी क्रिया-प्रतिक्रिया और वे मुक़ाबला करने वाले साथी शानदार अनुभव होते। मुझे 1973 की (पुरानी पर उम्दा) फ़िल्म *द पेपर चेस*, बहुत पसन्द आयी थी, जो हारवर्ड लॉ स्कूल की पृष्ठभूमि पर बनी थी। मैं वकील नहीं बनना चाहता, लेकिन मुझे हमेशा उस वातावरण से रश्क़ हुआ है। वह बन्धन-मुक्त शिक्षा जो आपको इतने सारे तरीक़ों से ज़िन्दगी के लिए तैयार करती है, बशर्ते आप चुस्त-दुरुस्त हों और बाहर आने के बाद अपने वातावरण के अनुकूल ढल सकें।

प्रश्न 13

किसी भी कारोबार की सफलता के लिए लोग और प्रतिभा बेहद ज़रूरी होते हैं। एक छोटे शहर में कारोबार शुरू करने के बाद अब मुझे एक अच्छी कुशल टीम जुटाने में दिक़्क़त हो रही है। मैं जानता हूँ हज़ारों उद्यमी इसी चुनौती का सामना करते हैं। कोई सलाह? क्या मुझे जगह बदल लेनी चाहिए?

उत्तर 13

यह जो आपकी नज़र में ख़ामी है, इसे अपने फ़ायदे में बदलने से शुरू कीजिये।

कारोबार जो एक सबसे बड़ी चुनौती का सामना करते हैं, वह है ऊँचे पैमाने को हासिल करना। इसकी वजह है ग्राहक को ख़ूब अच्छी तरह समझने का अभाव और चन्द बड़े शहरों के बाहर कारोबार चलाने का संघर्ष। भारत का असली विकास भविष्य में छोटे और मझोले शहरों से आयेगा; ठीक वहीं से जहाँ आप अभी बैठे हुए हैं!

मिस्टर टाटा दुनिया का सबसे बड़ा इस्पात का कारख़ाना जमशेदपुर में बनाने से नहीं हिचके, जो उस समय एक छोटा-सा शहर था। न मिस्टर अम्बानी ने जामनगर में दुनिया की एक सबसे बड़ी रिफ़ाइनरी स्थापित करने में हीला-हवाला किया। वॉल्ट डिज़्नी ने अपने डिज़्नीलैण्ड के सपने को एक ऐसी घाटी में ला जमाया जो किसी भी असली शहर से मीलों दूर थी। सूची बढ़ती चली जायेगी।

आप और आपके सहयोगी वहीं बड़े हुए जहाँ आपने अपना कारोबार शुरू किया; वह बाज़ार आपके डी.एन.ए. में अंकित है, इसलिए आपके लिए साफ़ फ़ायदा है। आपको कुल ख़र्च और वेतन के ढाँचे के लिहाज़ से एक छोटे बाज़ार में होड़ का ज़्यादा फ़ायदा मिलेगा, बनिस्बत चार बड़े शहरों में से किसी एक में (जहाँ आप बड़े कर्मचारियों के लिए ज़्यादा भुगतान कर रहे होंगे)। और अगर आपके कारोबार में माल को बनाने या असेम्बली या

वितरण का तत्व जुड़ा हो तो सम्भावना यही है कि आप जहाँ इस समय हैं, वहीं बने रह कर अपने काम-काज के ज़्यादा नज़दीक रह सकेंगे।

आइये, ध्यान से देखें कि आपको उत्कृष्ट प्रतिभा आकर्षित करने में कठिनाई क्यों हुई है। शायद आप रिसर्च और विकास विभाग के प्रमुख की तलाश कर रहे हैं, शायद किसी उम्दा डिज़ाइन या मार्केटिंग के बन्दे की। लिहाज़ा जहाँ आप को सबसे उम्दा प्रतिभा की ज़रूरत हो वहीं से दो वरिष्ठ कर्मचारी चुनिये, अपना बजट बढ़ाइये, प्रतिभा के लिए ज़्यादा भुगतान कीजिये और उन लोगों को अपने शहर लाने की ख़ातिर उनके लिए आकर्षक वातावरण तैयार कीजिये। जहाँ वे इस समय रहते हैं, उससे बेहतर रिहाइश की सुविधाएँ उन्हें दीजिये, क्लब, अच्छे स्कूलों की व्यवस्था, यात्रा और अगर आपको ज़रूरी लगे तो कम्पनी में शेयर के विकल्प, सम्पत्ति बनाने के अवसर या शायद साथी-संस्थापक की हैसियत भी।

अगर आप वहीं एक शानदार कारोबार खड़ा करना चाहते हैं जहाँ आप फ़िलहाल मौजूद हैं तो आपके सामने विकल्प क्या हैं?

- किसी दूसरे शहर में एक शाखा कार्यालय की सोचिये जहाँ वह प्रतिभा जिसे आप चाहते हैं, रह सकती है—यह समझते हुए कि यह क़दम कम्पनी को ऐसे वक़्त बाँट देता है, जब आपकी ज़रूरत है कि सब लोग एक जगह रहें, ताकि सही पेशेवर संस्कृति बन सके।
- अपनी आकांक्षाओं का पैमाना घटाइये और चादर के अनुसार पैर फैलाइये। यही बहुत करके आप सोच रहे थे जब आपने प्रश्न पूछा था।
- उन ऊँची नियुक्तियों के लिए ज़्यादा पैसे दीजिये और आगे बढ़िये।

ये सभी काम आने लायक़ हल हैं—बस, फ़ैसला कीजिये! बात अन्त में आपकी अपनी मानसिकता और दृष्टि पर आ जाती है और चुनौती को अवसर में बदलने की आपकी इच्छा पर।

प्रश्न 14

ई-व्यापार, डिजिटल या इण्टरनेट से जुड़ी सभी चीज़ों के सिलसिले में मीडिया जो ढिंढोरा पीट रहा है और पूँजी लगाने वाले और निवेशक जो ज़बरदस्त दिलचस्पी दिखा रहे हैं, उससे लगता है कि विकास के लिए बस यही मज़बूत बाज़ार हैं। क्या आजकल कोई छोटे शहरों और ग्रामीण भारत के विशाल, अनछुए बाज़ारों की तरफ़ भी गम्भीरता से देख रहा है और उन दूसरे क्षेत्रों की तरफ़ जो देश के विकास में एड़ लगा सकते हैं?

उत्तर 14

सारा उद्यम अपना क्षेत्र चुनने, अपनी दृष्टि को व्यक्त करने और अपनी योजना और अपने अनोखेपन का ख़ाका तैयार करने से शुरू होता है। निवेशक आपको और आपकी टीम को योग्यता और क्षेत्र में आपकी सम्भावनाओं के आधार पर जाँचेंगे। मीडिया के शोर को बन्द कर दीजिये और ऐसा बाज़ार चुनिये जहाँ आप उत्कृष्ट साबित हो सकें, नई खोज कर सकें, लीक से हट कर चल सकें।

शोर-शराबे के बावजूद सच्चाई यह है कि भारत में ज़्यादा पूँजी ई-व्यापार, डिजिटल या इण्टरनेट आधारित संस्थाओं की बनिस्बत उन क्षेत्रों में लगायी जाती है जिनमें कहीं अधिक गुंजाइशें हैं। इसके अलावा लोगों की प्रवृत्ति होती है टेक्नॉलोजी के क्षेत्र में चन्द सफलताओं के बारे में सुनना, उस बड़ी तादाद के बारे में नहीं, जो ऊँचा नहीं उठ पाती या सफल ही नहीं होती।

झुण्ड शोर के पीछे-पीछे चलता है और जो सबसे आसान रास्ता होता है उस पर। बेशक, ई-व्यापार, टेक्नॉलोजी और इण्टरनेट दिलचस्प और उपयोगी कारोबार हैं, लेकिन ऐसी झुण्ड वाली मानसिकता की वजह से उनमें आपकी सफलता की सम्भावना उतनी ही कम हो जाती है। अगर आप ई-व्यापार के उन दूर के ढोलों की तरफ़ पीठ फेरकर अपने जोश और एक कल्पना के प्रति अपने समर्पण के बल पर एक ठोस कारोबार बना सकें तो यही आपके लिए सबसे मुनासिब ठहरेगा। ख़ास तौर पर उभरते हुए बाज़ारों में, दूर तक असर करने वाले प्रभाव को लगातार मूल्य-सृष्टि से जोड़ने पर सबका ध्यान आपकी तरफ़ जायेगा और सम्मान अर्जित करेगा।

आज सबसे ज़्यादा नयेपन और बदलाव से जुड़ी खोज वाले बहुत-से कारोबार कोई नया माइक्रोप्रोसेसर या पहले से तेज़ सेलफ़ोन का आविष्कार करने से ताल्लुक़ नहीं रखते। साफ़ पानी, खेती और ऊर्जा, सस्ते मकान, व्यक्ति-आधारित शिक्षा, स्वास्थ्य-सेवा, जीवन से जुड़े विज्ञान और आहार, प्रदूषण पर क़ाबू और स्वच्छ हवा, भोजन और पैकेट में बने-बनाये खाने के क्षेत्र में ऊँचे पैमाने पर पहुँचने के क़ाबिल विशाल अवसर हैं—बुनियादी कारोबार जिनमें असीम सम्भावनाएँ हैं और पहले से नज़र आने वाले भविष्य के लिए बढ़ने की काफ़ी जगह जो महत्वपूर्ण प्रभावशाली माल और सेवाएँ उपलब्ध कराते हैं। मीडिया हमें जो भी बताता रहे, उसके बावजूद इन क्षेत्रों को समझदार निवेशकों से भरपूर पूँजी और भारी तवज्जो मिलती है।

अपने यक़ीन का साथ निभाइये और ख़ुद को झुण्ड से अलग कर लीजिये।

प्रश्न 15

निवेशकों और शेयर धारकों को लाना ज़्यादातर कम्पनियों के विकास की कहानी का हिस्सा है। शेयर धारक बोर्ड-स्तर के योगदान के लिए तो शानदार होते हैं, दरवाज़े खोलते हुए और प्रशासन और अनुशासन लाते हुए। लेकिन उन्हें कुछ अता-पता नहीं होता, है न? अधिकतर ने कभी कम्पनी शुरू नहीं की होती और बहुत कम जानकारी होती है कि कारोबार कैसे चलाया या बढ़ाया जाये। जब मतलब की बात आती है तो निवेशकों और उद्यमियों के बीच चौड़ी खाई दिखती है। इस सम्बन्ध में सही सन्तुलन क्या है? दोनों तरफ़ की उम्मीदों को कोई किस तरह तय करता है?

उत्तर 15

जब से कारोबार वजूद में रहे हैं, संस्थापकों और निवेशकों के बीच रगड़-घिस चलती रही है। कारोबार शुरू करने वाला हरेक उद्यमी सोचता है, *मुझे अपने कारोबार को चलाना आता है। मुझे पैसे की ज़रूरत है, लेकिन पैसे लगाने के बाद वे पीछे क्यों नहीं हट जाते और यह क्यों नहीं समझते कि कारोबार चलाने के लिए मैं ही सबसे अच्छा बन्दा हूँ?*

बहुत-से उद्यमी स्वीकार नहीं करते कि मज़बूत, लम्बे जोखिम वाली पूँजी की कितनी क़ीमत है, जिसके बिना कम्पनी को नुक़सान होता या इससे भी बुरा कुछ। निवेशक आपके पास व्यापक और विविध अनुभवों के साथ आते हैं। आम यक़ीन के ख़िलाफ़, वे जोखिम से घबराते नहीं। यह विशुद्ध बकवास है। शेयर धारक जानते हैं कि दस निवेशों में से दो आला दर्जे के सितारे साबित होंगे, पाँच औसत के इर्द-गिर्द मँडराते रहेंगे और दो या तीन डूब जायेंगे। पूँजी निवेशक का जोखिम उस जोखिम से ऊँचा है जो आपने अपना कारोबार शुरू करते वक़्त उठाया था। लिहाज़ा सूट-बूट धारी दक़ियानूसी बन्दों की कल्पना करना जो सिर्फ़ आपका जीना हराम कर देंगे, एक ग़लत सोच है और नाक की नोक तक ही देखती है। अन्त में इस रवैये की वजह से आप वह निवेश खो बैठेंगे जो आपको अपना कारोबार बढ़ाने के लिए चाहिए।

मत भूलिये—आपको पैसा चाहिये, उनका पैसा। और पैसा मेज़ पर एक आसन हासिल कराता है। उन अर्थों में आप कौन हैं यह तय करने वाले कि क्या होता है?

शेयर-धारक अपने निवेशों पर विचार करने के लिए बहुत-से क्षेत्रों के अपने व्यापक ज्ञान से भी काम लेते हैं। एक समझदार निवेशक ने 1000 कम्पनियों पर विचार किया होगा, 950 को छोड़ कर 50 चुनी होंगी और उनमें से भी इस सूची को कम करके 10 तक लाया

होगा जिसके बाद आख़िरकार उसने 5 में निवेश करने का फ़ैसला किया होगा। उस हालत में आप उन कम्पनियों में से, जिनकी जाँच-परख निवेशक ने की है, 0.5 फ़ीसदी में आते हैं। मैं ऐसे बहुत कम उद्यमियों को जानता हूँ जिनके पास क्षेत्रों और स्थानों को परखने, विचार करने और निवेश करने या न करने का फ़ैसला लेने के लिए अनुभव की ऐसी गहराई या योग्यता है। आपको मानना पड़ेगा, अगर आपने ऐसा किया होता तो आप की कम्पनी ने इतिहास बनाया होता। पूँजी निवेशक आपकी तुलना में ज़्यादा टीमों और सम्भावित उद्यमियों से मिल चुके होते हैं।

बेशक़, आप ही अपने ख़तरों और रुझानों को पहचानने के लिए सबसे अच्छे व्यक्ति हैं। लेकिन निवेशकों और शेयर-धारकों ने भी विभिन्न क्षेत्रों और स्तरों पर अपने तईं काफ़ी ख़तरे और रुझान देखे हैं। अपने निवेशक को ऐसे व्यक्ति के रूप में देखिये जिससे आप गहरा विचार-विमर्श कर सकें; यहाँ तक कि उससे गुरु जैसा फ़ायदा उठा सकें। उस हालत में आपको जो अतिरिक्त लाभ होगा उसे नापा नहीं जा सकता। साथ ही इससे भी ख़बरदार रहिये कि ऐसी निकटता से अपनी समस्याएँ पैदा हो सकती हैं। उद्यमी और निवेशक के रिश्तों में तनाव और संघर्ष तब पैदा होता है जब निवेशक कम्पनी के रोज़मर्रा के मामलों और काम-काज की नब्ज़ पर उँगली रखना चाहता है, सच यह है कि निवेशक कभी उद्यमी को यह नहीं बता सकता कि वह ठीक-ठीक क्या करे। अलबत्ता, जो वह कर सकता है, वह यह कि कारोबार को एक ठोस आधार उपलब्ध कराये और अपने तजुर्बे बाँटे जब तक कि उद्यमी सुनने को तैयार हो।

कारोबार और ज़िन्दगी में सभी की तरह, हर चीज़ आख़िरकार सन्तुलन पर आ टिकती है और इस बात पर कि सम्बन्धों को खुली-खरी बातचीत और आपसी दिलचस्पी से कम्पनी के हितों के लिए काम करने में लगाया जाये।

प्रश्न 16

कारोबार को खड़ा करने के शुरुआती दौर में मुझे सबसे कठिन फ़ैसले क्या करने होंगे और किन चौराहों का सामना करना पड़ेगा?

उत्तर 16

निश्चय ही, यह सूची बहुत लम्बी नहीं है, लेकिन इन्हें और इनके अलावा और जिसका सामना हो, अपनी गोपनीय नोटबुक में लिख लीजिये। इस सूची को जल्दी और अक्सर बढ़ाते

चलिये। इसमें अपनी टिप्पणियाँ भी दर्ज करते हुए नज़र रखिये कि आप बरस-दर-बरस कैसे विकसित हो रहे हैं। साथ ही, पैमानों को पूरा करते और मील के पत्थरों को पार करते हुए उन चट्टानों और रुझानों का भी अन्दाज़ा लगाते रहिये जिनसे आप दो-चार होंगे।

◆ शुरुआती मानसिकता – धावे में दौड़ते हुए शामिल होने के लिए तैयार रहिये। कम्पनी को शुरू करना और कम्पनी को बढ़ाना दो अलग-अलग बातें हैं और इनमें डी.एन.ए. के अलग-अलग रूपों की ज़रूरत पड़ती है। आप विकास करते हुए इन भूमिकाओं को कैसे अपनायेंगे?

◆ पूँजी जुटाना – पूँजी जुटाने का आपका दूसरा और बाद का हर दौर पहले वाले से ज़्यादा मुश्किल होगा।

◆ रफ़्तार बनाम रणनीति – बहुत-से लोगों के लिए रफ़्तार का मतलब है तेज़ी से चलना—बेतहाशा, आवेग से और नतीजों की ज़्यादा फ़िक्र किये बग़ैर। सही नहीं है। सिक्के का दूसरा पहलू है हर विकल्प पर ज़रूरत से ज़्यादा सोच-विचार करना और मौक़े और लम्हे को हाथ से निकल जाने देना। इन दोनों के बीच सन्तुलन क़ायम कीजिये।

◆ छोटा रास्ता बनाम लम्बा रास्ता – हालाँकि यह शब्द *जुगाड़* अपने शुद्ध रूप में किफ़ायती हिकमत का दूसरा नाम है, बहुत-से लोग इसे छोटे रास्ते के अर्थ में लेते हैं या फिर जैसे-भी-हो-सके-करो वाले रवैये के रूप में। ऐसे रवैये के साथ आप कभी एक मज़बूत संस्था या गुणी टीम नहीं बना पायेंगे।

◆ रोज़मर्रा के सरोकार – ऐसे माएनल में आप अपने माल या सेवा की क़ीमत कैसे तय करते रहेंगे, जहाँ आपका प्रतिस्पर्धी लगभग मुफ़्त में उसे दिये दे रहा है? आप अपने कारोबार के नमूने और अपनी टीम का ताल-मेल बराबर कैसे निर्धारित करते रहेंगे कि वे हर समय प्रासंगिक बने रहें, साथ ही सुसंगत भी।

◆ टीम-निर्माण – ऐसी टीम बनाइये जो पैमाने के बढ़ते रहने का साथ दे, ऐसी नहीं जिसके क़द से आप हर डेढ़ साल पर ऊपर उठ जायें।

◆ क़ीमत और विदाई – जहाँ आप लम्बे दौर के लिए अपने कारोबार को क़ायम करने और बढ़ाने पर ध्यान केन्द्रित करते हैं, आपके निवेशकों का ज़्यादा सरोकार आपकी कम्पनी की क़ीमत के अगले जायज़े से रहता है और किसी मुक़ाम पर पैसा खरा कर लेने या विदा होने पर भी। दोनों अनिवार्यताओं में सन्तुलन बैठाइये, लेकिन कम्पनी को बनाने-बढ़ाने के किसी अवसर को जाने मत दीजिये।

◆ विकास बनाम मुनाफ़ा – आदर्श स्थिति में दोनों को कन्धे जोड़ कर काम करना चाहिये। लेकिन जब ऐसा न हो तो आपको अपनी दिशा के बारे में बहुत स्पष्ट होना चाहिये और अपने निवेशकों और टीम समेत अपने हिस्सेदारों के साथ पूरा ताल-मेल बनाये रखना चाहिये। मुनाफ़े की तरफ़ कोई ध्यान दिये बिना आप अपने को धोखा दे रहे हैं।

प्रश्न 17

ब्राण्ड बनाने पर इतना बल दिया जाता है, मैं शुरू ही से कैसे ब्राण्ड बनाऊँ? ब्राण्ड बनाने पर मैं कितना और कब ख़र्च करूँ? मुझे कैसे मालूम होगा कि मेरा ब्राण्ड काम कर रहा है? संस्थापक या सी.ई.ओ. के तौर पर मैं इसे कितना महत्व दूँ?

उत्तर 17

ब्राण्ड निर्माण का काम पहले दिन से शुरू होता है और यह आपके लक्ष्य-विवरण का हिस्सा होना चहिये। ब्राण्ड का विचार चाहे जितना सेक्सी और लुभावना हो गया हो, हर एक को समूची 'ब्राण्ड सम्बन्धी दौड़' में उतरने की ज़रूरत नहीं।

पहले, यह सुनिश्चित कीजिये कि ब्राण्ड का होना आपकी कम्पनी की तरक़्क़ी में कितने और कैसे चार-चाँद जोड़ सकेगा। हो सकता है, आप एक शानदार सेवा उपलब्ध कराते हैं। आप किसी चीज़ के लिए जाने जाते हैं। लेकिन क्या आपका कारोबार आपके क्षेत्र में ब्राण्ड-निर्माण के लिए प्रासंगिक है? क्या आपके पास कोई अनोखापन है? ब्राण्ड-निर्माण के सिलसिले में आम उम्मीद किसी *यूरेका,* किसी *खुल-जा-सिमसिम* वाले लम्हे की है। लेकिन ब्राण्ड-निर्माण एक धीमी स्थिर प्रक्रिया है।

ज़्यादातर लोग यह विश्वास करते हैं कि ब्राण्ड-निर्माण और मार्केटिंग एक ही हैं। ऐसा नहीं है। बेशक, विज्ञापन जागरूकता और बिक्री बढ़ाता है। लेकिन अगर दुनिया में सबने आपके बारे में सुन भी रखा हो, तब भी ज़रूरी नहीं कि आप ब्राण्ड बन गये हैं। तो फिर कौन-सी चीज़ बनाती है? एक ब्राण्ड के लक्षण होते हैं—साख, कोई माल और/या सेवा उपलब्ध कराते हुए लगातार उम्दा बने रहना, ग्राहक को हमेशा चकित करने की क्षमता, दृढ़ मूल्य और गुण, वफ़ादारी और निष्ठा और लोगों में आपके माल या सेवा के लिए अधिक क़ीमत चुकाने की रज़ामन्दी।

पुराने दिनों में ब्राण्ड भेड़ों और मवेशियों पर मिल्कियत का निशान होता था। आज यह उस माल या सेवा का संकेत है जो अपनी अनोखी छाप छोड़ जाता है और संस्थापक-टीम से उपजता है। लोगों को आपके और आपकी कम्पनी के बारे में एक राय क़ायम करने के लिए प्रेरित करके एक ब्राण्ड निर्मित किया जा सकता है। यह प्रतिभा को अपनी तरफ़ खींचने का ज़बरदस्त साधन भी हो सकता है, जिससे आपको सबसे नये विचारों वाले और आधुनिक सोच से लैस लोगों को नियुक्त करने में मदद मिल सकती है।

आपका ब्राण्ड उस सबसे उभरता है, जिसके आप प्रतीक हैं—आपके माल की विशेषता

और गुण, आपकी सेवा, आपकी नई सूझ, आपका जन-सम्पर्क और आप अपनी कल्पना और दृष्टि और लक्ष्यों को कैसे प्रचारित करते हैं। आपके ब्राण्ड-निर्माण के लिए ज़बानी चर्चा और संस्थापक के तौर पर आम लोगों के मन में आपकी छवि भी ज़रूरी भूमिका निभाती है। ब्राण्ड विकसित होते हैं, भावना का बल प्रदान करते हैं, आपको पैसे की पूरी क़ीमत अदा करते हैं और ग्राहक के लिए *'वाह!'* के तत्व का काम करते हैं जो उस मैदान में कहीं भी वैसा माल या वैसी सेवा उसी तरह हासिल नहीं कर पाता जैसे आप उपलब्ध कराते हैं।

ब्राण्ड निर्मित करने के लिए आपको दो बातें एकदम शुरू ही में ही सही तौर पर तय कर लेनी चाहिएँ।

पहली, आपकी कम्पनी का नाम और निशान यानी प्रतीक-चिह्न। सीधी और सरल बात, लेकिन अगर आप लम्बे दौर के लिए ब्राण्ड निर्मित करने का इरादा रखते हैं तो ज़रूरी भी। यू.टी.वी. 'युनाइटेड टेलीविज़न' के लिए इस्तेमाल होता है और यह इससे ज़्यादा मामूली नहीं हो सकता। लेकिन शुरू ही से हम चाहते थे कि यू.टी.वी. ब्राण्ड नई सूझ, लीक से हट कर चलने और रचनात्मकता का प्रतीक बने। ब्राण्ड का एक हिस्सा तो निश्चय ही इसका निशान था—लाल, हरा और नीला। ब्राण्ड पर एक दशक तक केन्द्रित होने के बाद हम चाहते थे कि निशान और भी रंगीन, ऊर्जावान और रचनात्मक बने। लिहाज़ा उसे विकसित किया गया—उन्हीं तीन रंगों की रेखाएँ अक्षरों के सामने किसी आड़े तिलक की तरह पर्दे पर हाथ से खींचते हुए। बाद में भी, इक्कीसवीं सदी की यात्रा में हमारी सामग्री में आधुनिक सोच, नयेपन के साथ आगे बढ़ना और लीक से हट कर चलने का जोश झलकता रहा। यू.टी.वी. का निशान और वे तीनों रंग ऊर्जा के एक विस्फोट में पर्दे पर प्रकट होते।

दूसरे, यह स्पष्ट कीजिये कि आपका ब्राण्ड किस या किन चीज़ों का प्रतिनिधित्व करता है। दूसरे शब्दों में कम्पनी और उसके हिस्सेदारों के लिए आप कौन-सी कल्पना साकार कर रहे हैं, कैसी संस्कृति और मूल्य बना रहे हैं। जब आपका ब्राण्ड आपकी कम्पनी और कारोबार को लाभ पहुँचाने लगे, जब लोग आपके लिए काम करना चाहें और आपकी वजह से आपके साथ बने रहना चाहें, जब ग्राहक आप पर भरोसा करें और आपकी ओर से एक सुसंगत माल या सेवा की अपेक्षा रखें और जब आप उन लोगों के साथ अपने फ़ायदे में मोल-भाव कर सकें जो आपके साझीदार बनना चाहते हों, तब मान लेना चाहिये कि आपका आपका ब्राण्ड स्थापित हो गया है।

अगर आप लोगों को लगातार चकित करते हुए सुसंगत और स्थिर बने रहते हैं तो आप ब्राण्ड निर्मित कर रहे होते हैं। मिसाल के लिए डिज़्नी को लीजिए। यह उसके मूल्यों का

प्रतिनिधित्व करता है—सारे ब्योरों और बारीक़ियों पर पैनी नज़र और वह अद्भुत, कल्पनाशील दुनिया जो लोगों को चकित करते हुए अन्दर आने का न्योता देती है। वह जादू जो आप महसूस करते हैं जब एक लम्बे, सन्तोषजनक दिन के अन्त में आप दूर कहीं एक गड़गड़ाहट सुनते हैं और दो-एक मिनट बाद एक जुलूस कहीं से प्रकट होता है। जुलूस के गुज़र जाने के बाद आपके सिर के ऊपर आतिशबाज़ी फूटने लगती है। ठीक उस समय जब आप सोचते हैं कि दिन ख़त्म हो चुका है, आप क़ो अपने साथ ले जाने के लिए मन भर स्मृतियाँ हासिल हो जाती हैं।

यही ब्राण्ड है।